思想觀念的帶動者

文化現象的觀察者

本土經驗的整理者

生命故事的關懷者

心靈工坊 |PsyGarden|

Holistic

探索身體，追求智性，呼喊靈性
攀向更高遠的意義與價值
是幸福，是恩典，更是內在心靈的基本需求
企求穿越回歸眞我的旅程

火星四重奏：面對慾望與衝突的試煉

The Mars Quartet: Four Seminars on the Astrology of the Red Planet

琳恩・貝兒（Lynn Bell）
達比・卡斯提拉（Darby Costello）
麗茲・格林（Liz Greene）
梅蘭妮・瑞哈特（Melanie Reinhart）——著

楊沐希——譯

愛卡（Icka）——審閱

目錄
contents

第二部　激情、欲望與出類拔萃

殘暴的本性

水象的火星：精微的水神

土象的火星：善用資源的戰神

火象的火星：充滿遠見的戰神

主題

神話

火星的發展階段

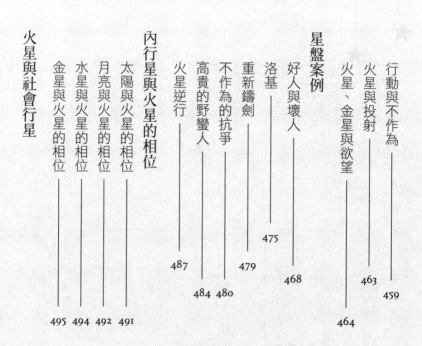

序

觀看火星的四種方式

本書裡收錄的四篇講座皆為心理占星學院（CPA）在一九九五年三月到二〇〇一年三月間的活動內容，我們在二〇〇一年春末的時候，決定將內容集結成書。同年九月進行編輯工作的同時，美國發生駭人的恐怖攻擊，世貿中心遭到摧毀，五角大廈受到破壞，六千名無辜百姓喪命，其中不只有美國人，還有許多其他國家的受害者。對於這場事件，無論是個人或集體，最初都反映出人類情緒的寬度。一邊是哀傷、同情、憤怒，以及結合文明人類及社會的決心意識，一同對抗及摧毀邪惡的恐怖主義；另一邊則是憎恨、盲信，且盲目對抗與摧毀那些理念、宗教、觀點、種族、國籍與我們不同的人。每個國家裡都有這兩種人。所有的反應都表現出火星各種不同的面向——英雄主義、憤怒、復仇、勇氣、憎恨、決心、存活的意願及奮鬥的意願。在個人及集體的層面上，這些反應持續出現，在事件發生後不久，我們整理文稿的期間，實在很難預測這些情緒會將人類帶領到何方。這場災難事件給我們非常不凡且驚人的洞見，深入探索人類衝動裡較為光明或黑暗的面貌，這些面貌都是占星師用火星這顆行星作為象徵。

儘管這四場講座都觸及到在二十一世紀前十年裡重擊且轉化我們世界觀的暴行，然而，講座的內容並無涉及還沒有發生的事件。心理占星的方法也許能夠評估個人或集體的未來趨勢，卻無法精確預測事件的發生，心理占星強調的是個人或集體的意識選擇，若無法徹底避免任何星運上的配置，也許能夠稍微改變其力道與走向。在研討會期間，我們得到一些令人心神不寧的反饋，火星正緩慢行經射手座，即將先與冥王星合相，接著是凱龍星，然後投出巨大陰影的是土冥對分，將在二〇〇一年下半至二〇〇二年上半發生。土星與冥王星的合相、對分在過往的歷史上引發了集體不安及社會、經濟衰退，長久以來，許多占星師擔心這樣的行星組合代表戰爭，特別是當火星也加入土冥行列的時候。我們編纂本書時，並沒有因為九一一事件更動講座的內容，然而，我們提到火星在一張事件盤及另一張國家盤裡引發戰爭的時候，卻討論了相關的議題，我們舉的例子是美國南北戰爭及第二次世界大戰。

因為身為一個人及集體意識的一份子，我們必須迫切了解，無論我們對於某件事有沒有選擇，火星都有可能會暴衝，而我們是否能夠多做點什麼，為此，在本書最後的附錄增添了關於九一一恐怖攻擊及事後狀況的占星討論。附錄裡的看法並不是要澄清或讓現在政治局勢更顯複雜。當然也沒有對未來提出任何實際預言。我們沒有辦法做出任何保證，但心理占星永遠支持自由意志，且相信在付出足夠意願及努力下，我們能夠轉化毀滅的衝動。不過，就算讀者無法透過本書得到平靜，也許還是能夠看看相關星盤舉例的驚人共時性，參考不同的觀點。心理占星中心出版公司（CPA Press）決定出版《火星四重奏》有部分是因為琳恩・貝兒、達比・卡斯提拉、梅蘭妮・瑞哈特及我本人，我們四位作者認為學習占星的學生至今仍沒有辦法好好明白這顆行星。進一步深度探索，火星帶來的不只是具有毀滅性質的病態展現，還有潛在的創意及永續生命的能量。現在世界的局勢似乎證實了這個選擇是對的。我們只能希望在未來火星能夠以更崇高的面向示人。

麗茲・格林

二〇〇一年十月一日

審閱者序

喚醒內在沉睡的力量

傳統占星中將火星視為凶星，不僅與戰爭和災厄畫上等號，在神話中也背負無法分辨敵友的魯莽形象。甚者，在中國古代以「熒惑」稱呼火星，認為火星在位置及亮度上時常變動、無法捉摸，當其行經某些關鍵位置時，將帶來殘、疾、喪、飢、兵等惡象。然而在吠陀占星的體系中，卻將火星對應手部功能最強大的大拇指；多數脈輪的分類裡，也由火星支配象徵本能的海底輪。何以不同的文明賦予大相逕庭的意涵？何者正確？何者有失公允？

近七年的占星教學經驗中，每當教授到火星時，常有說不到位，觸及不到核心的虛浮感，一方面可能是因為神話中關於火星的著墨有限，思惟上不易串聯；一方面也可能因為尚未完全接納內在的火星能量，體察較少。直到受邀參與此書的籌備作業，我才開始孵育屬於自我的火星蓮花，更向內觀察這股生命脈動。

火星與身體本能相連。孩子餓了的啼哭，飛蟲襲擊時的閉眼與揮手，又或者喝水時嗆到咳嗽都與火星有關，是血液中讓我們生存下來的那股脈動，也是當我們面對壓力、保護自己的腎上腺素。可惜的是，在種種禮教、法則與公約的束縛下，我們誤解了火星的脈動，誤以為表明立場等於攻擊，誤以為拒絕等於自私，誤以為積極主動等於強勢競爭。

這環環相扣的反應，要不是讓我們選擇讓火星能量委靡，要不就是極盡所能地壓抑。然而，老祖宗的智慧如警鐘般提醒，千萬別壓抑這股生氣，否則很容易生病。「病」字內的「丙」，五行屬火，體內的動能一定要找出口，否則可能上火、發炎。此外，火對應的五臟為心，若是壓抑了這股流動，連難醫的心病也將到訪。歷史上還有同治皇帝的警示，在其長達十四年的政治魁儡生涯中，無法表達意見，終其一生受制於母親，演變為以尋花問柳滿足火星能量，因而斷送一生。

這本《火星四重奏》由當今四位舉足輕重的心理占星師共同執筆，雖是近二十幾年前的講座紀錄，但在今天讀來絲毫沒有距離，字字珠璣，入木三分。附錄中的九一一事件分析，更讓所有占星學子有機一窺占星天后思路的縝密。這四位老師帶領的火星章節，處處引人入勝。四重奏原本寓意和諧流暢，但此書在我看來，更像是四場能喚醒內在沉睡力量的心靈交響曲。

謹將本書獻給所有在生命裡奮鬥的人。

第一部

衝突與欲望之間

琳恩．貝兒

本場講座為心理占星學院秋季課程的一部份

講座日期：二〇〇〇年十月二十九日

地點：倫敦攝政學院

引言

占星學上忽略火星，因為火星能量似乎明顯又直接，是個大男人，不僅非常強壯，還會上演「砸破頭、拖回家」的戲碼。火星嗓門很大，粗暴無禮，沒有英國人的氣質。就連這顆行星的符號也讓人一眼就看出與陽具息息相關，實在有點尷尬。不過，生命裡若少了火星肯定會非常無聊，更別說會有多麼危險了，因為我們會在生死交關的時刻不知如何保護自己。要跟火星和平共處可沒這麼簡單，但對大部份人來說，我們要麼不是因為禮教壓抑了火星，要麼就是在肢體或情感上容易暴走。我想探索驅動火星的動機、火星能量為何受到壓迫或封閉，以及在火星碾過我們及其他人時，如何能好好駕馭它的能量。而最重要的莫過於，我想讓你們明白火星所帶來的能量與生命力，這種非常基本的能量會以何種方式帶領我們的生命前進。火星表達自己的方式有二，一是衝突，二是欲望。少了火星，我們會成為非常無聊的生物。

與火星共處

火星到底是什麼？只要想遇到危險時，火星會自動產生作用就夠了。當車子開得太近的時候，你是否曾經有腎上腺素高漲的感覺？或當看到小孩子朝街上跑去時，你會有什麼緊急反應？火星的力道也可以運用在肢體活動上，無論是慢跑、騎腳踏車或踢足球，儘管如此，運動的火星能量跟處在生死交關時刻的火星反應還是大相徑庭。除了偶爾發生的暴力事件，好比說行兇搶劫、暴動、強盜、燒車等事件外，多數人的生活算是相當安全。不久前，人們會用「齷齪、粗暴又短暫[1]」來形容倫敦的生活。用不著前往商業世界「競價廝殺」，在城市的暗巷裡，你很有可能就會撞見殺人兇手。如果我們對過往幾百年的時間做個回顧，我們會發現自己運氣很好，能夠住在西歐或北美，在較為安全的世界過活。

火星容易觀察，我們要做的就是追索無法用眼睛看到的內心交戰，這些永無止境的耳語會在我們腦袋裡對話：「我可以這樣嗎？我該這樣嗎？我能夠逍遙法外嗎？」或者，你也許會想

1　譯註：此言出自英國政治哲學家湯瑪斯·霍布斯（Thomas Hobbes）之著作《利維坦，或教會國家和市民國家的實質、形式、權力》（*Leviathan or The Matter, Forme and Power of a Common Wealth Ecclesiastical and Civil*）；又譯《巨靈》、《巨靈論》。

看看其他發生在周遭的戰爭：戀人的戰爭、孩童的戰爭、父母的戰爭，或是同事之間的戰爭。火星是個人與外在世界之間的接觸界面。火星屬於內行星，但相較於地球，與太陽的距離更遠得多，而從視覺及地心說的觀點看來，在天際上，火星橫掃金星和水星無法經過的區域。火星在個人及外部世界之間移動，會驅動我們從內心風景前往實際行動，也能帶領我們跨越生命的疆界，我們由之破立，與他人及其欲望碰撞摩擦，遇到阻力，然後努力突破。

火星與生存有關，主動及被動的防禦都算，但火星也象徵我們能夠走出去爭取心之所嚮的能量，這點多少與他人的競爭有關。火星總會碰撞到其他人，或觸及其他人的欲望。這麼說有點奇怪，但火星也算是一顆講究關係的行星，因為若有人碰巧擋路，火星肯定會跟對方或其欲望撞個正著。然後，無論我們喜歡與否，我們都得處理這種狀況。你是否必須透過強取豪奪的手段才能得到想要的東西？因為火星必須與外部世界作用，至少在文化上能夠看出一點端倪。

法國人實際上很欣賞那些有膽插隊或無視紅綠燈的人，他們常看不起那些明明沒車還乖乖等綠燈過馬路的北方文化。他們會在人群裡擠來擠去，連必要的「抱歉」或「不好意思」也不說一聲，而這兩句話在英國常常出現，英國人認為乖乖排隊前往目的地是讓大家都方便的作法。乘客會站在手扶梯右手側，將左邊的通道讓給趕時間的旅客，但這點似乎沒有植入巴黎人的意識之中。對巴黎人來說，所謂的自由彷彿就是有能力在公眾場合無視他人的存在。火星在某些文化裡影響力比較強大，我想，我們可以確定，在英國，活躍的火星並沒有盤踞在價值觀排名的冠軍寶座上。

集體意識裡的火星

讓人最震驚的一點莫過於火星已經強烈滲入我們的幻想世界，那些飛車追逐、槍枝掃射、轟炸爆破、肌肉男英雄冒險犯難，更別說打打殺殺的電玩遊戲跟喜歡介紹連續殺人魔的電視電影了。別忘了，還有性這個主題，特別是霸王硬上弓的性行為。在影視作品外的世界，還有飽受愛戴、收入豐厚的體育明星，世人喻其為男神女神。經常在音樂圈裡發聲的則是反傳統價值的聲音，其中唱誦槍枝、威脅甚至謀殺的「匪幫饒舌樂」（gansta rap）已經漸漸擠身進表演藝術的行列。如果電影、流行音樂跟個人的幻想生活一樣，都是集體意識的表現，也許我們該問，為什麼火星在地球上會有如此的影響力？此一現象是不是一種我們無法健康發揮火星能量的補償行為？

觀眾： 這是否意指我們會藉由某些方法，將火星推進無意識（unconscious）裡？但感覺似乎並非如此，我們在看完暴力電影後，行為也會跟著暴力起來，好像有股力量在暗流裡蠢蠢欲動一樣。

琳恩：看待這個問題的關鍵在於，火星是一位很苛求的神，在文明社會裡，某部分的火星能量的確會遭到壓抑。我們必須改變對於戰爭及其後果的思維，且必須明白那些存在於人類靈魂裡想要毀滅一切的元素為何，才好加以控制；這是我們承擔二十世紀多場重大戰爭的方法。這點跟發現冥王星有關。冥王星讓我們精確意識到，我們身為一個物種所能引發的毀滅力量有多少，因此在任何衝突裡，都更加劇了其駭人恐怖的程度。我也想到，女權運動在質疑陽性霸權上某個程度上也算成功的。同一時期，六〇年代的天王星、冥王星合相在處女座，激起一股必須重新檢視女性能量的集體意識。比起戰爭與暴力，火星更想歡誦性愛，記得那句口號「要做愛，不要戰爭」嗎？隨著「女神意識」（Goddess consciousness）降臨，男性的形象也開始轉變。我們要求男人發展他們的陰性面向及敏感度，甚至有人當起家庭煮夫。一切轉變都恰如其分，但電影娛樂卻恰恰相反，我們從詹姆士・龐德（James Bond）看到《藍波》（*Rambo*），從《魔鬼終結者》（*The Terminator*）看到《閃靈殺手》（*Natural Born Killers*）。所以這是一個讓我們暫停腳步的演化發展，火星不會在原地踏步太久，它不擅長粉飾，也無法優雅地處理壓抑的問題，反而會慢慢發展出危險的稜角；所以當暴力電玩開始炙手可熱、孩子開始持槍的時候，我們也沒有辦法假裝自己有多訝異。火星擋在我們面前，想盡辦法吸引我們的目光，並且不曾真正離開。

觀眾：成語「炙手可熱」（become the rage）是否跟火星有關？

琳恩：很有趣的想法。這句話肯定跟欲望息息相關，但集體人類對於寶可夢卡（Pokemon card）、哈利・波特（Harry Potter）書籍的熱情野火跟電影、音樂一樣，都有海王星的印記。只要與海王星扯上關係，都會蒙上一層夢幻及渴望的色彩，火星一樣逃不掉。我相信談到欲望，火星和海王星通常會攜手合作，我們稍後會詳細討論。現在我想聊日常生活裡的火星。在前來上課的路上，歐洲之星廣播宣布列車將誤點，我看到對面有名女子非常惱火，她不懂為什麼英國人總是一聲不吭。她火冒三丈的說：「他們永遠不會抱怨，就無奈坐著接受現況。」她說的是真的嗎？

觀眾：對！就算整個體制分崩離析，還是會有人看起來跟認命了一樣。也許跟土星運行過雙子座有關。

琳恩：我夏天前往蘇格蘭時也有類似經驗。有人會說：「至少還有車，身為乘客真的無計可施，對吧？」這顯然就是火星能量受阻的絕佳案例。你想去某處，但去不了，生氣也於事無補，幫不上忙。當這種狀況一再發生時，火星的能量都去哪裡了呢？

觀眾：卡住了。當我搭到誤點列車返家後，我常會想找人吵架。

琳恩：如果日常生活裡一再出現這種狀況，我們會因此感到無力，火星的能量會退縮回去，但永遠不會消失。某些星座及宮位的配置會讓人把氣餒無力帶進私生活的領域，好比當火星落於巨蟹座或四宮的時候。這狀況就跟計畫越界卻不成功一樣，欲望流動出來，卻遭受壓抑。如果一個人在年紀很小的時候就長期壓抑，那當事人的火星能量就完全沒有辦法順暢抒發。

神明與戰爭

火元素與水元素

研究火星在傳統上守護的牡羊座及天蠍座是一個有趣的看法。火星落在火象星座具有強大的力量及意志力，通常可以迅速通過阻礙，用自身的欲望燃燒一切，而水象的火星則會用能量繞過困阻，甚至看起來可能就要放棄；不過，落於天蠍座的火星可就不會放棄。火星天蠍的反應很像他們暫時受到擊潰、壓抑而退縮，但他們肯定會用其他方式，旁敲側擊，尋找最細小的破綻漏隙還擊。火星在天蠍的人通常會用別人的欲望來滿足自己的目標，這樣的過程大多發生在當事人沒有察覺的時候，因為火星這顆行星講究的是本能，及認同我們身體與內心的動物本性。值得一提的是，在古代的占星系統裡，火星守護了水象的三個星座，這暗示了一種特別強烈的衝擊。

火星是一股原始純粹的力量，當能量爆發，火星全面啟動的時候，這股力量是無法召回的。如果你跨越了某條火星的界線，它就會掌控大局，霸占你整個人，直到經過了必要的宣洩後，才可能恢復平靜，這就是為什麼憤怒讓人覺得可怕的原因。我相信這也是荷蘭理性主義者、哲學家史賓諾沙之所以說「憤怒之人看起來跟瘋子一樣」的原因。在火星毀滅一切的面向裡，的確存在著瘋狂，但同時也非常充滿力量。壓抑性慾會造成同樣的衝擊，因為一旦身體受到某種程度的刺激撩起，卻必須立刻冷靜下來，的確是件讓人不悅的事情。這點在火星坐落水象星座時最容易觀察到。火牡羊燃燒得特別明亮，具有勇氣跟力量，常是贏家，其中一部分原因就是因為他們的欲望比一般人更加強烈。

土元素及風元素

觀眾：那火星位於土元素及風元素時會有什麼樣的表現呢？

琳恩：這兩個元素比較超然客觀。火星落入土象星座的人特別容易感受及安滿於既存的世界，而且和身體會有強烈的的連結。土象的火星在物質世界覺得自在，可以計算的成就給他們帶來力量與樂趣。土象火星，特別是火星落在摩羯座的人，會像羅馬人一樣組織世界，讓每個人可以聚集在一起，成為有紀律的作戰機器，這種火星隸屬於一個有效率的系統，足以用幾千年後還屹立不搖的堅固遺跡與道路征服世界。火星落入風象星座大概是最難理解的，因為這種火星從本能的世界抽離出來，當它順暢運作時，能夠擁有廣闊、理想的視野，這種人會受到世界該如何運作的理念與意象所感動，通常能夠聚焦在心智活動上，也會努力將行動與意義結合在一起。最重要的，風象的火星還會特別關注其他人，探討如何以自己的作為及不作為與其他人相應，或如何激勵他人。現在的火星在處女座，我忽然覺得這是火星處在很文明的位置上，但感覺上又有點矛盾。這樣的組合該如何運用呢？

觀眾：我有位朋友就是火處女，他有點像是小細節強迫症。其他人幾分鐘就做完的事情，他可以花上個把小時。不過，他的脾氣也非常火爆。

艾瑞斯與雅典娜

琳恩：看來火星必須縮小規模才能符合處女座的需求。火星會感覺到壓迫，因此產生出巨大的挫敗感。不過，處女座深思熟慮的智力也為火星帶來敏銳及技巧。兩種表現我都見過，一種人會在細小的事物上投下不成比例的精力，但也有人成為工藝大師，這兩種特質偶爾會同時出現。處女座是第六個星座，也是第一個與牡羊座呈現一百五十度的星座，從你的發言裡，我聽到牡羊座與處女座之間十二分之五相的緊張。這兩個星座完全沒有共同點，不過牡羊座卻得跟處女座好好學學。就很多層面來說，位於處女座的火星讓人想到雅典娜（Athena），她跟艾瑞斯（Ares）一樣，會因戰爭狂喜，但她總會保持冷靜與沉著。另一個跟處女座的連結則是雅典娜守護所有的手藝技巧，特別是編織。她也可以說是推動特洛伊戰爭（Trojan war）的一股智謀力量。為了讓各位更了解火星處女整合了行動與謀略，想想拿破崙吧，他的火星就跟海王星合相在十宮的處女座。法國大革命期間，社會極度動盪、各種毀滅性的行動，造成死傷慘重。在又稱「雅各賓專政」的恐怖統治最高峰，就是天冥對分的時刻，發生血洗街頭的事件，社會上聞極端政治派喪膽。拿破崙（Napoleon）認為自己是替革命反動帶來秩序的人，讓發生的一切得到合理解釋，繼續落實符合法國大革命價值的社會制度。這其中一部分意味著，他能夠以法國大革命作為理由，繼續征服其他歐洲國家。

如果你們讀過麗茲・格林的《內行星》[2]這本書，就會曉得她是這麼形容戰神艾瑞斯的：「一百四十公斤的彪形大漢，身上長滿了毛，完全沒有餐桌禮儀，無論人神都嗤之以鼻。」艾瑞斯茹毛飲血、酷愛戰爭的天性讓人非常不舒服。在奧菲斯（Orphic）的祈禱文裡，會有人哀求他離開戰場去擁抱阿芙蘿黛蒂（Aphrodite），放下武器，拿起農作的鐮刀與犁。世人稱呼雅典娜為「帶來勝利的人」。這兩位神明都跟戰爭有關，為什麼所受到的待遇天差地遠？

觀眾：我認為聰慧跟足智多謀是雅典娜負責的，艾瑞斯只是魯莽的欲望而已。雅典娜是女性版的火星嗎？

琳恩：聽來的確如此對不對？雅典娜顯然是腦子比較清楚、比較講理的火星能量。在希臘的文本裡，艾瑞斯是名莽夫，只會破壞，不知滿足。希臘人很怕艾瑞斯，但是隨著希臘人走上沙場，殺人的力量及憤怒也只能來自這一位神。一旦這種力量附上你的身，幾乎是不可能停下來的。大家還記得這兩位神明是如何誕生的嗎？

觀眾：雅典娜是從宙斯（Zeus）的頭部出生的。

琳恩：沒錯，宙斯吞下了機智與計謀的女神墨提斯（Metis），因為預言說她孩子的智慧將會超越宙斯。宙斯後來頭痛欲裂，原來這是雅典娜出生時的產痛，她全副武裝從宙斯的頭部跳出來。這個意象很有意思，男性「吞噬」了女性，結果竟發生這種事，宙斯居然發展出創生的能力，但這點冒犯了希拉（Hera），她誓言要復仇。在其中一個版本的神話故事裡，希拉去找負責花朵、青春與歡樂的芙蘿拉女神（Flora）協助她自己懷上艾瑞斯。

---

2 原書註：原書名 *The Inner Planets: Building Blocks of Personal Reality*，作者為麗茲・格林與霍華・薩司波塔斯，心靈工坊即將出版。

亦即艾瑞斯的誕生沒有父親，而宙斯則消滅了雅典娜的母親，代替了這個角色。在陰陽兩極裡，這兩位戰神都少了些什麼。有趣的是，我們可以看到最陽剛的火星居然是女性憤怒下的產物。芙蘿拉類似比較溫和的蓋亞女神（Gaia），因此讓我們想起那把替天王星去勢的鐮刀，鮮血及精液從鐮刀上滴落海中，因此誕生了阿芙蘿黛蒂。而能夠喚起欲望的阿芙蘿黛蒂就是能讓艾瑞斯遠離毀滅的神。循環不斷上演，憤怒與欲望一再交織，這就是陰陽之間不斷循環的衝突與戰爭。

我因此想到美國靈性作家肯恩．威爾柏（Ken Wilber）在書裡提過一個關於男性賀爾蒙睪丸素的實驗。參加實驗的女性都抱怨自己一直想到性。研究人員發現睪丸素有兩個基本的作用——交配與殺戮。我們看得出來，衝突與欲望息息相關。艾瑞斯是很好辨認的，他是一股魯莽、本能的力量，喜歡流血與衝突，無視他人的痛苦，完全沒有同情心。反觀雅典娜，總會提出建議，積極參與結果和產出。

觀眾：如果我記的沒錯，雅典娜也是一位處女神，這意味著，她跟火星涉及性的層面沒有關係。

琳恩：我覺得單獨的艾瑞斯或雅典娜都無法完整表現出火星在占星學上的意義。羅馬的戰神瑪爾斯（Mars）的確很符合我們賦予這顆行星的價值。希臘人非常崇拜雅典娜，他們認為她的聰明才智能夠與瑪爾斯的毀滅力量相抗衡。我在想雅典娜的強烈原型是否跟火星落在風象星座有關，風象星座包括雙子座、天秤座以及水瓶座，當然也可能跟火星落在處女座有關。畢竟，這些星座比較喜歡用頭腦跟心智接觸事物，在一般的占星書裡，這幾個星座跟性比較沒有關係，雖然也不全然如此。這些星座會跟火星的本能面向保持距離，雖然在床第間想太多可能會沒什麼意思，但跟火星保持距離也不全然是件壞事。相反地，當火星陷入阿芙蘿黛蒂的魔咒，也就是落入金星所守護的星座時，可能就會因為樂趣分心，遭到美的誘惑，或受到愛情而不是戰爭的驅使。至少這是暫時的表現，如同史詩《伊利亞德》（*Iliad*）裡的帕里斯王子（Paris），離開戰場去跟阿芙蘿黛蒂調情，因而受到其他戰士的奚落。

《伊利亞德》裡的火星主題

琳恩：在場有多少人讀過《伊利亞德》？三位嗎？荷馬筆下的這個特洛伊戰爭故事深刻描繪出神祇、男人與戰爭。對於火星的主題，這是最好的描繪。希臘藝術裡鮮少討論到艾瑞斯，他也不是《伊利亞德》裡的中心人物，這個故事的主題反而是衝突、戰爭及勇氣。有人記得開戰的原因嗎？

觀眾：是不是帕里斯愛上海倫（Helen），把她拐走？

琳恩：我也是這麼想，因為這就是引起戰爭的事件。不過，我很訝異《伊利亞德》這個故事是從中間開始說，故事一開始，已經開戰九年了。字幕會打：「阿基里斯的憤怒」。開頭就是場爭執，所有的希臘神祇與英雄都選邊站，也解釋了各種不同的憤怒、勇氣及毀滅的展現方式，跟火星可是息息相關。

《伊利亞德》開頭的那場爭執兩方是希臘大軍的兩名戰將，阿伽門農（Agamemnon）與阿基里斯（Achilles）。阿伽門農擄回了一位名叫克律塞伊斯（Chryseis）的女孩，她是阿波羅（Apollo）神廟祭司的獨生女。老祭司帶著大量黃金趕來戰場，想要優雅的贖回女兒，他的話語讓大軍部隊替他喝采。不過，阿伽門農卻無禮威脅他，還說如果他想「全身而退」，就立刻離開戰場。這是《伊利亞德》一開始發生的事。祭司渾身顫抖離開了，但他一回到家，就向阿波羅祈禱：「若我的祈禱曾取悅過你，若我曾榮耀過你，請替我復仇。」從這一刻起，阿波羅就站在希臘人對面了。太陽神先用弓箭射向騾子跟狗，然後再朝人類射去。瘟疫散播了九天，直到阿基里斯去找一位先知卡爾卡斯（Calchas）問清楚人類生病的原因。先知擔心自己的安危，請阿基里斯保護他，他說：「就算國王現在嚥下了他的怒火，暫時安撫自己的不滿，但有一天他總會找人算帳。」當這位先知說明太陽神生氣是因為阿伽門農冒犯了阿波羅的祭司時，沒有人覺得訝異。這個時候，阿伽門農為了阻止士兵繼續死亡，只好無條件讓祭司的女兒回家，還附送很多金子。阿伽門農聽到神諭的時候「……氣到跳腳，黑色的憤怒在他心底翻攪，他的雙眼熊熊燃燒。他兇神惡煞地繞著卡爾卡斯身旁打轉。」他指控先知說了不好聽的話，然後他又開始替自己找台階下。他替自己的行為辯解，質疑先知的闡釋，還爭論是不是一定要把女孩送回去，能不能用其他人代替，「這樣夠不夠文明？」他因為嘔氣，所以搶走了阿基里斯的女孩。火星在這裡的問題是什麼？阿伽門農的動機是什麼？

觀眾：他的東西被拿走了。

觀眾：在他面對老祭司的時候，我感覺到他驕傲且傲慢，甚至有點冷酷。

琳恩：兩位都有道理。阿伽門農打發祭司離開的時候，冒了風險。身為國王及軍隊的首領，他的話語就是法律，但他實在太過分，因此喚醒了阿波羅的敵意。這位國王在此有實際的權力可以得到他的心之所嚮，卻沒有足夠的道德權威留下女孩，然後又沒辦法心甘情願把人送回去。這是什麼樣的火星呢？

火星與權威

觀眾：他就是個惡霸。這樣的火星想要掌控大權，別人都不能替他做決定。一切關乎控制。

琳恩：我覺得你說的沒錯，我在想這是不是火星在獅子座或摩羯座的表現，因為個人權威就是這兩個星座的基礎。為了要與某人的火星抗衡，必須先了解背後的驅動力是什麼，火星為何行動。阿伽門農的行為是為了維持自己的地位，許多戰爭之所以開打也只是為了維繫地位，而不是實際要搶奪土地、女人或名聲，就算表面上是為了爭這些東西也一樣。兩方對戰的理由也許不同，不是每顆火星都必須當上老大，但火星一定要有自己掌管的領域、控制的範圍。少了這點，你就喚醒了火星想要毀滅的那一面。當然宮位、相位的不同也會有細微的差異。阿伽門農並不想要那個女孩。她能夠取悅他，但他主要只是不想讓給別人。這種反射動作在孩童身上看得非常清楚，如果你把孩子的玩具硬搶走，交給另一個小孩，就可以觀察到這種現象。火星一直要求我們採取堅定的立場，界定了我們願意反抗的界線在哪裡，或者我們願意放下欲望，退縮和離開的底線在哪裡。若我們太常放棄，也許會傷害了自己。

觀眾：火星在獅子座的人會不會比較溫暖，或比較自我？

琳恩：沒錯，整體來說我覺得的確是這樣，火星在獅子座的人必須將心思放在某些事物上，行動必須發自內心。在一個人的星盤裡，火星永遠會跟太陽綁在一起，但火星獅子也會有類似傾向。少了火星，我們就沒有辦法順暢表達太陽的驅動力，也沒有辦法在心理層面發展。要發展一個人的意志，必須以太陽的力量加上火星的能量。當然，在沒有意識到的狀況下，火星獅子可能會捍衛失真的太陽，整個人驕傲、炫耀、自以為是、吹捧自己。火星獅子的確必須站在舞台中央，但也必須朝著獅子座尊貴的那一面前進才行。火星會捍衛我們的生命，少了火星，我們生理或心理上都無法存活。如果各位體驗過暴怒的情緒，這種感覺就可以讓你們曉得火星和生命力是緊緊聯繫在一起的。矛盾在於，火星出擊的時候常常會摧毀事物，卡在火星的狀態裡，對相關的人來說，都是非常不愉快的經驗。

在場有沒有人從來沒有這種經驗的？沒有感受過這種生命力或火星的能量？沒有嗎？請舉手。真的，這點很重要，在場有幾位。有人常常感受過這種力量嗎？好，也有一些人。當我們在談火星的時候，其中一個大議題就是無法感受到憤怒。重點不是憤怒，但這意味著可能發生過什麼事件，壓抑住當事人一部分的生命力。這樣的火星議題與火星能量一直過度活躍、容易誘發的問題一樣重要，雖然前者對他人來說相對輕鬆易處。

置生死於度外

火星會將我們推至險境，逼迫我們採取立場，或從內心展開防禦攻勢。最極端的火星，則會問我們願意為何而死。不過，如果我們不願意拿生命冒險，或曾在生命早期經歷過難以忍受的挫敗，就可能無法正常使用火星能量。而就算火星在一個人的星盤裡處於有力的星座或宮位時，這種狀況還是可能發生。當我們脫離核心意志的時候，就很像生活在行屍走肉的冥府之中。在神話故事裡，地府冥王普路托（Pluto）沒有殺人，取人性命的是瑪爾斯。普路托接收死者，管理死靈。火星帶領我們前往與生命對峙的必要場景，冒險犯難，有時的確有喪命的風險。我們會不會冒著生命的危險渴望某些東西，或願意為了這個渴望而取人性命？

觀眾： 不過，我們可以這樣說嗎？從占星的角度來看，冥王星啟動了火星殺戮的機制？

琳恩： 這是個好問題。我覺得當摧毀發生，或不得不毀滅什麼的時候，冥王星就會出現。火星的特質存在於當下這一刻，最重要的就是現在，只要是能夠讓這一刻圓滿的行為，火星都會去執行。後果是後來的事，這時冥王星才會出現。不過，後果就是先前行為所帶來的結果，可能已經造成失去、受傷、無法彌補的關係、毀滅的世界和無人哀悼的道別，無論火星有無意識到，這些狀況都從內心驅使我們。也許這就是你的意思？儘管大家會想到天蠍座與冥王星之間的連結，但別忘了，火星也守護天蠍座。如果我們無視守護關係，就會忽略占星學上的細微差異，慢慢觀察，我會加重守護星的比重。

你們有看過導演吉姆．賈木許的《鬼狗殺手》（*Ghost Dog*）嗎？這部電影跟《神鬼戰士》（*Gladiator*）一樣，呈現出火星原型裡較為崇高的一面。主角是由佛瑞斯．惠特克（Forrest Whittaker）所飾演的貧民窟戰士，這位傑出的演員帶著一種沉默但詭異的感覺。電影裡的他遵循古老的武士道，跟鴿子一起住在屋頂上，而在這種武士精神裡，武士必須活得跟死人一樣。這樣一來，他才無所懼怕。這部電影講述的是賦予人類行為上的意義，雖然主角是一位收錢殺人的刺客，他的所作所為卻帶有一種靈性的特質，無論是操作武器、使用他巨大柔軟的身軀都一樣。主角跟一群老黑手黨呈現有趣的類比，這些黑手黨看起來也像死了，還塗上防腐劑，他們只會到處破壞，肆意掃射。這部電影反映出暴力行為的意義，甚至其中一位黑手黨成員還說男主角讓他們從過往的路線中走出來，身為戰士，他們必須回歸生命，在死前，再次感受榮耀。最有力量的火星就是無視死亡或不怕死亡的時候，此時，什麼也無法讓它偏移目標。

我在火車上的時候，讀到一篇報導，一名女子在波蘭的有錢人家長大。他們因為財產跟地位而受到保護。一九四三年，她八歲的時候，納粹找上門來，在她面前槍殺了她的母親與哥哥。她躲進房子裡，後來跟盲眼的奶奶相依為命。奶奶每天都會一邊揉麵，一邊替死者禱告。隨著時間慢慢流逝，她才發覺，行動是讓人不至於墜落進荒蕪哀傷深淵的唯一方法。火星某部分也與我們對於死亡的反應有關。如果我們不能回應悲劇或巨大恐怖的事件，那內心的某部分就會跟著死去，火星的能量能活躍生命，當其遭受剝奪，我們就不再有力量反應了。我們都認識一些人，他們沒辦法自由行事，就算是他們想做的事情也辦不到，絕望的心情已經玷汙了他們的勇氣與意志。

得到心之所嚮

多數人並不會在日常生活裡常常接觸到生死交關的狀況，但火星卻會在我們追求渴望時出現。我們會踩著誰往上爬？我們能否在不剝奪別人的狀況下，得到自己的嚮往？

觀眾：我不懂為什麼不行。如果你在工作上因為表現良好，得到高薪，你就會得到想要的獎賞。這不就是應得的嗎？

琳恩：當然應得。不過，同一間公司裡總會有人薪水比較低，卻做著讓公司獲利、付別人高薪的無聊工作吧？或是跟你同樣資格，卻沒有得到好職位的人？

觀眾：也許我比別人更認真。我的火星在雙魚座，我不會剝削別人。不過，「剝奪」、「剝削」都是假定好東西不夠多，實際上卻不一定如此。

琳恩：一旦事關某種程度的物質享受，競爭就會戴上文明的面具。身在西歐國家，也許每個人都有足夠的資源（這點尚存爭議），但這不意味著我們的財富沒有建立在其他地區的窮困人民身上，最近的例子就是耐吉（Nike）的鞋子。如果你們把視野擴大，你本人也許沒有搶奪別人手裡的東西，但一間公司的執行長很可能在資遣了四分之一的員工後，得到大筆金錢，離開公司，這種人肯定剝削了很多人。想想食物吧，我們以前會打獵來吃，或採集植物的葉子、果實或種子。我們的生命就是藉由掠奪其他生物的生命，維繫在吃食植物與動物上。不過，在許多社交禮儀上，我們會掩飾自己動物的天性，特別是在飲食上。在英國，如果有人端來茶水與餅乾，你可以吃盤子裡最後一份食物嗎？在法國是不行的。我們舉辦小組討論的時候，最後一塊餅乾總會留下來，然後會有人把餅乾折一半，再折一半，留下四分之一塊的餅乾。不過，最後一小塊總會留在盤子裡。這就是展現出人類不是動物，能夠控制自己胃口的儀式，可以稱得上神奇，甚至可笑。活在文明社會裡，某種程度意味著我們必須透過協議與協商，在不激怒其他人的條件下，找到追尋自己心之所嚮的方法。你不會大剌剌地跑進餐廳裡，搶過一塊肉當晚餐，吃到肚子飽脹。你反而會在禮拜五晚上，於倫敦或巴黎市中心耐著性子找停車位，或搭上東京尖峰時段的子彈列車。生命裡充滿我們會與他人欲望碰撞的微小狀況，別人也不見得每次都會順著我們的意思發展。

替火星負責

不過，當別人搶了你想要的東西時，又會發生什麼事呢？我想回到《伊利亞德》，剛剛提到阿伽門農在戰場上生氣，他說：「我不會放棄那個女孩。難道你們期待人家搶劫我的時候，我還束手就擒嗎？不，我反而會搶走你的那一份，或奧德修斯（Odysseus）、大埃阿斯（Aias）的戰利品。」我們看得出來這的確是火星的行為。我們小時候可能會用這種態度對待手足，或是他們來跟我們搶，也許還會有外人來爭奪。這就是火星所謂的分享。用不著打架，若我們放低姿態，其他人就可以把他們的欲望加諸在我們身上，得寸進尺剝奪我們的好處。阿基里斯不是弱者，他是希臘大軍裡最強的戰士，他的反應也很生動，他說：「你這個不要臉的老狐狸，總想著什麼最有利。讓我上場作戰的不是特洛伊的持矛士兵，他們不曾傷害我。我們加入這場遠征是為了取悅你，作戰的酷熱與重擔都落在我的肩上，但說到分好處，你總分得最大一份，我呢？疲累不堪，卻只有小小一份。」阿基里斯跟個任性的孩子一樣，威脅說如果他沒戰利品，他就要回家了。阿伽門農則說：「你的憤怒與我無關，但我會帶走你的獎賞布麗希絲（Briesis），讓你明白，我的地位比你高，權力比你大，讓世人知道不該跟國王惡言相向。」

現在呢，我們知道阿伽門農是為了保全自己的權威而行動，但他惹錯了對象。阿基里斯太生氣了，他想攻擊國王。他的手按在寶劍上，劍都出鞘一半了，他卻不知道該不該殺阿伽門農。他卡在內心的天人交戰之中。就在這個時候，雅典娜出現了，她從身後拉了拉阿基里斯的頭髮，要他轉過身去。這個畫面很有意思。他轉過身，立刻從女神「閃爍的目光」認出她來，不過，其他人都看不見她。雅典娜說：「別殺他。控制你的怒火，用言語刺激他就好。」

琳恩：我們可以說這裡的阿伽門農反應冰冷，但阿基里斯卻怒火中燒。他的動機是什麼？他為什麼這麼生氣？

觀眾：他生氣是因為國王不認可他，不欣賞他的表現。

琳恩：對，他覺得受傷，榮譽感也遭到重擊。他後來就跟一個煩惱的小朋友一樣，回家找媽媽幫忙，還誓言要阿伽門農付出代價：「希臘大軍慘敗在弒人者海克特（Hector）手下時，你將無計可施，你會懊悔到想挖出自己的心臟，後悔藐視軍隊裡最強的戰士。」阿伽門農是國王，但他太驕傲，覺得自己比神、比其他戰士還偉大。瘟疫之所以出現，是因為他不尊重阿波羅；希臘大軍差點慘敗，是因為他不尊重阿基里斯。等到他終於回家的時候，他的太太則取了他的性命，因為他為了要出海作戰，獻祭了自己的女兒。他也許是名好領袖，卻對他人的感受冷眼旁觀，因此招來致命的結果。以及，他在所有的狀況裡都會注意到權力配置：「這個人想要站上大位，想要統治我們。」他會將自己的動機投射在其他人身上，這個特質因此成為他的盲點。

後來，當他拉開距離的時候，他才看清自己行為所帶來的後果，他將責任推到眾神身上：「克羅諾斯（Kronos）的兒子宙斯將會折磨我，他用沒有結果的爭執與口角纏住我。阿基里斯說的沒錯，是我發脾氣在先，現在卻是他沉浸在不和之中。」責怪他人、把責任跟力量投射出去也是火星的行為，這是火星戴上防禦面具時會做的事情。我們能夠因此找藉口合理化自己的行為，而不必承認錯誤。「都是人家逼我的！」接著又過了幾章，狀況持續惡化，阿伽門農才承認自己錯了。「怒火讓我盲目走進愚蠢之中，但現在只要阿基里斯願意回來打仗，他要什麼，我全部加倍給他。」因此，這就是一位國王，一位男子漢，為自己行為所負起的責任。我覺得這個傾向滿土星的，冷酷、指責，最後，認清先前決定所帶來的後果，然後承擔一切。挫敗為意識之母。他並沒有染指阿基里斯的女人，因為他從來就不想要。他把女孩還給大將，還附送了土地、黃金及承諾要把女兒嫁給他。現在這是光榮的作為。當火星能夠符合太陽的原則時，這顆火星就可以進行光榮的行為。畢竟，阿伽門農最終的目的就只是要打贏戰爭而已。

替太陽效命

不知節制的火星具有毀滅性，坐落摩羯座的火星受到規範和法律的限制，因此才說這個星座是火星的強勢位置。火星的本能意味著這股能量很難與意識的目的連結。太陽在牡羊座之所以強勢的其一原因就是精力、生命力及意識三者串連在一起。任何位於牡羊座的行星都有類似的能量，非常肯定生命、活力、精力與意志力。火星肯定自我的行為常常會領向衝突，它的力量具有推翻個人意識的傾向。火星可以破解情結，展示出一個人運作的真正機制。身處於文明世故的假面底下，每個人每天會發生的小爆炸大概都指出我們不想承認的情緒。我可以想見，這間教室裡的每一個人都會因為某些瑣碎、愚蠢的事情發怒，因為這是人性。在讀者來信專欄裡，常常聽說這種事情：「我丈夫不肯把牙膏的蓋子蓋回去。」這種小事卻能引發大口角，聽起來非常荒謬，但具有毀滅力量的嚴重口角都是從這些小小的爭執與不和開始的。

琳恩：到底怎麼了呢？是不是每個人都會為這種事情發怒呢？

觀眾：因為其中一人想要控制另一方。

琳恩：又是控制。這麼小的事情，卻展現出巨大的無力感。記住，火星遲早會逼著我們表態或採取立場，某些態度與立場沒有太多空間。也許專欄裡的女人在生命的其他場域裡已經一再屈服，最後就在這裡爆發。其他人，好比說阿伽門農或阿基里斯，則有更急迫的議題。這些爭執的大小，也許與事件本質的重要性無關。

觀眾：可以回到先前說的，對某些人來說，生氣才是找到自己驅力動機的方式。

琳恩：我喜歡這個說法。

觀眾：如果一個人的太陽在雙魚，火星在牡羊，這種火星該如何替太陽效命？

琳恩：為什麼火牡羊會想替日雙魚服務呢？

觀眾：就是啊，這兩種星座很不一樣，該怎麼運作呢？火牡羊該如何支持日雙魚？

琳恩：太陽和火星兩者都是確立當事人自我的行星，無論火星跟太陽多不和諧，火星的能量都不會在這個人的星盤裡消失。我記得看過一位有這種組合的人，他整個人朝著很不健康的方向發展。他把房間都漆黑，和他的杜賓狗形影不離，一大早就開始酗酒。他的雙魚敏感特質讓他在很小的時候就體驗過失望，潛在的暴力、自毀傾向非常明顯。不過，他後來開始練習跆拳道，整個人因此轉變。他的火星一旦找到值得發展的舞台，就會開始療癒先前的身分認同問題。他成了國家冠軍，後來還教生活困苦的孩子跆拳道。如果火星太強，就會從太陽的驅力裡分離出來、投射出去。這種狀況很容易發生在女性的星盤裡，但也許一百年前這種狀況比較少見。你們有沒有聽過別人說：「為什麼他們總找我吵架？我什麼也沒做啊！」火星會要求你走出去面對世界，如果你不願意，火星就會從外在世界找方法硬闖進你的生命。記著，火星距離地球雖近，但已經超出我們的軌道範圍，一路前往木星、前往土星了。不過，話又說回來，為行動而行動，不顧其他一切的行為，也可能是火星過度使用、無法阻斷或與核心失聯的結果。你的人生是否能夠一帆風順到都沒有注意輪下輾過的屍體呢？

觀眾：在先前的例子裡，火牡羊可能是個冠軍，是為了崇高使命而奮鬥的十字軍。這點跟雙魚座也算有關連吧。

琳恩：這是個很好的方向，因為必須為火星找到不用毀滅生命的使命。一旦少了跟太陽之間的連結，當事人會覺得火星愈跑愈遠，愈來愈不受控制。星盤裡太陽與火星呈現四分相的人，很容易自己陷入這種戰爭裡。

整合火星

我們該如何跟火星產生健康的連結呢？一個方法是參考火星的守護星，通常這是可以找到更深一層火星動機的線索。若火星在摩羯座，我們就去看土星，且探究土星在個人星盤裡的意義。假設火星在二宮，意味著當事人可能對於安全感有根深柢固的焦慮，擔心自己的東西會遭到剝奪。這裡的火星會以劇烈的方式反應。使用之前的例子好了，我提到火牡羊，代表這顆火星不會聽任何人的指揮，但必須善用且尊重這股力量。當事人很可能擁有一顆強而有力的火星，卻覺得在生活裡處處碰壁，無力可施。我知道有些火牡羊飽受嚴重憂鬱症及倦怠之苦，但當他們真的動起來的時候，會像一陣旋風一樣。當這股巨大的潛力無法好好使用的時候，就會退縮回身體裡，製造出頭痛、高血壓之類的症狀。如果火牡羊在十宮裡，可能會對父母或其他權威人士充滿直接的憤怒。就這個例子看來，火星脫離了核心，從外面闖進來了，當事人會說：「他們總是叫我做這個、做那個！」如果這個人是日牡羊、火雙魚呢？與之前討論的例子會有什麼不同？

觀眾：就我看來，結果可能差不多，但手法可能更溫和、更講究直覺一點。

觀眾：我有這個組合。我想做很多事情，但對我來說，凡事起頭特別難，好像意志不是我的一樣。

火星在雙魚

琳恩：我們很難想像有哪個人能夠好好掌握雙魚座的能量，因為這個星座所帶來的衝擊非常巨大。火星雙魚會受到信念及願景的刺激，這是因為雙魚座的兩顆守護星，木星及海王星的關係。不過雙魚座會陷在兩難之中，一方面想把事情做得更好，另一方面卻不想增加人世間的痛苦。遇到戰爭，火星雙魚就會卻步，好比說《摩訶婆羅多》（*Mahabharata*）裡的阿周那（*Arjuna*），還會質問為了某件東西作戰是否值得。另一方面，火星牡羊則會立刻出動，肢體與肢體之間產生碰撞，在沙場上大搖大擺、大吼大叫。我有位火星雙魚的朋友，我問他在他的生命中，哪裡存在著衝突？他說生命本身就是戰場——這麼多醜惡、不公的場景，單單一個人，面對這些狀況又能怎麼辦呢？火雙魚常常會不曉得該如何著手，或者會承受許多結尾與開端交織在一起的持續變動。一旦某件事開始，往往就沒有限制，這點因此構成他一開始就躲在後方的理由。也可能造成的後果太重了、必須理解的狀況太複雜了，一旦陷入，就不可能停下來仔細看清楚。於是無論真的成就了什麼，到頭來要做的還會更多。這就是為什麼，我們常常看到火星落雙魚的人要投入某件事之前會猶豫不決的原因。在《伊利亞德》的某些橋段裡，一些角色會開始質疑是不是該逃跑。他們每次猶豫，命運就會插手，因為在戰場上裹足不前就會產生立即的後果。如果你靜止不動，外界就會採取動作，這股能量會闖進來抓住你，帶著你一起前進。火星在變動星座的人可能比較難選擇一個方向前進，這種人的能量是分散的，因為有很多不同的欲望在牽引。

觀眾：行運中的冥王星即將觸動我星盤裡的火雙魚，感覺冥王星好像要把怒火逼到表層來。

琳恩：沒錯，冥王星要求我們探得更深更遠。在這個階段，你一定要找到另一個與火星相處的方法。如果你這輩子一直避免衝突（雙魚座特別擅長逃避混亂、掩蓋真相），現在冥王星一定會用一種你逃都逃不掉的方式逼著你正視問題。冥王星行經射手座，狀況可能是你的信仰、道德會受到考驗。如果你選擇繼續無視這樣的正面衝突，壓力只會愈來愈大，直到你覺得自己好像要死掉了一樣，相較之下，其他的狀況都比死掉輕鬆。請記住，生死是火星的基本議題，冥王星會把你逼到邊緣。冥王星會揭露出你並沒有真正活出來的領域，也許不是生理上的生存，而是讓人看到自己最深層的欲望。特別是常常會犧牲個人欲望的雙魚座，真正的問題在於他們跟深刻的內在斷線了。雙魚座的原型包括了最終極的犧牲，也就是「我會為你的罪過而死」。這種火星、海王星之間的關係是很棘手的，因為這種人認同自己的方法是放手，或看似失去一切。

觀眾：我在想剛剛說過火星跟行動的關係。我是日天秤、火雙魚，我能夠體驗到火星的方式是我出去跳舞的時候。我可以跳上好幾個小時，真的就如妳說的一樣，我徹底解放，成為另一個人。

琳恩：跳舞或打鼓，跟節奏有關的活動，都是跟火星直接的連結。舞池是火星的絕佳舞台。跳舞的時候會感覺快樂、狂喜、宣洩，又不用傷害其他人。跳舞可以滿足金星守護的火金牛、火天秤和海王星守護的火雙魚。身體總會讓你回到火星，如果你能讓身體繼續活動，身體也能讓你重新活出自己。曾經受過嚴重憂鬱症之苦的朋友都曉得，就算是最瑣碎的活動，洗碗、起床，都是不可能的。身體就是起不來，你的手就是不肯接電話。一九六〇年代以降的心理學思想「發現」憤怒與憂鬱症之間的關連，透過發怒，捶打枕頭之類的行為，的確可以達到令人滿意的宣洩。當然，他們也發現怒火會牽扯出更多怒火。某些星座，雙魚座是其一，的確無法直接發洩怒氣。火雙魚很容易注意到可能的傷害，通常都會擺出一副完美、理想的形象。他們多半必須仰賴願景的指引，也就是靠夢想來激勵火星前進。火雙魚常常會犧牲自己，如果必須傷害別人，那他們就會放棄這個目標，但他們也很擅長藏起自己真正的情緒。這點可能造就火星配置上很經典的被動攻擊型人格（passive-aggressive），困在車陣裡的好好先生忘了該去的地址，無法準時抵達，結果還打破了他特別幫你洗好的玻璃杯。

火星在巨蟹

再來看看另一個例子——火巨蟹好了。就傳統來說，巨蟹座是火星失勢的位置，不過我覺得事實並非如此。這是一個很適合反擊的位置，但這種火星一定覺得處處都是危險，特別是如果當事人的月亮又有困難相位的時候。月亮會滋養火星巨蟹，這種配置有強烈的情感，不見得總對當事人有利。月亮跟火星都是本能的行星，兩者都很容易產生反應，容易受到外物的激發，這種組合可能會用過往的衝突來解釋現況，以昔日事件的動機與意圖來看待眼前的問題。火巨蟹通常不會覺得自己是加害者，當然旁人也許不能苟同。巨蟹座與月亮都象徵母親，對一個男性來說，火巨蟹是一份用意識去替別人的生命負責的工作，通常會受到母親或當事人生命裡重要女性的影響。

如果要了解火巨蟹，花點時間去觀察螃蟹吧。多年前，我曾看過有人用誘餌把螃蟹騙出藏身處。螃蟹會小心翼翼前進，然後立刻跑回水下的洞穴。然後，過了一會兒，才會從另一個角度側身前進，接著再次跑回洞穴。等到螃蟹真的碰到誘餌的時候，牠的鉗子會開開闔闔地夾住食物，速度跟力量都很驚人，最後永遠消失進翻攪過後的混濁水中。你們想想，螃蟹每年都會換殼，總有一段時間是沒有保護層的。火巨蟹在某個時期會覺得非常脆弱，好像沒有母親的保護，將會活不下去，這個時候，他們會仔細聆聽外面的動態。位於巨蟹座的火星似乎永遠沒有辦法擺脫這種脆弱感，當事人通常必須回到內在，因為火巨蟹必須傾聽自己陰陽兩面的對話，整合情感與行動。我發現參加占星研討會的許多男性都是火巨蟹。

你們有沒有注意到，某些事情總能讓我們覺得受傷？我們所受的傷害與不公正的待遇通常都能成為我們解讀世界的核心，如此「合理化」了某些反應。對外人來說，他們好像無意激怒，但我們卻發怒了，甚至可以說他們是充滿攻擊性。火星在巨蟹的人本質上並不想傷害其他人，但他們防禦自己的方式卻常常是喜怒無常又令人不悅的。我在這裡要說的是，我們對於某件事的內在經驗可能跟我們加諸在週遭人身上的效果大不相同。因為水象星座跟內心的感受緊緊連結在一起，所以當火星在水象星座時，感覺通常會更為強烈。

觀眾：這樣是指水象的火星是無意識的嗎？

琳恩：某部分是如此，但這是因為火星本身就不是一個完全講究意識的行星。想一下，火星捍衛的是身體、動物本能、一個人的身心整合。當我們從滾燙的物體表面把手抽開，或立刻反應避免遭遇意外的時候，搶先上場的是火星，而非思考。風象的火星雖然能夠讓自己與憤怒保持距離，但就長期來看，也許是更與意識脫節的。水象的火星可能更接近感覺與欲望的源頭。

火星在天蠍

我們談了很多衝突，但火星的本質是與欲望有關。當我們朝向欲望前進的時候，難免遇上困難，衝突因此產生。困難可能來自內心，因為某些欲望會讓我們支離破碎，這時一定要對抗、角力，最終克服。有些欲望太過危險，與我們的身分背道而馳，甚至沒辦法看清問題所在。這些欲望也許是未來轉化的秘密催化劑，假以時日還能帶領我們走向新生。當一個人擁有自己不想要的東西時，與他人的摩擦就變得無可避免。誰的欲望會勝出呢？同樣的問題也許會在高度競爭的狀況中出現，當大家都想贏，或都想爭奪同一個女人、同一件事物的時候。

火牡羊的行動就是他的目標，如果遇到衝突，很好，至少火牡羊會因此感受到生命力。不過，當火星天蠍想要什麼東西的時候，則通常很少會放棄欲望，他或許先會潛藏著，然後以偽裝形式出現，不過，力量是一直存在的。火星天蠍會全神貫注、徹底聚焦、毫不保留。我有一個火天蠍在三宮的藝術家朋友，他說除了性、呼吸跟食物外，他腦子裡就只有藝術，他說：

「專一到有點變態的程度。」就是這種專一性、絕對性，橫掃火星天蠍路上的障礙。火天蠍會問生命裡不可或缺的是什麼，一旦得到了答案，就會走遍千山萬水達成目標。火天蠍可以探進生命最脆弱的地帶，受不了無能為力或沒有熱情的生命。不過，苦於無法發洩能量的火天蠍則讓人更是困擾，能量卡住的時候，就會淤塞住隙縫與池塘，池水會變得混濁黑暗又厚重。天底下最不健康、最有害的狀況，莫過於受到壓抑的天蠍座了。

如果火星受挫，就會憤恨不平，所有的埋怨與毒惡都會滲進與他人的關係之中，有時還會放出羨慕與忌妒的惡魔。火天蠍可以將樂趣建築在別人的掃興之上，甚至還會破壞別人的樂趣與成功。最糟糕的狀況就是變得冷漠，扼殺了所有的靈性與靈魂。我坦承這一切都非常極端，我們通常只會觀察到這股毀滅力量的些許跡象，但我們可能比較熟悉天蠍座欲望裡那種有如輾壓機一樣的特性。天蠍座讓其他人的欲望屈服的手法就跟黑洞吞噬光亮一樣，是直接攻擊你的內在、你的靈魂。火牡羊通常不會在意其他人在做什麼，但當火天蠍的欲望裡還有其他人的時候，很可能是性慾，這時，他們就肯定會變得更固執、更高壓或更操控。

琳恩：不久前，我跟一位母親聊天，她有一個十六歲的女兒。她的女兒就是火天蠍在十二宮，還跟土星形成寬鬆的合相。這樣的火星有沒有力量呢？

觀眾：有，也沒有。火星在十二宮的人不是沒有辦法想做什麼就付諸行動嗎？火星在天蠍座跟在十二宮都是很隱晦的，也許她沒有辦法坦承自己的欲望？

觀眾：我會說她控制欲很強，但不會用直接的方式。

琳恩：我先介紹一下，你們再告訴我有什麼想法。她從很小的時候就很愛買東西，她會鎖定雜誌上的某項產品，然後打電話給所有販賣的店家，然後纏著爸爸媽媽，直到他們把東西買回家為止。這種行為成了一種執迷。經過幾天熱情褪去後，買回來的東西無論是衣服或CD就會被扔去一邊了。

觀眾：聽起來她要的好像不是這些東西，也許她只是想測試自己欲望的底線，或是要逼爸媽就範。

琳恩：沒錯，如果她立刻失去興趣，那重點肯定在別的地方。不過，她會投注大量精力與熱情去買這些東西。美麗的女人或光鮮亮麗的大人玩具，好比說車子、電腦、手錶，都一直誘惑我們，這就是點燃消費主義至上社會的燃料，象徵權力、奢華或成就的意象也會火上加油。生活裡充斥著這些東西，我們實在很難認清自己內心到底要什麼。我們通常不會覺得十二宮跟物質有關，所以她真正的動機可能是什麼？她肯定會覺得現在自己一定要擁有眼前這項物品，對了，她的火星四分獅子座裡的金星。

觀眾：她根本不曉得自己要什麼，但天蠍座的熱情意味著她會表現得非常嚴重。明顯的欲望躲在別處，但結果卻是她會將一時興起的念頭加諸在別人身上，可以說是一種變相的權力迷戀嗎？

琳恩：如果火星天蠍與內在真正的欲望斷線了，也許就會把可觀的能量轉向操控別人，用意志力去征服別人。沒有辦法真正滿足，只能一直強迫這樣的行為下去。

觀眾：該如何替這位女孩進行諮商呢？她永遠都會有這樣的驅動力，她可以把精力聚焦在什麼地方？

火星落在十二宮

琳恩：就跟所有的火天蠍一樣，我覺得她該找到可以投注熱情的領域。火星在十二宮通常都是瞄準某些碰觸不到的東西。你要的是很難得到的東西，或是你相信自己無法得到的東西。就外人看來，你註定要失敗，實則十二宮不是按照常理邏輯來運行的。他人眼裡的敝屣，也許就是能夠激勵這顆火星的珍寶。任何落在十二宮的行星都會把目光放在掌握不住的事物上。十二宮遠超越我們的理解，無法用邏輯解釋，而落在這個宮位的個人行星會將我們推進未知的領域。

觀眾：十二宮不是跟集體意識有關嗎？我對這個家族裡的男性很好奇。

琳恩：沒錯，十二宮的確反應了這個家族的故事。火星落在十二宮也許會有邊緣化或受到排擠的議題，有時甚至牽涉到遺棄。這位女孩的外曾祖父在一九一七年俄國革命後開始流亡，希特勒掌權後，又再次遷移。她的父親很年輕的時候就前往阿拉斯加，「失蹤」長達一年。她父親的火星也在天蠍座，是一位很有創意又充滿熱情的人，不過工作及財務上並不順利。他是一位藝術家，卻沒有辦法用藝術品賺錢。也許落於十二宮的火土合相反應了這種挫敗感，也滋養了女孩的強烈欲望。誰都沒有辦法阻止她。不過，這組合相也指出了另一件事，早在她受孕前，她的父母在度假返家時，發現一位藝術家朋友的屍體躺在他們床上。這朋友因為財務困難、有志難伸，沮喪到用藥過度而死。你們可以想見這對夫妻有多驚訝、多難過。這件事成了他們結婚及相守的催化劑。還有，雖然不太明顯，但這對父女的名字非常相似。

觀眾：這麼說來，這位父親的絕望，後來在女兒身上留下了殘像？

琳恩：十二宮與個人、家族、集體意識的未竟之業息息相關，通常我們會將這個宮位形容成沒有活出來的能量、沒有處理的創傷，它某部分遭到遺忘，卻持續在無意識裡餘波盪漾。落在此宮位的行星會回應他人無視的神祕浪潮與壓力，也許當事人永遠都沒有辦法完全理解。就這家人來說，我最近發現他們家族裡還有其他失落的男性，一位家族裡的友人在旅行後失蹤，再也沒有回來；一位二十一歲的叔公因為口袋裡有塊金盧布，所以遭到蘇俄布爾什維克黨成員射殺。火星在十二宮，肯定會有什麼事情沒有辦法劃下句點，而一定會有人看似走錯了路，才創造出這些未盡的狀況。我可以想見，女孩火土合相在天蠍座，對失落的欲望、阻塞的意志，肯定覺得非常焦慮，這也許就是她對於欲望執迷的部分原因。她也許會因此前往某些奇怪的境地，因為到頭來，十二宮會要她放下，當然，放下跟放棄是兩碼子事。

不久前，我跟一位朋友聊天，他的日、火、天合相在十二宮巨蟹座。他是一位惡名昭彰的花花公子，朋友總會笑他跟女人之間的關係。不過，他說他受不了侷限的感覺，半年都跟同一位女性交往只會讓他覺得很緊繃，欲望跟興頭全沒了。他的家庭教育很嚴格（十二宮的合相四分土星），他只能選擇發瘋或逃進夢裡，而他成了一位作家。大家可以看到十二宮的主題非常明確，而且這些行星是在巨蟹座。他活在另一個世界裡，這個世界由他的想像組成。他說過，如果他必須結婚，那肯定是因為他無法拒絕這個女人。這樣的決定之所以成真是因為環境與狀況使然，並不是他願意的。這是另一個火星落在十二宮的主題，好像陷入一個比自我更巨大的漩渦裡，沒有辦法光靠個人意志行事。

觀眾：早先我們提過要看火星的守護星。我想到巨蟹座是透過自我保護的需求運作的。他的月亮在哪裡？

琳恩：他是月牡羊在十宮，對分土、海，四分日、火、天。火星跟其守護星月亮之間有絕對的衝突。

觀眾：這種組合形容出一個很高壓的雙親結構，難怪他會想逃離束縛。不過，月亮在牡羊座也好鬥，是嗎？

琳恩：就這位個案來說，他的戰鬥比較低調。他很會拒絕生命裡的女人，但同時她們又不斷出現。月亮牡羊會依賴奮戰，但他的月亮與火星之間有相同的感受，因此在兩顆行星之間製造出強烈的流動能量。對於他想要的東西，他其實取之有道，不外乎是充沛的親密感，但又不會太超過。

意願與欲望：火星還是金星的議題？

我們談到意志與欲望之間的關係，他覺得自己幾乎沒有個人意志或個人意願，他沒有辦法離開自己的私人宇宙，甚至根本出不了家門。他說自己有時會很冷漠，但欲望從來就不是什麼問題，特別是跟女人有關的欲望。因此，接下來牽扯出一個我覺得很困擾的問題，部分可能是因為我住在法國。這個問題就是，當我們談到欲望的時候，提到的是火星還是金星？

觀眾：就我看來，欲望是跟火星有關，樂趣則是金星掌管的。

琳恩：這樣的解釋實在很一刀兩斷。我會這麼問是有原因的，當我在法文裡提到「欲望」的時候，通常都會跟英文的感覺不太一樣，法文裡的欲望是跟樂趣、感官，一種無以名狀到無法察覺的力量韻律息息相關的。這種感覺比較接近阿芙蘿黛蒂，而不是艾瑞斯。我拿出我的小羅伯字典，關於欲望的第一個解釋就是：「一種朝著某個特定物品移動的傾向，無論是真實或想像之物，且意識到這種內在傾向。」不過，這個定義強調的是對於渴望之物的關係，而關係通常是金星的範疇。我可以說，只要有關係，就有金星。從這個定義出發，欲望就是朝著滿足樂趣而前進的。在我的《韋氏字典》（*webster*）裡，有個解釋也符合這種概念：「朝著某個目標前進，並在取得後可獲得享受或滿足意識衝動。」請注意這兩種語言的定義裡有「承諾」（promise）與「想像」（imagined）這兩個字眼。欲望裡就是有種捉摸不到的東西，英文裡還有另一種說法，叫做「渴望」（to long for）或「希冀」（to hope for），字典上又有另一個解釋：「欲望會加強感覺的強度，通常暗示出強烈的企圖心或目標。」這點聽起來就比較接近火星了。在欲望的希冀裡注入行動，加上意願的能量，不過，這個目標不是太陽的目標。這個目標來自更底層的某處，暗潮洶湧的地方。

觀眾：這些定義還有弦外之音，我會覺得「渴望」跟海王星有關。

琳恩：沒錯，我同意你的說法。因此提出了一個問題，除了外顯的渴望之物外，火星真正瞄準的目標是什麼？如果火星看準的是滿足感，當我們得到想要的東西以後，又會怎麼樣呢？我們會願意停在那裡嗎？也許我們會小憩一會兒，然後另一個欲望又推著我們前進，因為火星的天性是永遠不會滿足的。雖然我們先前提過火星跟太陽之間的連結，但我們也必須知道，火星跟金星也是息息相關的。我們可以說，在一個人的星盤裡，如果火星跟金星之間產生相位，此人也許會有特別強烈的欲望，當然，火星在金牛座或天秤座也會有類似結果。這些星座對火星來說特別困難的主要原因在於，無論意識上怎麼取決，欲望還是霸占著當事人的生命。火星在樂趣上似乎會受到兩個由金星主宰的星座大力牽引，必須享受自己的行為；雖然這點看似無害，但強迫型的欲望卻跟憤怒一樣具有毀滅性，會成為問題。就是這種模式推動了特洛伊戰爭，大家想想，戰爭的開頭在於希拉、雅典娜、阿芙蘿黛蒂三位女神的選美比賽。帕里斯著實不想，但還是激怒了其中兩位，他的選擇呼應了他內在最深刻的欲望，獎品就是海倫。而他滿足這個欲望的作為就是搶奪別人的妻子，推動整場戰爭。其他的欲望也跟性慾一樣充滿力量，譬如說對權力、財富或知識的欲望。

觀眾：可以多解釋一些欲望與意願之間的不同嗎？

琳恩：欲望會吞噬我們，就跟帕里斯、海倫一樣，他們根本沒有選擇自己命運的餘地。我們經常陷入意識意圖與內在衝動的天人交戰之中，好比說，是要決定節食，還是要吃下這塊看起來非常美味的巧克力蛋糕；該和眼前的蛇蠍美人翻雲覆雨，還是該遵守婚姻的誓約；該保住工作，還是要當面羞辱老闆。這些不只是最容易觀察到的內心小戰爭，更是一種從日常生活表象下，由內在複雜世界升起的巨大回聲，如同完好自我感之下的龜裂與陰溝。想要主宰本能、規範且確立方向的意志力帶有些許土星的色彩，有時的確不可或缺，我常聽到「意志的勝利」這句話，這同時也是一部歌頌納粹統治榮光的電影片名，非常符合希特勒本人金火合相在金牛座，四分獅子座的土星。不過，這裡的意志並沒有跟感官或壓抑性慾產生角力，當然，這兩者的確是討論到意願及欲望一定會談到的課題。天底下還有另一種欲望，與個人深層的需求緊緊相連在一起，也就是我說的，意志跟太陽的使命息息相關的時候。這種意志的使命就是要整合自我的各個面向。不過，這種關係不只侷限於太陽跟火星，所有的行星都是要來支持太陽的，但通常會發生在這兩顆行星之間。

爭執的立場

琳恩：還記得我們之前提過牙膏的例子嗎？我們談到如果對方不肯就範，那當事人想要追求秩序的欲望就會轉變成憤怒。不過，咱們來假設一下，要是對方屈服了，把蓋子蓋回去了，那又該怎麼解釋呢？他們為什麼一開始需要抵抗呢？屈服之後又會怎麼樣？

觀眾：也許他們會覺得受到控制，或自己變弱了。

琳恩：好像不自由了，對不對？也許有點像小時候爸爸媽媽要你做這個、做那個一樣。

觀眾：他們根本不該一起住。

琳恩：說得沒錯。我大學的時候也捲入這種風波過，每天早上，上課之前，我會把咖啡杯放在水槽裡，這個舉動因此惹出一場小戰爭。對我來說，這完全是微不足道的行為，但對另一個人而言，卻是很基本又重要的事情。我們當時是幾個同學一起分租公寓，這位小姐的太陽在摩羯座，喜歡秩序。她因為我把杯子放在水槽裡，後來就不跟我講話了。

觀眾：如果這件事對妳來說不重要，那還能吵什麼？

琳恩：我並沒有吵，是她一直沒有告訴我，她在氣什麼，我也完全不能明白她為什麼充滿敵意。人很容易因為沒有按照別人的意思行事而激怒他們。這是哪一種人格特質在作用呢？

觀眾：這算是被動攻擊型的人格嗎？如果人活在一個社會裡，做過的事情會一直存在，就算看起來很無關緊要也一樣。人不可能只做自己想做的事情，這樣會引來爭執。

琳恩：我並不會把自己歸類在被動攻擊的人格裡。當我知道她之所以生氣的原因時，我非常訝異。這件事對我來說微不足道啊。一個小小的咖啡杯是有什麼關係？

觀眾：如果你要生活在一個群體裡，就肯定要妥協。

琳恩：請問你的火星落在哪裡？

觀眾：我是火獅子，但我的土星在天秤座。當妳提到咖啡杯的時候，我就覺得很生氣，我其實是不太會生氣的人。

琳恩：是喔。

觀眾：我感覺到自己的小火星說：「她怎麼可以這樣？」妳為什麼要把杯子放在那裡，如果別人要用水槽怎麼辦？

琳恩：我只能說，我當年只有二十歲。

觀眾：這樣實在不合邏輯也不體貼。

琳恩：聽起來你好像覺得很冒犯。現場還有人有同樣感覺嗎？看看，不是只有你，不過，我覺得你們不是多數。

觀眾：人必須關懷其他人。我之所以生氣，是因為妳的行為妨礙到其他人的隱私與自由。我也不會以其人之道還治其人之身，我會想辦法做好室友、好鄰居，但我們沒辦法一起住。

琳恩：好吧，看來我們現在曉得什麼樣的人可以住在一起了。接下來的狀況你大概會覺得很開心，我後來跟一群不肯洗碗的人一起住，最後都是我幫他們洗。生命的確向我復仇了。

觀眾：那個杯子象徵了妳看待世界的態度，無關情感。我並不是針對妳生氣，只是捍衛一種原則。

琳恩：這個嘛，我覺得我們激起了很多火星的反應，你們有沒有感覺到現場的氣氛開始熱絡起來了？你們有沒有注意到，連把咖啡杯放在水槽裡這種小事情都能輕易引起我們選擇立場？不不不，別用這種眼神看我！我完全不曉得這件往事能夠引發這種反應。而且，因為我們講的是火星，我覺得我必須替自己講幾句話解釋一下。我完全沒有頭緒，也沒有注意到，必須要到另一個人告訴我，她為什麼生氣之後，我才會曉得要更正自己的行為。不過，她沒有告訴我，她就只是不跟我講話而已。顯然，面對雙子座的時候，冷戰不是什麼有效的策略。她的火星在天秤座，對於金星守護的星座來說，天底下最冒犯的事情莫過於沒禮貌了。不過，我還是要說，就算我知道她會有這種反應，洗杯子還是很煩啊。火星也界定出我們必須採取堅定立場的底線，顯示我們要到哪裡才會說：「不，我不會做這件事。」火星的「不」跟「要」力道是差不多的。

觀眾： 我在我姊姊的小兒子身上很有體悟，他現在兩歲，正值火星回歸。他成天練習說「不」。

琳恩： 對兩歲孩子而言，對母親說「不」的能力是掌握自我主權的開端。我們要一直能夠拒絕，才能發展出獨立存在的自我。我們的欲望與需求一開始是跟照顧我們的人緊緊連結在一起。一位編劇朋友曾說，沒有衝突就沒有故事，就是這麼簡單。除非你能一直待在子宮裡，安安穩穩跟母親連結，但這是一種依賴的狀態。火星需要的是徹底的獨立存在以及個人自我的感覺，不過，為達成此目標，我們必須承擔風險，因為身邊的人也許不同意我們發展。如果一個人對生命裡的一切都逆來順受，那這個人就沒有辦法冒險成為完整的個體。我們在什麼時候會願意採取堅定的立場呢？如果回顧二十歲的自己，我會說，不洗那個咖啡杯就是我行使自由的方法。我媽或其他人都不在場，沒辦法逼我洗。有人跳出來取代制度，再次把規矩加諸在我的身上，讓我覺得非常訝異。不過，這點的確非常自然，因為我們跟火星的第一次經驗就是拒絕父母。後來，我們會拒絕他們所代表的規矩，或其他的權威人物。你會發現自己一再遇到必須拒絕、說「不」的狀況，不然你就會覺得無力。

觀眾： 妳的火星在哪裡？

琳恩： 我的火星合相太陽，還沒完呢，我們家族世世代代每個人都有日火相位，無論是合相、對分或四分相。

觀眾： 那我想請問，這樣可以說你們家族成員擅長表達火星嗎？

琳恩： 他們的確很會表達火星，但我不太確定這樣好不好。人必須學習使用火星能量的方法，不然就會遭遇碾壓，感覺實在不是很輕鬆。我們家人之間鮮少見面，大概是因為見面後都需要放個大假。

火星在射手

愛爾蘭作家奧斯卡・王爾德（Oscar Wilde）是日天秤，火射手與金星呈現六分相。他捍衛藝術與樂趣及其背後的價值。他的火星在三宮，旁邊還有一顆很有力量的水天蠍，他很喜歡戳破別人的假象，只要看到有人盲從或偽善就一定要去揭穿。火射手沒有達成目標不會輕易善罷甘休，也會堅守自己的信念。不過，因為射手座守護星是木星，除非對方真的大錯特錯，不然火星射手對於別人的生活通常會以親切、輕鬆的態度對待。王爾德寫過一些劇作，揭露了社會上的雙重標準，而他本人也陷在欲望裡。他星盤裡守護火星的木星落在五宮摩羯座，暗示了加諸在個人樂趣上的社會規範及限制。在他的《不可兒戲》（*The Importance of Being Earnest*）裡面有這樣的對話：

「傑克，你為什麼來城裡？」

「喔，享樂，享樂！天底下還有什麼原因能夠讓人移動去另一個地方？」

王爾德的火星與其守護星木星呈現四十五度，這是兩者之間的強硬相位，特別是火星在木星守護的星座，通常都會有不知底線的問題。

觀眾：剛剛提到王爾德「陷在欲望裡」，他的金星和火星之間是不是有什麼關聯？

琳恩：金星肯定扮演著什麼角色。當火星跟金星或在金星守護的星座時，享樂的原則會變得非常有力量。王爾德將美、藝術、樂趣作為他存在的依歸，很符合他的太陽天秤與金星天秤。他位於三宮射手座的火星替金星發聲、為金星行動。射手座的火星通常是會為了某個生命哲學而奮鬥的聖戰士，或至少覺得自己是往這個方向發展。要了解王爾德為什麼會失寵、失去自我、徹底把自己交給一位不值得的戀人，我們就得看看合相他下降點的海王星。還記得我們先前提過對於欲望的敘述，帶有一點海王星的色彩，對吧？海王星本身對於床第間的歡愉不一定會帶來什麼刺激，不過，要是一張星盤裡，金火的組合已經很強烈，那海王星的出現肯定會有提升層次的效果。我們必須了解火星很重要的一點莫過於，火星似乎沒有關機鍵。就跟野火燒不盡一樣，火星會吞噬自己，欲望牽扯出更多欲望，怒火繼續火上加油。當我們冒險的時候，火星尋找的生命力才是最壯大的，往危險裡衝，而不是躲得遠遠的。只要能夠行動的地方，火星就會往那邊跑，且會運用任何相關的行星能量做為燃料，熊熊燃燒。與金星產生相位的火星會為了享樂燃燒，與土星產生相位則會為了控制而燒。火星跟太陽之間的關連會讓當事人為了自我採取行動，但若要討論是自私或無私的行為，則必須參考星盤裡的其他行星。

觀眾：如果一個人的太陽、火星和天王星都在十二宮巨蟹座，該怎麼辨呢？要去想像水象星座燃燒很困難。

火星的創造力

琳恩：我可以很篤定地說，火巨蟹會為了安全的棲身所而燃燒，想像這個人為了捍衛自己情感自由的決心。燃燒的速度或許不快，也沒有其他星座來得紅旺。不過，這裡的火星比較像是一個容器，一個培養皿，能夠替想像世界帶來溫暖及肥沃的滋養，讓概念從這裡展開新生。我們還沒有談到火星提供生命的面向，即火星的滋養與創造力。就算在這個範疇裡，火星還是會太用力，射出幾百萬個精子，在創造生命這目標上頭，載入太多可能性。陰莖（penis）、穿刺（penetration）這兩個字來自拉丁文的 *penitus*，意思指的是向內。女性要孕育生命，必須允許自己遭到穿刺，亦即必須有個東西從外面探進來。火星會穿破處女膜，為新生命製造空間，也許這就是為什麼，在奧菲斯的詩裡，火星也稱為「打破高牆者」（breaker of walls）的原因。火星的原則會撕裂別人的完整性，然後在她體內注入各種可能，這些可能也許是生理上的可能，但也透露出一名女性在心理及情感上的各種潛力。火星會征服、殺死每一位處女，但同時，全新的成熟女人活了過來。她會擁有新的感覺、新的感官與新的欲望。當火星與金星相會，火星真正的創造力才得以釋放。

火星找的是進入的方法，闖進去的方法。在王爾德的星盤裡，位於三宮的火星養分來自文字、思想、寫作，透過這種射手座的能力打破信仰系統，撬開倫敦文明社會的道德明確性。但他的火星最終將會引起衝突與冒犯的行為，而他自己一方面譴責雙重標準，一方面又過著兩種生活，最後只會讓他的世界分崩離析。火星不會乖乖全身而退，再說，如果火星不能創造，就會又搥又打又推又擠，可能會開始搞破壞。將我們帶來這個世界的也是火星，這股力量將孩子從母親的產道裡推擠出來，穿過這個狹窄的開口，造成幾乎可以說是難以忍受的壓力與痛苦，卻帶著「全然的力量與生命的奧祕來到這個世界」，這是我一位朋友在目睹兒子出生後的感想。也許隨之而來的會是恐懼與痛苦，卻也沒有辦法抵抗火星的能量。出生時，火星將我們從女體裡推出來，之後，在進行性行為的時候，我們又會進入或回到某人體內。

觀眾：那麼是否意味著火牡羊的本質是要出來，而火星天蠍是要進去？

琳恩：對，沒錯。這段話讓我們找到思考火星落在陰性及陽性星座特質的方向。火星向內或向外都可以創造。不過，如果火星太往內探，很容易傷害到當事人的生命力，但太外顯的能量又具有毀滅性。火星也會奪走生命，特別是火天蠍，用刀、子彈、意外事件穿過完整的肉體，或是在體內造成血管破裂。我們不再完整無缺，我們的生命力正一點一滴流逝，而火星將會解放我們前往來生，前往死後的生命，也許我們該說是死後未知的世界。我知道我們可能會認為這是冥王星的範疇，但冥王星的行動是更深層、更緩慢的，同時力量又比火星巨大得多。火星可以用在防禦或破開缺口上，因為火星，我們才能成為生命、才能了解自己的極限，也才有辦法跨越極限。我們會回應其他人的欲望與攻擊行為，同時，我們也會把自己的意志加諸在世界上。我們創造也毀滅，作戰也做愛。火星是一體兩面的，永遠都有兩種可能性，千萬別小看這點。

與火星斷線

火星可以是很可怕的，面對他人的怒火也不是多數人會喜歡的事情，偏偏有幾個星座特別喜歡。好比說火牡羊特別享受有趣的爭執，因為吵架能讓他們感受到生命力，一位火星在牡羊座的朋友還說：「而且吵架完上床的經驗都很美好。」其他星座的本質比較溫和，對別人的暴力行為也許會嚇著他們，雖然這並不只是火星的作用。有時，某些人看起來似乎關掉了自己的本能反應，甚至在危急的心理狀態下也無法啟動。怎麼會這樣呢？你們也許還記得羅馬尼亞孤兒院[3]的畫面，嬰孩就跟一塊肉一樣被扔在搖籃裡。他們有得吃，但沒有人會抱他們，沒有人

3 編註：指一九六六年羅馬尼亞為增強國力而要求國民增加生育的政策，但因很多家庭無力撫養太多小孩，最後造成超過十七萬孤兒被送進孤兒院，在搖籃裡孤單的長大。

陪他們玩。這些孩子的智能後來都有障礙，他們在智力或肢體上都無法發展，因為實在太絕望了。在火星發展之前，月亮必須先發揮作用。最少最少的滋養、保護跟關懷對安全感都是不可或缺的。沒有滿足月亮，我們永遠無法發展火星。

孩童受到如此程度的創傷基本上是很少見的，但當一個人的火星使不上力的時候，通常都是因為月亮有潛藏的問題。我指的並不一定是這兩顆行星之間的相位，我說的是生命發展的不同過程。孩童時代受到的創傷會讓一個人把絕大部分的能量都轉向滿足保護的需求。如果月亮無法從外在得到滿足，肯定就會從內部自行發展。好像一個孩子必須打造自己的小窩，必須自行修補破裂的天花板或房門一樣。這些需求會吸光當事人其他的心理功能，因此這些功能就沒有辦法妥善發展，這是很基本的問題。

當一個人感覺不到安全跟保障時，這個人的自我很可能會另闢舞台。我通常會在火星強而有力的星盤裡看到這種狀況。在座精熟占星的朋友應該都能明白，在解讀星盤時，當事人自己沒有活出來的能量，會透過投射的方式展現出來。沒有開發的資源會莫名吸引其他人來扮演你看似無法行使的行星能量。不過，這些能量其實屬於你。火星很重要的一個作用就是重新取回斷線、拱手給人或從來沒有使用過的意志、力量和欲望。

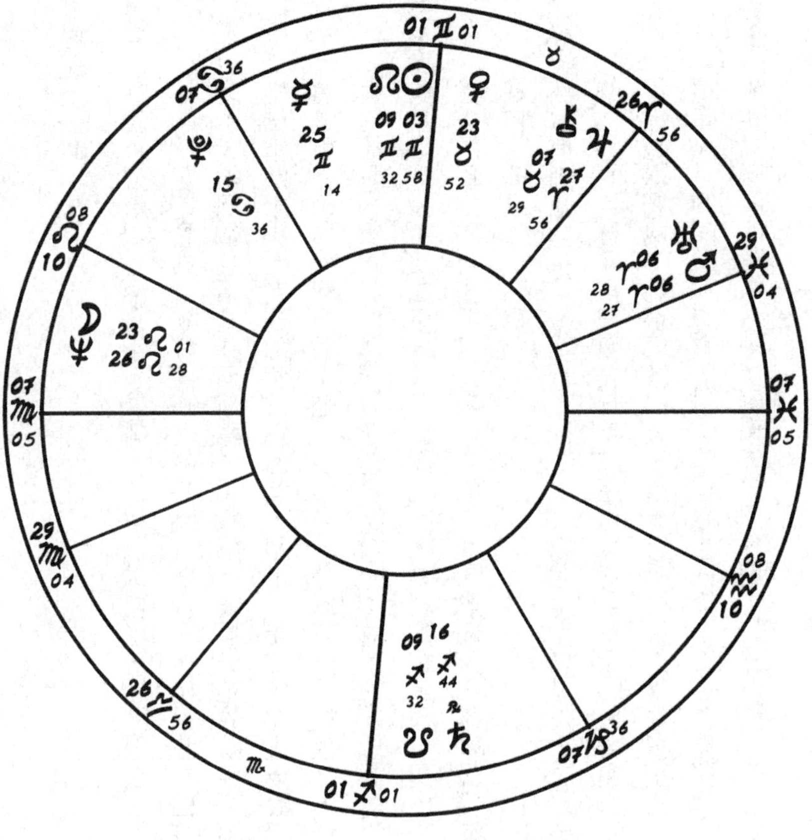

瑪莉

一九二八年五月二十五日生於法國米盧斯

火星的投射

琳恩：話說，就算火星跟當事人分家，但能量還是存在的。在當事人的生命裡，無論多麼微小，火星都會在此良好運作。我想到一個例子，她是我在巴黎的學生，現在已經七十多歲了，咱們姑且稱她為瑪莉好了。我第一次見到她的時候，她還處在剛離婚的震驚中。她結婚四十年的老公忽然跟別的女人跑了，雖然她的火天緊密合相在八宮的牡羊座，她還是沒有極力挽回這段婚姻。多年來，她過著分居的生活，老公常常出差，身為外科醫生的他薪水優渥，但他們的存款是分開的。這裡出了什麼問題？

觀眾：火星顯然投射出去了，真是太諷刺了。外科醫生（天王星）受到八宮跟火星的守護，而丈夫展現出牡羊座非常自我中心的一面。聽起來，她好像從來沒有把這股合相的力量用在自己的身上。

琳恩：啊，但到此為止。兒子長大後，她莫約五十歲時開始學習武術，甚至還開班教授太極拳。她的身材非常精瘦，幾年前還可以背著重重的後背包去爬白朗峰，同行的人至少都年輕她二十歲。她跟同齡的人一起旅行時，最後都會幫別人背行李！可見她的確活出了這顆火星的能量。不過，只要她進入關係後，火星就會停擺。

觀眾：她丈夫離開的時候，她一定很生氣。這件事也沒辦法喚醒她的怒火嗎？

琳恩：可以說有也可以說沒有。我會說，憤怒的確從她的每一個毛細孔裡滲出來，形成一股沒有人可以理解的語言洪流，來解釋發生在她身上的一切。不過，她月海合相在十二宮的獅子座，她的自我意識似乎聚焦在這組合相上。她這一輩子都習慣自己擁有的比別人少。她的太陽、水星在十宮的雙子座，這點再次描繪出一位比她優越、迷人的成功伴侶，她自己則是個不敢注視別人的雙眼、講話又輕又快，別人都聽不懂的人。她的父親在母親懷她時過世，留下媽媽一個人跟四個孩子，媽媽肯定充滿憤怒而變得非常暴力。瑪莉是個纖細敏感的孩子，媽媽只要大吼，她就會哭，媽媽因此更加生氣。她會拉著瑪莉，把她的頭壓進水桶裡，直到她喘不過氣來。瑪莉是家裡唯一的女生，大家都期待她會幫媽媽做所有的家事，只要哪裡沒做好，就會批評她，甚至打她。瑪莉的月亮、海王星都在十二宮，她成了承擔家裡一切苦難的孩子，哭哭啼啼的，她的肢體語言散發出受害者的氣息。八宮裡的火天合相會帶來某種從外界引爆她內在世界的經驗。

火星在八宮

火星在八宮的人通常會有一種遭到制伏、擊敗的感覺。命運可能很早就介入這些人的生命，就像瑪莉父親的死亡，但通常沒這麼戲劇性，八宮行星帶來的通常是心理上的經驗。我們先前提過火星會穿刺，會往內探，這可以解釋為什麼有人會想從外面闖進你的私密空間，強取豪奪、肆意任為。外界的刺激會要求火星回應，挑戰這些越界的行為，捍衛心理的完整性。落在八宮的火星需要積極回應，也要努力鼓起勇氣拒絕外人的索求。火星在八宮很容易出現在兩種人的星盤上，一是有力量去制伏別人的人，他們會加諸自己的意志在別人身上，同樣，還有那些覺得遭到淹沒的人，他們多少可以說是有點依賴或依附的性格。八宮的火星會要求我們與他人角力，測試我們的力量，但掙扎通常是暗地裡發生的。少了這場戰爭，別人可以輕易控制、操弄我們。這些變化可能非常微妙，但通常都是跟性或金錢扯上關係的議題。在八宮裡，如果我們沒有站出來抵抗、解放自我，別人就很容易綁架我們的意志。

在瑪莉的例子裡，她的母親太暴力了，她無法拒絕。一部分的她就漸漸與自我斷線了。如果一個孩子在成長過程裡經歷太多阻礙，特別是暴力行為，這個人就沒有辦法自由發展火星的能量。她的欲望開始往內探，不舒服的情緒受到壓抑，這股能量只能在後半生以更扭曲的方式展現。當一個人感覺不到安全與保障時，要她站出來面對母親的暴力意志是不可能的，這就是瑪莉的經驗。在座可能有些人讀過愛麗絲・米勒（Alice Miller，德國心理學家）對於希特勒的分析，她歸納出施暴的父親和兒子想要掌權的意志之間的關聯。有時，也會出現羞辱的性行為，像是調教與控制的遊戲，受到壓抑的童年欲望終於找到新的方式展演出來，達到解放。如果我們跟隨佛洛伊德的腳步，火星在八宮可能暗示著特殊且強大的伊底帕斯情節，家裡有很濃烈的性慾流動。這樣的火星意味著孩子注意到父親的權力，覺得想要與之抗衡，卻又無計可施。因為這一切都是意識底下的暗流，火星在八宮對於相關人等來說，都非常棘手。通常出現在八宮的行星都想要擁有別人的東西，雖然不見得一定要消滅對手，但羨慕與嫉妒卻是重要的主題。那些奪人所愛、毀人所有的人，背後最終的動機可能是來自無力感。火星本身是很直接、明確的戰士，但落在八宮，可能意味著年幼時的挫敗。然後，欲望轉入地下，暗地裡操控著當事人的生活。通常當事人會朝著禁忌之處直直前進，在此，打破任何一條規矩都能釋放一種甜美又私密的權力感。

最後，八宮的火星會挑戰死亡，不過，通常是在意識之下作用。美國早逝的名演員詹姆士・狄恩（James Dean）的火獅子落在八宮[4]，同時還有位在巨蟹座的木星、冥王星，他成為狂野不羈的象徵，電影《養子不教誰之過》（*Rebel Without a Cause*）活生生上演他自己致命車禍的神話。火星獅子會說：「我想成為什麼樣的人，誰都無法阻止我。」狄恩酷愛速度與酒精，他的車被逼到路肩，最後導致他的死亡。這點跟黛安娜王妃（Princess Diana）有類似之處，她以不同但毫不遜色的方式打破禁忌，王妃的火星在處女而不是獅子座。他們兩人的群眾魅力有

4 譯註：根據本書出版後校正的出生資料顯示，詹姆士・狄恩的火星位於其本命盤五宮。

部分來自位於八宮的火星。請記住，火星會要求我們接受挑戰，要求我們鼓起勇氣行動，要求我們冒險，要求我們為了重要的事物奮戰，最重要的，莫過於為了自己站出來。如果我們能夠心甘情願地面對生命裡的挑戰，火星就會變得很有力量，且能散發出獨特的個人風采，這種風采特別容易在火星所在的宮位展現。或者，如同霍華・薩司波塔斯（Howard Sasportas）在《內行星》一書中所言，火星所在的宮位也是我們企圖要讓別人覺得我們「特別性感、特別有男子氣概，或特別有力量的場域」。當火星在八宮的人能夠善用這股能量時，這種風采與魅力通常都會吸引住其他人，喚醒他們的欲望。

在童年曾經受過驚嚇的人，好比瑪莉，因為她放棄了自己部分的力量，所以火星會一直從外在接觸她。前陣子，她接受了膝蓋手術，原本是為了她接下來要去西班牙聖雅各之路朝聖時能夠更好走路。結果，她的醫生出了差錯，害她整整一年都得拄著拐杖前進。她發現這位醫生跟她的外科醫生丈夫一樣，只會給她帶來傷害，而不是治癒。不過，讓人驚訝的是，她的火星牡羊還是想辦法扳回一城。雖然術後復原狀況很差，還非常痛苦，但她還是努力站起來，繼續走路、爬山、練太極，進行短程的朝聖之旅。肢體上的挫敗反而加強了她的意志。她的火天合相與十二宮裡的月海形成一百三十五度，她認為自己是受害者的念頭與她強大的意志力、生命力不斷拉扯，她追求獨立自主的欲望與她內心深處想要受人妥善照顧的欲望相互角力。

火星與天王星

火天相位，特別是強硬相位，常常意味著當事人在生命早期所承受的驚嚇。在瑪莉的個案裡，生命裡的第一次驚恐經驗是父親的驟逝，第二次是她六十五歲時，長年的婚姻忽然分崩離析。火天相位會要求當事人掙脫出來，而這次的驚嚇來自八宮，也就是忽然發現丈夫不忠。也許隨著時間過去，瑪莉會不經意地利用八宮的火天合相能量來攻擊她的丈夫，不過她卻專注在自己的護士工作及筋骨活動上頭。她也許一直都比自己所想像得還要強壯。雖然她的過去非常坎坷，但她現在很享受獨立的感覺，也善用她的自由。天王星所造成的驚恐感覺會讓火星超載，當事人的能量會變得很急躁、尖銳。我常在火天相位的當事人身上觀察到他們的父母也許會拳腳相向，或當事人本身是意外出生、常搬家，與外界的連線常常中斷。火天的相位讓人難以捉摸，古怪又不肯乖乖配合。看起來好像外物一直打斷此人的欲望，在其意志的迴路上造成細小的故障。火星主宰我們的動力與節奏，火天相位在欲望上會添加幾分不規律的色彩。中斷和錯流會在生命裡一再出現，不斷改變當事人的方向或意圖。

火星和天王星都有突破的意味，你們曉得的普羅米修斯（Prometheus）主題[5]自然呈現了

5　譯註：普羅米修斯是位具有先知能力的神，也是泰坦神中唯一支持宙斯推翻舊勢力的神，帶有先知先覺和特立獨行的象徵意涵。

出來。火天相位包含了幾乎無可抗拒的行為衝動，這股衝動要我們反抗世俗的規範和一般的法則。這種力量是徹底的分崩離析，卻也非常鼓舞人心。這份力量會遠離其他人的意志，或與其相抵觸，當事人必須在生命裡找到明確、自由的管道來抒發，不然這份力量將會在不妥的時機爆發。這股力量不是平衡的，爆發時會以非常強而有力的方式呈現，雖然當事人沒有此意，但這股力量會將外界環境炸得支離破碎。話雖如此，火天能量卻常常能夠做出改變、找到方向，而必須著手的事情也就因此得以執行。我認識某位火天合相的女人，她總能夠心平氣和地看著她那難以捉摸的老公，但她有一天推翻了一切，事後她的生命變得更獨立，還得自己扶養兩名孩子。她非常訝異，因為自從她找回自我後，新的可能性一下全冒了出來。不過，她也出了幾次意外，似乎是因為她愈獨立，她想要照顧別人的需求（火天合相在巨蟹座）和渴望自由之間的拉扯就愈嚴重。火天的組合在當事人的生命裡會產生奇怪的循環，想要保存過往一切的巨蟹座似乎與喜愛改變的天王星無法好好協調配合。

就算是三分相或六分相，火天相位的目標總是最獨特、最不一樣的。這組相位總有辦法逆流而上，反抗周遭的集體力量。有時這組相位會引起巨大的後座力，有時則能改革成功。當火星與外行星有所連結，火星就會遭到超越個人範疇的能量拉扯，會以各種方式替集體意識行動。

呼叫火星

在場的朋友想來活動一下筋骨嗎？這個練習可以協助我們呼叫自己的火星。大家請起立，右手握拳，用力上下揮動，然後重重跺腳。嘴裡喊著「不」！

觀眾：不、不、不！

琳恩：現在喊「要」！

觀眾：要、要、要！

琳恩：我覺得你們喊「不」的時候很激動，但喊「要」的時候比較客氣。

觀眾：喊什麼都好，但我擔心我們太吵了。上升天秤總是會想到這個層面。

琳恩：大家現在感覺如何？有沒有感覺到剛剛的叫喊和踱步喚醒了你們的丹田？丹田就是肚臍下方的位置，學功夫的時候，這裡就是生命力的中心位置，也是第二脈輪，連接起性慾和物質的欲望。如果你們沒有辦法啟動火星，試著讓這個區塊暖和起來。

觀眾：我發現自己跺腳的時候跺得很輕。我不在乎地板會怎麼樣，但我就是不想踏得太用力。我的火星在天蠍座，落入十二宮，我好像不敢縱情放肆。我怕自己會失控。

琳恩：十二宮的火星常常會覺得生命就要淹沒自己了，好像意志不是完全由我們操控的一樣。

十二宮能夠讓我們超過自我的個體，但這也意味著以自我為主的行星，如太陽和火星，在這個宮位都會感到耗弱，因為十二宮是連結所有生命的宮位，要走向更浩瀚的整體。位於此處的行星會引發焦慮不安，多少是因為當事人所採取的行動都會反射出去，引起過多因果的漣漪。火星在八宮將與他人的力量摩擦掙扎，並願意在某種程度上去面對，十二宮的火星則得學習放下欲望。如果能夠學習回應生命裡出現的一切，接受生命之道且順勢而為，十二宮的火星也會充滿力量。純粹為了私己的欲望常會受到阻礙。許多火星在十二宮的人都會害怕自己的怒火及毀滅力量，好像火星在這裡發誓絕對不能傷害別人一樣。當火星在此爆發的時候，能量會跟迴旋標一樣。從另一個角度來說，法國統計、心理、占星學家高奎林（Michel Gauquelin）認為，十二宮的火星對運動員及體育活動相當有利。也許因為火星透過速度與力量走向奉獻與神聖的道路，因為有天份的運動選手是受到肉體力量與技能所驅動。古希臘人發明了奧運，而這場運動會是獻給火星的動態讚美詩。

火星和冥王星

格格不入：毀滅者火星

我想談談阿基里斯，以及在他屈服於自己的怒火後所發生的事情。為了要稍微懲罰阿伽門農，阿基里斯把自己的人馬從戰場上召回去。我常在冥王星特質很重的人身上看到這種反應。火冥合相的人保留力量的時候就是這樣，他們之所以退縮，是為了要懲罰別人。阿基里斯更過分，他一開始氣到打算請宙斯淹死希臘大軍。他的母親勸退他，但阿基里斯決心要復仇。阿基里斯將軍營移到河邊，他的人馬在此休息、打牌、練劍，且眼睜睜看著希臘人遭到敵人屠殺，阿基里斯都無動於衷。事實上，宙斯也同意，在希臘人還沒認同阿基里斯的功業前，他們只能節節敗退。等到兵敗如山倒的時候，阿伽門農才趕緊贖罪，但阿基里斯卻像地獄裡的冥王一樣「一步也不肯讓」，完全沒有協商的空間。雖然我不想把整部偉大的文學作品簡化到只剩下占星的元素，但《伊利亞德》裡的主要角色都以不同的樣貌具體呈現出火星的特質。好比說奧德修斯，他聰明機智，牙尖嘴利，雖然看起來是個笨重的大塊頭兒，卻能沒有人能夠抵擋他的嘴上功夫。他就像是火星在雙子座的人。帕里斯負責評斷三位女神的選美，愛上了海倫，最後引起戰爭，如同火星在天秤座的狀況。我們只能說阿基里斯是在天蠍座的火星。奧德修斯打算和他講道理：「爭執是會要人命的，放下這股仇恨吧。」阿基里斯卻回口說：「我對表裡不一者的憎恨猶如地獄之門。我太了解他了，不會讓他再次愚弄我。讓他靜靜地走入地獄吧。宙斯和他的智慧已經混沌了那個人的腦袋。」

觀眾：他的口氣聽起來滿偏執的。

琳恩：沒錯。當養父打算好言相勸的時候，他反而對養父出言不遜：「對那種人掏心掏肺，你要小心點，當心我對你的敬愛會變成憎恨……你該做的，是讓那個害我痛苦的人體驗同樣的滋味。」這段話是不是很冥王星？阿基里斯一開始的怒火是非常公正、就事論事的，但當怒火壓抑回去之後，這股怒氣開始毒害他的思想與情緒。我們可以說，這股怒氣從內在吞噬他，讓他無法明辨是非。當火星能量轉向內在的時候，可能會跟當事人唱反調，這種狀況當然可怕。阿基里斯誓言不再作戰，除非希臘人被迫上船。事後阿伽門農在軍營裡氣得跳腳，無法入睡，後悔一開始對阿基里斯大小聲，而因此壞了大事。不過，阿基里斯已經不再信任阿伽門農了。當火天蠍失去信任的時候，他們會跟著魔了一樣，什麼也無法彌補這種固定的情緒能量。天底下最會說「不」的就是火天蠍，我想在座應該有人心有戚戚焉。我們通常會以「驍勇善戰」來形容阿基里斯，他為榮耀而生，天生就是一位偉大的戰士。當他從戰場上休兵撤退的時後，他的行為與太陽的使命背道而馳。他為了報復，切斷其他所有的感覺，這點也非常符合天蠍座的特性。有人記得史詩裡發生什麼事嗎？

觀眾：阿基里斯失去了他最好的朋友帕特羅克洛斯（Patroclus），這位朋友代替阿基里斯上場作戰。

琳恩：沒錯，他失去了他最愛的人。帕特羅克洛斯受不了眼睜睜看希臘大軍節節敗退，阿基里斯一直固執己見，直到最後一刻都還在盤算、記恨。這個狀況聽起來很像日火四分相。阿基里斯做了一件非常極端的事來保有他的尊嚴，他用劍刺進自己的心臟。我覺得這個狀況很像日獅子四分火天蠍。阿基里斯的悲劇在於他太愛自己，讓尊嚴凌駕一切，但阿基里斯走錯了一步。當水軍靠岸的時候，他決定讓帕特羅克洛斯穿著他的盔甲帶兵作戰，這是為了替他打勝仗回去鋪路。帕特羅克洛斯非常勇敢也很會作戰，但他沒有依照阿基里斯的吩咐，趁特洛伊人戰敗時撤退收兵，反而為了求勝，繼續追趕。他殺紅了眼，因此導致他的死亡，這天，大家為了他的屍首爭執不休。特洛伊人決定把他的屍首當成戰利品，斬斷首級，掛在城堡的牆垛上；希臘人則急著想把他的屍體運回去。阿基里斯聽聞帕特羅克洛斯的死訊時，整個人崩潰絕望到在地上打滾，但他無法立刻前往戰場，因為他的盔甲還在特洛伊人手裡，必須等待火神赫菲斯托斯（Hephaestos）重新打造一副盔甲給他。在這段時間裡，阿基里斯結束了他和阿伽門農之間的爭執，平息了怒火，他說：「怒火潛伏的方式如同緩緩流下的蜂蜜，怒火讓最聰明的人燃燒，還跟煙氣一樣在此人身上流竄。」

阿基里斯帶著熊熊怒火回到戰場。他下手毫不留情，在斯卡曼德（Scamander）河畔掀起一場腥風血雨的大屠殺。這條受到特洛伊人當成神祇來崇拜的河，正思索自己是否能夠阻止這頭正在毀滅特洛伊的野獸。河神說：「我摯愛的河道裡都是死屍，屍首讓我窒息，河水無法流去神聖的大海。我再也受不了了，別在這裡殺人了。」阿基里斯和河川也有非常壯美的鬥法，河水一再漲起，想要用黑色的水牆淹死阿基里斯，將他拖進爛泥裡埋葬，永遠無法翻身。阿基里斯的罪惡感非常符合火天蠍的形象，一具具屍首卡在他的靈魂和情緒裡。他坐在一旁彈奏起了樂曲，對於每天死去的無數同袍裝出一副事不關己的冷漠模樣。河水帶著無意識的感受能量漲起，淹沒了他。火星在水象星座的人的確容易受到情緒淹沒。火星在天蠍座或與冥王星有所相位的人都會本能地意識到自身的毀滅能量、所有的屍體、經常受到壓抑的意志，不過，這種力量一但宣洩，大家都得小心。

控制怒火

觀眾：我的看法是，怒氣一定要發洩出來。如果一個人受過暴力對待，這股情緒發洩出來可能會造成其他影響，但真要壓抑也壓不下來。有沒有其他的解決之道呢？一定得壓抑嗎？

琳恩：我想，火星的能量是不可能只體驗一小部分的。當火星能量轉變成憤怒的時候，這股能量是不會罷休的，如果能量遭到壓抑，可能會化膿腐爛，就跟阿基里斯一樣。火冥相位的目標常常轉變為控制怒火，用意志力壓抑住強烈的情緒。不過，如果壓抑過頭，結果可能會失去作用，導致感情的冷淡和冷漠。

蘇珊：妳會怎麼解釋我的狀況？我的火星在雙子座，四分冥王星，但這組相位的殺傷力很強，我從小就知道不要讓自己爆發。當這些情緒湧上來的時候，我會選擇逃避。然後和自己理論，辯解一些狀況。當然了，日月都在風象星座也有助於讓我冷靜下來。

琳恩：啊，反應很快的火雙子。怒火會席捲妳的心智嗎？

蘇珊：對，但除了怒火以外，我的腦袋是一片空白，我會氣到想殺人！我的言語就跟子彈一樣，很可怕。我發現我的怒火真的是熊熊燃燒，等到冷卻的時候，卻變得更危險、更致命。好像它想掌控一切一樣。

觀眾：請問在氣到爆炸和壓抑能量之間沒有其他選項嗎？

琳恩：你愈了解自己、愈明白自己要什麼，火星就愈不會走上暴力毀滅一途。否認自己的欲望、與欲望脫離才會讓火星變得危險。雖然有時我們無法擁有一切想要的東西，或有時我們知道衝動會惹來麻煩，但以上兩個狀況跟這裡說的是兩碼子事。阿基里斯成功地壓抑住想要謀殺阿伽門農的情緒，但他太生氣了，只能斬斷自己和內心的連結，背離他的天性，讓情感從身邊一起作戰的人身上抽離開來。他破壞且打亂了戰事。也許一個人的確有理由從某件事情裡抽離情緒，但如果相信這種「去勢」是必須的，那這人麻煩就大了。這就是手段開始變得齷齪下流的原因。如果一個人能夠認清自己的欲望，能夠朝著欲望前進，而不是背道而馳，那麼無意識比較不會一口氣湧上來，也不會拖著當事人走向毀滅的道路。不過呢，面對火冥的相位還是得小心為上。

蘇珊：這才是最恐怖的，因為這種感覺不會真正消失，好像內心裡有什麼危險的東西感覺掌控一切。和我作對的人轉過身會嚇一跳，他們害怕我會忽然爆炸。我是一名律師，所以這種宣洩部分怒火的方法還算滿有建設性的。

琳恩：蘇珊的星盤裡有水星、火星在星座與宮位上的互融。水星在八宮的天蠍座，火星在三宮的雙子座。水星和火星在無意識層面裡產生了一個迴圈，這個迴圈加強了冥王星的主題。水星守護火星，對蘇珊來說，別人聽她講話是很基本的事情。不過，這組四分相的重點並不只在於溝通，負責的範疇更廣。冥王星在七宮會想要「接掌一切」，這股力量會拖著你背離自己的核心，捲進一個大漩渦裡，這時，你已經不是原本的自己了。喧囂與鬥爭的能量霸占住你整個人，你會成為憤怒的狂暴戰士。我發現中場休息時間大家都避著蘇珊！

觀眾：妳說的是在生命裡無法善用所有的能量？聽起來很不舒服。蘇珊是如何逃避自己的能量呢？

火星在三宮

琳恩：火星給我們的功課就是必須把火星的能量與太陽的使命連結起來。因為蘇珊經歷的火星是不受控制的，我們可以假設她的火星和太陽的使命是脫節的。她的火星在三宮，冥王星在七宮，引發怒火的因素可能會是什麼呢？

觀眾：手足？我想到的是手足間的差別待遇，畢竟太陽在天秤座的人反應居然會這麼劇烈。

蘇珊：我有一個妹妹，我小時候會欺負她，但等到她長大之後，就換我遭殃了。我大概六歲的時候，有一天她打了我一巴掌，後來我就不敢欺負她了。她的塊頭比我還大。

琳恩：火星在三宮通常意味著手足間某種程度的怒火，當事人會說「好大的膽子，居然踏進我的地盤！」

蘇珊：不過我們現在非常親密。無論身心，我們都非常保護彼此，是那種「我們能夠對抗世界」的關係。

琳恩：還記得孿生兄弟卡斯托耳（Castor）和波魯克斯（Pollux）[6]的故事嗎？他們兩人互相敵對，自相殘殺，但對付其他人的手段更為激烈，後來兩人變得形影不離。這種狀況在火星雙子的原型裡很常見。困難似乎來自位於七宮的冥王星，這顆行星似乎暗示著父母雙方力量的不平衡。蘇珊的月亮在十二宮的水瓶座，不曉得她是否受到良好的照顧？

蘇珊：我媽媽是名職業婦女，她是我的榜樣。她非常辛苦，自立自強，但我們不常見面。我基本上是外公外婆養大的。

琳恩：妳說妳很欽佩媽媽，這點這就很明顯了。月亮水瓶象徵的就是妳的母親，獨立自主的單親媽媽，必須一個人面對世界。不過，她卻無法同時兼顧孩子的情感需求，蘇珊的月亮在十二宮裡與凱龍合相，並四分海王星。我覺得這顆月亮是營養不良的，我還懷疑就是月亮讓火冥超載，確保妳能夠獲得妳要的東西。隱藏在憤怒底下的是早年埋下的強烈失落感。妳的父親呢？妳見過他嗎？

蘇珊：有，我十幾歲的時候曾與他見過面。我們並不喜歡彼此，他覺得我太具侵略性。

琳恩：真是驚喜。

蘇珊：他跑了。

琳恩：日天秤、月水瓶、火雙子，這三顆行星都在風象星座，暗示當事人想要與其他人連結的強烈欲望。三宮的火星與七宮的冥王星讓溝通力道很強。不曉得妳有沒有注意到這點。妳的感情狀況如何？

蘇珊：我沒有非常親密的男女關係。我覺得談感情壓力太大了。當我在一段關係裡的時候，我會覺得對方限制住我，我必須一直努力尋找自己的自由。我受不了，我得逃走。

琳恩：蘇珊，我接下來要說的話，請妳不要往不好的地方想。妳有沒有注意到，雖然我們和妳透過星盤產生連結，我們都知道妳是誰、了解妳的故事，但在這段關係裡一再出現的是妳的月水瓶，這段關係是客觀的、不帶感情的。妳之前沒有參加過研討會，我覺得妳和大家分享星盤的舉動非常勇敢。我認為妳之所以感覺不到妳的月亮，是因為妳很早就與月亮畫清界線。反而用火星來表達妳的情緒，這麼說對嗎？

蘇珊：我總是先感覺到憤怒，所以妳說的可能沒錯。我不喜歡匱乏的感覺。

琳恩：我覺得妳最大的恐懼是受到情緒的控制，這股情緒深鎖在妳的內心。火星冥王星的相位會說：「我不希望其他人的力量凌駕在我頭上。」而當妳開始對別人有感覺的時候，妳

6 編註：希臘神話中雙子座的來由。

也會開始與自己的情緒力量對戰。因此，對想要照顧妳的人來說，妳會把狀況搞得非常棘手。

蘇珊： 的確。

琳恩： 我敢說沒有人照顧妳會讓妳覺得很生氣，但妳的火星能量卻會確保現況不會改善。妳和父親見面的時候，他說：「我不想和這個憤怒的女兒有任何瓜葛。」妳懂了嗎？妳也許該想想為什麼火冥四分相的能量會扯妳後腿，暗中破壞妳真正渴望的親密感、關懷和關係。如果妳能認同其他的情緒，認同遭到遺棄及不安的感覺，也許妳就能駕馭妳的怒火，而不是一再將其他人拒於千里之外。

蘇珊： 在我與外甥、外甥女熟稔後，狀況有些改變。他們需要別人照顧，我的態度因此軟化了。我們不該讓小孩失望，他們太脆弱了。我想要轉換跑道，我想去進修，成為兒童心理治療師，因為我和孩童的關係讓我獲益良多。我們處得很好。小孩和大人不一樣，孩子對於傷害的反應是很直接的，對我來說，這種模式簡單得多。我自己沒有小孩，我覺得我得處理完這些內心的憤怒問題才能生得出來。

琳恩： 我覺得妳這番話非常感人。我想大家都感受得出來，妳很希望能夠從受傷最深的地方找出療癒情感的方式。我們看到無私、利他的月水瓶了，這顆月亮的抱負就是要回饋給其他人。大家注意到了嗎？這就是月亮與凱龍合相的主題，以及凱龍如何帶領我們從傷痛走入療癒的道路。從蘇珊的故事裡，真正驅動火星的是星盤裡的其他行星。就她的例子而言，火星用力補償她兒時的失落，因此沒有查覺到的棘手情緒才會一再供給火冥四分養分。

耽溺

阿基里斯的故事又呈現了另一個關於火冥相位的面向。阿基里斯終於殺死了特洛伊的王子海克特，但他並沒有將屍體光榮送回特洛伊，反而把屍體頭朝下綁在他的馬車後頭，拖著屍體到處跑，一點都不尊重這位過世的偉大戰士，甚至也不肯清洗屍體。帕特羅克洛斯的鬼魂在阿基里斯睡夢中回來，表示希望舉行葬禮，後來阿基里斯奉獻了十二名高尚的特洛伊年輕人，最後把這十二個年輕人與他的朋友一起火化。不過他還是感到難受，心有不滿，於是繼續拖著海克特的屍體在帕特羅克洛斯的火化木架前繞來繞去。狀況是類似的，火冥有相位的人通常會面臨難以接受失去的考驗。這種相位會毀壞已經死亡的東西，且繼續犧牲依舊存在的一切，去填補不可彌補的狀況。這個循環會一直下去，一再喚醒火冥相位執迷、耽溺的力量，這股力量具有強大的專注力，但會花過多的力氣在手邊的事情上，這種目標通常是已經無法改變的事情。當火冥相位開始這種強迫行為時，解套的方法就是回過頭去，找出過往來不及哀悼的死亡或失落，這些事件崩壞了當事人的世界。我們的行為可能會受到冥王星焦慮感的驅動，擔心無法改變自己的命運。我記得曾看過一位火冥對分的女性，她四歲的時候，父親車禍身亡。她是一個又慌又忙的日牡羊。等到她兒子四歲的時候，她決定要離開孩子的爸，徹底斬斷關係，孰不知她正是活出了自己兒時的失落。父親的早逝影響了她許多行為，不過她沒有辦法理解，也沒有辦法徹底斬斷過去影響她的事件能量。

轉化的力量

《伊利亞德》這部史詩一直要到阿基里斯與海克特的父親一起哀悼、同意將海克特的屍體送回後，才畫下句點。我們必須放下已經不屬於自己的東西、接受失去，最重要的是，接受自己無法改變過往的這份脆弱。冥王星影響我們的層面是在意識底下的深處，但如果我們能夠仔細觀察自己的行為，就能看到火星的影響力。我們也就能夠了解過往鬼魂是否還糾纏不休。回顧過往和活在過往的陰影裡是兩回事。火冥相位有時會讓人覺得背後好像有個如影隨形卻又看不見的人。我們是不是受到焦慮的刺激而被迫往前走？或者我們真正的目標是要改善跟過往的關係？我想起奧菲斯的故事，他想將愛人從地底世界帶回來，條件是「不能回頭」。奧菲斯一回頭，就永遠失去他的愛人。奧菲斯沒有辦法貫徹他的意圖，這樣的行為摧毀了他自己。火冥相位就是想辦法掙脫出來，其意志是堅不可摧的。這組相位能夠做出改變，從挫敗中冒險重新站起，就像從被炸彈炸毀的廢墟裡重新建設一樣。不過，如果當事人一直沒有注意到這點的話，這股力量只會一直卡在過往的循環裡，只會破壞，無法創造。

達賴喇嘛（Dalai Lama）和尼爾森．曼德拉（Nelson Mandela）都有這組相位，都是火星天秤四分冥王巨蟹。我們不要覺得這組相位很理想，我得說，柴契爾夫人（Margaret Thatcher）也有同樣的行星配置，不過她相信的是在她那個位置上的絕對正當性。我覺得觀察柴契爾夫人和達賴喇嘛、尼爾森．曼德拉的角度不太一樣。達賴喇嘛的星盤有很多版本，但這組相位一直存在。達賴喇嘛必須逃離中國，逃離共產黨，因為共產中國打壓他的世界。達賴喇嘛講求和平，卻低調且努力保留過往的傳統，還想盡辦法破壞中國政權。中國當局將其視為危險威脅，因為達賴喇嘛的說服力和靈性魅力吸引了很多西方人的注意。西藏的佛教並不是無足輕重的靈修系統，而是一種無法與共產主義共存的世界觀，其目標也的確改變了一般人生活的方式。因為中國人驅逐西藏人，佛教的哲學種子才得以在西方世界萌芽，這是靈性思想的細部滲透，哲思上的入侵，更呼應了火冥四分相。

火星在天秤

尼爾森．曼德拉也對抗另一個高壓暴政，就是南非的種族隔離政策。達賴喇嘛和曼德拉都努力想要改變他們的家園，我們注意到，他們的太陽都在巨蟹座。曼德拉沒有達賴喇嘛的心靈包裝，在他最後終於掌權的時候，他的手段還是非常平和。這兩個人曉得自己是誰，明白自己代表什麼樣的身分，深知自己想要改變的是什麼狀況。因此火星的目標非常明確，再加上冥王星這堅毅不拔、無可否認的助力。火天秤的作用力非常明顯，兩個人的動力都是想要追求公理正義。火天秤的焦點如果放在正當的行為上，將非常有力量。我常會說天秤座的形象就是聖米歇山教堂（Mont Saint Michel）裡的大天使麥可畫像，他一手拿著天秤，一手拿著寶劍。不過天秤座的只有在仔細衡量、權衡，想要爭取東西的時候，才會讓寶劍出鞘。為憤怒而憤怒只會讓這個世界變得更醜陋、更汙穢，天秤座沒有辦法忍受這樣的世界。

不久前，我看到一個廣告，畫面裡有兩個待在育嬰房裡的可愛寶寶。其中一人得到禮物與寵愛，另一個娃娃則沒有玩具，別人都對他很冷淡。漸漸地，這個什麼都沒有的孩子不再微笑，不再反應了。最後，兩個娃娃的名字出現在下方，開心的孩子有著一個張三李四的普通名字，生氣的娃娃則是比爾．蓋茲（Bill Gates）。這個廣告要傳遞的訊息是：「繼續生氣！（且投資某項產品）」這個廣告很有洞見，特別是我們熟知比爾．蓋茲的星盤，曉得他的火星在天秤座，對分牡羊座的月亮。不過，也許最特殊的就是他天蠍座裡的金土合相，這組合相四分二宮裡獅子座的木冥合相。這組相位暗示著深刻的情感挫折，後來轉化成一股對金錢永不滿足的追求感。不過，蓋茲也有一項絕活，就是能讓別人去執行他嚮往的事情，這是火天秤其中一項厲害的技能。火天秤是黃道上最會督促別人的人，他們的欲望裡肯定會包含其他人。這種技能的表達方式可能非常多變，從一位纖細的人，用不著多說什麼，就讓陌生人替她提東西，到技巧精湛的協商專家、律師甚至外交官。這是因為火星在天秤座時，箭頭可以明確指著其他人。火天秤會用自己的欲望推動他人，外人最後反而會按照他們的意思行事。平心而論，火天秤特別擅長追求人我雙贏的目標。想想微軟裡面那些超有錢的員工。傳統上來說，弱勢的火天秤可以將欲望拱手給人，讓大家一起合作完成，或臣服於極欲討好他人的需求裡。不過，這種狀況通常只會發生在當事人的金火同時產生困難相位的時候。對男性來說也很難達成，因為火天秤必須展現出細緻與精巧的一面，而不是外顯的男子氣概。

火星與海王星

觀眾：可以麻煩多談一談火海在天秤座的合相嗎？

琳恩：我曉得很多人都有這組合相。擁有這組合相的人對於美、受苦、靈性生命這三件事至少其一具有痛苦的高度敏感性。一九五〇年代出生的水瓶人和雙魚人都有這個相位。火星此時逆行，停滯在天秤座，與南交點合相。在這個年代出生的一位天才攝影師，他拍攝了一系列遭人遺棄的鞋子。這些鞋子一直都是成雙成對的，就連丟在街上或垃圾桶裡的時候也是一整雙的。他的作品是對我們什麼都要成雙成對的反思，也呼應了我們渴望另一半、希望和他人有所連結的心情。有此相位的人還成為具有同情心的治療師、占星師，普遍來說這些人都有高度的美感。整體而言，女性的表現比男性突出，但大家似乎多少都想改變這個世界或其他人。

觀眾：我最近讀到一些東西，感覺跟火海的靈性層面有關，內容談到神祕的面向、狂喜、自我解放，但另一方面，火海相位也從內在提醒我們自己有多渺小，小到自我都不見了。火星代表此時此刻的我，海王星則代表無我，兩者之間非常不一樣。火海兩顆星看起來似乎是對立的，但本質上卻是一樣的。

琳恩：這兩者之間的確存在著明顯的矛盾，火星是要捍衛自我的，海王星卻要求我們放下有限的自我概念。這點的確讓人費解。我喜歡這麼想，火星協助我們確立當下的自己，不過火星卻和海王星一起開啟了浩瀚的宇宙，如此一來，宇宙就在我們體內，我們的細胞如同銀河裡運行的星子。許多靈性傳統講求的是拋下身體，拋下五感的世界。佛教和印度教的教義認為欲望就是讓我們困在輪迴、重生、受苦、受難的主因。所有的欲望都不重要，因為小我（ego）根本不存在，一切只是假象，行為會讓人犯錯。如果我們用這種方式看待火星，我們和海王星的靈性解放的原則便互相抵觸。西方世界以行動為導向的思想很難理解這種概念。

前往無限的橋梁

擁有火海強硬相位的人一定要想辦法連結這兩顆行星的能量，才能開啟前往無限的道路，既不失去方向，又能行動得毫無限制。海王星容易喚起其他行星狂喜入迷的能量，火星也不例外。藥物和酒精可以跳脫腦袋的思考，但舞蹈表演、摩托車、賽車、高空跳傘、海底探索也都是表達這組相位的模式。在戰場上殺紅了眼則是火海相位的另一個主題。戰爭在人類經驗裡是個巨大的謎團，討論戰爭為何如此重要的理論不勝枚舉。我們將經濟因素、生理迴路、與生俱來的侵略性都視為引起戰爭的主要原因。這是火星最終極的領域，這位神祇在其力量的巔峰，是殺戮之神，是奪取他人性命之神，擁有超越人類的決定性。

紐西蘭的毛利文化（Maori）認為，戰士要一直到淨化過後才能參加慶功宴。他們會將手下敗將的心臟教給祭司，將其心臟烤熟、獻給神明，祭司會食用死者身體的其他部位，禱告且解除死者的詛咒。經過這樣的儀式以後，戰士才能回去當一般人、過日常生活，而不會危害其他人。如果你曾打過仗，如果你曾進入火星那種殺紅了眼的狀態，你就接觸過超越人類的能量，走進入迷的瘋狂裡。你是神明的載具，必須淨化。你們有沒有讀過描繪戰爭的文學作品？書中對於戰場的描寫不外乎是，人類意識進入到另一個層次，時空會扭曲，到處都是爆裂出來的鮮血和器官，砲火隆隆，尖叫聲不斷。上過戰場的人一定會有所改變。生氣的時候可能也會接近火星的這個層次，特別是義憤填膺的怒火，其中的衝動及身體刺激會讓人狂喜鼓舞，狀態如同神明一樣，火星的能量不是普通的能量。

觀眾：戰爭不是和冥王星比較有關嗎？我認識有火海相位的人大多都很溫和。很難想像他們傷害別人。

琳恩： 改變我們生命的集體事件都和冥王星有關，影響最大的莫過於戰爭了。我想區分一下，戰爭所帶來的狂喜、狂暴狀態與海王星有關，而戰爭所牽扯出的情感、生理及心理影響則主要是冥王星的範疇。為了要擺脫殺戮的殘像，為了要擺脫靈魂裡的惡夢與傷害，某種程度的淨化是必要的。相信戰爭目標的純潔，為了神聖目的而戰的人，認為殺戮是有意義的，這種人比較不會被事後的恐懼吞沒。海王星要我們把火星與信仰連結在一起，與值得的主張連結。法國左派政治家若澤．博韋（Jose Bove）藉由破壞麥當勞在法國建立起的不良飲食習慣，帶領反對全球化的人展開一場新的聖戰。博韋的日火位於十宮的雙子座，三分合相於天秤座的土海。他最近冒著罰款及坐牢的風險，破壞種植基因改造作物的農場。

觀眾： 我可以再討論一下戰後淨化嗎？雖然不是真的從戰場上回來，但經歷了日常生活裡的對峙吵架後，是不是也有什麼儀式可以淨化呢？

琳恩： 各位有沒有注意到，和別人吵架後，態度會變得特別客氣？好像雙方都曉得自己太過份了，想要回到保護自己的圈圈裡一樣。這種互動就跟跳舞一樣，提出精確的需求和深思熟慮過的回答。這種互相的退讓，讓大家都重新回到自己的界線範圍裡，從剛剛爆炸過的地方抽離開來。若爭執雙方都不是天蠍特質很重的人，這段口角可能會在幾個禮拜內煙消雲散。多數人寧可立刻回到自己對他人來說最理想的一面。我們將匕首收回刀鞘裡，友善露出牙齒微笑。我想經過怒氣的宣洩及意識自我狂野地走了一遭回來後，吵架的兩個人都會鬆了口氣且覺得內疚。

欲望無底洞

要擁有火海相位的人坦承生氣是很困難的事。這些人常常因為沒注意到自己在做什麼而惹上麻煩。他們當下會受到環境的影響，看不見因果關係。美國前總統比爾．柯林頓（Bill Clinton）滿口理想，其實他真正想要的只是受人愛戴。他的火星、金星、海王星合相在天秤座，讓他想盡辦法要討每個人歡心，結果卻暗中莫名其妙地顛覆了美國政壇的左派價值。這組相位似乎有條規矩，那就是：當事人愈會處理這個相位，周遭人的火氣就會愈大。柯林頓的狂喜執迷來自於他的性生活，他在這個領域無法克制自己。那段讓他惹上麻煩的關係充滿火海相位的色彩。結果就是搞得顏面盡失，受到質疑與恥辱的洗禮，雖然沒有證據顯示柯林頓因為此事而變得謙卑恭遜，但他的確面子掃地，最終勢力大減。不過，我不太確定他是否真的覺得內疚，或認為自己與陸文斯基（Lewinsky）這段精蟲衝腦的關係本質是不對的。

我還觀察到另一種火海相位的狀況。這種人是自毀的大師，但同時又不覺得自己哪裡做錯了。他們所受的苦常常讓他們看起來像是代罪羔羊一樣，因為他們會維持一種困擾又似是而非的無辜。火海相位的組合是狂喜與虛弱的奇異組合，雖然某些占星書認為這種相位指的是星空上的去勢，放棄了欲望，但我的發現卻大大相反。對這些人來說，火海相位讓床笫之間變成了恩典、宣洩、敏感及美的場合。不過通常因為海王星的緣故，一個人的欲望會變得無邊無際，必須輪流與每個女人上床，這些性伴侶則是當事人前往超然存在的墊腳石。愛人的面孔模糊不清，只是情愛倏忽即逝的片段而已，在日常生活裡並沒有真正的一席之地。

擁有火海相位的男人很容易抓狂，他會聲稱自己是無辜的，說一切都是為了靈性的結合，身後卻留下一大批受傷且慘遭拋棄的伴侶。雖然愛人可能暫時戴上男神或女神的面具，人的本性卻很快出現。一旦伴侶露出真面目，火海相位的當事人就會去物色新歡，因為他心儀的是不可能找到的目標。有人說擁有火海相位的男人會質疑自己的男性雄風，而被迫一再證明，但真正的動力應該要跳脫出個人的範疇來看才是。神明並不存在於長達二十年的婚姻裡，但與新歡上床的初夜卻充滿神性。

從天堂到地獄

當個人行星與海王星產生相位的時候，當事人可能會有自以為神的危機。大家可能還記得瑪麗-若澤・佩雷克（Marie-José Pérec）的故事吧？她是法國的黑人跑步選手，參加過雪梨奧運。她原本是法國冠軍，受到巨星般的阿諛與縱容。她拒絕與其他法國隊的選手一起訓練，也不願意和大家睡在同一間房間。她原本該與澳洲選手凱西・弗里曼（Cathy Freeman）交手的戰役卻登上澳洲媒體頭版，慘遭奚落。事情是這樣的，隨著比賽壓力愈來愈大，佩雷克崩潰了，搶在決賽前與男友搭飛機逃離澳洲，聲稱有人想要闖入她的房間。他們在曼谷機場與一名觀光客拳腳相向，隨即遭到警方逮捕拘留，相關影像也在世界各地流傳。佩雷克的火星在雙子座零度，對分位於天蠍座尾端的海王星，出事當時行運的土星剛好合相她的火星。

火海相位有時是長了翅膀的，這種組合能夠興高采烈地飛往世界各地。佩雷克有小瞪羚的優雅與速度，還從加勒比海的窮困出身忽然麻雀變鳳凰，搖身成為體壇之星，贊助金額非常豐厚。不過，到底是什麼原因能讓一位運動員逃離這麼重要的賽事，危及自己的運動員生涯呢？她已經越過了界線，再也不是瑪麗-若澤・佩雷克了，她是一位女神，人間的規矩是無法管束女神的，而且女神是不會在公眾場合丟臉的。她星盤裡的火海對分與位於六宮的獅子座木星形成T型三角，再加上她的上升在雙魚座，因此有一點過於誇張的意味。凱西・弗里曼就像是過往的佩雷克，是有理想的原住民少女，背負著國人的希冀上場比賽。佩雷克是想逃離失敗，卻也因此從天堂摔到地獄。就算是天之驕子也不該認為自己是神的一員，這種想法只會帶領我們走向瘋狂和苦難。

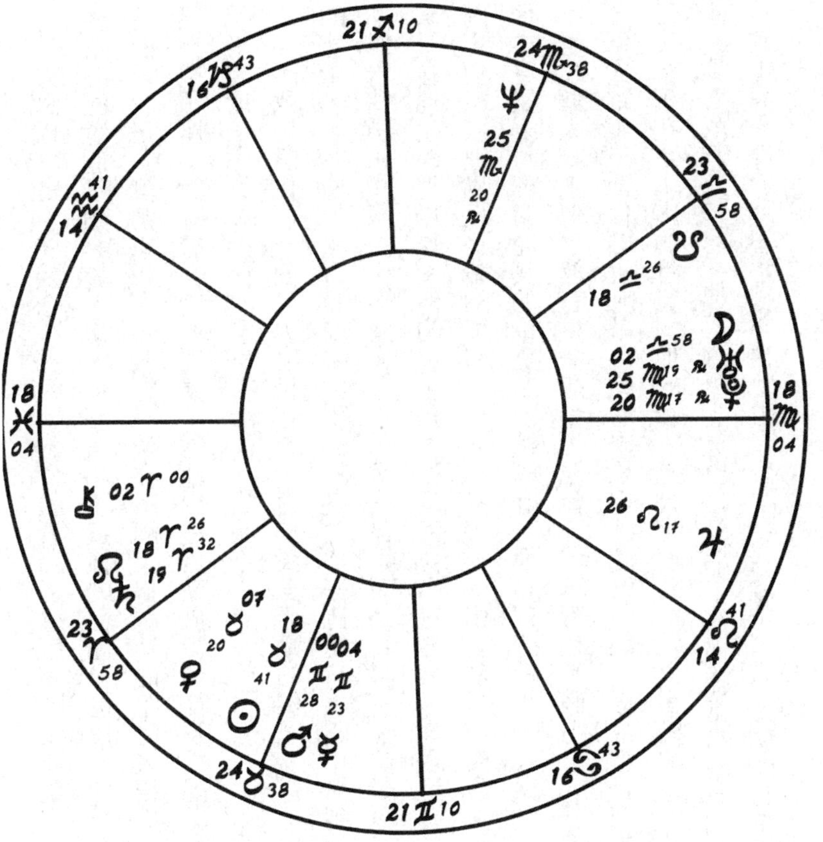

瑪麗－若澤・佩雷克

一九六八年五月九日凌晨兩點二十分於出生法國外省瓜德羅普的巴斯特爾

火海相位是一種誘惑，這種誘惑會讓人跨越懸崖，踏入不適用一般世俗通則的場域。火海相位的配置並不如一般人想得那麼溫和，這樣的藍圖可能屬於連續殺人狂和騙子，但當事人也可能是詩人、舞蹈家和聖人。有一位在電視上傳福音的主持人吉姆．貝克就踰矩了，此人的火星在雙魚座，對分處女座海王星。當他出庭接受欺騙信徒及性醜聞案件審判後，他就從上帝的使者變成了哭哭啼啼的階下囚。

讓我告訴你們一個日火合相在金牛對分海王天蠍的例子。這位先生提到他很難去控制火星的能量，因為他似乎會吸引暴力事件的發生，好比說有人開車撞到騎腳踏車的他，最後還修理了他一頓諸如此類一連串的意外。雖然他的意識清楚明白要避免衝突，但火星卻從四面八方冒出來，在他生命裡爆炸。他的火星和太陽緊密合相在一宮，守護星金星卻落入十二宮，所以我多問了他家族裡男性長輩的事情。他來自南方一個相當暴力的部落，他的父親坐牢過一段時間。他本身是一位非常認真的治療師、按摩師，講話輕聲細語，人很好、很可愛，非常講究直覺。不過這個人身上似乎擁有更多能量，他會騎單車跨越半個巴黎，一天去七個地方替人按摩，然後還去跑步。他很結實，就外型看來是很強壯的，鍛練過身體且把重心放在身體上，非常符合日火合相在金牛座的特質。他的海王星肯定沒有削弱火星的能量。他也許對自己的身體有過夢想，夢想成為運動員。他曾誓言不會傷害其他人，但他卻常常成為別人發怒的目標。我們在此觀察到了海王星的理想化，想做好事，但同時卻又會成為暴力事件的標的，扮演起受害者的角色。

無盡的漣漪

他的婚姻很幸福，有個小孩，但他的思緒一直都在別的地方，在海上。只要他有時間，他就會跑去法國位於大西洋上的一個島，待在水裡、衝浪什麼的。就算時值隆冬，他也會穿上保暖潛水衣跳進冰冷的水波裡。他喜歡在有點危險的地方衝浪，特別是礁石淺灘之處，因為這種地方的浪最適合衝浪。他一定要找點挑戰，一再衝進大浪裡，他發現這是一個不會傷害其他人的方法，但他身上卻有幾處嚴重的擦傷。

觀眾：我笑了，因為妳所描述的景像非常符合火海對分的人。這個人結合了火星的肉體與海王星的無限。太讓人著迷了，但同時我又感覺到這個人是在與無限對抗。就我認識的衝浪客而言，大海就是一切。他們常常遠目，眼神跟海浪一樣飄渺。

琳恩：沒錯，無論海王星看起來多麼美好，卻很容易讓我們迷失，話說回來，這就是這顆行星的吸引力，也是著迷的本源。火星所有可能的怒火全部都宣洩在水裡了。有股欲望想要徹底放縱，想要投身於比自我更浩瀚的場域，想要一再體驗飄飄然的感覺。要成為一個優秀的衝浪客，你必須對海浪逆來順受，你必須默默遵從大海要帶你去的方向。他非常喜歡水，他是海王星的侍僧，嫻熟神聖的海洋之舞，將自己的肉身獻給無限的大海。去年冬天，他鍾愛的島嶼附近發生了嚴重的漏油事件。我相信當時行運的天王星正四分他的太陽和火星。有天早上，他帶著沉重且哀傷的心情獨自出門去，沿著低低的潮水撿拾爛泥和沾滿油汙的鳥禽，此時一組採訪人員前來訪問他。他們好奇他是不是很生氣，他說：「如果有人把垃圾丟在你的教堂裡，你會不氣嗎？對我來說，這樣的行為玷汙了我的聖堂，待在水裡是我崇拜上帝的方式，漏油不只是犯罪事件，更是一種褻瀆。」他忽然覺得很煩，因為這些人一直拿麥克風堵在他面前，擋住他的去路，想要拍攝他，而不是打算幫忙整理海邊。他的天堂遭到汙染以後，他好一陣子都悶悶不樂，因為他發現自己能夠捍衛這個地方的力量有限。你們看得出來，火海的主題在他生命裡具有很大的影響力。

火星和外行星產生相位的時候，當事人都會面臨超越自己領域的事情。不過海王星也會讓一個人的自我變得千瘡百孔，缺乏完整性。的確，他們能夠同感人世間的疾苦，也能體察到其他人的痛苦，也就是設身處地替人著想，期待感受到其他人的痛苦。不過這種感覺只會讓人無力，這場戰爭太浩大了，一點贏面也沒有，那又何必試呢？逃跑、當個縮頭烏龜只會帶來高漲的無力感，只好一再逃避，躲進藥物、幻想與酒精的世界裡。火海相位最後可能會跟洪水捲葉片一樣吞沒當事人。

觀眾：那火海相位的靈性層面呢？因為渴望合一，這組靈性的相位是不是能夠全然沉浸在其中？

琳恩：對，目標是這樣沒錯，當事人甚至能夠稍微感受到這種靈性的合一。不過就算此人強烈認為自己擁有靈性的使命，偶爾的困惑與質疑還是會讓他退縮。

觀眾：就我自己的經驗，我會覺得海王星主要的效果就是要淹沒意志。當事人會被迫屈服於更巨大的靈性意志之中，覺得有股更浩瀚的力量操用他的肉身，但當事人的意志則是雜亂無章的。

琳恩：我相信別人也會有這種感覺。相較之下，火星應該是所有行星裡最不容易臣服的。臣服並不符合火星的天性，因此造成斷裂與動搖，在某種程度上也許會抹滅或失去一些能量。火海主題的不確定性讓人衰弱。你有自我吧？你應該要放下自我嗎？是我錯了，還是別人不對？然後，感覺一切都太超過了，人類能力所及太微不足道，根本沒差。何必精衛填海，何苦呢？感覺好像有人拔掉了你精力的開關一樣。

觀眾：我有火海相位，的確感覺很像遭到吞沒一樣。我會感受到世界苦難的絕對性，而我無法改變。實在難以忍受，我做的每一個決定都意味著我選邊站，因此可能讓事情變得更糟。似乎也無法解決。此刻的中東有人遭到無情謀殺，我卻站在這裡。我到底能做些什麼？

琳恩：又出現了，我們又要談到底線的問題。你能接受自己一個人能做的事情就是這麼多嗎？還是做得不夠、做得不夠好這種問題吞噬著你？火海相位會受到拯救世界欲望的驅使，但這種欲望會帶來非常多的後果，這種後果不是人人都能承擔。火海相位一定會回應受苦這件事，這不是什麼輕鬆的任務。

觀眾：我行動的時候，常會懷疑自己有沒有讓事情變得更糟，腦子裡會不斷思考：「我做的是對的嗎？我真不該這麼做。我的行動帶來的是好處還是壞處？」

觀眾：但放棄、不採取行動又意味著鬱悶壓抑。

觀眾：或酗酒。

琳恩：或消極。我們知道，酗酒可能會讓人變得激動、暴力。那些沒有活出來的能量，在火海相位帶來最痛苦的感覺就是無力感，或在一個人開始之前就放棄。重點又回到欲望上頭，無論你是否覺得做與不做到底能不能帶來改變，你想要什麼，就必須採取行動。感覺在場有人會因此天人交戰。休息的時候有兩位朋友來跟我討論火海相位的健康問題。「我該如何使用，這股能量才不會傷害、危及我的身體？」擁有火海相位或火星在雙魚的人也許要學著放下，學著改變既有的模式。海王星永遠不會提出清晰的目標，所以這點還蠻難的。不過，有時出現的困難症狀也意味著你放棄太多自己的力量了。

觀眾：擁有火海相位的人很適合活在修道院裡，但要在真實世界裡生存實在有點困難，對嗎？

琳恩：沒錯。火海相位會要求我們在世界上帶著信仰行動，走進未知的領域，找到出來的路。迷路也許是找到新路的唯一方法，有時，必須等到我們不再努力嘗試，我們才會不小心找到解方。面對這種相位最好的方法就是讓他們隨著常人無法察覺的世界音符前進，跟隨改變與波流的脈動，最後，也不知怎麼著，就會抵達他們原本想去的地方。

火星和土星

該回來談談具體且可以量化的部分了，好比說火星與土星的關係。火星在土星守護的星座是強勢的，但老派的占星書對火土相位總是沒有好話，這點我覺得很有趣。摩羯座提供火星專注力、焦點及使命，經過剛剛一長串無法聚焦的哲學漫談，火土相位會讓人覺得鬆口氣。這樣的組合為什麼這麼惡名昭彰呢？

觀眾：難道土星不會壓抑火星嗎？

觀眾：如果火海相位沒有限制，那火土相位的限制就太多了。

琳恩：沒錯！就實際上來說，火土相位會讓人有一種穿著盔甲、死板板的感覺，而火海相位則是非常靈活、充滿流動性，甚至能能夠輕鬆適應不同的環境。想想柯林頓和他的薩克斯風，以及一板一眼、實事求是的副手艾爾．高爾（Al Gore，火星、土星與冥王星合相）

是風格大相逕庭的兩個人。不過，穿上盔甲的感覺卻是其來有自。火星和土星之間的強硬相位讓當事人在年紀很小的時候就體驗過遭受阻礙的感覺。當事人想要什麼東西，卻無法獲得；或必須配合某種行為才能獲得這項東西。我想起一部約翰・托特羅（John Turturro）的電影，裡頭的父親說：「要做事只有兩個方法，一個是我的方法，一個是對的方法，而這兩個方法是同一種方法。」這位父親很有火土陰森逼近的感覺。相信大家都記得克羅諾斯／土星吞下自己小孩的故事吧。火土相位顯示出這個生命在一開始的時候遭受到嚴密監控。壓抑成了當事人的第二天性。多數當事人可能沒有辦法察覺這種早期的制約行為，也不明白自己為什麼壓抑得這麼累。想要徹底抑制的壓力太大了，擁有這組相位的當事人常常會操過頭，也許會為了成功，一天工作二十個小時。我也見過擁有這組相位的人根本無法起床，沒辦法打電話或整理辦公桌。為什麼同樣的兩顆行星，會帶來這麼大的差別呢？

觀眾：是不是因為這個人的意志某種程度並不完整？決定權並不在你，而在其他人手裡。

琳恩：這點要依不同星盤的狀況來解釋。我懷疑應該端看擁有火土相位的當事人有無勇氣爭取，還是寧願封閉起來，繼續服從、壓抑。火土四分相的人可能會忽然怒火爆發，因為外在世界好像不斷阻撓，好比說：「喔，真不好意思。你填錯表格了，請你重填，流程再走一遍。」約翰，可以麻煩你跟我們分享你那個關於門的故事嗎？

清除路障

約翰：沒問題。當時行運的火星經過我的月亮。我剛抵達英國的雷丁大學，那天下著傾盆大雨。我下了計程車，警衛指錯了方向，建築物也都沒有標示，所以我在大雨裡，提著兩個重重的皮箱，在學校裡繞來繞去，最後繞了六圈，我的火氣愈來愈大。我一直回去問警衛宿舍在哪裡，他一直亂指。最後，他帶我過去，我卻發現我的鑰匙開不了門。我真的氣到開始踹門，直到有人出來告訴我，警衛帶我走錯大樓了。等到我去吃晚餐的時候，我真的氣到快爆炸了。我沒辦法跟別人共桌，我的皮膚又髒又紅。

琳恩：約翰的火星在巨蟹座，守護星是月亮，所以當時火星的行運會啟動這個迴圈。受困在雨中讓火巨蟹氣到不能再氣，難怪你會情緒爆炸，因為你想要尋求安全感和室內的落腳處，你想要有個家，這的確是火巨蟹最基本的要求。當一個人活出一組相位能量的時候，實在太迷人不過了。大家可以看到一再出現的挫敗感、遭到壓抑的頹喪感、鑰匙打不開門，這些事的確啟動了火土四分相。為什麼人家會指錯方向，你會不得其門而入呢?火巨蟹會生氣，因為沒有遮風擋雨的棲身之所，因為沒有保護，當然這肯定也不是他第一次遭遇這種狀況……

約翰：我真的開始踹門，要不是有人出面解釋，我可能真的會大肆破壞。

琳恩：火土四分相是相當迷人的，因為當事人可能長年接受生命裡的所有限制。一陣子之後，當事人會覺得疲乏，忽然有一天，某人因為莫名其妙的原因拒絕你，或你的東西遭到剝奪的時候，驚人的怒火就會忽然爆發。當事人會不計一切代價開始毀滅、開始破壞。千萬不要小看火土之間的強硬相位，因為當事人最後一定會有受不了的一天。「他們絕對不能再這樣對我，一次都不行！」於是這個無害的乖乖牌鄰居忽然拿起了槍，殺了三十五個人。約翰，不好意思啊，當你的面這麼說。但當一個人無法繼續忍受一再的挫敗時，火星就壓抑不住了。

約翰：妳的話讓我想起電影《稻草狗》（*Straw Dogs*，又譯《大丈夫》），這是我最喜歡的電影。有位文靜的教授住在康瓦爾，當地人都欺負他，他老婆還慘遭強暴。最後他拿起槍和滾水，斃了所有人。真的是很火土的電影[7]！

7　原書註：導演山姆．畢京柏（Sam Peckinpah）本身火星在金牛座對分天蠍座的土星。

打破高牆的人

琳恩：看吧，占星真的很準吧？咱們還是對約翰好一點好了！這顆火星能夠爆發的憤怒真的讓人刮目相看。經過多年的等待，火星終於達到土星的臨界點。「多一分鐘我都無法忍受！」想想十六世紀掀起新教改革的馬丁・路德（Martin Luther）吧，他把他的公告《關於贖罪券效能的辯論》（*Disputatio pro declaratione virtutis indulgentiarum*）釘在大教堂門上，他完全曉得教會政權會是多麼過分。他本身是火土合相在天蠍座於三宮，而在某一刻，他再也無法繼續服從了。他被迫說「不」，當那公告釘在門上的同時，也把世界敲成了兩半。對於火土相位來說，服從與不服從一直都是很重要的議題。這組相位很容易出現在家教很嚴、不讓小孩發展意志，最後讓小孩繃著臉就範的家庭裡，而家裡的權威只會控制與責備。如早先有人提到的，這樣的確會打壓一個人的意志，更會扼殺一個人的靈魂。家裡小孩如果有這組相位的人，現在一定開始坐立難安，這不代表你註定會壓抑孩子的意志。這是意味著，無論是在家裡或外頭，孩子都會質疑權威。這些孩子必定是要反抗規矩，從旁擦身而過，不然就是多少會受到限制。

觀眾：這不一定代表父母很嚴格。一再替孩子擋下困難的父母也可能打擊孩子的意志，限制孩子的期望也是，好比說，女孩只能待在家裡，男孩無法成為一名舞者都是一樣的。

琳恩：而且常常是難以面對的。我最近聽說了一個關於安徒生的故事。他小時候家裡很窮，媽媽是一名清潔婦。他告訴媽媽，國王邀請他去吃晚餐的時候，媽媽只說：「噢，親愛的，我們不適合跟那些人來往。」（安徒生日土對分，火星在獅子）。通常呈現出的是一堵看不見的限制，暗示著當事人父母是如何看待世界的。如果你有這組相位，你會覺得好像受到壓迫，而到了某一個時間點，你會被迫突破。隨之而來的當然是龐大的恐懼與阻礙，但如果你就此罷手、不再向前，結果可能就是一輩子的挫折與失敗。通常，火星的確有很多理由懼怕土星。這組相位常常會對那些濫用權力，或與制度合一的對象展開漫長的戰爭。成功的機率通常不高。早先我提過火星是「打破高牆的人」這個說法，這堵高牆可能就是土星，而火星企圖摧毀壁壘，推翻社會堅固的結構。幾位女權運動的象徵人物，好比說貝蒂·傅瑞丹（Betty Friedan，美國女權作家）就有這組相位，馬丁·路德·金恩（Martin Luther King，美國人權領袖）也有火雙子對分土射手，他是二十世紀對抗迫害最有力量的聲音。要站起來面對能夠立刻壓垮你的制度需要無比的勇氣，不過，這卻是火土相位必須面對的任務。傅瑞丹跟金恩都認同火星，將土星視為外來的迫害。

火土相位給自己惹麻煩是眾所皆知的，因為他們要對抗最可怕的壓迫，或因為犯罪而遭到逮捕，例如，想要逃獄的罪犯又再次落網，因此又多了幾年徒刑。覺得自己不夠好，一再重複失敗的模式。這些可怕的夢境像是我們碰到什麼就打破；渾身赤裸，在真實世界裡弄得髒兮兮的；無法完成手邊的任務，因為失敗而遭到譴責，這些都是害怕沒有辦法做好事情的回音。大人太過嚴厲地指責孩子，或拳腳相向，這些孩子曉得壓抑的憤怒、羞恥、無力感，這是火土相位最糟糕的表現方式。不過，擁有火土相位的人也許暗地裡害怕火星的力量，因為這股力量可能會帶來破壞。

暴君

火星為了要捍衛自己，很可能會認同施壓的土星，且找到力量去阻礙其他人，控制別人的行為和行動。美國前聯邦調查局局長約翰．艾德格．胡佛（John Edgar Hoover）的火金牛位於天底，對分天頂上的土天蠍。這位執迷妄想又神經緊繃的小個子會因為早餐料理不當而大發雷霆，而且完全不會承認自己錯了。他成了美國勢力最大的人，不只因為他是聯邦調查局局長，更是因為他幾乎替每個人都建立了秘密的檔案資料。落於天蠍座的土星守護摩羯座的太陽，月亮四分海王、冥王也強化了這層關係，太陽和冥王星則呈一百五十度。他讓人害怕也讓人討厭，對於秘密的執迷與控制則來自他本身壓抑的性傾向。受挫的性向、欲望的去勢都會讓一個人的靈魂插滿倒刺，這也是火星受限於土星的其中一種可能性。胡佛脆弱的父親最後崩潰，進了精神病院，他則與母親展開一場有如地獄般的母子關係，這段關係結合了愛、恨與怨懟。父親的脆弱讓胡佛覺得自己的力量非常不合理，媽媽則以高壓鐵腕的手段逼迫他成功。胡佛把想要組織家庭的狂想變成了一場實際的官僚夢。他認為自己是最厲害的執法人員，打擊罪犯和共產黨，還打造出至今尚為執法基石的指紋檔案庫。土星天蠍對分的火星的確捍衛了他的國家，也建立出一個偏執又不合理的系統進而徹底掌控一切。他覺得每個人都可能是他的敵人，就算是非常了解他的人，也會把他當成一個危險的暴君，認為他會壓迫別人，瘋狂渴望權力，為達到目的不擇手段。想像一下，如果他擁有現代的科技，他會幹出什麼事來？這點的確滿恐怖的。[8]

這個人必須透過攻擊現有結構來保有自我的完整，如果這個人認同的是土星的能量，而不是火星的能量，那這組火土相位可能就會變得非常壓抑。胡佛經常侵犯多數民眾的權利，覺得自己凌駕於法律之上。這組相位的殘酷與毀滅性會愈演愈烈，原本是要為架構盡一份心力的，最後卻遠超出應該作為的範圍。墨索里尼火土合相，希特勒是金火四分土星。我們可以看到法西斯主義與這組相位息息相關。不過，這組相位所帶來的經驗通常一部分是來自外在，一部分則來自個人內在。佛洛伊德的火天秤、土雙子形成分離的四分相，他的表現讓我們看到專制的

8 原書註：胡佛，一八九五年一月一日早上七點半於華盛頓特區出生，資料來源蘿伊絲·洛頓。

父親和每個孩子心裡暗藏的殺人幻想。他描繪出自我（ego）和本我（id）之間的拉鋸。他打壓心理分析界不同的聲音，捍衛自己在那些戀母情結追隨者間最卓越的地位，同時也對抗社會與約定俗成的道德觀。就他的例子來說，他的火土四分相同時攻擊問題的兩端，既對抗別人的權威也捍衛自己的權威，土星掙扎所帶來的影響也能在他的靈魂地圖上略見一二。他的火星也對分木星，所以產生了火木土的T型三角。有一點非常有趣，榮格的火星在射手座，也與木星、土星產生相位，不過他是六分相，所以他掙扎的狀況與佛洛伊德不太一樣。榮格的火星剛好對分佛洛伊德的土星，填補了T型三角的空白之處，形成大十字。

琳恩：在場有火土相位的人是否覺得小時候很難表達火星？有嗎？別人會說：「住手，現在就住手。」基本上就是猛然限制你、壓抑你的火星能量。請記住，火星的能量就在於試出極限，或要求其他人別來煩你。就連小時候，大人要你吃蘋果，你可能也會說：「不！我不要照你的意思來做事！」擁有火土相位的人可能會在生命裡遭到權威人物的重傷或恫嚇。通常火星都是在進行某件事時遭到打斷。好像土星原型裡的那把鐮刀一直在大家的無意識裡盤旋不去，所以欲望就和恐懼產生連結——對於毀滅、違法或罪惡感的恐懼。我不是很喜歡一直提「去勢」這兩個字，但講到火土相位還是不得不提。想想火土相位讓一名正在經歷戀母情結的孩子產生什麼樣的衝突，對一個人的自我和表達性向與欲望，會有什麼樣的影響。這種家庭會有很多嚴厲的規矩，也讓他更有理由受罰，於是火星遭到限制，無法自由活動。火土相位描繪的不見得就是心狠手辣的父母，但纖細的孩子在行動中就是易遭打斷，變得麻木，沒有辦法隨自己的速度、樂趣或欲望所產生的衝動來行事。

同時，火星的確需要受到控制。大人會限制孩童不能在車子前面跑，不能亂摔餐具，更不能在晚餐時大吼大叫。大人和小孩的關係本來就多少有加諸限制和確立規範的意味。土星也許能夠恰好限制住火星，保留精力聚焦、專心，或加上意志力，把精力投注在更有收穫的行為上。所有關於耐心、限制、慎重、自制的美德都和運作良好的火土對話有關。不只是三分相和六分相，就連更困難的相位都能夠找到方法約束且活出這組相位的力量。火土相位會從我們先前討論過的領域冒出來，好比說我們不再責怪他人告訴我們該做什麼、不該做什麼，而開始為自己負責的時候，但前提是如果這份責任不會把人壓得喘不過氣來時。大家有沒有發現有火土相位的人對時間都非常執著？他們的時間永遠不夠，或者總在很短的時間裡塞進一堆事情。不能虛擲精力，火星的能量一定要用在能夠成就長期大業的刀口上。火星在摩羯座可能是上述這些特質去蕪存菁過的版本，他們生來就能妥善使用時間。

我可能講過這個故事了，幾年前在《占星協會雜誌》（*Astrological Association Journal*）

上有一則船難故事。這艘船在冰島附近海域翻覆，上頭大概有三十名外國漁民。當時正值十月或十一月的暴風雪季節，海水就要結冰了，有一個人游到岸邊，走了二十公里的路，抵達最近的城鎮，活了下來。這個人的火星與土星合相。這個故事總是讓我驚豔，因為我看見了這組相位所展示的無比決心與毅力。意圖和目標都很明確，誰也阻擋不了這股力量，但前提是當事人必須曉得自己要什麼，且願意努力爭取追求。對分相的狀況比較棘手，因為當事人很容易把困難的部份投射出去。只要當事人覺得有什麼人或事一直阻擾他，核心能量就分散了。火星必須透過戰爭和障礙來探索自己，而困難通常是來自外界。火土相位會立刻感受到失敗的恐懼，要麼就是停下來，要麼就是繼續前進。了解自己能做什麼、不能做什麼是土星的禮物，尤其是在產生困難相位的時候，困難度和挫敗感會隨著時間加劇，直到火星最後終於準備行動為止。土星是個頑強的對手，時間對火土相位來說非常重要。當事人必須有耐心，抓緊時機。擁有火土相位的人，想要的任何東西都無法一蹴可幾。如果當事人能夠以正面的方式處理延遲這個議題，那所有的挫敗感、約束與限制事實上都能夠增加火星的能量。如果你能使用與火星產生相位的行星能量，隨著火星一起行動，你的精力與勇氣都會增加。你的英勇之心就會出現。遇到挑戰的時候，困難相位總是能夠增加行星的力量。

奮戰到底

琳恩：在場有沒有人讀過海明威（Ernest Hemingway）的《老人與海》（*The Old Man and the Sea*）。故事講述一名老漁夫，一連八十四天，一條魚也沒有抓到。大自然讓他憔悴、傷痕累累，但他還是持續出海，專注沉穩。老人到最後什麼都沒了，就連他的胃口也一樣，他等著幸運降臨。然後大魚終於出現，拖著他的船跑，割傷了他，還差點害死他，但最後老人贏了這場戰爭，將魚綁在船邊，因為他沒辦法把魚拉上船。後來鯊魚來了，他跟鯊魚博鬥，直到他赤手空拳、力氣耗盡。等到他靠岸的時候，剩下的就是這副長達六公尺的魚骨，鯊魚差不多都把魚肉吃光了。打敗他的並不是這條大魚，他與身形懸殊的對手搏鬥，最後得勝，但他做得太過火，遠超過他能控制的限度。

海明威的火星在一宮，四分土冥，他這輩子也都幹得太過火了。這一部分來自對於男子氣概的迷思：遊戲人間的獵人、鬥牛場上的情人、酒吧裡喝酒鬧事的酒鬼。他必須戰勝恐懼、挑釁死亡，因此常常陷入實質的危險之中，他身上的骨頭幾乎全都斷過。有人曾說，他完全不曉得這麼強壯、活力十足的大男人居然會花這麼多時間躺在床上等待身體復原。好像他出門找麻煩，每次都成功找到一樣。一般人要被獅子抓傷也不是什麼容易的事啊。在《紐約時報》上讀到自己的訃聞，他還會產生冥王星的滿足感。在害死多數

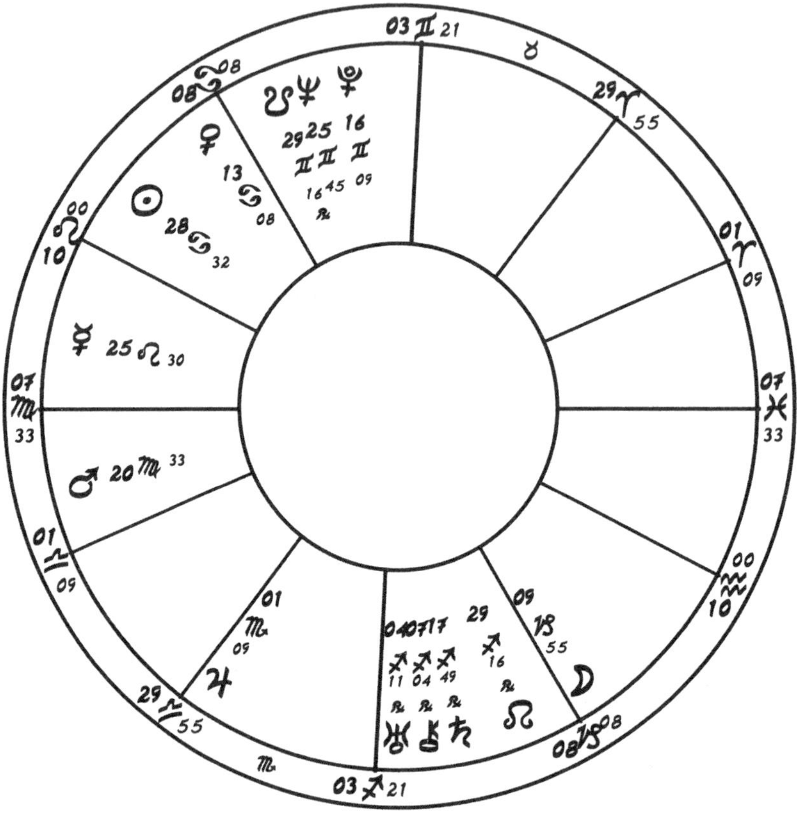

厄尼斯特・海明威

一八九九年七月二十一日早上八點出生於美國伊利諾州的奧克帕克

人的墜機事件裡他也平安活下來，不過，他的身體後來一直沒有完全復原。

觀眾：聽起來實在很不像深思熟慮、充滿謀略的火處女。

琳恩：是不像，真的不像。不過，老漁夫的故事卻是一個人最樸素的際遇，沒有什麼厲害的工具，只有知識與決心，這點還是與處女座呼應的。

我們因為海明威，走進火冥四分相的國度，這組相位通常帶有偏執的色彩。土星從另一邊四分火星，增加了幾乎無法忍受的壓力。暗中又有神祕的家族力量牽引著他，天王星、凱龍星、土星都在四宮，土星對分冥王星，四分火星。他的童年充滿著男人上戰場的故事、勇氣、暴力與自殺。他的父親在一九二八年自殺，此時他剛好土星回歸來滋養火星，讓火星超載，形成更危險的狀況，彷彿冒險是他找到自我的必要手段一樣。同樣的需求也一再出現於他的作品之中，一個男人必須考驗、掙扎，與比自己還壯大的力量對抗。

觀眾：火星在陰性星座，太陽在巨蟹，這些敏感性都去哪裡了？他是不是矯枉過正了？

琳恩：海明威小時候很軟弱，幾本他的傳記都提到他可能有生育上的問題，嚴重酗酒跟意外常常造成的傷害更是讓情況雪上加霜。火土相位通常暗示著當事人早年難以克服的障礙，以及害怕失敗的心情，這種害怕沒有辦法發展或成功的感覺會非常強烈。土冥對分相所引發的風險也很高。不過，光看火星沒有辦法看出他與女性的關係，星盤裡還有其他暗示。請注意他的月摩羯對分金巨蟹，似乎有「分裂的阿尼瑪」這個經典的問題，他沒有辦法渴望身邊跟他一起生活的女人。也許這是為什麼最後大家都叫他「海明威老爹」的原因。

觀眾：他的四宮看起來很難適應家庭生活，他也許不想與父親的失敗牽扯上關連。他需要別人叫他「老爹」這點我覺得蠻悲慘的。他的孫女呢？是不是也自殺了？

琳恩：在海明威家族的詛咒裡，自殺成為做出決定的行為，代表一個人能夠掌控自己的生死。不過，自殺對其他家族成員來說，仍是一件傷痛欲絕的事情，通常對於好幾代的子孫都會有所影響。海明威失去了身為人及寫作的力量，他看著自己的才華與成功慢慢消逝。他沒有辦法轉化家族的暴力模式，也許他的自殺還讓這個模式成為不朽。他的其中一位兒子最後進了精神病院，瑪莉兒跟瑪歌則是另一個兒子的女兒。要從這樣的過往中活出自己實在太難了。

觀眾：他會覺得女人壓過他嗎？他的冥王星在十宮，月亮又在摩羯座，對日巨蟹來說，他應該不會滿意這樣的母親形象。

琳恩：他的媽媽有專制的人格，她是一位表演家、歌手，長得很美卻喜怒無常。她鄙視母親的角色，把養育和煮飯的工作全留給佣人來做。海明威的星盤的確暗示了對於力量、羞辱，可能還有對失敗的焦慮感。

觀眾：火星處女有展現在他的寫作上嗎？

琳恩：有的，他最出名的就是精簡的文風，這是很陽剛的寫作風格。他聚焦在行為及敘事上，其他都省略。在他之前，好的寫作都有某種程度的詞藻華麗，海明威對小說可以說產生了革命性的衝擊。感覺他的文字精簡、現代，非常工整。化繁為簡就是典型的火冥組合。

火星與身體

觀眾：我想請問火土相位所帶來的體力問題。我在好幾張星盤上看過這種暗示。

琳恩：如果沒有適合的管道，火星最後會顯示出身體的問題。海明威就是一個驚人的例子。他把身體操到極限，最後身體崩壞。這是火土相位其中一個表達的方式，他的狀況特別極端，因為他的土星還對分冥王星。他的背受了傷，肝也壞了，到後來行動不便，苦不堪言。不過，剛剛的問題是體力不足，感覺是不夠，而不是濫用自己的力量。土星的確暗示了限制的狀況，我認為火星一定要從土星手裡重新掌握自己的能量。恐懼、壓抑、限制會消耗大部份的生命力，通常是因為內心正在進行的天人交戰所致。這場戰爭也許與一個人的疑慮、恐懼、懷疑自己不夠好，或過往行為帶來的內疚感有關。這種內在的抗爭通常都與我們及火星的核心關係有關，必須解開這些問題，才可能解放身體的活力。隨著時間過去，這些壓力可能成為永久的限制，好比說關節問題、身體僵硬、動脈阻塞這些狀況都是火土組合的暗示。不過同樣的症狀可能是因為操過頭，沒有辦法察覺何時該停手，所以身體就直接罷工、就地關機。各位也許會想參考加拿大占星師艾琳・蘇利文（Erin Sullivan）她在CPA期刊《阿波羅》上分享的自身經驗[9]。

拆解症狀的語言，加上行運與出生星盤的相位，在病症一開始的時候，暗示會非常多，必須要一一抽絲剝繭。我們還沒有講很多火星和意志的關係，這兩者顯然是息息相關的。在健康的議題上，通常都是因為意識層面的意志與無意識的欲望沒有緊密連結所致。好比說，夢這種症狀就是無意識的語言，這種語言會暗示我們也許到了需要改變行為的時刻，常與重要的行運或推運相呼應。我曾見過有人在海王星的影響下，經歷了奇怪的自我免疫系統失調，好像他們已經完全無法戰鬥一樣，必須放下控制事物的意志，靜觀生命會帶他們前往何方。

另一方面，土星則會帶來無比的疲憊感，好像四肢沉重無比，沒有辦法移動，感覺道路中間有塊大石頭，要移動這顆大石頭只會讓人更加疲累。火星的能量會因為任重道遠而遭到削弱。忽然飆起的腎上腺素讓人覺得更有活力，但不久之後高度警覺與緊繃則會消耗身體的能量。試想健康是來自生命裡不同節奏的流動與運動，每一顆行星就是一種節奏。蘇菲教派（Sufis）說宇宙間有三種韻律節奏，第一個是 Sattva，緩慢、平靜、柔和、睿智的節奏，如同太陽、月亮形成的循環一樣。第二個是 Rajas，規律且活潑，是成就、建設和行動的節奏。Rajas 的意思是高貴的，以意志和劍打造這個世界，容易讓人連想到火星。最後一種節奏叫做 Tamas，是不規則、不平衡的混亂節奏。這種節奏會帶來改變和刺激，但如果一個人待在這種節奏裡太久，世界和當事人的身體都會崩壞，我覺得這是屬於天王星的節奏。如果你們聽過印度音樂，聽過拉格（raga），就會知道這種音樂一開始都非常緩慢，很適合冥想的感覺，後來會愈來愈快，愈來愈有節奏感。這就是從 Sattva 走進 Rajas。音樂的強度會變強、節奏會變快，塔布拉鼓會愈拍愈快，人會激動地在西塔琴與敲擊樂器的對話裡前後搖擺。這種音樂的爆發力非常驚人，使人興奮，不過演奏的時間不能太長。非常累。[10]

火星的行運會讓這些節奏加速。天王星會進入興奮、激動的模式，我們都曉得天王星行運與意外有關，可能是忽然爆發的情緒、情感或肢體的損傷。從另一方面來說，冥王星

9 原書註：艾琳．蘇利文，〈療癒時刻〉，《阿波羅》（*Apollon*），第三輯，CPA Press。

10 原書註：*The Sufi Message of HazratInayat Khan*, Vol. 4, Barrie &Rockliff, 1961, p.162.

則會帶來更多壓力和專注力，感覺好像快把人壓到喘不過氣來了，但又不會像土星一樣整個把能量的流動壓到動彈不得，它暗地裡還是有動作的，還會測試欲望的根本，考驗意志的根源。火星與人體的免疫系統息息相關，會對入侵有所反應。火星守護的是紅血球的細胞，但發炎、腫脹、發燒，對於疾病的所有反應都與火星有關。疹、濕疹，又紅又癢的反應都是因為火星，這些都象徵著火星沒有辦法以健康的方式表達能量。體力不佳可能來自於精神的打壓，或深度的絕望使然，可能與太陽、火星，甚至月亮有關。請記住，有些人天生體力就比較差。木星人通常會有源源不絕的精力，可能是因為他們相信生命，自信事情都能迎刃而解。木星和火星產生相位的時候，當事人會比較敢冒險，活動力特強，因為他們相信自己能夠應付一切，不過這種人也特別容易因為飲酒過量、開快車、抽菸及跳舞而產生意外和困難的遭遇。

觀眾：月火、水火相位都會從外在展現出來嗎？

琳恩：幾乎所有的相位都會從外在展現出來，你們都曉得星座和行星主宰身體部位的關聯。火星跟月亮可能會引發肚子痛，水火也許是暴怒、緊張到喜怒無常，或消化問題。不過，我因此想到一位占星師朋友最近跟我分享的一個故事。他剛開始學的時候，在書上看到某個相位會引發牙齒問題。於是他每次在人家的星盤裡看到這組相位時，總會關心對方的牙齒一下，他們也都會說自己的牙齒不好。這點實在很有意思，為什麼呢？因為這些占星什麼的真的很準啊！不過呢，她後來想了想，又去問其他沒有這組相位的人牙齒好不好，他們也會說自己牙齒不好。重點並不在於列出所有症狀，而是探究行星與症狀之間的對話，以及我們的能量是如何使用或未使用才出現這些問題。

月亮與火星

月亮及水星都跟心智、感受及我們對世界的印象有關，這兩顆行星在出生星盤與火星產生相位都會出現強烈共鳴的反應。還可以顯示出高度的機動性，甚至是思想與情緒上的衝動。我們已經聊過火星巨蟹，而月火相位則有同樣的擔憂：「我安全嗎？」因為月亮守護著童年生活，月火的困難相位意味著安樂窩裡有真實或想像出來的斷裂、攻擊或威脅。或者，當事人的母親常常壓力過大，處在緊繃的狀態，沒有辦法把平靜與安全感傳達給孩子。

找不到安全感

法國小說家米歇爾．圖尼埃（Michel Tournier）的火雙魚在天底，對分位於處女座的月亮。

11他以歷歷如繪的畫面形容兒時一次受到侵犯的經驗。某天早上，從科幻小說場景裡跑出來的白袍人士闖進他的房間，緊抓著他，在他身上罩住東西，然後逼他張開嘴巴，用金屬器具摘除了他的扁桃腺。血噴得到處都是。設想一個想像力豐富、非常纖細的四歲孩子內心遭到這種殘酷、意料之外的暴行摧殘。就算在四十五年後，一想到他的喉嚨遭人扯開，他還是覺得很痛苦。「我全世界最恨的就只有那名動手術的醫生，因為他造成了無可計量的傷害。他在我的心裡埋下了懷疑別人的種子，我會懷疑最親近最摯愛的人，這點已經無可彌補了。」雖然外傷很快就復原了，但他看到肉販圍裙上的血還是會歇斯底里。[12]我們因此看到月火相位的致命性與特殊的濃烈情緒，以及這組相位如何在脆弱的靈魂上留下烙印。圖尼埃繼續說：「孩童非常脆弱，但同時又堅不可摧，必須如此，因為如果孩子能從傷痛裡存活下來，那所有的一切都會在孩童柔軟的肌膚上留下印記。」[13]

兩年後，他離開位於巴黎的住所，前往瑞士的療養院（他的月亮在九宮），他的童年再度崩壞。他記憶最鮮明的是沒有辦法止渴，再來就是同寢的室友是大使的兒子，非常會欺負人。圖尼埃身為小說家，的確能夠重建情感創傷的場景，但暴力的記憶通常會一直掩埋在內心深

11 原書註：資料來源：法國的資料庫 CEDRA。
12 原書註：出自米歇爾・圖尼埃自傳體散文 Le Vent Paraclet，Editions Gallimard,Paris,1977,p.18，由琳恩・貝兒翻譯。
13 原書註：出處同上，p.19。

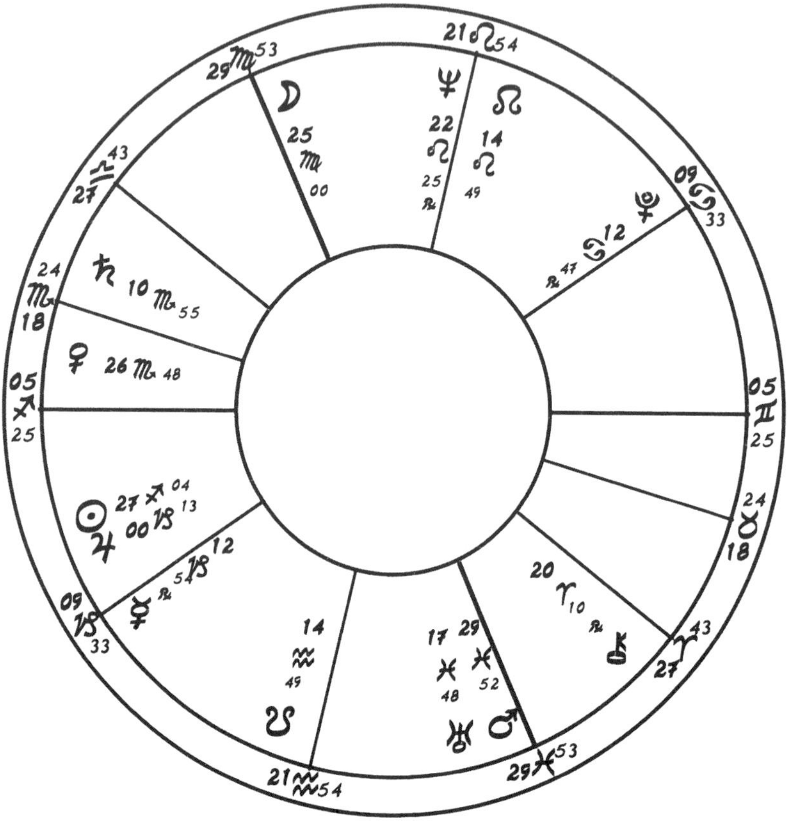

米歇爾．圖尼埃

一九二四年十二月十九日早上六點出生於法國巴黎

處，這種狀況會讓月火相位無法理解狀況且控制能量。這組相位意味著當事人遭到過往深刻的情感牽著鼻子走。月亮會保留過往經歷暴力或侵犯事件的記憶，且能迅速在生理或心理上重新啟動那種感覺。一名擁有這組相位的女性，她隨身攜帶獵刀，就連優雅的晚宴也刀不離人，雖然我沒想過原因，但我認為大家可以好好猜一猜。喚起記憶和深層整合情緒功課也許是必要的，不然一連串神祕的情緒反應可能永遠無法平息。不過第一時間的反應還是會保留下來，因為早期的危險似乎已經成為一個人心靈深刻的求生本能。一種特別的過敏也與這些相位有關，雖然我們大可說，相較於米歇爾．圖尼埃的反應，其他孩童也許能以更平靜的態度看待扁桃腺摘除手術。

觀眾：我在想有些人會急著想要清除汙濁的情緒和疑慮，這是怎麼回事呢？

琳恩：我注意到月火有相位的人，有時會覺得情緒好像會爆衝，繼續憋著，這股情緒就會撕裂他們一樣。情緒必須宣洩出來，必須處理掉。這也許是為什麼這種人總是動個不停，東奔西跑，到處找樂子打發時間。一旦這組相位的能量遭到威脅時，可能會變得非常激動、緊繃，會強烈防禦脆弱的當事人，如果他們能夠面對不安帶來的傷害，他們才能感受到巨大的生命力。

大十字裡的火星

大衛：妳認為太陽也是一樣嗎？我本身是日火四分相，妳剛剛說的我都有所共鳴。

琳恩：咱們來看看你的星盤。火星在一宮的雙子座，這顆行星扮演的是自我認同的角色。如果你不運用火星的力量，你會無法確定自己是誰，好像你會懷疑自己的存在一樣。我知道無法運用火星能量這件事聽起來很荒謬，但我想知道的是，大衛，你有過這種感受嗎？

大衛：的確有，我覺得我好像這輩子都掙扎於是否能夠清楚說出我是誰、我代表什麼。我的火雙子四分日雙魚，所以妳大可說我的確有些迷惘。

琳恩：我也注意到了火木對分相、日冥對分相，雖然容許度比較大，但你的確有變動星座的大十字。這種星盤的主人看起來不會靜靜坐在一旁，更像是生活在火車站的人。好或壞的人事物進出你的生命。因為是在變動星座，我猜你在練習說「不」的時候經歷過困難，尤其是正值冥王星行運的時候。

大衛：我很小時候經歷過非洲內戰，我猜冥王星的行運剛好喚起了當時的記憶。住在我們隔壁的一家四口，在晚上遭到謀殺。他們家和我們家是半獨立式的屋子，算是連在一起的。

琳恩：聽起來很危險又很可怕，你當時幾歲？

大衛：六歲半，我記得鄰居家的小孩才兩歲。他們死在開山刀刀口下，場面非常血腥。我們待

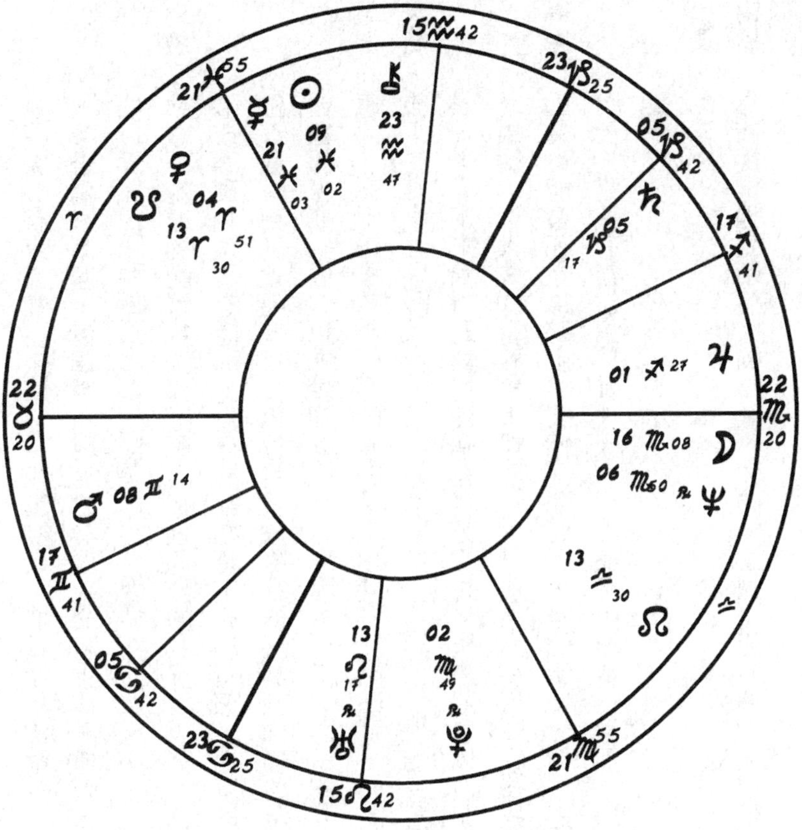

大衛

一九五九年二月二十八日早上九點十二分出生於英國倫敦

在暗處，整夜都躲在床底下。我記得大人把我從窗邊拉開。父親陷入兩難，他一方面想去警告隔壁鄰居，但母親和現場的其他人又阻止他。他因為沒來得及通知鄰居，所以深感自責。他明明幫不上忙，卻還是覺得內疚。

琳恩： 你整張星盤的配置會讓你近距離接近危險的狀況。火冥四分相，火木對分相，都與太陽形成強硬相位。有時你對自己的存在肯定充滿疑惑。你可以看到四分的火星和其他的相位都威脅到了太陽。日火相位就是危險狀況接觸到肉體的時候。這組相位會讓身體處於緊繃的警戒狀態，也就是知名的「戰或逃」（flight or fight）機制。我很好奇你是怎麼反應的？你記得心情不好的時候嗎？事後你有什麼反應？

大衛： 後來又發生了別的事情。走在路上被士兵攔下來是司空見慣的事。好比說，上學的時候，軍人用來福槍的槍托揍站在路旁的人，後來還對他們開槍。我們的車子必須排隊接受臨檢，軍人會來看看車子裡面有沒有什麼可疑之處，然後放行，我們才能上學。

琳恩： 因為可能會死在馬路上，我們又回到了火冥的領域。你一定覺得很焦慮。我猜你到現在可能還是沒有辦法信任其他人，你的反應可能會很激烈。信任別人對你來說是很大的問題嗎？

大衛： 的確。

琳恩： 你在街上遇到陌生人的時候，你的無意識可能會懷疑他們是不是想殺害你、奪走你的生命、揍你或奪走你的一切。星盤裡的大十字可能會在信任與妄想中擺盪，因為有木星和冥王星。

大衛：我還沒想過這個可能。我感覺自己內在有一枚炸彈，如果我把炸彈丟出來，可能會炸毀身邊的一切。不過，當我把炸彈壓抑下去的時候，我又覺得自己好像不存在一樣。

琳恩：一個人在目睹過毀滅之後，可能會想讓自己變強，嚇跑施暴者，就跟河豚一樣，生氣的時候會膨脹起來，刺會立起來。其他人從戰場上回來可能會有焦慮、恐懼的反應，希望避免傷害。

觀眾：就創傷症候群的患者來說，他們的反應已經和一般人不一樣了。他們可能會反應過度或太過冷漠，在一般人可能產生情緒反應的時候卻以麻痺回應。

大衛：我沒有這種感覺。我覺得我的狀況和缺乏自我及自發性比較有關。我通常不會主動去做什麼事情。我覺得這點很衝突。

琳恩：我在想這點是否呼應了你父親的兩難。大十字通常讓人沒有選擇的餘地。感覺好像沒有正確答案，沒有正確的做法，特別是你的大十字又在變動星座。

大衛：也許吧。我可以做出很恐怖又很具毀滅性的事情，事後我會後悔。如果我壓抑住自己，一陣子之後，我會覺得喘不過氣來。憤怒的感覺太強烈了。

琳恩：這個嘛，大衛，也許跟你一宮裡的火星爆炸有關，但因為你的上升在金牛座，你的外表看起來並不會很可怕。我不想這麼說，但你的內心還是像人肉炸彈一樣，想要把眼前的一切全部炸毀。

大衛：過去，我會想「噢，好吧，別人可能不知道，但如果我想好好保護自己，必要的時候，我會開槍。」

琳恩：也許因為月亮在天蠍，你根本沒有那麼和善。火星在雙子就跟所有位於雙子座的行星一樣，可以分裂成兩個面相。在不同的狀況下，能展現不同的樣子。你的火星會騙人，會玩把戲，但這是你能存活下來的優勢。我想像得出來，為了生存，你必須帶上無害的面具，讓那些軍人無視你的存在。不過，你又幻想自己非常危險，能夠造成真正的傷害。我猜這些自我形象都是環環相扣的，全部維繫在位於一宮的火星雙子上。對我來說，你的星盤非常鮮明，有時這些能量難以捉摸。當火星變得太恐怖、太危險的時候，它就會自行切斷動力關閉，也許你還有體力和自信的問題。我在其他類似的星盤裡看過這種例子。

大衛：其他人一提轉化火星的話題我就覺得很煩，他們想把火星變成與本質不符的東西。不過，我發現一件很有趣的事，在妳先前要我們喊「要」和「不要」，還配合跺腳的時候，我發現自己說「要」比「不要」的時候還認真。我可以拒絕，沒問題，但喊「要」的時候感覺太棒了。我好像可以當場開始跳舞一樣。

琳恩：你的火星在一宮，能對自己說「要」是非常重要的事情。也許跟冥王星行運有關，你能接受自己內在的暴力，還能把這股力量轉化成有用的能量。

觀眾：火星不是只有摧毀和對抗，更有正面的意涵。我想到達賴喇嘛。他散發出正面的火星能量，但似乎不是從自我和個人意志散發出來的。

琳恩：達賴喇嘛是一名不揮刀弄劍的戰士，他的太陽四分火星。幾乎從他出生開始，衝突就定義了他的生命，雖然他的困境來自外界，因為他是面臨生存危機的宗教領袖。他的生活與外界緊密聯繫，他必須到處演講、旅行，還必須玩弄政治手腕，這種生活和冥想靈修的道路是非常不同的。這也是因為他的日火四分相導致。有幾次，中共當局威脅到他的生命，他的平衡一再受到考驗，如果他還以傳統的方式住在拉薩的廟宇裡，結果肯定會不一樣。練習冥想的確會讓人從破壞性的情緒裡抽離出來，也是一種管理內在戰爭的方式。不過，我們實在無從得知他是如何處理內在生命的。

火星的良善面

觀眾：我們該怎麼引出火星最好的一面呢？是不是因為我們不了解自己，所以才從憤怒出發，但我相信經過時間的淬煉，火星能夠帶給我們勇氣和遼闊的視野，還有無需加害他者就能達成目標的力量。

琳恩： 這個嘛，你是日天秤，我懷疑日牡羊會不會有一樣的看法。「我們都有剛剛好的火星能量，這個世界就能成為完美的世界」。的確，隨著時間過去，大部分的人能耐煩、不再衝動，或更能夠駕馭暴躁的狀態。在年紀與行星的配置系統方面，火星掌控的是一個人三十四到四十五歲之間的年紀。此時的我們應該處於成人力量的巔峰，能夠改變這個世界。不過，我想我們應該注意火星誤入歧途是多麼簡單的事情，特別是火星在金星或木星守護的星座時。要觀察到以下狀況是非常困難的，我們會以精巧的手腕操弄他人，對其施壓以達自身目的，同時還號稱一切都是為他們好，或宣稱這樣的行為是為了更宏大的美善。過去一世紀的英雄情節壟罩在當代戰爭的恐怖陰影下，儘管如此，對於勇往直前、冒險犯難的渴望依舊存在於人類的靈魂之中。有人只靠細細的繩索就橫跨峽谷，有人花了大把鈔票只為了死在聖母峰的斜坡上，更有人獨自開船環遊世界。極限運動的普及就是我們獻給火星的讚美詩，不過，為了政治理念或道德信仰犧牲一切似乎就沒那麼流行了，至少在地球這一邊的我們的確如此，主流政黨的訴求變得愈來愈類似。也許在雙子、射手對分時，狀況會有所改變。

這也是電影《神鬼戰士》讓觀眾驚艷的地方。羅馬人以戰爭之神建立起整個文化，而電影的主人翁幾乎以最純粹的方式展演出火星的能量，一位正直、英勇的人厭倦了複雜的政治角力，無心攬權，卻發現親愛的家人死在過往效忠的帝國手裡。他絕望透頂、淪為奴隸，完全失去活下去的欲望。不過，他內心的戰士忽然覺醒，雖然身繫條條鎖鍊，但火星重生了。從這一刻起，一意孤行的他感覺不到痛苦，只希望能夠以他的方式伸張正義。他那不可能的得勝只替他帶來甜美的死亡。火星在乎的不是財富或名聲，火星為了戰鬥與勝利而生。遇到困難的時候，無論結果如何，火星都會勇於面對，如果我們能夠停下內在的天人交戰，火星便能無私成就偉大的靈魂。據說，斯巴達人崇拜的是遭到束縛的戰神艾瑞斯，因為開戰時，他們不信任戰神與他們站在同一邊。要整合火星，這樣的意象告訴了我們什麼？行動與結果的整合必須小心謹慎。雖然對每個人來說皆是如此，但對日火有相位的人更是一大挑戰，這種人必須鍛鍊意志，整合力量與認知。好像他們的自我認知來自衝突、行動和爭鬥一樣。擁有日火相位的女性不會懼怕衝突對峙和冒險。女性的日火相位可能投射在某位男性身上，因此也會成為兩性關係裡的導火線。這種女性需要願意讓她活出自己的男人，能夠讓她跌倒且自己爬起來。日火有相位的人會照亮善正或惡邪的火星原型。這種人會受到吸引，走上英雄的道路，願意闖入逆境，進而發展出自我。他們很可能沒有注意到自己的力量，常對其他人發火、抵抗，但他們也能夠帶領那些無法找到勇氣的人前進。

愛上火星

我想以今天的最後一張星盤作結，這張星盤的火星很有力量，位於牡羊座。火星也是這張星盤裡唯一在守護星座的行星，與金星合相在七宮，對分冥王星。非常強調天蠍座與八宮。

觀眾：金火合相讓我想到強烈的性慾，這組相位是不是和征服有關？八宮裡有這麼多落在金牛的行星，當事人肯定非常熱情。

金星與火星

琳恩：沒錯，金火合相的確會出現一些養眼的畫面，尤其是火神赫菲斯托斯用網子活逮那對戀人的意象。這組合相最有名的地方在於，會用烈焰燃燒所愛，消耗熱情與欲望。喜惡非

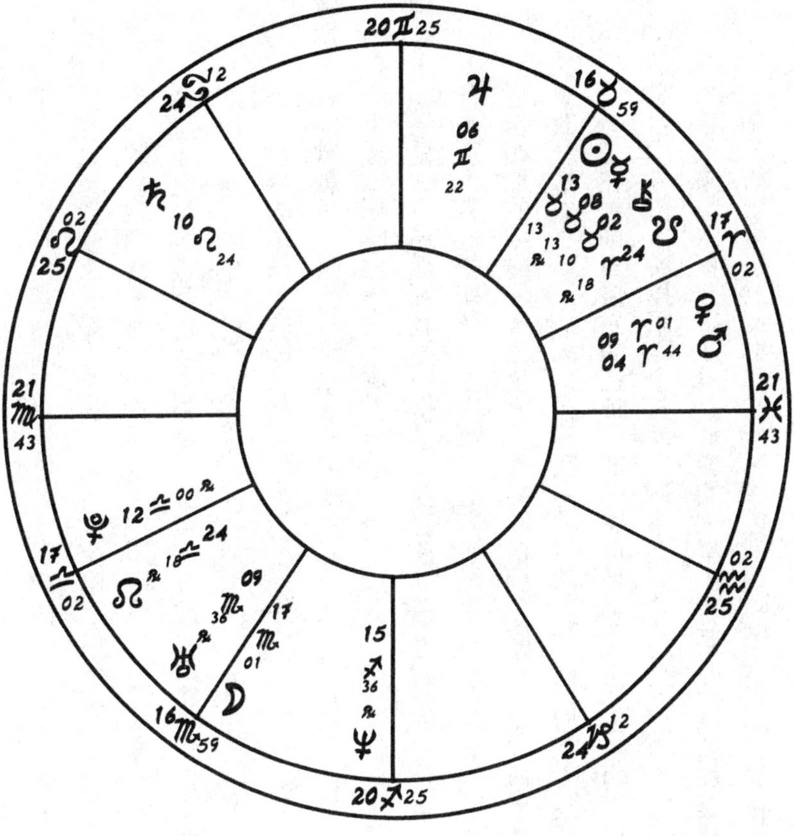

阿班

一九七七年五月三日下午三點二十八分出生於美國紐約

常分明，反應相當極端，非常危險，不夠細緻。不過，這組相位不只與性有關，也不一定要透過性愛來表達。當事人阿班就探索了自己的勇士之心，他自願加入以色列軍隊一年，體驗戰鬥營和顛沛流離的生活，運用槍枝、流下汗水。金火合相的其中一個考量是金星愛火星，也就是愛上戰爭、衝突、危險，沒錯，這是一個可能性。阿班背離父母的期待，讀了一年法學院就輟學，他發現自己身處在黎巴嫩邊界的裝甲部隊裡，時值戰爭。在場的你們，大部分都看起來很驚恐呢。

觀眾：我喜歡戰爭，我覺得戰爭能夠鼓舞人心，我的火星落在牡羊。不過，我無法想像自己參加軍隊。軍隊會奪走一個人的意志。

琳恩：如果是你自願從軍就不一樣了。他選擇了替另一個國家效命，沒有人逼他。這個選擇違背了別人對他的期待，更違背了他毫無紀律的天性。他做這個決定的時候，正值土星行運合相他的太陽。天王星人非常喜歡這個矛盾的特質。他平常是靜不下來的，動不動就更改計畫與想法，他終於找到一個可以依循的結構。土天四分相所帶來的決心非常驚人，是在規則與自由間拉扯。他身邊都是必須服役三年的以色列義務兵，不過，因為他是自願入伍，所以軍隊會養他，還會支薪，在軍隊裡的半數時間還要學以色列政府開設的希伯來文課程。軍隊就是社會的火星，將個人組織進蜂巢裡，啟動且管理火星，磨練一個人對於戰爭的反射與本能。以色列軍隊遭到攻擊，處在警戒狀態，以色列的國家盤本身就有日火四分相。在這裡，火星能夠與更大的組織連結，得到滋養。美軍在這裡沒有吸引力，也沒有真正的危險。我很訝異，古典占星的喜樂宮位裡提到，火星在六宮是進入喜樂宮位，因為這個宮位在世俗占星裡與警察和軍人有關。也許意味著火星在這裡最能替社會與個人服務。

強而有力的火星，好比說眼前的火牡羊，必須曉得自己的能耐在哪裡。阿班想知道生而為人的意義，想要測試自己，想知道用手撫摸槍管的感覺如何。他塊頭很大，身體很結實，重力訓練讓他更為強壯，但他也非常聰明，讀了很多書，很會問問題。他說他會想像自己去性侵別人、朝人開槍，他在腦袋裡計畫過謀殺這種犯罪事件，如同獵人追蹤獵物一樣。他問我：「不是大家都會這樣嗎？」月天都在天蠍座的確會觸碰到這種禁忌事件。在場有多少人允許自己去想像這種事？這位年輕人非比尋常，他察覺得到自己毀滅的潛力，不過，他的星盤上有許多累積的壓力，好比說月天合相，對分日水，又同時四分土星；位於一宮的冥王星又對分金火。有這些配置，他又能怎麼樣呢？他自問，殺人會是什麼樣的滋味？以色列軍隊提供這些哲學問題一個絕佳的實際戰場。同時，可能的暴力行為則限制在一個由軍隊建構出來的範圍裡。

觀眾：他的七宮是怎麼運作的？金星是日金牛的守護星。我猜某種合作關係會吸引他的加入。

琳恩：別忘了七宮就是戰爭的宮位，與對方短兵相接的場域，無論是愛人或敵人都一樣。七宮的對分相事實上逼著他將毀滅的感覺加諸在別人身上。他現在是故意推開所有的重要關係。關係的問題太棘手了。

觀眾： 你們不覺得他是在逃避什麼嗎？強勢的海王星加上火象大三角，是否對於從軍懷有過多理想？太陽在八宮，所以他在關係裡可能是強勢的一方。他逃是因為他害怕。他想逃離親密關係。

琳恩： 逃避有很多形式，從軍是非常實際的一種，不過你所說的也有道理。他跟我談到一段認真的男女關係，當時他還在唸書，他在關係裡變得非常殘酷、善嫉、古怪。他的父母一直抗爭，家族裡也戰爭不斷。他的父親與祖父已經好幾年沒有說話了。阿班形容自己的媽媽是個「只會尖叫的人」，他的月亮的確不好過。金火合相在七宮，欲望和憤怒、愛欲與熱情、毀滅與美善都會一起出現。這組合相又對分冥王星，一想到別人濃烈的情感可能壓倒他的時候，他又侷促不安，說：「誰也不能逼我做什麼。」他甚至會逃回過往的夢想裡。在他的星盤裡的確有宗教方面的議題。射手座海王星在天底，木星在九宮。他一直到十歲之前，都住在紐約東正教的社區裡。他的祖父母都是信奉嚴謹的東正教教條的猶太人。男人把頭髮留長，女人則要戴假髮。後來，他的父母離開了這個社區，搬去郊區，他們打破了傳統社區裡的習慣，不過阿班卻覺得失落、不完整。他對於靈性的生命擁有強烈的渴望。他會在猶太人的禱告巾下讀老子。不過他習慣了舒適的環境，崇尚金牛座的天性，他愛好美食、華服和佳釀，他的戶頭由富有的老爸贊助。錢是個大問題，你們看到他的南北交點落在金牛－天蠍及二－八軸線。他讀書時每個月的零用錢大概超過在座某些人一個月的薪水。火星則是粗野的，感覺不到不舒服。自願遭到剝奪，還樂在其中的狀況會滋養火星，住在軍營裡、前往沙漠、一個禮拜無法洗澡、吃沒有味道的乾糧。他貪婪的好奇心迫使他勞其髮膚，也許他想要相信戰爭的理由。木星在九宮，與火星呈現六分相，能夠替他帶來使命的熱情和渴望。他現在會說：「猶太人瘋了，巴勒斯坦人也瘋了。他們相信的神是一塊石頭，他們為此要摧毀彼此。真是瘋了。」

觀眾：如果他和巴勒斯坦人作戰，體驗到難以想像的危險，他的熱情會因此減退嗎？

琳恩：對此我們只能期待。之前三名以色列士兵遭到巴勒斯坦人綁架處死，還把屍體掛在窗戶上，事過一周後，阿班搭軍用卡車前往加利利海。他上禮拜打電話來，坐在海灘上，他說：「最近上頭不准我們搭便車，因為巴勒斯坦人會綁架以色列士兵。現在我得想辦法回軍營去。」看吧，多數人不會跑去外頭、拿了把槍就加入軍隊，現在還得擔心遭到綁架。他的無意識還滿奇怪的。

觀眾：是嗎？說不定他相信自己是打不死的。為了失敗而出擊是沒有意義的，尤其是當一個人的火星在牡羊座的時候。我大概理解他是想尋找危險，想和敵人正面交鋒。

琳恩：你說得沒錯，他的確是在找機會測試自己的勇氣，面對自己內心的戰爭。他的內在情緒有爆炸的可能，所以他選擇在戰場上與自己面對面。我想無論結果如何，這次從軍的經驗肯定會深刻改變他。就某種程度來說，我們一定要出去認識自己的火星。生活在世界上，需要很多不同的勇氣，也許是面對疾病的勇氣、從負面情緒裡走出來且不去傷害任何人，有人需要阻止火星的行為、好好拆解，或徹底停下來。某些人則必須等待生命緩緩趕走火星，讓他們過上安穩的生活。無論你是哪一種，你都要了解火星的天性，了解火星的目標是什麼，你需要做什麼才能讓火星免於毀滅、死氣沉沉或危險的狀態。我希望大家可以善用今天的內容，好好想想你們的火星，是要啟動它，還是要釋放它，必要的話，也可以復原，對某些人來說，也許需要找個方法壓抑它。請記住，火星會切割綑綁你不能好好活出自己的束縛。加上意識與照料，火星可以帶領你從衝突走進充滿使命感與生命力的人生，前往肯定生命的歡欣境地。

第二部

激情、欲望與出類拔萃

達比．卡斯提拉

本場講座為心理占星學院冬季課程的一部份

講座日期：一九九五年三月十二日

地點：倫敦攝政學院

一再重複從事的事情成就了我們。因此，出類拔萃不是單一的行為，而是一種習慣。——亞里斯多德

引言

正值火星壯麗行經獅子座與木射手三分的同時，我們要來進行火星的講座。今天會探討火星較為崇高的幾個可能性，很適合現在的天象吧？首先，咱們先來喚起這顆行星在傳統上的意涵，接著，討論其字源系統的有趣分支。我們會談到榮格以及他的個體化發展。最後的時間，聊聊火星在四元素及十二星座上的表現。

傳統上的火星

我想讀幾段傳統上對於火星的見解，這些說法存在許久，我們早年學習占星時肯定都有接觸過。在艾倫．里奧的《如何解讀本命盤》1 裡提到：「火星是顆能量聚焦且外向衝動的行星。我們的熱能與行動直接受到火星的影響，而非其他行星。」他繼續寫到其他火星的有趣狀態，以及我們的「動物」本性，這點顯示出我們對於動物的看法的確隨著時間改變（「所有動物的習性、感官、熱情、欲望、渴望通通來自火星的振動」）。我還想引用另一個見解：「當欲望與意志開始拉鋸，而當事人依隨盲目的感官衝動，這時火星就會有害。」以及「不幸、災禍、意外、發燒都是源自於過度縱溺的感官魯莽、衝動及過度興奮。事實上，控制動物熱情與渴望就是限制且引發自火星的振動。」在瑪格麗特．洪恩的《現代占星教本》[2]裡，她告訴我們火星是「展現力量的本能動力，是一股原始、初胚的能量，表達的方式熱切尖銳」。後來，她又說：「其他人也會展現出嚴厲的一面。」她也提到：「火星會展現出維護性格的能力，在生命歷程裡奮鬥。」查爾斯．卡特在《占星原則》[3]裡則提到火星燃燒的時候「……有如太陽，不過，火星的行動更有活力、更不穩定。」後來他又以斜體字提到：「火星的行為是突然的、張揚自我的、具破壞性的。」

1 原書註：艾倫．里奧（Alan Leo），《如何解讀本命盤》（*How to Judge a Nativity*），International Publishing Company，1965。

2 原書註：瑪格麗特．洪恩（Margaret Hone）《現代占星教本》（*The Modern Text-Book of Astrology*），Fowler，1971

3 原書註：查爾斯．卡特（Charles Carter），《占星原則》（*The Principles of Astrology*），Theoshophical Publishing House, 1971

我在這裡要引用佛列德・蓋廷茲的《占星字典》[4]，不過，在任何一本早期的書裡都找得到類似的敘述，在傳統上，火星象徵「一個人生命裡的實際層面，也是這個人精力、耐力等力量的指標」，更代表我們執行任務的能力，且「象徵我們個性裡外向活潑的一面。」這點當然直接與性衝動有關（還有象徵「被動消極」面的金星）。在強調火星的星盤裡，這顆行星會提供當事人勇氣、進取心、自信與自尊。透過火星，我們可以建設，也可以摧毀。蓋廷茲也提到火星的形容「通常缺乏坐落星座的精細展現」。我們晚點會討論這點。蓋廷茲說「配置不好的火星是斷裂猛爆的」，會讓當事人「粗魯、魯莽、自我中心又帶來破壞」。火星掌管我們的性器官，特別是陽具，這點再明顯不過。西元二世紀的時候，天文學家托勒密寫道，火星傳統上守護生殖器、左耳、腎臟以及血管。傳統上，火星也守護腎上腺。蓋廷茲說，這是反應身體活力能否迅速依照「物質層或星光層」能量波動反應的絕佳指標。

觀眾：妳是指一個人能在多短的時間裡生氣，以及生氣時的反應？

觀眾：不只如此。火星必須立刻發揮「戰或逃」的反應。妳認為蓋廷茲只有想到星座，還是包含了火星的宮位與相位？

達比：我現在不想深入討論，但這個問題很有趣。所有的勞力活動都屬於火星的範疇，好比說，建設、建築、手術、駕駛、運動員。蓋廷茲說火星能量強的人會傾向使用鐵、鋼、銳利的工具、戰爭武器，地點則與軍事基地、屠宰場、廢棄物處理廠及停屍間有關。

觀眾：在這些場所工作的現代人也許會有強烈的火星配置，但不是每個火星能量很強的人都會從事這些行為。我認識一個日火合相在牡羊座的人，他這輩子碰過最銳利的東西就是開罐器。他月天秤，不過呢……

達比：沒錯，我同意你的看法。不過這些面向之所以有趣是因為這些事情能夠建構並展現火星領域的色彩，而非其他，你常常能遇到火星能量強大的人，工作性質是與生死有關的。我之前在南非的時候，有位日水瓶的個案，他的火摩羯落在二宮，月冥合相在八宮的巨蟹座。他想成為禮儀師，但他心愛的女人卻因此拒絕跟他結婚。怪的是，她是日天蠍。最後，他成了某間保險公司的保險經紀人。他們結婚好幾年，生了幾個孩子，最後卻沒有幸福美滿。我常在想，要是他能依循自己的欲望前進，結果是否會不一樣。

4 原書註：佛列德・蓋廷茲（Fred Gettings），*The Arkana Dictionary of Astrology*，Penguin/Arkana，1991

火星的內在風景

上述這些概念植入在我們對於火星的意象裡。探探我們的內在風景，這是父母的行為、感受在我們靈魂深處留下記印的所在，火星與太陽可以形容成我們內心承載回應陽性天性的形象。可以這麼說，太陽解釋了我們期望父親能夠成為什麼樣的君王，而火星描述的是我們感受到的父親作為，他走入世界，為了自己或（及）家人的性命，取得所需物資的方法。當然也描繪出他如何抵禦、保衛自己的疆土。我們的太陽配置與相位訴說了父親在活出我們的期待上所遇到的助力與阻力。我們火星的位置與條件則透露出在我們心裡，他的戰鬥能力、善用環境贏得榮耀之處，此處也是他王國裡足以讓我們安穩落腳的地方。這些概念從各種闡述而來。太陽與火星描繪出我們個人的期待、意識與無意識，而且通常與男性有關。這兩顆行星也跟我們能力所及、能夠瞄準的目標有關，無論是贏得比賽、買下企業、寫一本書或生一個孩子都一樣。火星也可以代表我們與兄弟之間的關係，特別是哥哥，但這個假設通常是在當事人父親不存在時才成立。

觀眾：要是父親很弱或缺席了，而當事人沒有兄長怎麼辦？

達比：我們所謂的火星能量比這個狀況更深層，通常可以透過經驗與觀察累積。我直接跳到結論，火星能量一定是承載在父親的精子當中，而需要一點外在的刺激啟動。也許父親根本沒有出現過，要是一個人的父親很早就過世，或在孩子出生前就離家，當事人也許還是會從母親或其他大人得到對於他的印象，而因為能量就在你體內，你只需要這些刺激就足以承接他的火星能量。而在成長的過程裡，童年跟青少年初期，當事人的火星能量也許會在實際或幻想層面接觸其他男性，當事人可以透過這些男性所引發的經驗，發展出超越簡單生存本能的火星天性。也就是說，這些經驗可以喚起當事人的火星。

目標與阻礙

該來談談火星與阻礙了。我們可以在嬰兒身上觀察到火星的配置及相位的運作模式，嬰孩已經開始展現出生存的本能，而這項本能慢慢演變成對於碰觸到的東西都要占為己有的欲望。火土四分的孩子跟火木三分的孩子，在克服阻礙上頭就會有截然不同的經驗。隨著驅力慢慢發展，每個孩子都會遇上深植在火星配置與不同條件下的特殊阻礙。火星與阻礙是息息相關的。火星的激情需要與之抗衡的對手。欲望及阻礙就跟火柴及打火石、火焰及木頭一樣，缺一不可。

如果你觀察自己火星的戰場，你會看到某種動態浮現。你的火星所在星座、配置、相位都展現出你這個人回應阻礙的特殊模式。一旦火光為了某個特定的目標點燃，同樣模式的阻礙也會自然出現。參加同一場比賽的選手不會是同樣的人，他們會以各自的方式遭逢困難。簡單來說，有人會為了想像力而掙扎，有人會因為身體或地域努力，有人則是受到周遭環境所帶來的想法困擾，當然也有人因為事件引發情緒。就是這些阻礙成就了你的人格，更是這些阻礙形成你最後終於認可的防禦系統。只要火星啟動了，某種程度上阻礙也會出現。火星朝著目標前進，阻礙則是一路上的圍牆、高山或河流。這些阻礙可以告訴我們，在每一個階段的遊戲裡，我們需要付出多少以及什麼樣的努力。有天，我開始在想這件事，我當時在朋友家，我跑去翻她那兩大本的韋氏字典，找到以下資訊：

阻礙（Obstacle）　源自拉丁文 ob=against（對抗）及 stare（拉丁文，站立）=to stand 或 obstare（兩者都是站立之意）。Obstare 是「擋在路上的東西，妨礙、阻礙、阻塞或阻礙物」。

目標（goal）　來自中古世紀英文gol，更早之前源自盎格魯—撒克遜語裡的 gal，推測跟 gælen 有關，意指「阻礙、妨礙」。

在我們自己的語言及文化裡，阻礙的概念已經包含在目標之中。我們必須記住，在其他語言文化裡也許不是這樣，但對我們而言，目標的本質就暗藏了阻礙，今天我們探究的火星就會說明朝著目標前進是如何與其阻礙連結在一起。

Arete：火星的優點

這個子題直搗我今天想要探究的核心。我接下來要告訴你們的字源故事開始於一九八〇年代，我當時認識了一群把早期占星文本從拉丁文翻譯成英文的人，他們以「占星師聯盟」（the Company of Astrologers）的葛拉漢．托賓（Graham Tobin）為首。我們花了七年時間，一路鑽研非常有趣及非常無聊的文本，有些內容是在十三世紀寫下的，但大多是十五到十八世紀之間的文獻。參與翻譯工作後，我因此養成遇到單字就查字源、字根的習慣。有天，我買了一本英文、希臘文對照的《奧德賽》（*Odyssey*），我對希臘文不太熟，但我可以讀那些文字，跟著它們查我認得出來的單字或片語。希臘字很漂亮，文字則能激起很多想像。我遇到 *arete* 這個字好幾次，好奇它是不是跟戰神艾瑞斯有關。我向翻譯小組裡的一位成員伯納．艾柯斯（Bernard Eccles）請教。他說早期是沒有什麼人崇拜艾瑞斯的，而且早期的艾瑞斯可能只是色雷斯（Thrace）當地的一位氣候之神（較為抽象的概念是後來出現的，莫約公元前五世紀時，雅典才發展到高峰，許多創意、哲思約莫在這個時期崛起）。公元前大概八百年時，荷馬出現，這時的艾瑞斯已經成為希羅作品翻譯家、研究家、小說家羅伯特・格雷夫斯（Robert Graves）筆下「粗手粗腳、魯莽衝動、醉醺醺又愛吵架的戰神」了。

不過，在《伊里亞德》的大埃阿斯這種人物身上，我們能夠想像的可不只是粗俗、殘暴、有勇無謀的角色。就在荷馬的作品裡，除了這位野蠻、冥頑不靈又喜愛戰鬥的角色外，還有另一種戰士。這種戰士的天性是用 *arete* 這個字來形容，意思是「美善」、「美德」與「卓越」。請注意，這裡的「美德」跟我們現在理解的概念不太一樣。在我研究艾瑞斯、火星及 *arete* 的道路上，我找到一本由波頓（J. D. P. Bolton）所寫的書，他寫書的時候是牛津大學王后學院的研究員。他追蹤最早從荷馬時期以降到基督教早期的個體化概念。那本書叫做《榮耀、笑柄與謎語》，我翻了翻這本書，讀到這段：

> 美善或美德的概念（至少在西方是這樣，我們今天使用起來帶有傑出的溫柔氣息），美德一詞來自戰爭的領域，說明一名戰士履行自己在社會上擅長的能力，也就是他最適合的角色。美德這個字（或「長處」）、arete，以及「最佳」（best）、aristos在字源學上都是相關的，也許都跟代表「相稱、合適」的動詞有關。**5**

希臘文裡的 *arete* 就是羅馬文裡的 *virtus*，兩者都暗示著陽性的傑出卓越，艾瑞斯是一名戰神，而 *vir* 的字頭代表男性。我在這次查資料的經驗裡得知，希羅時代的人認為美德之於男性，就跟中世紀基督徒認為美德專屬於女性一樣。這點實在很有趣。不過，更有意思的是占星學上的火星想像起源卻包含了在意義上代表「適合」、「卓越」、「絕佳」的「美善」。

觀眾：我想到貴族（aristocrat）這個字，但如果字源代表「絕佳」跟「適合」，這個字大概跟原本的根源已經無關了。

觀眾：這個想法一定來自每年英國女皇表揚某些人的活動有關。鮑勃・格爾多夫（Bob Geldof）因為「拯救生命」（Live Aid）慈善演唱會受封，他就是因為做了「絕佳」跟「適合」的行為得到獎勵，所以現在他是鮑勃爵士。

達比：我們等等會討論他的星盤，但現在咱們要繼續挖掘文字。我查了里岱爾與史考特合編的《古希臘字典》[6]，有以下發現，大家可以稍微看一下（各位學者，請恕我沒有語言符號）。

5 原書註：J・D・P・波頓，《榮耀、笑柄與謎語》（*Glory, Jest and Riddle*），Gerald Duckworth & Co. Lit., 1973。

6 原書註：Henry George Liddell and Robert Scott, *A Greek-English Lexicon*, Clarendon Press, 1996.

ΑΡΕΤΑΩ　未來式 ησω（αρετη）意為符合、恰當，使繁榮、榮耀。

ΑΡΗΣ　艾瑞斯，拉丁文裡的瑪爾斯，朱比德與朱諾之子，戰爭與毀滅之神，打擊、霍亂、饑荒之神。因此，常預兆了戰爭、屠殺謀殺等行為（與αρρην、αρσην，還有拉丁文裡的 *Mars* 有關）。字根來自 αρειων、αριστος，代表在戰場上，最原初的男性與勇敢的象徵：請比較拉丁文的 *virtus*（力量）。

ΑΡΕΓΩ　在戰時協助、幫忙、救助……被利用……避免……避開……不至於遭到俘虜……。

ΑΡΕΤΗ　各種美善卓越，但在荷馬史詩裡，如同拉丁文的 *virtus*（*vir* 字根：男子氣概、英勇無畏，同時也代表各種美及尊嚴等）。在散文裡，代表土地、噴泉等物的美與卓越，在藝術及工藝品上，則代表技巧。在道德上，代表美德、美善，也代表有美德、名聲卓越及價值的人。

Αρεταω　繁榮，繁華，選擇英勇的道路。

Αρεταιχμος　拿著長茅的英姿，Αρειμανης 狂熱般上戰場。

Αρεια αρειη　集合名詞，威脅、恐嚇，惡意的行為 αρειαω 惡意。

APPHN	o, αρρεν το. 古雅典文 αρσην，伊奥尼亞文 ερσην ——男性，相反詞 θηλυς（陰性）：因此意指雄性、男子氣概、強壯。作為名詞 αρρην, o 男子。
Αρρηνης	兇猛、野蠻。

各位看看這裡的希臘字，α 跟A後來變成了我們的字母 a，ρ 跟P類似我們的 r，ε 後來變成我們的 e。Σ是S，η（H）讀起來也像我們的 e。所以字根是這三個字母 α、ρ、ε，而其他字母則是修飾或擴展字根的不同方法。花點時間看看這張表。有沒有發現以 $\alpha\rho\varepsilon$ 為首的單字包含了光明與陰暗的意涵？當波頓討論「適合」是荷馬筆下 *arete* 的一種用法時，他說，在早期的希臘，美善是一種機能作用，意味著對某件事很在行，也就是執行某人適合的事情。所謂 *arete* 的馬是跑得很快的馬，*arete* 的刀是鋒利的刀，*arete* 的夜鶯會唱動人的歌曲，我想你們可以理解這感覺，*arete* 的女人就是「能夠打理好家裡的忠實妻子」。

觀眾：肯定是男人想出來的。

達比：但女人配合演出。別忘了這部分。你們再看看這裡。

APETH（里岱爾與史考特希臘辭典 p238）與上述意義類似，但神祇也是如此，女人也是如此（引用《奧德賽》（2, 206）：追求奧德修斯妻子潘妮洛普的尤瑞馬可斯回應先知海里賽斯〔「在老年人中，他最會解讀鳥類的飛行，預言未來」〕的對話，「我們等待這位美麗的女人已經許久，為此彼此競爭。我們本可前去他處，尋找合宜的妻子。」）

ημεις δ αυ τοτιδεγμενοι ηματα παντα εινεκα της αρετης εριδαινομεν, ουδε μετ αλλας ερχομεθ, ας επιεικες οπυιεμεν εστιν εκαστω[7]

觀眾： *arete* 這個字是指「美麗」還是「合宜的妻子」？

達比： 這個字是指美麗，潘妮洛普就是美麗本身，也許是指她的外貌，但主要是在形容她的個性。她是正直忠實的妻子，無論丈夫離家多少年，依舊替丈夫守護、維持他的的家園。她也許也長得很美，但這個字更代表她的地位、性格與財富。

觀眾： 史詩後面還有提到「噴泉與土地」，也暗示了財富。

達比： 對。對早期的希臘人來說，天底下最重要的莫過於榮耀與名望，也就是名聲與權威。一個人可以因為在戰場上作出符合戰爭的行為而「正直」（virtuous）。打仗的目的是為了爭奪土地及維護族人的安全。征服別的部落是為了讓你的族人致富。財富意味著保障。

一個人從事適合他的活動就會成功，而成功也會帶來財富。

觀眾：這點跟現在的看法相差很多嗎？

達比：沒有。改變的是我們對於美德的概念。我們對於美德的概念一直要到「自由意志」發展之後才開始存在。當哲思討論愈來愈嚴肅的時候，這些簡單的概念也變複雜、抽象了。荷馬史詩裡的男人與生俱來就有 *arete* 這項美德。有些人很稱職，因此很適合他們在社會上的功能，因此成功。有些人則不是如此。這種特質深藏在一個人的本質深處，必須透過環境引導出來。就我在尋找占星學裡火星及 *arete* 的連結時，我曉得事關火星的光明及陰暗面，一邊是屠殺、謀殺、邪惡、壞心眼，另外一邊則是勇敢的美善、卓越與正直。荷馬史詩裡的大埃阿斯有勇無謀，海克特受到眾人愛戴，阿基里斯剛愎自用，奧德修斯「善巧奸詐」，卻也是「最棒也最聰明的英雄」。一百年後，到了赫西俄德（Hesiod，古希臘詩人）的時代，*arete* 成了可以教化的特質。我們可以出身貧賤，然後慢慢發展成卓越、有美德的人。換句話說，我們可以發展出比我們真實宿命更「適合」社會的特質、我們可以比剛出生的時候更好。兩世紀後，蘇格拉底反駁這種說法，後來，爭論

7 編註：p170-172 的希臘文由政治大學語文中心區立遠老師協助翻譯與改正部分原文誤植內容。

就沒有停過。直到今天，我們的法院還是想分辨出每個人必須為了自己的天性及罪行負起多少責任。甚至還有一種專門研究美德的倫理學學問，猜猜這種文體叫甚麼？叫 Aretalogy。

觀眾：我叔叔是名太空人，他說研究火星的學問叫做 areology。

Arete 帶來的「正確抉擇」

達比：真的很清楚。好了，西元前五世紀的時候，蘇格拉底開啟了先前沒有探索過的眼界，*arete* 有了更寬廣的定義，不再侷限於適合從事什麼、本質的美德以及成功卓越。在這個時候要成為一個傑出的人，似乎變得比之前更複雜。美德需要更不同的關注。我在波頓的書裡找到提到這點的段落：「如果任何物種的卓越或 *arete* 能夠作為生物本性，那對人類來說，卓越的表現就是根據理性思考，這可不是指狂喜狀態的訊息傳遞，所謂的『神啟』，更不是除去肉慾與非肉慾的人類感官。」*arete* 是亞里斯多德倫理學裡的重要概念。他把這個字用得跟「功能」很像，而他所謂的功能通常都可以簡化成英文裡的「美德」與「優點」。亞里斯多德談到靈魂的功能，靈魂擁有理性及不理性的部分，靈魂也有智識與道德上的功能。一個人該如何航行（這是我的用詞，不是他的）於欲望與渴望間的衝動則是道德功能、道德美德的領域。亞里斯多德認為道德上的「正直」與數學或工程學上的「正確」沒有兩樣。在我們做出最微渺的道德選擇時，無論是崇高或荒謬，都可以從人生的各種角度來分析。

arete 則是關乎行為上的正確決定，就跟每個數學問題都會有最佳解一樣，所以，每次選擇都會帶來一個正確的行為，而選擇正確、適合的行為則會隨著時間養成習慣。亞里斯多德講 *arete* 的時候，提到了必須仰賴一個人正確的判斷、自制及平衡欲望的能力。就他的說法，*arete* 像是一個可以慢慢養成的德行，不是與生俱來的、不是無故獲得的。一個人可以透過在個人本能行為極端之間的「黃金中道」找到 *arete* 的特質。你可以在膽怯與輕率間找到勇氣，在怠惰與貪婪中找到野心（這是好的特質），在自卑與自傲中找到謙遜（這也是好的特質），在陰鬱與滑稽之間找到適當的幽默。

他覺得這樣最好，在萬物間是最適合、最恰當的分寸。人沒辦法預知未來，曉得什麼樣的行為才是正確的選擇，但我們可以善用形成習慣的智識做出「好」的選擇。這是一個流動的標準，必須依照不同情況做出不同的判斷。這種習慣可以帶領我們的靈魂走向美善、正直、卓越的境地。你的絕佳潛力會在這種生命裡流動，因此你的生命也會變好。很多人把這點翻譯成快樂，實際上卻更是一種更細膩的靈魂健良的狀態。卓越則是可以透過訓練與練習達成的目標。亞里斯多德說：「一再重複從事的事情成就了我們。」

*Arete*的概念，我們最初在荷馬史詩裡看見，代表的是一件事或一個人在角色裡展現出的正直、恰當與卓越，這個概念後來一直發展到幾世紀後，演變成必須做出道德抉擇的靈魂品質，需要智識與行為的良心選擇，這樣才能養成習慣，讓生命變「好」。這就是我們今天所謂的「自由意志」。

觀眾：占星、神智學家艾莉絲・貝莉（Alice Bailey）在奧祕占星學裡提到牡羊座是由水星守護。

達比：沒錯，我一直到讀了第一次《伊里亞德》後才明白。戰爭裡有個金頭腦跟海克特講話，你們曉得傳統上雅典娜守護牡羊座嗎？文藝復興時期的歐洲學者馬爾西利奧・費奇諾（Marsilio Ficino）在評論柏拉圖的《饗宴》（*The Symposium*）時，認為雅典娜守護牡羊座。不過呢，到了亞里斯多德的年代，「理性」開始內化。神明開始凋零，而卓越之人則是能夠理論的人。我們現在，至少在北歐，似乎又開始經歷同樣的狀況。神明在我們的幻想世界中死去，我們最推崇的莫過於那些在危機中能夠以智識、判斷力結合火星與本能致勝的人。戰爭裡冷靜的頭腦肯定是項禮物，而在心靈的國度裡，冷靜的頭腦則是絕對不可或缺的。

觀眾：我覺得火星是我內在想要贏的部分，無論是賽跑、打仗、獎勵。我常為此覺得羞愧，就跟我會因為自己的憤怒而不好意思一樣。我覺得很多人也有同樣感覺，像是那些想要成為「好人」的人。然後，還有一種人會為了得勝而不擇手段，他們也會把握每個能夠表達憤怒與敵意的機會。結果妳卻說這是一件「好事」，我覺得滿令人擔心的。

達比： 好，我明白。在我們這種社會裡，要跟火星和平相處可不簡單。做了，會惹麻煩，不做，還是會惹麻煩，類似這種狀況。所以我才覺得火星承載著我們能夠成就卓越種子的概念非常迷人。負載宿命潛力的是太陽，但火星能夠提供如何從野蠻衝動轉變成專注且配合意志的行為資訊，而這樣的行為資訊能夠配合命運的成就目標前進。火星提供給我們的資訊關乎我們的求生本能、欲望天性以及我們前往充實人生的道路方式。不過，讓我跟你們分享一下榮格對此的看法。

艾瑞斯與個體化

我每次在準備研討會內容的時候，無論主題是什麼，我一定會把榮格加進來。這次，我只有在《榮格文集》索引裡找艾瑞斯，結果就出現驚奇內容，他說的比我想得還多。事實上，他認為火星是個體化的重要原則。他是從十六世紀毀譽參半的瑞士醫生、鍊金術士帕拉塞爾蘇斯（Paracelsus）得到的想法，帕拉塞爾蘇斯的火星落在一宮的摩羯座。榮格在文集的第十三卷**8**中提到，帕拉塞爾蘇斯認為艾瑞斯是「指定人，將特定的天性分配指派給不同的物種，且賦予不同物種個體的形態。」他還說：「因此，嚴格來說，艾瑞斯就是個體化的原則。」這裡的艾瑞斯，指的就是火星。

觀眾：帕拉塞爾蘇斯的火星在死板板的摩羯座，榮格火射手居然會覺得這是普世皆然的原則……

鍊金術鍊成的火星

達比：很好。然後榮格接著說：「占星學上的火星描繪出人類本質的本能與情感。天性的屈服與轉化似乎就是鍊金術工作的主題。」

觀眾：鍊金術工作的主題在心理學概念上是個體化。火星成為其原則是因為火星可以轉化嗎？

達比：對，這是鍊金術工作的「主題」，不是目標，只是主題。在場的人若曾必須克服自己意志才能成就什麼，就會明白我在說什麼。咱們舉個很簡單的例子吧，任何需要跟別人來上一段美好床第關係的人都明白適當約束意志的必要性。在過程裡運用過多或過少的意志追求甜美、有變化的樂趣只會讓人覺得挫敗哀傷。追求其他人類天性想像之物的過程也是一樣，氣味、思想、渴望，這是受到影響火星的火風土水能量所致。最後，我們大部分的人都能明白，當欲望本質高漲的時候，某種程度的理性思考也會出現。我們曉得在探取欲望之物的道路上會有各種阻礙，而且目標愈大，阻力也會愈多。不過，只有少數人會繼續鍊出黃金，也就是成為符合自己本質的個體。誰曉得是什麼原因讓某些人開始觀照

---

8 原書註：C. G. Jung, *Collected Works*, Vol. 13, *Alchemical Studies*, Routledge, 1967.

自己的這個新面向？繼續沒有意識是比較輕鬆的。注意到我們的欲望天性，且開始在路徑、流動的軌跡上導航的確是件難事，單純相信某些人生病或不幸福是因為倒楣或別人害的，這種想法多輕鬆。活在機會與責備的世界總比與內心的年輕男性博鬥來得簡單，這位年輕的男性會成為我們的冠軍，我們最正直的守衛者，更是我們那充滿勇氣的生命力。我們追尋欲望的方式串連起阻礙，而正是這些阻礙照亮了我們通往卓越之路的才華與能力。我們這些占星師尋找的是人類行為裡的「自由意志」，利用火星的位置與條件囊括的資訊追蹤關鍵要點。我們有一張浩瀚的地圖，可以看出我們的阻礙為何，且明白這些阻礙為什麼會成為我們本能激情的一部分。某種程度上，我們必須作出抉擇，要不要順應內在或外在的衝動反應，換言之，就是選擇要不要個體化，我們必須開始對於自己的本能反應做出抉擇。榮格說：「對前意識（preconscious）上的創意構成原則而言，艾瑞斯是一個直覺的概念，能夠透過火淨化俗人，將其轉化為至高之人，因此扮演著重要的角色。」這個概念跟獲得永生有關，某種程度上就是得到永存不滅的靈魂。火的淨化則與溫度、迫使我們存在的激情狂熱有關。純粹的火星就是人類純粹的精蟲精力，真的很火星，一旦精蟲跟卵子結合就會死去，而其死亡滋養了卵子與染色體以及父親的基因庫形象。這就是英雄主義的本質：能夠提供個別生命的構成原則。精蟲專注在卵子上，就只有這個目標，透過這樣的專注就能達成其存在的目的。一旦我們有了生命，除了我們與母親相連的軀體外，火星的能量會經歷轉化，進而替完整的組織服務。火星最原初的動力、*arete* 就是要讓你活下去。而這份動力則會受到包含在你火星裡的形象影響，這個形象則是父親賦予你的創生禮物。我們可以透過本命盤裡火星座落的星座與配置來解讀。

重複一次榮格的話：「占星學上的火星描繪出人類本質的本能與情感。天性的屈服與轉化似乎就是鍊金術工作的主題。」雖然不是每個人都在鍊金，但每個人都會生活在社會裡，因此，每個人都受到火星能量裡的深層目標驅動，其中的高潮包含讓這股驅動力朝著恰當的行為前進，也就是達成一個人這輩子所能成就的最高目標。

觀眾：妳一直提到火星承載著卓越的可能性，不過星盤裡還有太陽。這兩者該如何串連起來呢？

達比：太陽承載的是我們命運的形象。總共有十二星座的太陽，我們也許能說天底下有十二個部落、十二種器官，人體內有十二種主要的功能。我們每個人都會陷入這十二種功能之中。我們每個人都有一種特殊的功能，太陽坐落的星座、定位星、相位，以及最後星盤的其它配置，都能提供生命故事無數的細節。火星只是這個故事裡的一小片拼圖而已。只要太陽需要發光發熱，需要成就其命運，需要執行其任務，火星的內在天性與「美德」就會出來支持太陽。火星的部分美德就是去支持能讓我們生存下去的方式，所以太陽才得以發光，才得以完成使命。這項美德某部分暗示了火星是為了防衛且保護我們的生命。我們可以使用火星原始的本能，或者，以理性、智識與良好的判斷訓練這股能量。火星是你的運動員，妥善加以訓練，它就能讓你保持精力與活力，改善你的生命。不過，火星也是你的夜鶯之歌，在小夜鶯能夠歌唱讓你傷心之前，牠一定要透過不斷的練習，所以我們也一定要練習這個基本的必要特質。將這股能量具體化，我們才能適切地閃耀太陽。火星坐落的星座、宮位配置、相位、守護星、方位及條件都能解釋我們必要特質的狀況。如果這顆火星實踐的目標不是成就卓越，那火星可能還處在無意識的狀態，正跟你唱反調，這點端看命運與環境的興致想要帶你前往何處。對那些追求榮格所謂個體化歷程的人來說，這樣的狀況實在無法接受，因為太痛苦了。當一個人開始個體化的路程時，鍊金術的功課就開始了，而這項功課的的主題就是火星。我們開始的這項功課將帶領我們航行於火星所編織成的驅力與動力之間，這項功課能夠讓我們發展出一種能力，也就是選擇在何種狀況下須要啟動激情、熱情、欲望或是憤怒——我們只是想要成就自由的自己而已。

為了要替自由意志及個體化發展這項能力，我們必須用盡全身的積極與狂熱來渴望。我們必須非常熟悉自己，學習在行動時認清自己的力量與缺點。我們必須開始選擇要屈服於哪些衝動下，必須與哪些能量重新連結、必須花大量精力轉化哪些能量。身為占星師，上述都意味著必須了解火星的星座、宮位與相位，然後了解其原始能力、原始行為會如何展現，以及從這樣的行為裡，會得出什麼樣原始的結果。我們會發現，在原始的能量與行為下，隱藏著一股朝著美德、朝著卓越前進的動力，這樣的努力只能透過火星的星座、宮位、相位略知一二。只有那些因為追尋眼前欲望本質而受傷吃苦的人，才有能耐體驗將我們轉化成真正存在的鍊金功課。為了開始這樣的功課，我們將內心故有的卓越概念加諸在意志上，隨著火星熟練精湛，太陽也會更加發光發熱。

強勢、守護、失勢、弱勢

咱們來看看這個圖表，可以簡單了解火星。

火星

守護：牡羊座、天蠍座
失勢：天秤座、金牛座
強勢：摩羯座
弱勢：巨蟹座

♈

牡羊座

強勢：太陽牡羊座
失勢：金星牡羊座
弱勢：土星牡羊座
在奧祕占星學裡的守護星是水星

火星守護牡羊座及天蠍座是因為其原始的生存及繁殖能力，這點也關乎一個種族的存亡。這股能量會征服，也會防禦。火星在天秤座、金牛座失勢因為一旦生命變得優雅和平，火星的能量就會被趕出門，因為優雅與和平需要火星能量的保護與維持，而且因為這兩種配置的火星實在很難連結，所以落在這兩個星座的火星只能保護與維持，無法加以破壞。火星在摩羯座之所以強勢在於將阻礙視為一種練習，且在精進的過程裡，保持必要的服從。火星在巨蟹座弱勢是因為當情感與火星的能量混合時，目標會變得模糊，於是這股能量會變成關心體貼，而不是有用了。發生在家裡的純粹火星能量，或對妻小施暴則是社會上最可怕的暴力行為，但要根治這種暴力卻是最困難的。行星配置上是看不出一個人慷慨仁慈還是冷酷無情，抑或是能夠在生命裡做出什麼樣的道德抉擇。這些面向藏在一個人的靈魂秘密深處。火星的配置只能告訴我們，相較於火巨蟹，火摩羯要成就精湛卓越是比較容易的。這是因為火星在摩羯的人本能上就會注意到該如何面對困難，他們發展出充滿自信的行為，而他們更傾向於用火星來接受挑戰，這些挑戰會一直磨練火星，讓火星適應外在的世界。火星落在巨蟹座的人則對於童年的感情交互作用較為敏感，而情感上的阻礙較難視為需要克服的障礙。火巨蟹容易陷入泥沼之中，火摩羯比較不會，不過這點無法說明那種活在星盤能量之人的狀況。接下來，我們將會探討火星處在各個位置與條件時的狀況。我會以元素作為我們探討的載具。

火星落在火象星座

我們看著落入火象星座的火星時，看到的是他們的火星因為一個又一個照亮目標之路的意象而點燃。這些意象非常完美「卓越」，而且能夠啟發行動。如果能夠實踐的可能性及外在阻力同時出現，是不可能妨礙火象火星的這股熱情。外在的阻力是難不倒火象火星的，除非這股阻力在他們內在的想像力裡生了根。火星的相位也會告訴我們，陰影如何讓想像力黯然失色。勇氣上的挫敗在此就等於想像力的挫敗。

火星落在牡羊座

觀眾：這點應用在獅子、射手上我能明白，但我的火星落在牡羊座，我並不覺得自己很有想像力。我有六顆星都位在土象星座，我的兩個姊妹則是火元素很強，所以她們一直覺得我很敏感，但不至於流於空想。妳能解釋一下這所謂的想像力嗎？

達比： 你的火牡羊也會在意象間跳躍。速度之快，你會覺得意象跟行動是一體的，一切都發生得太快了。火星在牡羊座等於回到自己的家，所以在星座及火星快速移動的版圖上並沒有什麼懸殊的問題。意象會跟誘惑一樣閃動出現。同一時間，火星就會跳出去了。只要熱度不減、獎勵持續在內在風景裡閃爍，火星就會繼續克服所有的阻礙，當然，這點還是必須端看星盤裡其他組合能夠展演出多少毅力與耐力。靈感的閃爍速度之快，意象倏忽即逝，甚至不夠完整，火星必須立刻出動，不然意象就會消失，話雖如此，但大多數的火牡羊都能夠找到地方儲存最閃耀的畫面，等到下次又遇上的時候，他們就能立刻行動。這火牡羊在征服與防禦上似乎有所偏袒，但他們肯定會捍衛前往無人探尋之地的權利。這是簡單又直截了當的。火牡羊經常成功的主因在於，當欲望閃耀的時候，他們不會去想像失敗的可能。當火星跟其他行星產生相位或因行運陷入困境的時候，要立刻成功就沒這麼容易，他們會馬上尋找另一條接近目標的方法。意象與行動非常靠近，基本上已經難以分辨。無論一個人外表看起來多文靜內向，若他們星盤上的火星落在牡羊座，只要當生活變得一成不變的時候，狂野的衝動氣質就會外顯出來。外人看來他們需要的可能是一種恰好的欣喜、行動或動感。不過，這卻是在存亡威脅下跳出來的生命力。當火光變弱的時候，火星會移動得更加迅速。火牡羊會把生命力著眼在未來，永不回頭，只看著前方。

火星落在牡羊座的孩子會承接父親的迅速反應，也就是在父親生命裡遇到阻礙的立即戰或逃反應。這些孩子會承接父親要立刻得到什麼東西的態度，以及當他無法達成目標時的立即火氣。他們會認同父親受困時想掙脫的態度，他們會在想像裡實驗所有掙脫的方法。這些孩子拾起父親年輕氣盛、大膽無畏追尋夢想目標的態度，完全不顧其他人。對這些孩子來說，卓越與面對危險的膽識以及在滿足欲望時，面對困難的勇氣息息相關。當然，還有反應速度。當一個火牡羊太久沒有遇到刺激的時候，這個人會變得憂鬱。令人興奮的挑戰會點燃他們生命力的火花。而火牡羊最殘暴的一面則是幼稚或苛求，不過，這也當然是他們生命力表現的一部分。這股力量也許會以宮位或相位的方式偽裝，但這股力量總等著在電光火石間跳進能夠提供生命的意象。

觀眾：妳先前提到阻礙也是目標的一部分。這些阻礙是來自宮位嗎？如果火星的相位很好又怎麼說？

達比：在今天的講座裡，我想聚焦在火星座落星座先天繼承的阻礙。這些阻礙深植在一個人的性格之中，必須能夠在鍛鍊個人的真實意志時認出且關照到這些阻礙。認識火星及其國度後，你就能夠開始選擇，願意跟隨哪些衝動，哪些必須避開。宮位及相位固然重要，我們也不能忽略其他行星，特別是與火星產生對話的行星。不過，我今天的重點在於火星與其座落的星座。你們覺得當火牡羊的欲望天性燃燒時，他們會遇到什麼樣的阻礙？

觀眾：別人會告訴你不能這樣、不能那樣，因為你太自私了，或覺得你不能因為一己之私而去從事什麼行為。還有，延誤會讓你分心而錯過目標。接著，你心灰意冷，想要恢復熱情只能生氣。因此別人又說你自私。

達比：很清楚的分享，還有嗎？

觀眾：我會很固執，只想用自己的方式做事。我有很多顆落在金牛座的行星，我有耐性，但只要事情不如意，我就會覺得很挫折。我沒有辦法忍受例行公事。我必須要期待一些不一樣的事物。

觀眾：我比較保守，但我的火牡羊落在六宮，在工作上，我很極端。我會一直嘗試新的事物，但我猜我天性裡的阻礙是沒耐心。感覺滿老套的。

達比：火牡羊所在的宮位非常重要，因為這個宮位是火牡羊能量最純粹，最沒有糾葛的地方。相位在火星行動的時候，可以用來界定這些行星會遇上什麼樣的狀況。不過，真正跟火星一起發亮的則是宮位。火星座落的宮位是一個人體驗父親創新、勇敢、不耐煩、幼稚、苛求面向的所在。如果父親不在身邊，這個宮位就是一個人繼承父親衝動性情的地方，這股衝動就是你生命力的來源。如果這股衝動太過狂野，當事人就必須作出抉擇。這個抉擇會在你走進最自然的天性時，啟開一個小小的時刻，差不多就是在火牡羊衝動高漲的那一刻。在這短暫的時間裡，當事人必須決定是否該改變火星運作的層次。只有當難以駕馭的衝動惹過很多麻煩時，當事人才會發展出這項能力。一旦當事人能夠決定跳開，而不是被這股衝動驅動前進時，面對結果的態度也會改善。這樣的決策能力會讓你在面對每一次挑戰及其後果時都充滿生命力。

歐內斯特·沙克爾頓：火星作為一位探險家

我想讓你們看看歐內斯特·沙克爾頓[9]的星盤，他是第一位出發前往南極的極地探險家，但他最後沒有抵達。後來抵達南極的羅爾德·阿蒙森（Roald Amundsen）是這麼形容他的：「千萬別說沙克爾頓失敗了，當一個人為高度的勇氣、堅毅的決心、無比的毅力樹立絕佳典範，這種人絕對沒有失敗。」沙克爾頓是老派的英雄。他出生在愛爾蘭，很小的時候就跟家人一起搬去倫敦。他十六歲的時候加入英國商船隊，二十七歲時，第一次跟羅伯特·史考特前往南極洲。一九〇七年時，他三十三歲，首度嘗試前往南極點。他失敗了，卻已經在距離一百五十六公里處，抵達南緯八十八點二三度，這是人類創舉。他和他的人馬爬上了埃里伯斯火山（Mt. Erebus），約莫爬了超過四公里的冰雪。他們的裝備簡陋到誇張，但卻是第一批爬上南極冰山的人，他們還定位出地磁南極的所在區域。他們帶回許多重要知識，沙克爾頓因此受封爵士。

他四十歲的時候，帶領一支遠征隊，打算從大西洋的威德爾海（Weddell Sea）橫跨南極洲，前往位於南太平洋的羅斯海（Ross Sea）。雖然沒有成功，但這趟旅程讓他在活著的時候就成為傳奇。儘管一路上有許多變數，但他還是想辦法讓每位船員都平安返家。一九二一年，他最後一趟冒險，前往南大西洋海域五萬多公里的地方。他死在船上，遺體埋在南喬治亞（South Georgia）島上。

沙克爾頓出生時，他的父親是位成功的農人。不過，在他六歲時，愛爾蘭發生馬鈴薯饑荒，且他的父親本來就對農業不感興趣，便舉家遷往都柏林。他父親在三一大學註冊，開始學醫，展開新的職業生涯。一取得資格後，便再次遷居，這次跨越愛爾蘭海，定居在英格蘭。一開始行醫並不順利，全家又再次搬去附近的錫德納姆重新開始。這次很順利，父親也算是小有成就。不過，他並不是大家想的傳統醫生，他運用順勢療法，因此算是反傳統的醫生。你們有沒有在沙克爾頓火牡羊落四宮、日水瓶落三宮看到這點？日冥四分顯示出這位兒子對新舊生活

9 原書註：出生資料：歐內斯特·沙克爾頓（Ernest Shackleton），一八七四年二月十五日凌晨兩點出生於愛爾蘭基爾基爾基（Kilkee）。來源：洛頓。後來，根據傳記，沙克爾頓的出生時間應為凌晨五點，出生地是基爾戴爾（Kildare）。本次研討會的星盤皆為柯赫制。

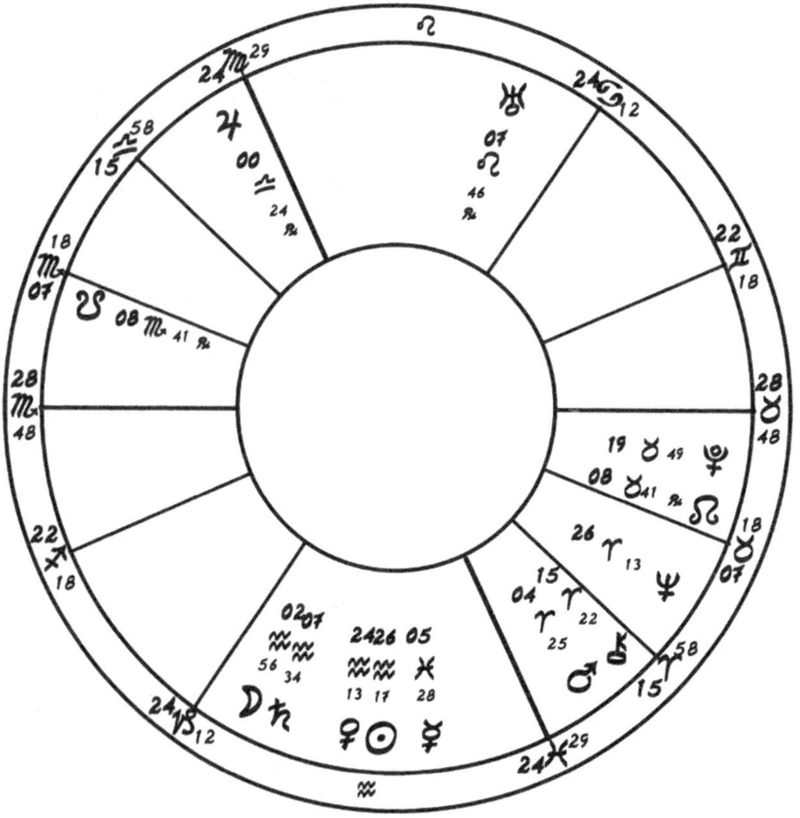

歐內斯特·沙克爾頓

之間的動盪很敏感。他肯定深刻感受到一些持續的壓力緊繃，後來這些壓力也在他的生活裡扮演要角。在沒有出海的日子裡，他必須替下一次的長征募款，還要將長征的熱情運用在生活上，他其實很討厭這樣。不過，日冥四分加上火牡羊，卻在這種青黃不接的痛苦時刻，促使他接下重大挑戰。落在四宮的火星展現出立即的勇氣及冒險精神，這是在他生命早期經歷重大改變時所培養出來的特質，而他在出生時已經準備好要適應挑戰了。他從父親遺傳到隨著環境快速應變的能力，當一個選擇行不通時，會立即跳到下一個選項。

他是個狂野又吵鬧的孩子，迷人又充滿想像力。他有三個很崇拜他的妹妹，他這輩子都是她們的偶像。他至少啟發了兩位妹妹排除萬難追求自己的夢想職業，她們都很成功、快樂。他的母親一開始在農場積極且開心，卻因為他們搬去了倫敦覺得自己毫無用武之地，她一直活在這樣的狀態裡長達四十年。顯然生活的改變對她來說並不理想。沙克爾頓的父親接下持家的工作，還與其他幾位女性親戚一起拉拔孩子長大。雖然父親希望沙克爾頓跟隨自己的衣缽學醫，但兒子卻在早年就想出海。沙克爾頓非常迷人，意志力也非常堅定，於是父親答應協助他。沙克爾頓說：「父親以為讓我出海，讓一個『男孩』上船體驗一個月只花一先令的最原始生活就能治癒我對大海的偏好！」當時他才十六歲。話是這麼說，但他的父親還是很保護他，運用人脈，讓兒子登上當時比較沒有那麼「恐怖」的船，但海上的生活還是非常艱苦，那次出海很是折磨。船長說沙克爾頓是「我遇過最固執、最頑強的男孩」。儘管如此，他那一趟所碰上的風險、危險、古怪的人都讓他在回家後作出影響一生的決定：他這輩子都要在海上冒險。

他有次告訴一名記者，他是因為二十一歲時所做的一個夢才想成為一名探險家，這是他對自己的承諾。「……有一天，我會前往只有冰與雪的國度，我會一直前進，直到抵達地極，直到抵達地球這顆大圓球旋轉的軸心底端。」我喜歡這句話，他的木海對分直接跨越了星盤的南北兩極。不過呢，他的一位船員則說一開始吸引沙克爾頓前往南極長征的理由卻是：「有機會能夠逃脫千篇一律的日常生活，從可能最後會扼殺他個人化的存在裡逃脫出來。他看著自己如此緩慢才得到船上的大權，想到自己最精華的歲月與活力都隨著漫長的等待消逝，這點讓他非常反感。」火牡羊怎麼能忍受自己默默老去？顯然他受不了。

不過呢，命運帶領他上路。他想盡辦法上了羅伯特．史考特的船「探索號」，一九〇一年八月八日，這是這艘船第一次前往南極洲探險。沙克爾頓出海好幾回後，他邂逅了妹妹的女性友人，他墜入愛河。他們展開熱切的交往，但兩人沒有進一步的親密接觸，他從海上寫了很多信給她。他一度受到自我懷疑的打擊：「一名男子漢應該要為人生最極致的目標努力，但若就我看來，我的極致表現遠遠不足以得到目標又該怎麼辦？」你們有沒有聽到他天性裡的火牡羊？我讀了他厚達七百頁的傳記，整本書就像一本火牡羊的教科書。

這個人最引我注意的是他的毅力。他在漫長的海上生活裡，經歷過難以想像的困難，還是讓他的手下健康、愉快，活得好好的。你大可說這是因為他星盤裡的固定特質很強，他是一位認真的領導者，對手下盡心盡力，不斷專注於鼓舞他們，且保持輕鬆愉快的心情。不過，火牡羊卻沒有耐性，受不了例行公事。的確，在第一次獲得贊助前往南極時，他的確在準備工作上有所疏失遺漏。當他因為資金、物料問題無法出海時，他會變得很不耐煩，面對錢這個議題，他手足無措。不過，當我們談到火牡羊的本質時，他又能完全展現出大將風範，充滿面對挑戰的勇氣。他將日金合相於水瓶座的能量發揮到極致，愛護他的隊員、他的人馬。每一本寫南極探險家的書都會引用這句由雷蒙．普里斯特利爵士（Sir Raymond Priestley）所說的話，他是一九〇七年遠征隊的成員，他說：「講求科學領導，給我史考特；講究效率前進，給我阿蒙森。不過，當你處在險惡無援的環境裡，沒有出路的時候，你只能下跪祈禱沙克爾頓出現。」每個跟他出過海的人，都有同樣的感覺。

他位於水瓶座的太陽是他注定要走的路，火牡羊則成了他最勇猛的戰士。他的目光擺在目標上，這個目標不是最後必須抵達極地，而是有時就算失望，也還是要照顧好自己的船員。等到他一回家，下一次長征的夢想又熊熊燃燒起來，他又會去找資源，實踐這個美夢。在一九一四年的長征裡，他花了四個月才回到手下身邊，他跟一小群人在冰上走了一千多公里找人求救。當火牡羊跟太陽必須閃耀的需求連結在一起時，內外的阻礙都無法攔住火星克服困難、完成其使命。不過，帶頭的必須是太陽。因為太陽落在牡羊座是強勢的位置，因此也許火牡羊會比其他星座的火星更留意太陽。

火星在獅子

觀眾：那火獅子呢？

達比：這個嘛，當然，火獅子也會留意太陽本身的核心形象，但咱們先從更底層的本質開始說起。火獅子殘暴的一面會如何發展？火獅子在原始狀況下會遇到什麼樣的阻礙？這種人在追求卓越的道路上又會發展出什麼樣的能力？

觀眾：困難一定會跟自尊及顏面盡失的可能性有關。因為是火象星座，他們比較喜歡幻想自己炫麗奪目、五光十色，但要是別人沒有這麼想，他們也許就會覺得受辱。他們需要別人相信他們。

觀眾：他們需要相信的其實是自己。我覺得他們需要博得崇拜之人的喜愛。

達比：火獅子天生就會找舞台，他們產生能量的方式在於想像自己是個造物主或表演家。各位火獅子的朋友永遠都曉得什麼樣的目標是值得追尋的，因為你們知道自己會成功。不過，哪些想像會成為你們的困難？

觀眾：當我幻想自己可能會出洋相的時候！

達比：你說的沒錯。別人無視或不喜歡你熱情燃燒的表現，這種想像會暗示出你目標的價值。如果你有這種情況，請當心了。你可能會因為自己的病狀而窒息，好比說野草扼殺了花朵自然綻放的可能。火星落在獅子座的人，如果小時候父親沒有笑著看你，你可能就已經遇上了人生的第一個挫折。這種狀態很容易成為人生上的困境。年紀幼小的火獅子對於父親需要別人敬愛的需求非常敏感，也會注意到父親如何博取或喪失敬愛。這些孩子會深刻烙印下父親的尊嚴感、他的內在形象、他如何吸引或排斥愛與崇拜的方式。這些孩子會承繼父親需要喜愛的需求，為自己想像出不同的戲劇角色，好來征服且贏得世人的尊崇。當一個目標在冒著火光的幻想風景裡出現的時候，火獅子一定要能設想自己在火焰中盡情燃燒。希拉蕊・柯林頓（Hillary Clinton，美國前國務卿）在她忠實地支持比爾的從政生涯前，就肯定已經看到自己能夠成為總統的妻子。弗羅倫斯・南丁格爾（Florence Nightingale）在實際走上沙場、建立自己的醫院前，肯定已經看見自己在克里米亞戰場上盡一份心力。保羅・麥卡尼（Paul McCartney，披頭四成員）必須看到自己上台的模樣，林哥・史達（Ringo Starr，披頭四成員）也是。不過，麥卡尼的太陽落在雙子，重點在於語言與想法的傳遞，史達則是日巨蟹，他在乎的是樂團裡相處起來有如家人般的感覺。對希拉蕊而言，我們可以說她的日天蠍會想要處在某個位置，做點改變，改革舊的體制，轉化新的制度。南丁格爾日月合相在金牛，金星落在巨蟹，她會想要找一個離原生家庭很遠的地方建立家園，照顧、保護那些需要她的人。無論相位如何，火星永遠都會跟太陽一起合作，永遠會想辦法打磨精進其天生的技能到完美極致的境界。

我一定得提納粹親衛隊全國領袖海因里希・希姆萊（Heinrich Himmler），他的火獅子與位於八宮的日天秤相得益彰。他能夠想像自己透過某種程度的轉化，替這個世界帶來優雅與美。他腦子裡想像的完美世界只容得下「完美」的人。真不曉得他照鏡子的時候有什麼想法！守護太陽的金星也在七宮的獅子座，無論在他生命階段發生任何事情，他肯定覺得自己是崇拜對象最理想的夥伴。我們都曉得他最崇拜的偶像是誰。

觀眾：我的火獅子與海天蠍四分，有時我會發現自己在天真無邪的小女孩以及雙面間諜交際花瑪塔・哈里（Mata Hari）[10]的角色間拉扯。我從來就沒有辦法完全相信自己，儘管一切證據都顯示我應該要相信。

達比：任何行星跟海王星產生相位都會模糊稜角，對吧？也許相信不相信你自己並不是重點。

觀眾：如果火土冥呈現合相，就跟一九四七、四八年出生的人一樣，後來在一九八二年這個組合又再次出現。我有一個客戶就有這組在獅子座的合相，她的二女兒則是在天秤。她的丈夫是日天秤，覺得這個孩子很引人矚目，卻很容易著迷，也要求很多。我問他，孩子出生時，他在做什麼？當然啦，他當時正跟朋友一起創業，非常執迷。不過，現在這孩子已經十四歲了，整個人變得很內向，做爸媽的很擔心。

達比：我認識擁有這組合相的人大多是在獅子座，而不是天秤座，也許只要我活得夠久，這點也會跟著改變。這組合相在獅子座的人，如各位所知，是很專注的一群人。我們先前說過了，火獅子必須看到自己處在聚光燈下的樣子，他們的天賦、想像的能力、創造力都必須獲得掌聲。從很小的時候，火獅子就是為了刺激、充滿戲劇張力的生活而燃燒，當一個人發現他與生俱來的天賦能夠吸引讚美的時候，他就會急切發展這項天賦。當他們太陽也能運用某項天賦的時候，這項天賦會成為他們的職業。只要他們能看到自己明亮發光的模樣，他們就能朝著卓越傑出前進。而當土冥與火星合相的時候，他們發展的時候就得更注意一點，他們會以嚴密且明確的方式發展。他們會受限於內在的規矩，這些規矩為了某些環境與限制，侷限了他們上台的需求。要他們超越自己的內在限制，這風險看起來很高，因此他們通常會想盡辦法讓自己還是有所保留，但這通常不是意識上的決定。怪的是，這樣的狀態讓他們變得非常有力量，在表達他們的本性上，會變得非常嚴苛精確。自然而然會執迷，他們朝美善前進的道路，朝他們能夠展現出自己最好一面的道路，都是艱辛的奔馳，但他們就是為了奔馳的機會而生。

希拉蕊．柯林頓跟艾爾．高爾是兩位我們能在聚光燈下觀察到的人，他們都有這三顆行星的合相。我們可以想像希拉蕊必須限制她與生俱來、想要為了自己的公平正義站在舞

10 原書註：講座後，達比查了瑪塔．哈里的星盤，發現她日火水天都在獅子座，四分木天蠍，木星與位於金牛座的冥王星對分。出生資料：一八七六年八月七日下午一點出生於荷蘭呂伐登。資料來源：克萊弗。

台中央的欲望。我們可以看見她的熱情會受限於外在嚴苛的環境。她是一位天蠍座的改革者，天生就是要認清、改革任何系統裡陳腐或無用的部分，且想辦法釋放體系之下潛在的生命力。火土冥合相卻四分她的太陽，她選擇了一條受限於社會觀感的道路，這種充滿壓力的生活成就了她本人。我們可以期待她能找到什麼樣的場合，讓她的太陽閃耀，在這個場域裡，她可以依照情感上的引力，改革整個體制。

觀眾：獅子座需要聚光燈的需求可能會受到土冥影響。

達比：我認識所有擁有這組合相的人都會在命運裡強烈掙扎。火獅子，與生俱來就有想要上台的本能，但這個舞台會永遠受到外在條件的限制，而他們總會覺得身旁有沉重、看不見的威脅存在。我有一位日天蠍落在六宮的好朋友，他的月射手落在八宮，三分這組合相。他罹患糖尿病長達三十多年，是那種一天必須注射兩次胰島素的狀況。他定期會失去意識在醫院醒來，因為剛好有朋友來找他而獲救。他自己一個人住，但金木合相在七宮。他是一位很棒的藝術家，除非先把作品送人，不然肯定會賣出。不過，他從來沒有成為他所謂「假惺惺」或「附庸風雅」的人，他還是保有英國北方人的那種純樸直率。不過，這點並不是他與世界舞台保持距離的原因。

他有很張揚的個性，很有才華，心胸寬大，整個人的氣質也是大剌剌的，但根據他更浮誇、充滿雄心壯志的朋友而言，他的生活其實充滿限制。不過，他發展出來的自我限制卻很成功，他鮮少錯失任何享受歡笑的機會，無論他是主動提供還是被動接受。有了這組合相，我們可以說他在二十二歲發病的糖尿病是一個要他守規矩的提醒。從這個時候開始，他會檢視自己的衝動、檢視對於光鮮亮麗及危險之物的喜愛，以及身邊帶來刺激的朋友。他學會毫無節制地乘著衝動翱翔，且正視恐懼。他住在一個危險國度的危險城市裡，而且他不時會暈倒，他知道自己可能會死掉。無論在什麼星座，火冥都會帶來強烈的恐懼。我覺得他很早就選擇走到美德那一邊，往精進的層面前進。他靈魂的特質選擇了這條路。與其往舞台中央前進，他選擇了更細緻的面向，為了心、為了創意、為了喜悅、為了道德上的明晰。我不能說他完全沒有受到錯失良機的哀傷、憎恨或挫敗之苦，但他持續清理自己的心，回歸到藝術創作上，這樣的創作已經不只是畫作，而是生命的藝術。土冥持續伴他左右，但歌頌他那顆心的則是他的 *arete*。

最後呢，火獅子是個賭鬼，他們似乎必須為了自己想要變得更強的尊嚴及驕傲賭一把。顯然火獅子比較容易成為太陽的幫手，問題在於，火獅子可能覺得自己就是太陽。不過，一旦這個人的火星將欲望本質的熱情朝著精進這個目標前進，他們就會注意到自己是不是過熱或不夠熱。這是他們看待自己的方式，以及他們希望自己行動時，外人會如何看待他們，這種心態是來自雅典娜沉著理性之下的仔細觀察。重點在於他們自我形象裡的自傲，就算這個形象是負面的也一樣，這個形象必須回歸到中庸之道，必須不斷贏得道德上的精進。這條鍊金之路起始於當愛或創造本身成為目標的時候。

火星落在射手座

在最內向、最陰鬱的星盤裡，火射手都能點燃熱情的火花。對於陰鬱的人來說，火射手是個很奇怪的位置，因為這個人的幽默感會讓他遠離困境。我這算是有點開玩笑，但對於火射手來說並無不當。想想英國王儲查爾斯王子吧，他天性內向，太陽在天蠍，月亮在金牛，兩者遙遙相望，金海合相於四宮。然後呢？位於五宮的火射手對分十一宮的天王星。火射手是位有遠見的戰士，承載著想像力，不顧一切過度放肆，對於克服困難永遠懷抱希望。火射手一出生就會朝自由邁去，一開始可能是身體的躁動，然後是想像力的馳騁。他們有一種高遠的感覺，會在想像及追尋想像中擺盪。

火射手最殘酷的面向是，他們裝載自身滿滿的願景，而覺得那些會把他們往下拉的情感國度，只是某些需要被超越的東西而已，當他們過度燃燒願景時，就會失去與人的連結。當火射手帶著所有的精力與熱情前往某處時，他們眼裡會看到眩目的色彩，而其他一切都顯得失色乏味。他們與生俱來的阻礙與他們誇張視野下豐饒的可能性息息相關。問題不在於想像，而是在他們朝著實踐願景的道路踏出第一步時，會發生什麼事。高度會開始大幅下降。只要願景留在想像的國度，誰也無法潑其冷水。火射手會從那些毫無遠見之人身上抽取火種。他們會如何面對這些「阻礙」，端看他們如何在自己極端的本性裡遊走。就算他們身處在困境之中，他們還是可以想像出一條生路，直接朝對面前進。

這些人小時候會幻想他們的父親充滿冒險精神、知識淵博、睿智或愚蠢，這些孩子會承接這些概念，要贏，就是要冒險。之後，更重要的是，他們也會看清父親逃避現實的傾向。榮格火射手，他的父親是位牧師。我有位火射手的朋友，他的日射手父親是位大學教授。不過，我有很多火射手的客戶，他們的父親真的都不在他們身邊，因此，他們好像擁有一片無雲的天空，想像力可以盡情揮灑。這些人小時候，很可能會因為父親的工作而必須跟著旅行，或者，也許他們本身就熱愛冒險，探索進內在世界。火射手燃燒的時候，這些人會啟發別人的勇氣及視野，內在沒有燃燒起來的時候，他們會武斷、沒有耐心。

亨里克・易卜生：充滿遠見的火星

當我想到火射手的時候，挪威劇作家亨里克・易卜生11（Henrik Ibsen）的劇作《培爾・金

11 原書註：達比向多位朋友打聽易卜生的星盤，出生時間大多都在下午兩點到兩點四十五分這個範圍裡，她選擇了一個來自挪威的版本。出生資料：一八二八年三月二十日下午兩點二十分出生於挪威希恩

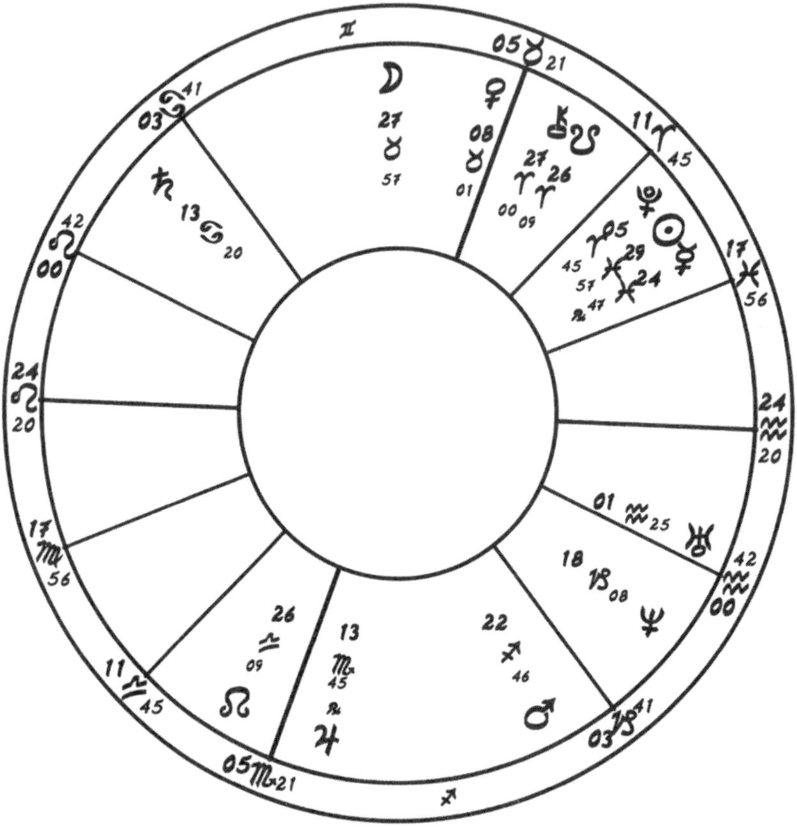

亨里克·易卜生

特》（*Peer Gynt*）就冒出來了。我最近有個週末受困於鄉村木屋裡，我說「受困」是因為我那雀躍的主人邀請我們在清新早春週末去健行、享受新鮮空氣跟視野遼闊的美景，但果然不出我意料，整個週末都在下雨。我努力保持正面的心情，跟著大家再一起出去於雨中緩慢散步，但最後我待在火爐邊，首次讀起《培爾．金特》。

我在讀這本書的時候，不斷想到「火射手」的概念，「這本書根本就是火射手的教科書」。我後來查易卜生的盤，猜猜怎麼著？他的火星落在四宮的射手座，日雙魚跟冥牡羊合相在八宮，火星的守護星木星則是在四宮的天蠍座，與落於八宮的水雙魚三分。世人認為他是史上最偉大的劇作家之一，他翱翔得非常高遠，以透徹的心理洞察突破當時社會習俗表面的洪流。他揭露了社會道德裡約定俗成的偽善與奴役制度。看看他的星盤。

他在六或七個孩子裡排行老二，家裡只有一個女孩。他的童年沒有什麼外顯的色彩。他記得小時候從窗戶看出去，一點綠意也沒有。他記得教堂、頸手枷、監獄跟瘋人院，還有很多發出惱人聲響的鋸木廠。他的父親本來是個經營得不錯的生意人，但在易卜生六歲時經商失敗，他們全家人的社經地位下滑。易卜生小時候很內向，父親的失敗讓他更往內心走，隨著他的外在世界痛苦加劇，他的內在想像生活卻非常茂盛。這點是非常火象的，一張火象特質強大的星盤通常暗示出童年時期的外在蒼涼回憶，這樣他們才有機會發展豐富的內在生命。

他的早年生活並不如意，但他的性生活倒是滿忙碌的。他十八歲的時候，讓一位長他十歲的女性懷孕，他因此花錢支持這個孩子到十四歲。他還有其他的浪漫冒險，但他不管做什麼都慘淡不成。他當時不僅創作，還做一些跟劇場有關的工作，不過沒有什麼成果。三十五歲的時候，他開始走運，地方當局提供他一小筆獎金補助，他立刻把握機會前往羅馬寫作。他在羅馬待了二十五年，變得成功、高雅。等到他再次踏上挪威的時候，他已經聞名世界了。當時他已經快七十歲了，一直在挪威待到生命結束，但他從不覺得挪威是他的家。從實際或想像的層面上來說，他的家永遠在遠方。他在一九〇六年過世，晚年也沒有特別開心。他內心是個鬱鬱寡歡的人，但我很好奇他在撰寫劇作中間的心情到底如何，他說他的寫作關於「能力與抱負之間的相互抵觸、意願與可行之間的相互矛盾，這就是人類與個人的悲劇，同時卻也是一樁喜劇」。你們明白為什麼說到火射手，我會想到他了嗎？《培爾．金特》是很激進的作品，但他所有的作品其實都很激進，因為他打擊的是多數人的自滿與與狹隘的目光。他的箭指向的是挪威人，卻射中了西方世界的多數國家。

觀眾：他火星的守護是落在三宮12的木天蠍，所以他的火星在這裡還有強大後援。冥牡羊在八宮合相位於雙魚尾端的太陽，正面對抗一般人在關係裡保守秘密及操控彼此的心態。他的火射手肯定在某些層面是很歡快的，但他聽起來肯定不是派對上的開心果。

達比：他以筆下的人物來看待自己，他坦承他是培爾．金特也是勃朗德，這是他最有名的兩個人物。培爾．金特受人喜愛也受人指責，勃朗德受人欽佩，但沒人愛他。這樣的敘述聽起來很像是火星落在木星守護星座沒辦法好好發揮的狀況。後來他又寫了一齣十幕的雙重劇《皇帝與加利利人》（*Emperor and Galilean*）。他覺得這是他最好的作品，我還沒讀，但我聽說這部作品複雜又神祕，在講述異教徒與基督徒之間的衝突。這齣戲描繪出神祕的「第三國度」概念，大概跟知識之樹及十字架有關。這點很有趣，因為火射手肯定永遠都會有個「第三國度」能夠跳脫出我們所謂的個人性[13]。任何落在射手座的行星都帶有「幸運」的色彩，火星在射手，當你踏出去冒險的時候，幸運女神就開始眷顧你了。不過，其他的工作，其他從一個人天性發展到精進卓越的工作則需要其他的要素。火射手榮格明白這點。他活得夠久，足以看到自己火星的火象能量經歷不同階段。他發現自己的目標變得更精細，他明白就算有成功的意願或目標，但若這個目標沒有經歷屈服、淨化、轉化，也是沒有辦法盡如人意的。這種心情只有生命晚年可以體會。透過這

12 譯註：這裡應該是觀眾口誤，按照講者提供的星盤，易卜生的木星落在四宮。

13 譯註：「第三國度」按照德國數學家、哲學家戈特洛布．弗雷格（GottlobFrege）的看法，他認為抽象物件就屬於不受時間影響的第三國度，與外在世界及內在意識無關，也不用仰賴語言或心智。

些所有的行為與冒險，第三國度開啟了，因此提供新的方向與目的，進入某些人所謂的神祕國度。

不過，不是每個人都進得去這個國度。詩人奧登（W. H. Auden）的火射手落於二宮，四分在五宮合相的水土雙魚。他曾告訴詩人艾略特，說自己羨慕他對於宗教的信仰，奧登一直想要相信看不見的事物，但這樣的欲望只帶來無窮的失望。艾略特的火射手落在二宮，兩位詩人的火星都對分了落在八宮的月亮。我很想好好研究這兩個人的星盤、生命及他們的詩。

觀眾：我哥哥月火合相在一宮的射手座，水木合相在七宮的巨蟹座、三分十宮的土天蠍。他的日天合相在八宮的巨蟹座。他應該是我所認識的人裡，最不喜歡冒險的人了。他曾經搬離我們的小鎮，在同一個國家的另一邊住了好幾年，然後又搬回來。他跟他太太現在住在很偏遠的地方。他家有一個很大的客廳，他可以躲在那邊好幾個小時，甚至好幾天。他什麼書都讀。他曾旅行過一次，他在二十幾歲的時候去過非洲一趟，之後就沒有旅行過了。如果下雪了，他絕不會來看我們，因為他的車可能會打滑。

達比：你會怎麼定義他的人格特質，讓他這麼特別？

觀眾：噢，簡單，他的幽默感。雖然他滿嚴肅的，但認識他的人，都會覺得他是天底下最幽默的人。他高大、帥氣又友善，當他開始說故事的時候，街上的車輛都會停下來。不，說真的，他是一流的好笑，他的幽默並沒有帶著惡毒或淫穢的色彩，通常都是自嘲的。他告訴我，這是用來跟人避免親密的方法。也許如此，但這樣的行為肯定也讓氣氛活絡起來，驅走空間裡的烏雲。

達比： 我懷疑他的想像世界比任何人的想像都精彩。想像力是詛咒也是祝福，但當你的哥哥在心靈及情感上關心別人的時候，他的水木合相在七宮，他一定要有朝著這兩顆星航行的方法。巨蟹座跟射手座是很複雜的組合。我認識很多人有這種組合，我很訝異他們有很多方法可以安然窩在熟悉的場域，卻同時飛越他們已知世界的邊界。彷彿他們白天是水中生物，到了夜晚就變成飛禽一樣。想想日巨蟹的功能，打造出一個小圈圈，裡面都是熟人與家人，這樣很安全。然後呢，守護保衛甚至危害這個地方、這個狀態的卻是一位狂野、樂觀，有點魯莽的戰士，他必須為了這個無法離開的家庭王國，爬上最高的山峰，贏得他戰勝的獎勵。也許在想像的國度裡，這種目標比較容易達成吧。我想像他在自己與他人間的濃密情感糾結裡，用幽默尋得自由。我很好奇他有哪些偶像，他們的冒險是內在還是外在的？一個火象的火星該如何在想像的圈圈裡繞著打轉，以追尋生命能夠抵達的最高目標？火射手是一道不顧後果的閃電，朝著智慧的方向打去。我覺得其中的秘密一定就是相信自己最好最崇高的夢想，無論成功的可能有多遙遠。而對於落在其他火象星座的火星來說，關鍵在於想像的勇氣。

火星落在土象星座

火星落在金牛座、處女座、摩羯座的人會受到的挑戰不外乎是，他們會遇到機會，必須使用技能來改變大眾認知裡所謂的「真實」。這些人會認同父親在他們小時候捍衛的儀式，這些人也會保衛自己所發展出來的儀式。他們很早的時候就知道能夠用何種方法、在什麼時間實際與父親接觸，他們對於父親的感覺與氣味也非常敏感。他們利用父親來找到實際的疆界。他們的力量與弱點似乎是從意識到父親的力量與弱點發展而來。火星落在土象星座的人需要實際的阻礙來發展他們追求精進卓越的能力。對某些人來說，阻礙來自外在世界，但對許多人來說，他們的身體同時就是恩賜與阻礙。火星落在土象星座的孩子會看著父親在物質世界奮鬥，他們也會以自己察覺到危險及機會的感官警覺性來磨練自己的火星。落在土象星座的火星會從父親的實際存在裡取得能量與精力，之後，他們會以自己的實際存在來獲得注意力。他們與生俱來的禮物，以及他們追求精進的能力，起源於他們與物質世界的關係。永遠都要記得看守護星帶來的深度色彩。是哪一顆金星在火金牛的場景後面舞動？是哪一顆水星在火處女背後低語情報？是哪一顆土星要求火摩羯必須吃苦耐勞？

當火星落在土象星座的時候，阻礙也會與物質有關，在他們的人生道路上，關於金錢、工具、傳統的問題會讓他們止步不前，以「理性」來面對這些問題，能夠發展他們的力量。能夠刺激感官的東西，就能點燃火星的激情。一旦土象的火星朝目標前進，其與生俱來的阻礙就會出現，考驗他們的耐力及處理物質問題的能力。

火星在金牛

對於美好事物的吸引力會誘惑火金牛行動。享樂的承諾可以推動這顆火星，一旦動起來，火金牛都不會輕易善罷干休，除非得其所好，或直到沾了一身泥巴。陷阱在於，這種狀況可能會糾纏在一個人很私密的所在。驅力可能來自讓人喜悅之物，這種人也會以為追尋華美或愉悅就是走在精進的道路上。當過程無法激起樂趣時，他們看起來會懶洋洋，沒有精神。然後，某物召喚他們，享樂的承諾出現，火金牛才會再次翻身崛起。當然了，站在這顆火星之後的是在其綠色享樂之地徘徊的維納斯。她必須找事情讓火星忙碌，免得火星催她老。於是，她扔出能夠召喚火星的東西。研究金星的星座、宮位及相位能夠看出她是使用何種物品激勵火星，金星的配置可以告訴我們，什麼樣的美善能夠讓這個人充滿精力，也能看出激發他們激情、怒火、精進的爆發力，背後的驅動力到底為何。各位覺得，卡在他們與目標之間的障礙可能有哪些？

觀眾： 對於金錢的欲望可能阻礙他們前往真正的美善。

達比： 對火金牛而言，追求經濟保障的驅動力永遠都存在，卻鮮少是實際的誘惑。我有兩位日雙子的朋友，他們的火星都在金牛座，占星學的美與「優雅」點燃他們的熱情。這兩個人都放棄收入更高的工作，將占星視為志業，以此維生，也都決定要努力利用他們鍾愛的新職業來換取經濟上的保障。其中有位是女性，她克服了自己的金錢障礙，但另一位男性友人卻說自己別無選擇，他只能貿然一試。不過，他的木星也落在金牛座，讓他對自己獲取物資的才能更有自信。

觀眾： 他們的阻礙一定跟金牛座所帶來緩慢有關。也許是種懶散。不過，這還是要看金星。如果金星落在牡羊，可能就不會這樣。也許他們會反抗成就所需的無趣工作，一旦他們克服這種阻力，才能真正動起來，然後，他們似乎需要讓這種行為養成習慣。

達比： 在場有火金牛的朋友嗎？同意這種說法嗎？

觀眾： 我是日射手在四宮，火金牛在八宮對分三宮的木天蠍。金摩羯在四宮，六分二宮裡的海王星。我真的很想成功。我是一名雕刻家，感覺要成功需要很長的時間。我會為了支付帳單，花幾個月做無聊的作品，然後，忽然某個東西冒出來，我會覺得「就是這個了！」我會立刻動起來，日以繼夜，忙上個把月，在我完成前，什麼都阻擋不了我。然後就上場拍賣，接著又沒事了。不知怎麼著，我想像透過這種行為或大量的傭金，我的收入應該很不錯才對。不過，這種狀況過去後，就什麼也不剩了。今年早春時，是我的漫長淡季。之前有提到「金錢、工具跟傳統」，我更覺得我的阻礙跟約定俗成的事情有關。我每天都得面對相關的問題，但當我工作時，我可以大步跨越它們。如妳剛剛所言，我沒有「點燃」純粹就是因為這些問題。

達比：站在你火星後面的是落在四宮摩羯座的金星。金星才掌握了在你年紀漸長之後的「實質成功」。我覺得火星落在金牛的人，一定要時時留意感覺失敗時所累積的怨懟，這種累積的負面情緒會增加火星的負擔。如果你專注於追求自己的美感，到頭來，金星就會經過評估後，提供最合適的愉悅感。你日射手，所以追求道德上的美德無疑已經是你意識上的目標，但看來在其他更幽微層面的美吸引你之前，你的確會率先追求摩羯座世界的成就。

觀眾：火星落在金牛雖然是失勢，卻似乎擁有強大的毅力。我十四歲的女兒是日處女，火金牛。她從八歲起就想成為一名舞者。她的金獅子落在十宮，且水火四分。她很難接受別人批評，且她對不想尊重的老師態度非常不耐煩。不過，我想就是這份毅力，她還是會成功。

觀眾：火金牛會因為惰性而動彈不得，但當他們真的動起來時，就要等撞牆才會停下來。

達比：說得好。看看我查到的資料。蘇聯時代的知名舞蹈家魯道夫・紐瑞耶夫（Rudolf Nureyev）、英國著名芭蕾女伶瑪格・芳登（Margot Fonteyn）、美國歌手麥可・傑克森（Mickael Jackson）及瑪丹娜（Madonna），還有年代更久遠的舞台劇演員琴吉・羅傑斯（Ginger Rogers），這些人的火星都在金牛座[14]，他們都以自然的方式展現出身體的絕佳優雅。他們每天都要習舞，好精進自己的天賦，達到更高的表現。一聽到瑪格・芳登的名字就會讓人自動聯想到芭蕾女伶。其他人都只是舞蹈家，只有她是眾所皆知的芭蕾女伶。她的日水合相在金牛，她的藝術裡充滿力量。她的金巨蟹落在五宮，與冥王星緊密合相。

琴吉・羅傑斯日海合相在巨蟹，魯道夫・紐瑞耶夫日雙魚，他們浪漫的身段跳進了我們心裡。琴吉・羅傑斯的火星背後是落在處女座的金星，因此賦予她絕佳的優雅，能夠配合佛雷・亞斯坦及赫米斯・潘恩（Hermes Pan）的舞蹈。叫作水星赫米斯的人居然是編舞指導，是不是很適合呢？紐瑞耶夫的金土合相於牡羊座，火天合相於金牛座。他的確創新了古典舞蹈，他也為了自己複雜的私生活與感情付出極高的代價。當然，瑪丹娜，日獅子，完全是個明星，金冥又合相在上升點，她扭曲了聖母（Madonna）跟處女

（Virgin）二字的意涵。這些人成為他們自己，是因為他們在肢體的國度裡，朝著精進這個目標前進。大家都喜歡他們的藝術，他們把肉體提升到藝術層次，還因此賺了很多錢。無論這些特質是他們與生俱來，還是後天以意志力發展出來的，這些人都是*arete*運用在身體上的絕佳案例。對舞者來說，一定都是天賦予練習的加乘。這些人之所以出名，是因為他們所從事的活動，與他們是誰這點似乎較無關聯。在肢體的世界裡，他們每個人都追逐真摯完美的境界，克服了所有不適、無聊、痛苦的障礙，才能達到此一境界。不管這些人是不是選擇讓火星達到比個人喜悅更高的層次，我們都無從而知。

麥可・傑克森則充滿爭議，如果他完全沒有做出外人指控他的那些事，真是會讓人覺得非常心痛[15]。他是依循自己的天性，去尋求樂趣，還是他有自己的理由，看到更複雜的狀況，來選擇該追尋哪種衝動，或不該追尋？他的火星與土射手呈現一百五十度，也四

14 原書註：我原本以為美國舞台劇演員、舞者佛雷・亞斯坦（Fred Astaire）也是火金牛，但我發現他是火獅子。不過，守護火星的是落在金牛座的太陽，而金星落在牡羊，因此形成了一個金牛守護火星的小型迴圈。

15 原書註：麥可・傑克森，一九五八年八月二十九日下午十二點四十四分出生於美國印第安納州的蓋瑞。來源：堤耶加（Taeger），《國際占星全書》（*Internationales Horoskope Lexikon*）。

分金獅子，金星兩旁各有天王星與水星。水星還與日冥合相在處女座。

觀眾：火金牛四分金天獅子？你們不會覺得他必須成為仰慕的中心嗎？說起來有點怪，但程度實在太超過，所以他在仰慕、崇拜跟欲望裡會發展出一種扭曲的道德觀？

達比：他的木天秤與海天蠍合相，木星是土射手的守護星，我們可能永遠不曉得真相到底是什麼。也許他是個帶有可疑道德觀的好人？還是他是頭披著羊皮的狼？也許他是看起來有問題的無辜之人？從我們的觀點來看，必須參考他是否找到前往他心之所嚮的方法與境地。若他沒有先前的爭議，他很可能現在已經找到了。通常，要在自然意志斷裂後，我們才會去尋求道德上的精進。我們有些人必須在尋找滿足欲望天性的路上，徹底失敗後，才能對新的面向敞開。然後我們就開始打造一個新的意志，這個意志跟我們的本能及過往的衝動都沒有關係。擁有無意識火星的人會儲存其他人對他的怠慢、羞辱及不禮貌的行為。這種人爆發時，他們會炸毀一切。有時，這種爆裂的結果會打破限制，因此在新的面向上發展出真正的意志，這對他們的生命來說才是最好的。

如果你們以藝術表現的面向來看麥可．傑克森，他的才華是無庸置疑的。他的舞蹈創新、與眾不同。他是獨一無二的。當他開始跳舞，金星就發揮作用了。不過，感覺上，金星是讓他對於重塑自己的身體有了些想法，也就是他對自己外觀的重建。我跟一位朋友討論這件事的時候，她說，他一定想像自己是從未來重生的人，而不是從過去來的，

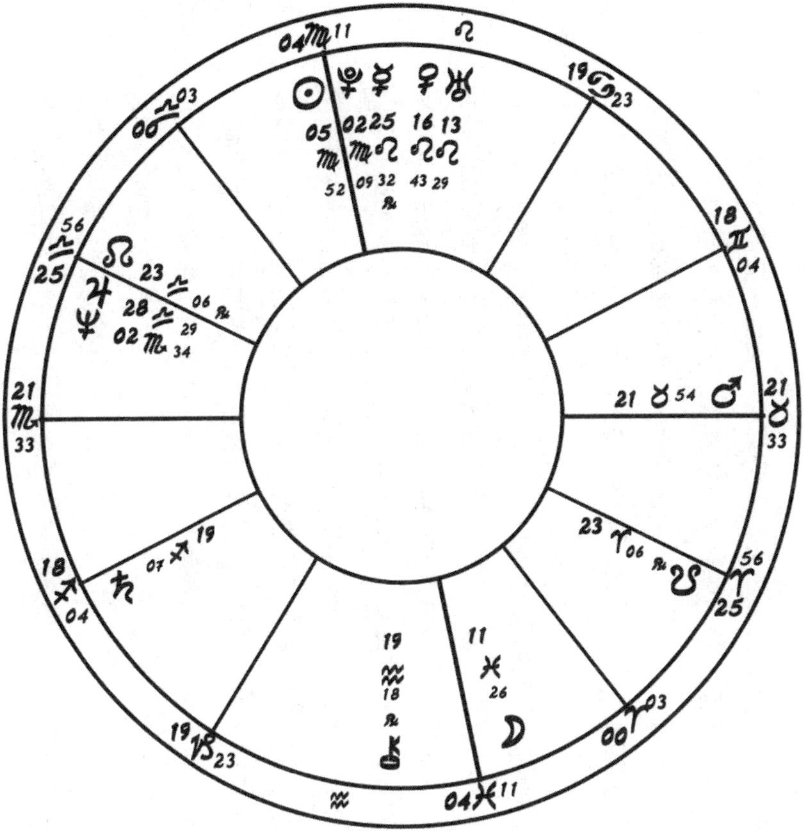

麥可・傑克森

他沒發現在那個年代，改變肉體會是這麼原始的藝術！他不曉得我們的手法這麼拙劣，他付出了慘烈的代價。

觀眾： 妳現在是認真的嗎？

達比： 認真的，但講起來不清楚。有時，要理解外行星的方式只能透過象徵或類比的語言，加上奇怪的意象排列組合。如果我們的老師教得沒錯，每個人心裡都對道德上的優美有種渴望。我本來要說的是「道德上的精進」，但也許在這個例子裡，文字是可以互相調換的。數學家認為某些方程式是優美的，黃金比例就是跟美有關，亞里斯多德講的就是這個。我說的美不是流行的美，而是更普世的美。自然是美的，動物是美的。我們不會看到一棵不美的樹或動物，除非這個生物快要死了。擁有火金牛的當事人在抵達他們渴望的優美層次前，一定會跟動物一樣，自然經歷一段笨手笨腳的歲月，一切都要等到這個人強壯到能夠脫離生母為止。火金牛受到美的吸引跟他們精益求精的目標一樣強烈。

觀眾： 希特勒也是火金牛。

達比： 對，沒錯。他金火合相在金牛，很迷人吧？好吧，這個組合對他來說很有幫助。他的存在感很強，隨著他的地位慢慢扶搖直上，他的存在變得更有力量。他跟所有正向的火金牛一樣，只要一動起來，沒把精力耗盡是不會止歇的。他慫恿旗下大將跟隨他，進入道德倫理上的地獄，我只希望我們沒有人經歷過這件事。我覺得他相信自己做的是英雄般的事蹟，替他的世界帶來繁榮與保障。他整個人完全獻身在這項事業上，且在某段時間裡相當「成功」。不過，他最後還是失敗了，因為他沒有辦法去愛，他深層的目標並不是去保障、去保護他所愛的對象。

跟金星串連在一起的火星必須出於愛而行動，不然就會下場淒涼。這種火星的阻礙來自其本身的價值，但這種阻礙最後可能帶領他們找到更高遠的目標。一開始，他們可能會受到和平、金錢、感官樂趣、情感、保障、對其之愛的吸引。當他們開始追尋煉金術裡的黃金後，他們的目標會跟行動優雅結合，其方式會依據火星坐落的宮位及火星與金星之間的配置與守護關係有所不同。

火星在處女

達比：火處女要達到精進的目標需要些什麼？什麼樣的目標跟障礙會刺激他們行動？

觀眾：日常生活。著重在人跟東西的關係，成就某些事情，讓身心跟行為協調。

觀眾：修理吸塵器。

達比：火處女精進的是他們講究實效的能力，也就是去為太陽的任務、難題、宿命服務。其最拙劣的表現是吹毛求疵、愛挑剔、道德標準高到充滿侵略性。我想討論兩位火星落在處女的人。其中一位是日火都在處女，另一位則不是。第一個案例是德蕾莎修女16，她的出生時間不確定，但我在這裡提到她是因為她火處女的特質實在太明顯。她根本是個英雄，她擁有突破社會習俗及開啟新可能的各種美德跟缺陷。我很遺憾沒有她的正確出生資料。我覺得有趣的是她的太陽、火星都在同一個星座。

觀眾：日火合相有什麼特別？

觀眾：我聽說這種人很性感，但跟我講這話的男人就有這組合相。

達比：充滿活力的人常常會讓人覺得性感，但德蕾莎修女是名修女，我不確定這樣的形容適合她。當火星跟太陽同星座時，就算兩者沒有合相，但彼此分別都跟其他行星有相位，這兩顆行星還是會閃耀著生命的光輝，當它們沒有攜手追尋同一個目標時，就會產生相應的焦躁不安。這種人會全力以赴。目標出現時，火星會完全支持太陽。彷彿這個目標非達成不可，不僅是為了生存，也為了生命本身。不過，火星的粗魯也會成為太陽光輝的一部分。所以這兩顆行星般呈現出的原始欲望和渴望，就像是它們本質裡的一部分而不是忽然出現的東西。它們總會留意外在讓它們感興趣的事物，日常生活太沒有意思了，可能會迫使無意識的衝動去滿足一個又一個的目標，或者會受到欲望驅使，而去行使最有潛力的命運之路。重點在於，星盤上誰占上風。德蕾莎修女的日火合相在土象星座，她對於自己感官所接收資料的回應都會刺激她的命運跟社會功能。這些資料都會經過過濾，直到相關的訊息浮現，她曉得該怎麼做為止。街頭上，躺在她懷裡死去的孩童景象、氣味、聲音都點燃她以實際方式服務的意願，因此成為她的命運。

提醒各位，太陽根據其星座、宮位、相位，在核心裡會有一個必須達成的意象。而火星則帶有與太陽目標一致的驅動力與精力。當太陽在一個能夠有潛力展現出光芒的情況裡，同一星座的火星也會因為同樣的潛力而點燃。這是解釋的一個方法。因為火星是這兩者裡較為活躍的行星，它會帶著活力與激情追尋目標。當事人年輕的時候，火星的行動會受到年少輕狂的意志推動。不過，時間跟經驗會帶領火星放慢腳步，突破與生俱來的障礙，達到更清明的境界。亞里斯多德所謂的精進，在每個人身上的表現方式與程度還要參考其他的條件。不過，日火合相如果要達成日後任何的滿足與實踐，它們一開始就必須亂槍打鳥，因為其中一條道路就會是它們替當事人銘刻下來的宿命。

這是一個令人感嘆也尷尬的組合。在德蕾莎修女身上就可見一斑。她是一個很有魅力的人物，她讓人注意到印度及世界各地大量死亡的人，特別是孩童。不過，她也相當「粗

16 原書註：堤耶加提供的出生資料為一九一〇年八月二十七日出生於馬其頓共和國的史高比耶，且將出生資料列為臆測但「可能準確」。

鄙」，有人說她難搞、專制，根據我們這個時代的習俗，她在道德上其實是有問題的。西方世界曾經冷凍過她，因為她為了佈道的工作，曾接受汙點人物的金援。若她活在中世紀，為了她的收容所及孤兒院向那種人要錢也許還說得過去，那是她取得金錢的最好方式。在那種時空背景下，暗示了罪孽愈深的人，愈想做好事。不過，此時此刻，我們的道德觀念不一樣了，修女跑去跟軍火大亨要錢看起來是很驚人的事情。這裡我覺得有一點非常有趣，德蕾莎修女真的全然奉獻在她的宣教事業上。這點展現在她所有的作為上，從粗鄙、粗俗、實際（軍火商都很有錢），到我們想像中處女座最能夠展現服務態度的方法，也就是收留街上的人，給他們一張救助的床位，讓他們死得有尊嚴。

鮑勃・格爾多夫：作為幫手的火星

愛爾蘭歌手鮑勃・格爾多夫17的火星落在處女座，跟金星合相在九宮。他的日天秤同樣也在九宮，與同星座的水土合相。也就是說，火星跟太陽的守護星在同一個宮位合相，且同屬於太陽的前一個星座。

金火合相總是很有意思，因為他們之間會產生拉扯角力。美好事物與價值的意象、概念、感受都能點亮金星。而為了要享受這些美好，火星就出現了。當火星出動時，障礙也會跟著浮現。不過，這些障礙確會影響金星，因為障礙出現在她的國度裡是很不自然的。她就是美的本質，她會吸引能夠替她生命增值的人、事、物。意志上的障礙、挑戰、掙扎都不存在於她的敘事裡，除非她和火星產生連結。所以你們明白為何困難，這樣的組合暗示著當事人必須花許多時間爭取最愛的人、事、物、價值，或與其對抗之。不過，金火合相所帶來的禮物是熱心，及在內心深處明白自己願意真正爭取的價值與所愛到底為何。這樣當然是有好處的。我想到鮑勃·格爾多夫投身於「拯救生命」的世界舞台上。大家都知道他很急躁，跟別人相處時常冒犯別人。一九八四年時，媒體上報導的非洲飢荒故事讓他義憤填膺。他決定要做點什麼，從一開始的小活動，最後變成非常壯大的盛事。看到如此集中的苦難忽然讓他難過起來，他後來全心全意服務自己的命運，將狀況平衡回來。他廣召大家奉獻做好事，等到任務結束後，他又退回較為低調的角色。這就是金火合相在九宮。我敢說這樣的工作改變了他對世界的看法。我很好奇這份工作有沒有開啟他道德上的新層次。

觀眾：我一宮天蠍，太陽也在天蠍，金火合相在十一宮的處女。水天蠍四分冥獅子。我是一位

17　原書註：出生資料：鮑勃·格爾多夫（Bob Geldof），一九五一年十月五日出生於都柏林。資料來源：克萊弗。

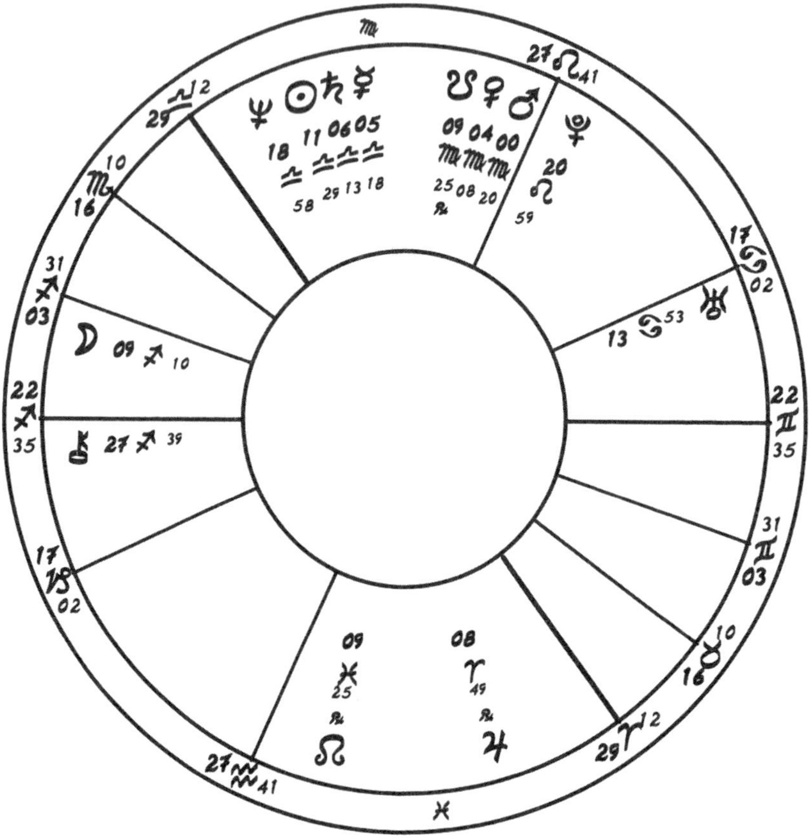

鮑勃．格爾多夫

榮格分析師，同時也是一位生物學家，我結合兩者運用在深刻的生態學領域之中。我所寫、教授的一切，都跟把生態危機放進分析師內在世界及在諮商間裡訴說其現象有關。我當然支持生態組織從外面攔截問題，我也受到生物學家邀請，一起探索某些環境問題下的深層意義。我是月射手，所以我試圖伸手求救。我丈夫是位生物學家，我們在各種層面下都有共同的想法。這項工作很辛苦，我喜歡但也懼怕。我喜歡是因為我覺得這是全世界最刺激的工作，我覺得研究這些東西很重要。不過，我發現，一提到這些話題就肯定會引起別人的防禦、憤怒跟批評。而且，我把自己逼得很緊，我常常必須要拖著生病的身子工作。妳剛剛所提到的一切我都覺得非常有趣，可以請妳分享一些也許能夠幫助我的詳細資訊嗎？

達比： 我現在唯一能夠想到的就是，別人不聽妳話會讓妳覺得恐懼，而這份恐懼可能會把別人逼得太緊。也許這就是為什麼妳會築起防備，最後導致生氣或批評的原因。不過，我又忽然想到，火星在處女，受人批評也許就是暗示著妳已經走在提升技能、邁向精進的道路上了。我猜妳的日天蠍帶有自我轉化及轉化他人意識及行為的意象，因為是在一宮，這點很清楚。妳必須保持敏銳的心智，才能找到實際方法轉化自己與他人，這件事對妳來說肯定是至高無上的任務。不過，我覺得妳要磨練心志，也必須要加強體魄。對火處女來說，朝精進前進必須面對生理及心理的挑戰，這功課是很紮實的。

觀眾：我會跳探戈。事實上，我寫過探戈跟互補的文章。我也會縫紉、畫畫。我在屋頂上當然有座小花園，可以種出花朵、食用香草跟薰衣草。

達比：就我看來，這些東西對於保持妳身心連結具有重大的影響，也符合妳所做的工作。不然，妳會偏執起來，就沒有辦法顧全妳的任務，因為妳的火處女在十一宮，妳跟其他人都會注意到我們知識上的漏洞，這就是妳一直強調的，要維持我們內在心靈與外在生態健康的知識。蒔花種草、跳跳探戈、手工女紅都能讓妳有機會運用身體，好讓妳的生態系統得到某種修補。

火星在摩羯

達比：好了，現在要提到火摩羯這個大鬥士了。這種火星會點燃什麼樣的目標，在達成目標的道路上又會遇上什麼樣的阻礙？

觀眾：他們的目標就是克服在得到嚮往之物一路上所有的障礙。我不曉得火摩羯確切會有什麼樣的目標，但只要他們有了目標，無論是天堂或地獄都沒辦法讓他們轉念。如果他們無法達成目標，就會產生強烈的怒火跟怨懟。

達比：我不太確定這樣的說法。所有落在摩羯座的行星都會有沉重的一面，當行星能量受阻的時候，的確就會變得很絕望。不過，這種狀況通常不會僵持太久。火摩羯本來就很實際，天生就是要來克服道路上的阻礙的。一旦目標看似無法達成，他們跟落在其他星座的火星一樣，知道該把能量抽回來。請記住，火摩羯是火星的強勢星座。用困難來滋養火摩羯是很自然的事情。從很小的時候，火摩羯當事人就知道目標不要設得太高遠，等到征服這個阻礙後，下一個目標才會更進一步。這是循序漸進的前進。火摩羯的強硬或柔和相位能夠描繪出火星行動時啟動的領域。當星盤上出現火摩羯時，我發現我會一再注意到它。火摩羯所在的宮位告訴我們，火星注定要精熟的道路以及要求必須全力以赴的場域為何。我現在想到愛因斯坦，他的火摩羯在七宮[18]。我會想到，他必須透過那些很厲害的方程式，前往精進的道路，就某種程度上來說，此言不假。火星的守護星土星跟金水合相，我們因此可以解讀成他整個人會受到吸引開啟全新可能，在他選擇的領域裡，他是某些美善及智識上的先驅。他當然也成為該領域的大師！不過，各位還記得，在他成人後，因為他的各種厲害發現，他必須花時間跟政府人士打交道嗎？我很好奇他

18 原書註：亞伯特・愛因斯坦（Albert Einstein），一八七九年三月十四日上午十一點半出生於德國烏姆。資料來源：福勒（Fowler）。

跟其他人交流時，內心有多少掙扎。他的水土合相在十宮，所以，隱藏在這種掙扎背後的是他深刻、敏銳的心智，這樣的心智也成就他的天職。不過，別人利用他研究結果從事的行為，很可能就是他必須承擔責任的個人試驗。

觀眾：我的火摩羯跟太陽、水星都在七宮。我跟人相處得很好，月木合相在五宮。不過，我最大的問題在於無法理解為什麼人會有某些行為。也許愛因斯坦腦袋裡也有同樣的疑問。

觀眾：我的火摩羯在一宮，與水星合相。我花了很多時間想要去理解我為什麼會做某些事情。對於那種看起來能夠自理得很好的人，我會覺得很著迷。

達比：這就是火摩羯探討的主題——意志的掌控。他們會去尋找巨大的挑戰，如果他們沒有與生俱來的挑戰，或找不到挑戰，他們就會自己創造出來。這種人會想盡辦法掌控世界，朝掌控意識前進的人會尋找能夠改變世界的挑戰，或至少說改變他們世界的挑戰，及其所有的社會影響。火星落在摩羯座是強勢的展現，同時也是能夠完美呈現土星守護力量的星座。他們似乎要在最恰當的時刻才動身追尋，總會以最恰當的武器出擊，他們的目標從一開始就很精準。火摩羯的本能知道自己最強大的天賦及弱點為何，他們會因應不同的狀況、阻礙及條件，仔細調整步伐。我認識某些人，長年來走在以酒精及藥物自毀的道路上，而他們尋求墮落的方式則跟他們最終尋找救贖的方式同樣講究紀律、講究方法。

觀眾：我的火摩羯四分海天秤。當我追尋目標的時候，我會做到盡善盡美，此言不假。不過，守護火星的土星卻在十二宮，而守護海王星的金星則在雙魚座。當我沒辦法達成目標時，失落感就會襲捲而來，我的力量與使命感也會沖刷殆盡。我會變得很沮喪。

達比：我可以想像，好像一切都瓦解了。當海王星跟火星有所連結的時候，海王星會出動歌聲迷人的海妖，混淆一個人明辨信號的能力。一九六〇年初期，我在美國學占星，我們老師很講究靈性的成長。班上有個同學是火摩羯四分海天秤，老師說，她會在欲望裡掙扎，直到她放下欲望，任由宇宙的智慧帶領她前往她的使命及適當的所在。這話可以有各種解讀。我倒覺得你的意圖是很重要的。如果你的幻滅理想一直停留在個人層面，那麼，你想要衝破迷霧可能就會非常困難。你的目標必須是跟犧牲有關，或為了生命本身奮鬥，然後，世界就會替你開啟全新的層次。也許宇宙對你喜好、精通的領域還是會打開一扇小窗，你必須耐心等待更高遠的層次出現。有時，火摩羯必須等了又等、等了又等，不過，還是請你繼續等候下去。這種狀況說來容易，其實很難忍受。不過，主宰自我的能力本來就存在於火摩羯的天性裡，這項特質遠超過相位能夠透露的訊息。火星的相位能夠告訴我們，當事人在尋求滿足的道路上，會遇到什麼樣的外在阻礙，但人真正要面對的則是自己意志裡的巨石與峭壁。火摩羯是很有力量的，如果你的意志沒有維繫在超越個人層面的欲望上，感覺力量就會一直消耗磨損。主宰自我有時意味著在看不見光的環境裡不斷前進，直到終於抵達一座能夠考驗你攀爬技巧的高山出現為止。

觀眾：我們不耐煩卻同時也很有耐心。

達比：火摩羯對付巨大的困難比較得心應手，一般的小問題只會讓他們抓狂。巨大的挑戰才需要他們有所行動。我有位火摩羯的朋友，他最近跟我說：「必要的事情我才會去做。」他的火土都在三宮的摩羯座，他說：「我動筆是因為我別無選擇。我寫是因為我不得不寫。」不過，更重要的則是火摩羯天生的障礙，也就是超越對世人喜愛之物的主掌控欲望，前往道德美善一途。

觀眾：火摩羯與生俱來的障礙都跟時間有關，需要耐心，需要反覆磨練。很容易就覺得沮喪無力。

達比：火摩羯當事人的天賦在於，當他們設定目標後，就會啟動一種特殊的專注力。他們會將前往目標的道路切割成小片段，能夠輕鬆管理、按照順序前進，一旦他們起步，他們能夠一步一腳印走好每一步，直到抵達目標的那一天。必要的時候，他們也會拖著腳步吃力前進，或跳得高高的。他們有時會覺得無聊，其他時候則會因為抓錯時機跳躍而受傷。前往精進的道路當然包含失敗的體驗，但只要目標夠明確，失敗就成為火摩羯當事人學習的自然經驗。我並沒有說，他們發現自己失敗時不會喪志灰心，但只要他們灰頭土臉地爬起來，如果目標夠真實，他們還是會繼續前進，完成任務。我所謂的「真實」跟目標所具備的「美德」有關。當阻礙席捲而來時，你必須捫心自問：我是朝著真理前進嗎？藉由達成這項目標，我能造福社群、鄉里、城市、地區嗎？土星永遠站在這顆火星背後，土星會如此要求，壯大的不只是你，還有你的社群。你也可以問，這個目標能夠壯大我的太陽嗎？能夠讓我的太陽發光發熱嗎？

火摩羯的其一困難在於他們的力量。當他們渴望時，無論這項渴望多麼背離他們的真實天性，他們都會用盡全力去追求。這也就是當火摩羯得不到心之所嚮，或不知自己目標為何時，自毀力量也很驚人的原因。有時，只是時間早晚的問題，也許你目標正確，但路途比較遙遠，或需要更努力一點。為了要達成目標，你必須發展出歲月在你內心鍛鍊出來的技能跟人格特質。也許我們可以這樣想火摩羯，就算他們看不見目標，他們還是會繼續前進。看看太陽，就知道自己是不是朝著命運安排的道路前進，只要每天磨亮你的寶劍，火摩羯就能成為太陽的頭號戰將。時間是你的阻礙與困難，卻也是你的良師。火星落在土星守護的星座，我們只能尊敬那些最終成功的人。你的熱情是為了最終能好好控制自我而存在，其他的掌控都只是過程裡的小山頭罷了。

火星落在風象星座

達比：火星落在風象星座的朋友在追求精進的道路上，會遇到什麼樣的困難呢？

觀眾：我們想太多。

達比：你覺得是你們的想法阻礙了行動，還是別人的想法成為讓你們卻步的阻礙？

觀眾：當我起心動念的時候，就會有外人開始攻擊這個想法。他們要麼就是會推翻我，要麼就是我的初心戰勝一切，我因此得以前進。我腦袋裡也會產生很沉重的對話。

達比：冥想對火星落在風象星座的朋友可能不錯。

觀眾：沒有用，我們太容易焦躁不耐。冥想比較適合火星在水象星座的人。

達比：火星落在風象星座，也就是雙子、天秤跟水瓶，我們曉得當事人最好跟最差的行為都來自讓他們興奮的想法。他們會為了理念奮鬥，他們會受到其他人前衛想法的刺激。小時候，他們會認同父親用言語或想法來自保或得勝的方式。他們眼裡父親成功與否要參考星盤上的其他線索。隨著他們慢慢長大，他們會自行演練出火星的靈敏程度。他們會根據一個人懷抱的想法而欽佩或鄙視對方。他們需要征服、守護、捍衛的是理念、文字與概念。他們會與人言對抗，或說與人言背後的概念對抗。

他們也會為了想法而戰，這並不只是指他們會使用文字來捍衛自己，或征服他人。當文字沒有根據他們認同的正確方式使用時，他們就會難過、生氣或激動起來。火星落在風象星座的女性會因為男性的理念而受到吸引，或是因為這些男性本身也喜歡有想法的女性。一旦關係建立起來後，能不能發展則要參考其他線索。自主程度夠高的人知道其他人只是其身邊一個個不同的宇宙，而他們也將明白自己的火星會有殘暴的一面。這種人的火星一旦啟動，開始對旁人產生影響時，他們也會有所察覺。他們會注意到自己使用想法去攻擊、較勁、弱化「對手」的能力。然後，他們會開始打磨這把寶劍，以更嫻熟的方式運用。

火星在雙子

達比：我們大可說火雙子會完全認同某個理念，就這種程度來說，他們是在追尋精進。

觀眾：我是日牡羊，火雙子，我實在看不出火星跟心智的關係。

觀眾：我也有同樣的配置。相較起火星守護的牡羊座，我更關注的是奧祕占星學（esoteric）上的火星守護星，也就是水星。每當我在星盤上看到火星時，我都會思考這人會有什麼樣的心智表現，他們會用什麼樣的「小聰明」去攻擊別人。

達比：火雙子一般來說真的都有滿多小聰明的。

觀眾：那火星在三宮呢？

達比：我認識一個太陽摩羯的人，他的火摩羯落在三宮，他的小聰明都用在挖苦別人上頭。不過，他總會想辦法更上層樓，且會區別挖苦的方式，帶有精細的道德觀。由水星守護的火雙子並沒有其他兩個風象星座在道德上的保留與緘默，可能會口無遮攔。言語就跟石塊、匕首、寶劍一樣會傷人。水星的配置可以讓我們得知火雙子會如何保護自己。我有位日牡羊的朋友，位於十一宮的火雙子四分八宮雙魚座的水木合相，她是一位傑出的語言專家，也是一位編輯。她同情心高漲的同時，火氣也會跟著上來。彷彿她若感受到其他人的無助，她的恐懼也會出現一樣。在我們爭論這點的時候，我就是這樣跟她講的。她其實拒絕相信世界上有人會處在真正的無助狀況之中。她出生於戰爭期間，也就是天王星在牡羊座的那個世代，他們是一群容易激動、個性乖戾的人，受到刺激就會態度激進。她跟所有日牡羊、火雙子的人一樣，她用自己全然的靈魂去回應理念與想法。她對文字很有熱情，像我無論在講什麼語言的時候，總會搞錯字或發錯音，我們總會展開熱烈討論。我每次想到火雙子，就一定會想到笛卡兒[19]。

觀眾：「我思故我在」的笛卡兒。

達比：別無分號，就是他。這句話放在火雙子身上是不是很適合！當然啦，如果我們資料正確的話，他是日牡羊，三宮裡有七顆行星，其中五顆在牡羊座。

觀眾：如果他是位女性，真不曉得他會說什麼。

達比：這個問題很有趣。我覺得我的日牡羊朋友可能會說類似「我推理故我是人」之類的話。對於那些無理的人非常嚴厲。當然啦，這可能也是個陷阱。她年輕的時候，嫁給了一個非常聰明的航太工程師。不過，十五年後，她離開了他，因為她很氣他們之間都沒有溝通。離婚三十年後，她說前夫其實人很好，是她太無情，講了些難聽的話。不過，他實在沒辦法跟真正的她交流，她無法忍受這點。他很愛她，但就是沒辦法跟她展開什麼真正的對話。她的父親也很愛她，但她是在父親死後才明白這點，父女間也是沒有辦法用言語表達愛的。父親跟前夫都教了她許多事，但都沒有辦法「交流」自己。擁有火雙子的男性不見得會要求女性配偶跟他們溝通。這是他們必須去發展的技能，這是他們的寶

19 原書註：出生資料：笛卡兒（René Descartes），一五九六年三月三十一日凌晨兩點出生於法國拉海。來源：堤耶加。

劍，他們用得愈善巧，就愈能感受到自己的生命力。當他們能夠交流出真正的自我，對方能夠接受、明白的時候，他們才是做出最「合宜」的行為，因此才會覺得滿足。

觀眾：我一宮是巨蟹座，水火合相在十二宮的尾巴，同時又跟巨蟹前面幾度的天王星產生合相。這組星群的相位很好，但當我年輕的時候，特別是我喝醉的時候，我發現自己會說出一些完全不經大腦的話，甚至傷人。我的月亮在射手座，我從來就不想傷害別人，但這些語言就這樣冒出來。有時，第二天我甚至不記得自己曾經說過什麼話，我猜自己是太害怕了。我曾講過一個很糟糕的笑話，主角是一名神父跟一位上了年紀的修女。我對我那愛爾蘭丈夫的愛爾蘭阿姨講過愚蠢又沒禮貌的愛爾蘭笑話，完全不是什麼好主意。好像有什麼東西忽然附在我身上一樣。我現在偶爾還是會這樣亂講話，話一出口，我跟其他人一樣驚嚇。我不太讀書，絕對不是什麼作家，對文字也不太敏感。請問以上這些狀況跟內在想要追求「美德」的欲望有什麼關係呢？這會是什麼樣的美德？我意識上的欲望並不想精進這方面的技能，我只是想停下這一切。

達比：落在十二宮的行星總是很難解讀，也不容易用言語解釋它們的世界。我覺得其中有本能的驅力，我可以說是本能的靈性驅力嗎？我指的是透過雙子座呈現出來的火星。所以，我們這樣來想好了……個體化就是指一個人成為最真實的自我，也就是一個人最極致的展現。社會不見得會認同這樣個體化的過程。因為妳的火星，我假設妳的目標是降低自己及他人對文字力量的敏感度。因為那些行星座落在十二宮，實在很難理解背後盤根錯節的系統。不過，請問妳是否記得小時候曾聽過別人說些讓妳難過的話？可能跟妳或家人有關？講話的人不曉得妳聽到了，因為對他們來說，他們當時沒有看見妳？

觀眾：我不確定。我有個印象，但很模糊，我不確定這樣算不算，但我記得當時有兩位老師在討論我家人，說了一些關於我父親的事情，我聽不懂，但我很難過。我不曉得他們在講什麼，但我知道那不是什麼好事。他們不曉得我在，看到我之後，他們嚇了一跳，還打算粉飾。幾年後，我的父親就過世了，在我成長過程裡，我有時也會聽到別人說他好話，但其他時候，我會聽到讓我訝異的說法。火星想贏跟想保護的動力是不是都會從兒時不舒服的事件裡爆發出來？

達比：請記住，要有相應的障礙才會啟動火星。狀況會立刻出現，但只有我們開始認識自己的時候，才會將這些狀況看成我們的阻礙。如果妳繼續研究下去，妳也許會發現，妳聽到的很多言論是大人們不知道的也看不見的，這點跟十二宮是有關的。妳也許也聽過，媽媽在不經意的狀況下講了關於妳或父親的事情，這點來自妳的月射手，雖然這些話對別人來說沒什麼，但妳就會放在心上。當我們沒有意識，或壓力很大的時候，火星殘暴的一面就會露出來。也許對妳來說，語言或語言傷人、毀滅的力量更是根本的挑戰，遠超過妳所知的。說出傷人之言的能力，也許是妳從父母親身上學到的。

觀眾：我爸媽都很聰明，他們生氣時，會嚴重彼此傷害，會講很難聽的話，或久久不開口。

達比：所以這也算是一部分吧。天王星總會用比較實驗性的方式處理狀況。這組水火天的合相也許會讓妳想要對自己及其他人言語的力量不要那麼敏感。當妳因為別人的言語而激發起某些敏感的回憶時，妳就會遭到某些不得不說的話語「附身」。如果妳想要處理這個問題，就要在發生時多留心。看看妳能否捕捉發作的瞬間，或即將出口的話語。如果妳正進行諮商治療，這點則能輕易捕捉。慢慢觀察，直到模式出現。如果妳開始注意到模式的形成，妳就能開始捕捉到改變一切選擇的瞬間。我們沒辦法永遠都做正確的事情，我們也不該只做正確的事情。火星永遠都會有原始的一面，有時，這種野性會違背我們的善意。儘管如此，我們還是可以練習提醒自己。在這組水火天的組合裡，還有改革的能力。

在我繼續講水雙子前，讓我跟各位分享我最近看到的一段話，這話來自二十世紀前半，美國充滿爭議及英雄精神的羅斯福總統**20**。他說：「守住壁壘，為原則犧牲是英雄行為，但上場作戰，為原則得到勝利則是更光榮的事。」當我看到這段話的時候，我立刻去查他的星盤。這話是他在一九二八年的演講時說的。他的火星座落於十宮的雙子座二十七度，三分六宮的水星在水瓶座二十七度。火星的守護星水星則四分金牛座二十七度的冥王星。大家都曉得他有小兒痲痺，坐在輪椅上治理國家。他的心智力量可不只是停留在言語層面而已，他經歷了與自身疾病的戰爭。他的太陽也在水瓶座，跟五宮的金星合相。不過，那是另一個故事了。

火雙子的朋友會以語言、智慧、理念及事實來征服、達標、守護與保衛。這是你們最好競爭，最有效率的領域。當你受到刺激，想贏、想征服、想保衛的時候，相位會告訴你，伴隨火星的能量有哪些。宮位則會讓你知道火星從何崛起。千萬不要低估語言的力量，這種力量跟這世界上的任何一種魔法一樣，同時具有傷害與療癒的作用。

火星在天秤

現在我們要來想一想天秤座的國度，然後把穿上盔甲、配帶寶劍的火星放進來。各位有沒有看過收藏在倫敦國家美術館裡那幅波提切利（SandroBotticell）筆下的維納斯與戰神畫作？戰神瑪爾斯渾身都是肌肉，懶洋洋地靠坐著，維納斯則看起來平靜甚至有點得意坐在另一邊，她

20 原書註：出生資料：富蘭克林・德拉諾・羅斯福（Franklin Delano Roosevelt），一八八二年一月三十日晚上八點四十五分出生於美國紐約海德帕克。來源：洛頓。

的幾個半羊人小精靈（faun）則趁戰神睡覺時，把玩他的寶劍。戰神待在女性的閨房。相安無事好一陣子，但看看馬克·安東尼（Mark Antony）邂逅埃及豔后克麗奧佩脫拉（Cleopatra）之後發生了什麼事吧。雖然戰士會變得只愛美人、沒那麼愛江山，但還是有人說火天秤很適合成為大將軍或大謀略家。金星的國度昇華了火星，讓其因為想法、概念、美善、優雅而燃燒起來，這份優雅，指的特別是心靈上的簡明優雅。優秀的策略跟好的數學公式一樣，都存在著優雅的元素。

不過，這樣的火星還是有表達上的尷尬。擁有火天秤的當事人會受到正義與不公概念的刺激。而正因世界上有太多不公不義的現象，他們總是會覺得煩躁惱厭。而這不舒服的感覺本身也讓人不快。他們對於美善會有一種特殊的熱情，後來，這份熱情會轉變成尋求和平、優雅、和諧的欲望。不過，太過和平又會削弱火星的能量。無論火星位於什麼星座，它都必須以某種目標之名保持活力，持續讓精力流動。當火星能夠為了真相、美善、正義而戰，且對抗醜惡、謊言及不公時，這樣火星才能達到滿足的狀況。

觀眾： 妳的解釋聽起來非常美好，但妳先前說過，每顆火星都有自己殘暴的一面，還會吸引出自身的阻礙。妳的意思是說，火天秤的阻礙跟不公及醜惡有關嗎？妳會怎麼形容值得受到讚美的火天秤，在尋求目標時所呈現出來的粗鄙？

達比：小時候，其他人的意見聽起來會很真實，會讓火天秤相當不安，然後，忽然有一天，這孩子發覺自己的想法也是有力量的。他們就有了保護自己的武器。我覺得火天秤與生俱來的障礙在於他們與內在的對話，一下這樣，一下那樣，你們都曉得天秤座的兩難。火天秤會嘗試把事情好好想清楚，他們跟其他位於風象星座的火星一樣，都會想太多。雖然他們會感覺到其他人對於美善的理念與想法可能侵略到他們，而每個人的表現都不太一樣，他們可能會等太久才出擊防禦。因此，當他們出擊的時候，力道經常是不適宜的。他們可能放過不公不義的大事，卻對雞毛蒜皮的小事窮追猛打。

觀眾：他們不會生氣，別人倒很氣他們，你必須常常替他們出氣。他們有時很像被動攻擊型人格。從另一方面來說，他們攻擊力最強的時候，常常是為別人出氣的時候。

達比：沒錯。我想到，在金星的國度裡，火星是不喜歡攻擊的，但不公平的感覺卻會喚醒火星。哪個人幹了什麼不公平的事！這種事可能從當事人很小的時候就開始了，但因為火星活在天秤座的優雅美好國度之中，它會猶豫該不該激進起來。一猶豫，火星就會錯失良機，之後，他們反而會為了微不足道的事情拔出寶劍。

觀眾：麗茲・格林曾說過火天秤是「打扮過的火星」。

達比：我聽過這句話。我忽然想起，我們偶爾會在出奇不意的地方，遇到那些花枝招展的變裝皇后。我是沒有在我認識的火天秤身上感受到你所謂的被動攻擊人格。不過我看過這些人身上帶有受過不公對待的印記，而當他們出擊的時候，他們不見得會表明自己到底是在為了哪樁不公平的事情而戰。雖然他們的怒火已經燒到高點，但顯然他們的理智還沒追上來，這樣就很容易引起誤會。

觀眾：我們的確會為了原則而戰，我們也會因為其他人所遭受的不公對待起身應戰，前提是我們必須先停下在腦袋對立面之間來來回回的對話。我覺得目標在於愛，這是行動的原則。

觀眾：或和平。希望在生命裡，其他人不會一直說些討厭的話，或做些不經大腦的不公行為。

達比：這倒是，聽起來挺不錯的，我的火星不在天秤，但我海天秤，我這個世代的人都有這種渴望。火天秤要的不只是渴望一個目標，還會為其奮戰，過程艱辛困苦。透過自由意志的實踐，通往精進的方法就是訓練自己能夠一眼看出不公平背後的概念，且能直接表達出來。然後，找到能夠激勵其他人的概念。一旦他們看清別人行為背後真正的意圖，他們就能決定是否要妥協。他們對於真相及美善的最終想法都會影響他們進一步的行為，也決定了他們會為了理念做出多少努力。

觀眾：火天秤的人會用敵人讓自己前進。

達比：這話可能有點太重，因為不是每個火天秤都會跟敵人串連起來。不過，當我們沒辦法以公正無私的愛去面對每個人的時候，大家看起來都會像是我們的敵人。「敵人」可能只是讓我的火星啟動保衛模式的人。通常，一開始的時候，火天秤會發現自己將熱情灌注於對抗他人對他的看法上。他們不喜歡成為別人想法中的弱者。這點很驚人，特別是，他們所愛之人認為他們「不公平」或不對的時候。他們身邊的人不見得會一直接受天秤座對於美善的概念與價值觀，這點讓人難以忍受。這個時候，我們就要回到星盤上的金星，看看這個標準從何而來。

咱們來看看邱吉爾21的盤。他日、金都在射手座，火天秤在一宮與木星呈現合相。他鼓舞自己的國家為了世世代代的和平及自由而戰。我之前說過了，火木合相的人常常會帶有特殊的魅力。我認識有這種配置的人在他們受到啟發的時候，常常會散發出一種可以說是出神狂喜的狀態。多年前，我在非洲的時候，認識了一位巫醫，她火木合相在雙子座，她的確可以進入到催眠出神的狀態。邱吉爾的這組合相跟十一宮的天獅子、三宮的金射手都有相位，這個人的確非常容易鼓舞其他人，但，當工作完成，不再需要鼓勵其他人的時候，他又要做什麼呢？我覺得當他沒有必要對抗壯大的敵人時，他自己就會瓦解了。他有五顆星落在火元素，一宮天秤的火木對分七宮的凱龍牡羊，也跟八宮牡羊的

21 原書註：出生資料：溫斯頓・邱吉爾（Winston Churchill），一八七四年十一月三十日凌晨一點三十分出生於英國伍德斯托克。來源：克萊弗。

海王星行成寬鬆的對分相。我在非洲的時候，要是有人給我看這張盤，我一定立刻會想到巫醫這種管道。上升處女、火星在一宮，當生命需要他的時候，他就會五彩繽紛、粉墨登場。當生命不需要他的時候，他會開始畫畫，開始酗酒。唯一的解決之道就是躲去修道院，但我們這個年代活躍的男人，當他們覺得生命走到盡頭的時候，已經不流行跑去修道院了。

觀眾：柴契爾夫人22似乎就處理得很好。她不斷製造大量的衝突對立，就連她從首相一職退役後也一樣。

觀眾：比爾．柯林頓23也是火天秤在上升點，還跟海王星合相，我會覺得這樣的配置在戰場上更像入迷催眠的狀態。

達比：柯林頓的日獅子在十一宮，金火海合相在上升點，木星跟凱龍又在天秤後面幾度。他會散發出一種讓人不解又曖昧不清的魅力，因此會吸引一些對手出現，因為這本來就是火天秤的天性。火木無論合相於哪個星座，都會讓人非常痛苦，因為無論當事人渴望什麼，最後的目標從遠處看起來就是不太對。這樣的狀況除了失望外，還會引發內疚感，所以當事人通常都要辯解自己的目標或渴望，他們常會因為自己的欲望而遭到攻擊，也沒辦法好好解釋吸引他們的目標或欲望到底是什麼。火天秤似乎常常需要自衛，加上海王星的力量，火星的盔甲似乎充斥著其他人覺得很奇怪的想法，所以他們為了自己能夠交流的理念，必須妥協、必須受傷。不過，細微與含糊地參與討論或爭執並沒有辦法換取顯著的勝利。所以他們帶著追求美善的心情逃走，直到某人又逮到他們，再次引發戰爭。當金星也在天秤座的時候，狀況會加溫，尤其是在男性身上。這不只因為火星出現在金星愉悅的溫柔鄉裡，更是因為，當火星發作的時候，金星也在場。她最喜歡的莫過於美善、優雅與細緻，但火星就是會忍不住偶爾違反她的最高指導原則。有時，他會焦躁不安，伸個懶腰也會打破她最珍惜的東西。金天秤，特別是座落於一宮的時候，特別喜歡別人崇拜與喜愛，但之後火星會冒失跳出，忽然間捍衛起什麼，或追逐起閃閃發光的物品。

火天秤的危險在於，他們沒辦法接受戰爭所帶來的責任，因為他們從來就不想開戰，或至少看來如此。感覺好像是別人的作為引起了戰爭，所以責任在別人身上。這是火天秤當事人在追求精進之路上會遇到的重要阻礙，這個阻礙需要他們在電光火石間做出決策：這場仗值得打嗎？此時此刻以這種手法作戰，我能不能贏得自己重視的東西？火天秤追求的精進就是將秩序、平衡、優雅的歡快概念帶入他們的生命。就柯林頓的例子來

22 原書註：柴契爾夫人（Margaret Thatcher），一九三五年十月十三日上午九點出生於英國格蘭瑟姆。來源：克萊弗。

23 原書註：比爾・柯林頓（Bill Clinton），一九四六年八月十九日上午八點五十一分出生於美國阿肯色州霍普。來源：洛頓。

說，他的火星在一宮，重心都在他自己身上。不過，他因為做自己，反而也許讓我們看見大權在握之人不同的面貌。也許正因他的作為，讓我們不得不重新思考我們對於那些位高權重者的看法，以及在他們的位置上進行某些行為是否恰當。

邱吉爾最大的福氣在於他真的處於一種能夠為和平奮鬥的高度。他並沒有打算攻擊自己，他是假設其他千萬人也有同樣想法，然後帶著這份想法奮力一搏。他透過電台廣播，不斷在人民的心靈上投注獲勝的種子。他必須在沒有成功前苦守多年，直到命運過來推他一把，一如往常，命運似乎會因為你不斷在正確的道路上鼓舞自己，而出手相助。這份克服困難、尋求成功的努力似乎也跟磁鐵一樣能夠吸引來更多機會。

在我結束火天秤前，我必須提到尼爾森．曼德拉[24]跟達賴喇嘛[25]。不管用何種標準來看，他們似乎都是真正擁有美德的人，且運用最險峻的環境來轉化自身的欲望天性及個人意志，用盡各種方法，將其昇華成為他人謀福的鋼鐵般意志。他們對於家庭的概念已經遠超越原生家庭。這兩個人就是我們今天探索火星議題的絕佳案例。

火星在水瓶

達比：現在咱們來瞧瞧風元素的第三個星座——水瓶座。什麼樣的目標會讓火水瓶出動？你們覺得火水瓶與生俱來的障礙是什麼？什麼樣的美德會點燃他們朝精進之路前進的熱情？

觀眾：如果根據我朋友的狀況，他們與生俱來的障礙似乎在於其他「沒有那麼有知識」的人的想法。他們非常武斷，對自己很真誠。無論他們有什麼樣的想法，他們都會真正實踐活出來。我覺得在他們的困難之路上，會有很多不明他們真理的人出現，或沒辦法理解他們的想法。

達比：我懂你的意思。我總覺得水瓶座是矛盾的，因為它有土星及天王星這兩顆守護星。對他們來說，忍耐是原則，不過，他們的天性又必須捍衛自己的原則。當火水瓶還沒有意識、還很原始的時候，他們會掌控世界，掌控那些目光狹窄、食古不化，甚至根本沒有遠見的人。當他們遇到跟他們道德系統運作模式不同的人時，他們會義憤填膺。最糟糕的狀況是，在他們的激情之中，他們完全忘記了其他人，只希望別人也注意到他們看見的東西。他們的確必須為此採取某些行為。火水瓶會要求當事人依循理念來行動，理念必須非常明確。當你研究火水瓶的時候，先看看天王星，了解理念從何而來，再看土

24 原書註：尼爾森．曼德拉，一九一八年七月十八日下午兩點四十五分出生於南非烏姆塔塔。來源：洛頓。

25 原書註：達賴喇嘛，一九三五年七月六日上午四點四十五分出生於西藏紅崖村。來源：堤耶加。

星，才能知道這些理念該在什麼地方成為實際、有形體的成果。

觀眾：所以他們與生俱來的障礙是別人缺少理想主義？

達比：沒錯。對火天秤來說是這樣，但對火水瓶而言，影響程度更深遠。他們天生的阻礙就是對抗或阻礙他們理念的人或系統，然後，這些阻礙也會變成他們的理念。

觀眾：所以當火水瓶沒有意識或還很原始的時候，不懂他們道理的人都是白癡了！

達比：不只如此，對他們來說，沒辦法根據他們特殊原則行動的人可能是危險或聽不懂的。他們一路前進，假設其他人都跟他們一樣，背負著同樣的原則跟使命奮鬥，然後，當他們遇到冷漠、無知、反抗的反應時，他們會很訝異。不過，這樣的訝異其實是暗示著這條路值得繼續奮鬥。他們曉得必須喚醒別人內心裡的原則。這項原則在世界上還沒有非常活躍，從事這種事業會讓他們活力滿滿。

觀眾：我跟我丈夫都是火水瓶。他很保守，卻也很激進。他對新的想法非常開放，這點在我們住的村莊很罕見。我猜我也很保守，但我自己沒有注意到，我覺得保守的思考讓人生氣。我總會對抗那些不注意外在世界及其問題的人，他們會帶著傳統上的偏見看世界。

達比：一般來說，火星在男人身上比較容易表達。不只是他們的身體，他們連靈魂的結構的本質都比較適應火星。當火星出現在女性身上時，她不只必須考慮自己女性的身體，還有情緒也要一併考量。也許，這就是為什麼，我們傾向於把火星交給男人來扮演，找到一個可以具體活出我們火星的人，然後躲在他身後，慫恿他、推他出去，或成為他的啦啦隊。走在個體化道路上的人都必須在某種程度上，把這些投射的力量拿回來，這可不簡單。火星出動的時候，我們會跟野孩子一樣。不過，一旦我們把與生俱來的障礙變成內心戰士的訓練場後，我們就會容光煥發。這樣的決策就在電光火石間提問：我該替自己而戰嗎？還是替我必須傳播的理念而戰？選擇的一瞬間就開啟了精進的道路。

觀眾：我丈夫跟我兩個妹妹都是火水瓶。當別人沒辦法明白為什麼他們的方法才是唯一的方法時，他們會非常生氣，一般人實在很難想像。

達比：對，我可以想像。他們以冷冽的激情捍衛他們的理念，因為守護星土天的矛盾，最原始的表現是，在捍衛促成美好世界的理念下，他們會以懷疑的目光看待所有人。他們實在很難相信，對他們來說淺而易見的真相，其他人卻看不清楚。

觀眾：我媽媽是日金牛，上升摩羯，火星在水瓶，跟英國女皇伊莉莎白二世一樣。我媽不搞傳教士那一套，但當別人不按照她的理念來生活時，她會覺得很驚訝。她似乎沒有想過，這群她當作社區鄰里的人居然不按照她那最合適的模式來生活。當他們沒有按照她的意思生活時，她會冷若冰霜。她從來就不推廣她的想法，她就只是當有人違反她對生活方式的看法時，忽然變得很冰冷。她可以忍受其他的國家與文化，我們住在印度很多年，她有很多印度朋友，她很喜歡跟他們交換意見。不過，可以這麼說，只要回到她自己的

「部落」，她就會變得很棘手。實在很難一起生活。

達比：忍受所有人卻又同時讓人受不了。你們知道休．海夫納**26**就是火水瓶嗎？我喜歡，因為我會去想像他很高尚，雖然想像他高尚真的滿難的。不過，他們都說他很可愛，這麼多年來，跟他合作的多數女性都很喜歡他。他給她們一個規矩很明確的世界，妳可以保持純潔，但如果妳要，妳也可以失去童貞。他有一組T三角：火木合相在五宮，對分十一宮的海獅子，四分三宮的土天蠍。他的日牡羊在七宮，月雙魚在六宮。無論你贊不贊同他的作為，他的火水瓶都很有意思，他會因為自由這個想法而興奮，他這輩子都為了自由，對抗美國勢力強大的禁慾力量。我們無從得知他到底跟多少女人發生過關係，但他火星的守護星天王星落在七宮的雙魚座，他也的確是以非常不尋常的方式盡可能與愈多人發生關係愈好。他的王國一開始是以《花花公子》雜誌起家，專門歌頌性愛。後來，也發展出比較有深度的訪問跟文章。俱樂部是後來的事。他活力充沛，但那組T三角肯定讓他覺得低潮過。聽說，在他的兩棟別墅裡，千萬不能說的字眼就是「不」，真不曉得他是一直都被慾望牽著鼻子走，還是他已經學會駕馭自己的慾望了？他是受到慾望支配，還是能夠迎著激情的浪頭朝向精進之路前進？我們不認識他，實在沒辦法下定論。

觀眾：英國女皇跟美國心理學家詹姆斯．希爾曼（James Hillman）都有這組T三角。

達比：對，這三個人都有充滿魅力的火木合相，但他們也得在情緒受傷時，跟他們幻滅的理想對抗。他們三個人都有很強大的理念系統，他們必須以某種方式表現出來。這點在希爾曼身上很明顯，但在女皇身上卻看不出來。不過，我們可以輕鬆看出她會因為這些理念或身邊人的理念而受驚、失望。她的國家就是她的社群，對她來說，看到人民不按照她對這個社群的期待行事，會讓她覺得很訝異。當然，她的家人跟她親近的朋友也是她的社群，也就是她看得到、碰得著的人，畢竟，她是日金牛，這些人也會嚇到她。我剛剛才想起來，黛安娜王妃的月亮在水瓶，難怪她們會因雙方固定的想法與理想嚇到彼此。

多瑪斯・牟敦：火星作為理想主義者

所有火水瓶的人都必須先突破自己的理想主義，才能真正容忍且鍾愛人性。美國隱修士多瑪斯・牟敦**27**是帶有這種特質的人，我很喜歡他。你們知道他嗎？他也擁有所有水瓶座的特

26 原書註：休・海夫納（Hugh Hefner），《花花公子》雜誌創刊人及企業創意總監，一九二六年四月九日下午四點二十分出生於美國芝加哥。資料來源：洛頓。核對過出生證明。

27 原書註：多瑪斯・牟敦（Thomas Merton），一九一五年一月三十一日早上九點出生於法國普拉代。資料來源：堤耶加。

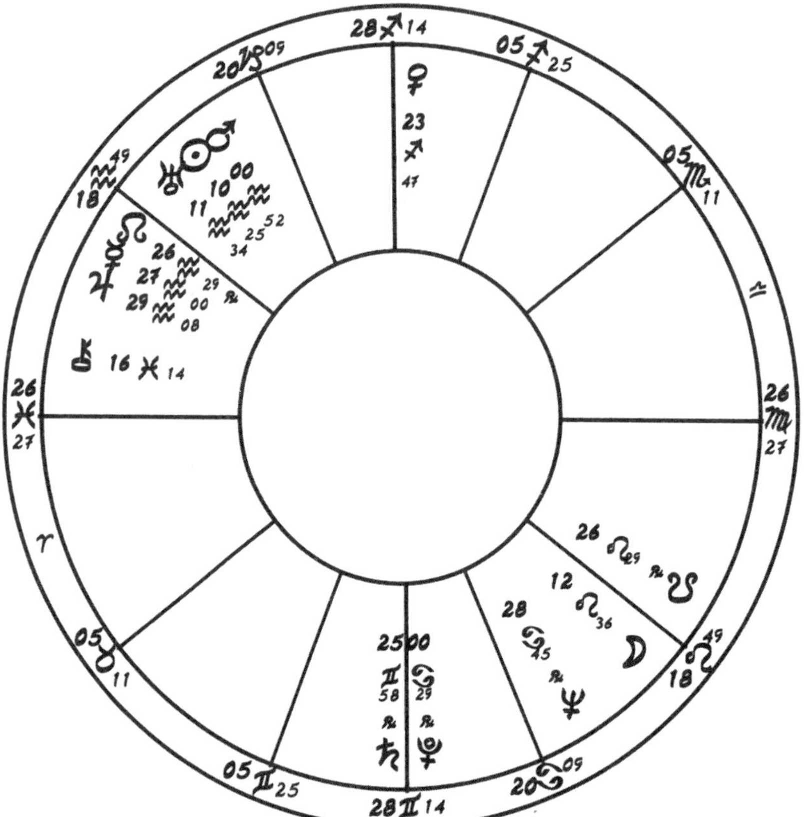

多瑪斯·牟敦

質，他是一個很奇特的人。他大半輩子都是默觀的隱修士，但他的第一本書卻是在他進入隱修院後才出版的。他寫好這本書，寄給出版社，然後才發他的宗教誓言。忽然間，他因為這本書變得非常有名，這本書叫做《七重山》（*The Seven Storey Mountain*），內容關於他的靈性覺醒，以及他後來決定成為修士的過程。這本書在非常恰當的時機打入美國市場，那個時候大家都有靈性的渴望。他呢？一個默觀的修士，忽然間成了暢銷作家。他一直寫到過世才停筆。

他選擇的人生並不輕鬆，他必須依循規矩，且吃少得誇張的無趣食物，他因此身體不好，大半輩子都很辛苦。看看他火冥之間的一百五十度。不過，他會寫信，讀者也會寫信給他。在他的生命走到盡頭前，他終於可以出來走走。他以文字加入宗教圈對話、和平運動、民權運動、聖餐儀式復興。他也是將佛教的禪及天主教修行相提並論的重要人士。他把冥想帶進天主教系統，將人道主義精神、大愛、自由的理念散播到修道院高牆以外的世界。他毫無質疑，為了心與靈最高價值的自由而戰。更甚，他還煉出了黃金，就是個體化歷程裡的黃金。

他五十多歲的時候，前往曼谷參加一個基督教及佛教相關的研討會，終於可以出來自由喘口氣，他這一趟很開心。在他的講座後，他喝了瓶可樂，回到房間沖澡。幾個小時後，有人發現他遭到電擊，躺在地上，胸口有把電扇。大家都覺得他是意外身亡。不過，還是有人認為他先進的宗教混合思想可能讓傳統教會不高興，所以謀殺他。好吧，看看他的八宮宮頭，無論是柯赫制（Koch）、普拉西度制（Placidus）或等宮制，事實上，我試過以所有的宮制法來開他的盤，他的八宮宮頭都是天蠍座。我很愛這點，實在太明顯了。八宮的守護星火水瓶在十一宮，他在一個跟一群人談得很愉快的場合裡死於電擊。是謀殺嗎？我抱持懷疑的態度。不過，他在天底的土冥合相的確帶出些許黑暗神祕的氣息。他是一個很不凡的人。他透過嚴苛的修士生活來服侍上帝，所以他可能會壓抑自己的欲望，而去從事他認為是上帝旨意的事情。非常極端，非常徹底，日天合相，還有火水瓶支持，火星又與天底巨蟹座的土冥合相呈現一百五十度。他這一輩子都不會太舒適，但卻活出精進極致的生命，且實踐出最適合他的天命。

火星落在水象星座

達比：好了，咱們現在要來談水象星座，也就是巨蟹座、天蠍座跟雙魚座，還要來探討火星在這些星座該如何發揮天性。當然啦，火天蠍是火星守護的位置。火雙魚則帶有一點異國情調。

觀眾：異國情調？

達比：我總會覺得火雙魚帶有異國情調，但這也可能跟我認識的火雙魚有關。對我來說，就算是最一般的火雙魚都會帶有一點異國情趣。不過，我曉得這種風情不見得人人都喜歡。火星落在水象星座會讓我想到潛水艇裡的戰士、水裡的恐怖份子還有海豚騎士。

觀眾：火星落在水象星座會讓我想到電水壺，需要一點時間，但還是會真的煮沸。

達比：這個意象非常實際也恰當。火星在巨蟹座是失勢，在天蠍座是守護，在雙魚則是……

觀眾：在雙魚則是一團亂。

達比：我想到的是巴布・狄倫（Bob Dylan），他是火雙魚四分日雙子，我們晚點會討論他的星盤。他也許會同意你的說法，不過千千萬萬透過他的語言與音樂打開新視野的人可能就不這麼想了。水象的火星常常要奮鬥、守護及保衛可能是眼睛看不見的東西。他們常會受困於無形的阻礙之中，只能在感覺的國度裡追尋精進。不過，咱們先來感受一下火巨蟹。他們可能遇到的阻礙是什麼？他們的精進的目的地是哪裡？

火星在巨蟹

觀眾：我可以告訴你困難在哪裡。只要他們的目標沒有直接與家或家人有關，他們的感覺就會一口氣湧上來。如果你想為自己多做點什麼，感覺就會變得很複雜。只要你是替你所謂的「家人」做事，事情就會比較順利。

達比：這點很有趣。這樣的戰士能量很複雜，這些人常常是由母親拉拔長大，父親的力量是削弱的，有時是出於很好的理由，有時則不是這樣。

觀眾：所以他們目標的阻礙會是交錯流動的情感，方向各不相同。

達比：沒錯，看起來的確如此。就我所觀察到的，這點並不會阻礙成為英雄的能力。我認識一些具有困難相位的火巨蟹，他們會在生命不同的時間點上，做出各種英勇的行為。你說的沒錯，他們總會去保衛弱者，這些人可能是因為疾病、年幼，或受到其他人的迫害。一個火星落在火象星座的人會為了冒險而爬山，但火巨蟹則會因為其他的理由而征服這個山頭。記得沙克爾頓跟他的火牡羊嗎？他追尋挑戰是因為挑戰讓他生氣勃勃。他照顧船員，因為船員就是他出海時的家人，他的火星位於四宮。

觀眾：那水肺潛水之父雅克・庫斯托[28]呢？他火海合相在巨蟹十宮。我覺得這點很奇特。

達比：沒錯，他把大海當成一場冒險。大海就是他的熱情、他的目標、他的生命。他的太陽在九宮的雙子座，月亮在十一宮的獅子座，他出於溝通的需求，我們才得以探索海水底下深層的神祕世界。有時，火巨蟹之所以出動是因為必須克服本身的無力感或與其他人之間的情感糾結。我只要看到任何落在巨蟹座的行星，我立刻就會去找月亮。火星在巨蟹，月亮可以告訴我們當事人是在保護、守衛什麼樣的原型。我並不是說，所有的火巨蟹都會替母親出征，也不是指只有讓他們離開母親的目標才能驅動他們。我們現在的看法沒有這麼直接了，不過偶爾也是值得檢視一下。月亮會告訴我們火星服侍的女皇是

28 原書註：出生資料：雅克・庫斯托（Jacques Cousteau），一九一〇年六月十一日下午一點六分出生於法國聖昂德雷德屈布扎克。資料來源：洛頓。

誰，看出在他們激情行為背後的意象、領域、原則、夢想有哪些。

我們都知道，巨蟹座在摩羯座對面，火摩羯是強勢，火巨蟹則是火星弱勢的星座。關上家門後，巨蟹座在私領域裡的原始、殘暴、無意識層面會表現出其特有的侵略行為及憤怒，他們會以猛烈的方式保護自己。這樣的火星可能會困在口角裡，這種口角讓大家都不舒服、不滿意。當火巨蟹能夠出動，為其守護的領域作戰時，他們會引起指控與反指控、傷害及冷戰。在這個月亮的領域裡，我們實在很難分辨哪些是必須克服的阻礙成因，哪些又是他們該要擁抱的滋養根源。火巨蟹雖是弱勢，卻還是可以有英勇的作為。不過，他們真正的阻礙很可能是很私密的，一般大眾是看不到的。義大利醫生和教育家瑪麗亞・蒙特梭利[29]就是火巨蟹，雖然我不曉得是什麼樣的回憶讓她開始她的生命任務，但我很確定她的行為就是很典型的火巨蟹女英雄作為。她一開始先在羅馬的廉價公寓裡照顧低能的孩子，這些孩子沒有機會受教育。她最後創辦了一種教育方法，現在全世界繼續流傳，其思想與概念也深入進一般的學校系統，改善了這些系統。我手邊的資料顯示，她的日處女在一宮，火巨蟹與天王星合相在十二宮，同時四分海牡羊。

觀眾：我是火巨蟹、日牡羊，我在蒙特梭利機構教書。我喜歡這份工作，但我常常跟自己與其他人開戰。可以說我有「權威議題」。

達比：妳小時候也會跟父親開戰嗎？

觀眾：就我意識上是沒有，但這問題很合理。我現在忽然發現，我跟父親會以很低調的方式爭奪母親的注意。我會注意到這點是因為，我的女兒也是日牡羊四分火巨蟹，我發現只要我多關注我丈夫一點，我女兒就會不高興。我丈夫只要一出現，我女兒的反應就會變得很激烈。她很愛他，但從出生後，她的反應就很大，現在她快八歲了，跟爸爸之間的確有競爭的感覺。當我注意到這點的時候，我才開始發覺，我當年跟父親之間也有這種議題。我覺得他是有競爭性的，我可以感覺到那種氛圍，但我當時不曉得自己有跟他爭。

達比：妳的月亮在哪裡？

觀眾：天蠍。

達比：我之所以問的原因是，火星在巨蟹，月亮是妳採取行動的重要因素。月亮能夠告訴我們在行為底下推動一切的情緒是什麼。月亮在天蠍，當事人對於母親的連結是很深刻的，保護的欲望也很強烈，就算有時這樣的感覺會違背當事人的心情也一樣。我知道妳跟母親很親，妳也很喜歡她，但我也認識一些月天蠍非常不喜歡自己的母親，只不過他們之

29 原書註：瑪麗亞．蒙特梭利（Maria Montessori），一八七〇年八月三十一日凌晨兩點四十分出生於義大利基亞拉瓦萊。資料來源：洛頓。

間的連結一樣很深厚。如我十一月的月亮研討會30上說的一樣，我覺得母子之間的連結是從懷孕到生產這段過程裡就開始形成了。你們在靈魂的層次上共享這個秘密。對火巨蟹來說，當事人早期想要保護母親的欲望跟要保護自己的欲望是息息相關的，但這兩股力量不見得方向一致。在妳的星盤裡，因為月亮在天蠍，火星在巨蟹，所以妳的月亮與火星呈現互融狀態。就妳的例子來說，你的月亮跟火星能夠滋養彼此，所以妳並沒有經驗到在關係裡的亂流。妳很清楚，保護母親就是妳保護自己的方法。妳在講課的時候，也會把精力放在保護其他人身上。

觀眾：但我的太陽跟火星還是在我心裡互相交戰，也會跟那些不值得得到權威的人對抗。

達比：妳的戰爭是與自己的權威對抗，對於日火四分的人來說，這點永遠是個問題。不過，咱們還是回來討論火巨蟹的議題。火巨蟹的人有明確的目標，卻會迂迴打轉回家。我有個日雙魚的朋友，火巨蟹在八宮，合相土星，對分一宮的月摩羯，三分三宮裡的日金雙魚。她當時在愛琴海上，正要去另一個小島，遊艇的駕駛員跟另一個壯漢在大海上暈船，她只會基本的駕船技巧，卻掌了舵。她說她是靠著禱告、唱歌、用星星定位，以及對於一切充滿歡喜的心，才把大家送回小島上。通常火巨蟹並不曉得自己要什麼，也不知道該怎麼追求。欲望會跟先前戰役所留下來的記憶盤根錯節糾結在一起，這些戰役無非是關於為了自己而保護母親的需求，或為了母親的需求而自保。這種狀況發生時，當事人會被沖刷出海，情緒混亂，情感上精疲力竭，凋零在內心孤哀的某處海灘。就跟所有位於巨蟹座的行星一樣，當事人的能量會內縮，必須靠某些應許的滋養才能再次引動。

巴勃羅・畢卡索：火星作為一種媒介

看看這張星盤，火巨蟹也在十二宮。火星六分土金牛，跟金天秤呈現寬鬆的四分相，跟日天蠍也有最寬容許度十度的三分相。火星跟五宮的月亮也有寬鬆的一百五十度，這個相位我們通常只看到三度，這裡卻是四度，不過，我覺得這個相位還是能夠講述當事人的故事，所以也算數。這張星盤的主人是鼎鼎大名的畢卡索[31]。看看這裡的火巨蟹，我們可以說他與生俱來的技巧並不是他夜鶯之歌的本質，而是他從情緒裡能夠感覺跟反應的能力，無論這種能力是好是壞。他的火星不只是處在弱勢的星座，還關在第十二宮的高牆之中。據說他只要憂鬱的時候，

30 原書註：這裡說的是一九九四年十一月二十日所舉行的研討會，主題是「占星學上的月亮與靈魂的發展」。其中內容收錄在一九九六年由CPA發行的《占星學上的月亮》（*The Astrological Moon*）一書中，作者為達比・卡斯提拉。

31 原書註：巴勃羅・畢卡索（Pablo Picasso），一八八一年十月二十五日晚上十一點十五分出生於西班牙馬拉加市。資料來源：福勒。

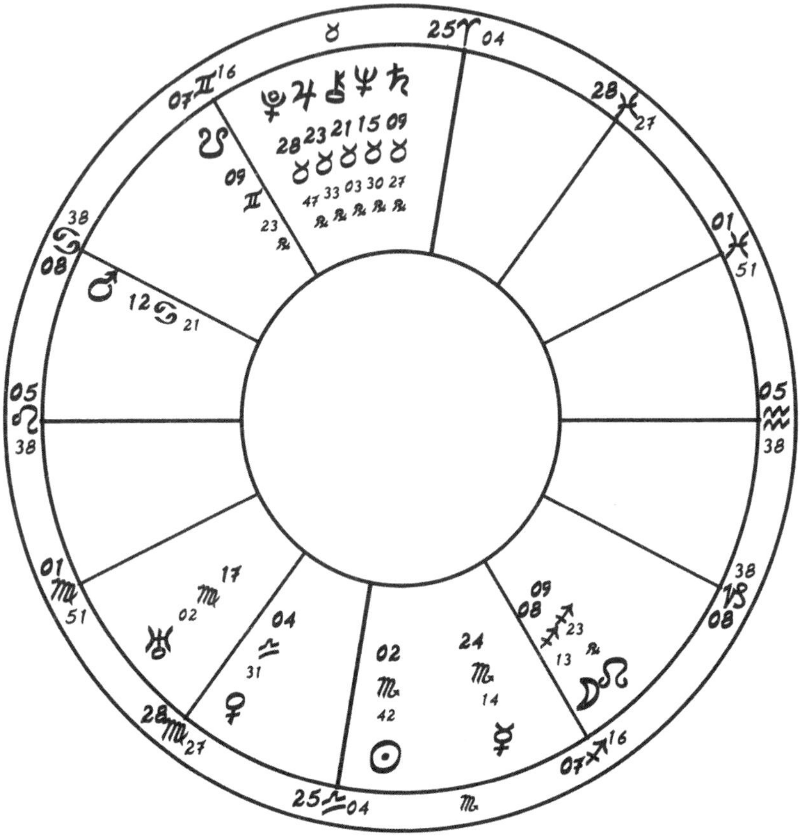

巴勃羅·卡索

就會多日臥床不起。把你對占星的敏感度放在這顆火星上，我繼續告訴你們相關的故事。

畢卡索六歲的時候，他父親丟了附近藝術學校的飯碗，他們不得不舉家搬到另一個城市裡條件比較不好的公寓。全家人都慘兮兮的，至少因為父母很慘，孩子只能跟著吃苦。所以，他很小的時候在情緒上就體驗過父親的挫敗感。不過，大家都聽說過這個有名的故事嗎？當他父親第一次看到小兒子作畫時，就決定放棄繪畫這條路。父親把顏料盒交給畢卡索，說：「你拿去吧，你已經超越我了。」沒有人曉得這個故事的真偽，畢卡索的一些朋友覺得這件事是他杜撰的，因為他上升獅子，必須打造出個人的神話。不過，他的火巨蟹在十二宮，我想可能還是有幾分真實。從畢卡索的角度來看，父親為了兒子而犧牲了自己。火星透過犧牲來改善狀況。不過，他敬畏喜愛的卻是他的母親。當火星落在巨蟹座的時候，站在火星後面的是月亮。雖然父親有這樣的行為，但他肯定是透過母親才感動到開始創作。

看看這顆火星，陰晴不定、情緒不穩、索求無度，就連行動的時候也一樣。再來看看守護星，五宮的月射手，跟三宮的金天秤六分。這顆月亮可能非常虛榮、膚淺，對不對？但火巨蟹卻在十二宮，將月亮緊緊拖進深水之中。他十歲的時候，他摯愛的妹妹康琪塔感染了結核病。她生病的時候，畢卡索如同所有虔誠的孩子一樣，開始跟上帝討價還價，他表示，如果妹妹康復，他這輩子就再也不畫畫了。他沒辦法信守這個承諾，再次畫畫，妹妹也病逝了。他是非常虔誠的西班牙天主教徒，這件事對他的內在心靈肯定造成重大的衝擊。黑水中的十二宮火星及明亮的五宮月射手常會奇異地並列在他的畫作裡，這就是我覺得他的月火一百五十度有在星盤中展現出來的原因。女人一直都是他的靈感與熱情，但就算他是溫柔地與女性在一起時，他還是帶有一種暗藏的神祕感，通常都是黑暗危險的。他跟父親一樣，年輕時常上妓院。他第一幅真正的作品就是在他十四歲時畫的，對象是一名妓女。第二幅則是一個乞討的女孩。大家有看出十二宮火巨蟹的主題嗎？

帶著月亮色彩的火星逼著他依循感受的波潮前進。而他也善用自己內在世界海灘上漂流來的船隻殘骸與難民來點綴、打亂、激怒、驚嚇那些欣賞他作品的人，他會因此而笑出來。他對女性的態度令人擔憂，若以今天的標準來看，他在關係裡的政治正確非常不討喜。不過，無論男女都非常愛他。他太陽在天蠍座，火星是他展現自我的守護星，的確在他的星盤裡加分不少。他捕捉到了不同年齡層女性的柔美，但當狀況不對的時候，他會從憤怒、傷害、挫敗裡來描繪女人。在他的很多作品裡，我們都能看見他以不同的筆觸轉化自己的形象。當我在思考他的星盤時，我會很好奇，這顆火巨蟹是不是逼得他在繪畫女性時，必須從舒適圈突破出來。他對於卓越的需求是不是迫使他超越熟悉、安全的傳統繪畫，並促使他展露出以更深刻、更原型的洞察力觀察女性？我們西方宗教不再闡述女性的矛盾議題，我們不再有復仇的女性神祇，更沒有歡快的女性神祇。他的確打破了藩籬，是不是？

然後還有《格爾尼卡》（Guernica）這幅作品，他把每一滴憤怒的哀傷全部潑灑在帆布上，上面滿滿都是當人類彼此背叛時，撕裂世界的痛苦。這是相當私密的創作，但同時，對我們多數人來說，也提供我們一次難以想像的經驗。這幅作品打破了我們個人的自我關注，也許短暫，卻也要求我們去感受到男人、女人、孩童其實都是我們自己本身。這幅畫打破了我們的孤立，要求我們用別人的角度來感同身受。也許，這就是火巨蟹最本質的美德。

火星在天蠍

達比：我們要繼續潛入水中，尋找火天蠍。這顆火星會忙什麼？你們覺得這樣的火星受到什麼樣的刺激才會將激情轉為行動？他們與生俱來的阻礙是什麼？能夠讓他們啟程尋找真正美德的因素是什麼？

觀眾：因為天蠍座是水象星座，他們的障礙肯定跟情感有關，但火星在天蠍座又很快活，所以……

觀眾：我不確定「快活」是適合的字眼。

觀眾：好吧，火星在天蠍是「回到自己的家」。我不確定火天蠍與生俱來的障礙會是什麼。

觀眾：當他們行動的時候，他們是危險的。

達比：如各位所說，火星在天蠍座的確回到自己的家。為了尊貴或卑鄙的理由，他們可以用全然的效力，將自己隱身於事件、情感和衝動之中。你們會在這種星盤的主人身上，看到他們成功面對間諜訓練的挑戰，當然，這裡也許不是真的要成為間諜，但他們著手行動時，總會以絕佳的敏感度面對每一個細微的危險狀況。看起來他們彷彿是因危險而興奮與清醒，這感覺也會警惕他們嚮往之物的前景風險。追求這種嚮往的過程總是需要投注大量的精力，而這種精力的透支、熱情的付出與努力，在過程中，總會轉化他們及身邊親近對象的生命。

觀眾：火星在天蠍的人不會露出牙齒，旁人會覺得他們膽小溫馴。然後，有天，他們猛一轉頭，因為你的行為或話語，就咬斷你的腿，而你完全搞不清楚原因。他們從小金魚變成大白鯊只要六十秒。這是我的個人經驗。

達比：嗯，非常生動，看來你有非常貼身的體驗。

觀眾：的確，就我看來，無論這個人看起來有多安詳平靜，火天蠍防禦的一面總在背景裡暗潮洶湧。我的第一次經驗是我年輕的時候，跟我爸媽住在印度。我有個朋友，個性溫和、甜美、隨和，大家可以想像一下。結果，有一天，在對話過程裡，我因為說了一些關於冥想的事情，她忽然生氣起來。我在原地嚇到不敢動，我看著氣氛變差，整整十五分鐘，我愣在原地。她轉過身來，用我無法想像的冰冷攻擊我。事後，我尋找她生氣的證據，卻什麼也找不到。我的朋友跟過往一樣友善、平靜，但我不曾忘懷，之後對她就很小心。隱身在她多顆天秤、雙子行星背後的是火天蠍。

達比： 火星落在這些深層、複雜的水象星座的確會隱身起來，有時會蟄伏許久，然後，忽然間躍出水面，黑暗又激烈、冰冷。旁人總會受到驚嚇，沒錯，一旦啟動了火天蠍，不管結果如何，都會讓人印象深刻。任何位在天蠍座的行星都跟系統缺陷有關，端看是哪顆星，無論如何，他們都會受到這個弱點的強大吸引。一窺你這位朋友發動攻擊的原因會很有趣。對一個保持距離的風象人來說，如此藏在表層下的力量是非常陌生的。你在那邊開心漫遊，忽然暗中有個東西冒出來。而從這一刻起，你們的友誼地景裡就出現了新的元素。從這一刻起，你們的友誼就多了一層新的色彩。就火天蠍的觀點來看，這樣是揭露了一個弱點，而這個弱點必須揭露、殲滅或轉化。你如果仔細看，你就會看到自己個性裡的弱點，以及這位朋友個性裡的弱點。

天蠍座的深度在於，不入虎穴，焉得虎子。回到記憶裡的那一刻，用情緒與思緒碰觸那一刻是很有意思的，看你能不能找到自己身上暴露出來的弱點，多少可以看出一些端倪。如果弱點是由你意識的自我揭露出來，你也許就能在回憶裡釋放掉壓力跟緊張。火天蠍會躲在表層之下，直到能夠讓他們投注全部精力的事物出現。無論當事人星盤裡的其他配置有多冷靜，光是這顆火星就有近距離轉化自己跟「目標」的潛力。一旦出動，要麼就是全部，要麼就是什麼也沒有。任何人，只要情緒上參與了，就會暴露出他們最深層的力量與弱點，火星在天蠍座的人也是一樣。一旦啟動了這種能力，他們就會開始行動，獻身其中，直到一切都轉化為止。最好的狀況是，他們可以產生巨大成效。抹去過時陳舊的習慣，燒毀大量碎石破瓦，為新生的成長騰出空間。當事情需要劃上句點、清除乾淨、果斷解決的時候，這顆火星能夠提供全面的價值。當我們需要有人能夠意圖清晰、在著眼點大於自身利益之處採取行動時，這種人就是最好的戰士。不過，這種機會不是天天出現。當天下太平，不需要這深層的水象戰士時，他們就會沉到水下蟄伏等待。如果沒有什麼深層的挑戰，或者當事人因為性格裡的其他原因否認了這種自由，以至於不肯進行轉化的工作，這個時候，這顆火星的能量就會在底層打轉，看得出來沒有熱情與欲望。

觀眾：真正的危險出現時，他們會啟動你根本不曉得存在的儲備能量，他們會拯救看起來已經沒得救的事物。他們專門解決疑難雜症，所以他們需要麻煩。

達比：這是看待他們的一種方法，但系統與人在表達其全然生命的流動時，多少都會遭逢阻礙，對我而言，我會將火天蠍視為察覺這些阻礙的戰士。這是他們的「美德」，轉化的可能會點燃他們內在的情緒。無論是在有無意識的狀況下，火天蠍察覺到弱點就會見縫插針，這種本能可以出自高尚或卑劣的意圖。火星落在天蠍座的人有絕佳的能力，可以穿刺進他們感興趣的事物表層，且徹底轉化。他們會去蕪存菁，直到解放出最精髓的本質，吸取養分。因為有如此的能力，這顆火星非常強調個體化的功夫。當這顆火星生澀不純熟的時候，的確會搞得一團亂。火天蠍善於養精蓄銳，看到火天蠍的出現，你就知道這位當事人耐力絕佳。他們可以用盡所有精力，但持續往前，彷彿他們在某處還有暗藏的蓄電槽。就算他們追求的是相對容易的事物，結果常會複雜到出乎大家意料，但隨著任務難度提升，他們的精力也會提高。他們可以吃苦耐勞好長一段時間。如果星盤裡暗示了其他纖細敏感的天性，他們所接受的挑戰會迫使他們跨越生命裡的各種邊界。不過，另一端永遠都是嶄新的世界，他們有絕佳的恢復與再生能力。

想想火星落在天蠍座的名人，馬丁．路德跟居禮夫人（Marie Curie）的太陽同在天蠍座，甘地是日天秤。路德畢生的主題就是轉化，居禮夫人穿透進自然的本質，甘地的主題則是一場和平的戰爭，其金火合相於天蠍，水星也同星座。來聊聊近代的火天蠍人物，你也許會覺得美國脫口秀主持人歐普拉32的力量遠遠不及上述提到的歷史人物，但歷史有其意志，我們只能拭目以待。她的火星四分位於水瓶的水星（但沒有四分到同星

32 原書註：歐普拉（Oprah Winfrey），一九五四年一月二十九日凌晨四點三十分出生於美國密西西比州科希阿斯科。資料來源：洛頓。

座的日金），她用她的真摯誠懇轉化了「脫口秀」的概念，提到她遭受虐待及性侵的童年。不論各位是否欣賞她，她都是一股很強的勢力，意識上的企圖很在乎自己與他人的自由解放，但我敢打賭，跟她親近的人肯定見識過她偶爾高漲的火星，遭受過莫名陰風般的驚嚇。火天蠍的人曉得自己有這一面是很重要的，不然，到頭來，這無情的戰士很容易傷及自己的身體。

觀眾：火冥四分是否也有同樣主題？

達比：主題存在。對所有踏上個體化道路的人而言，努力的主題就是轉化與克服。火天蠍必須觀察冥王星及其定位星，好推敲出路徑。火星落在其他星座時，觀察其定位星能夠看出他們被迫去接觸彼此的特質為何，也就是比較成熟的意識狀態。火星與冥王星扯上關係顯示出徹底活出真實自我的生命是完全可行的。面對一個人內心殘暴原始的生存驅力是很重要的。如果一個人的意志沒有維繫在本性裡更高的美善之中，那世間所有的理智、智慧、清明對此人都是無物。對於火天蠍或火冥有困難相位的人來說，生命朝其拋出需要深度抗衡的阻礙是天經地義的事情，最終要面對的人是你自己，但一開始的對象會是其他人。這樣的相位與配置要求一個人為了表達自己的欲望、憤怒及熱情而做出真正的抉擇。火冥相位能讓一句無心之語成為戰爭宣言，甚至能夠開戰。在星盤裡擁有火冥相位或火星在天蠍座的人，表示這個生命的重點在於按照宇宙的意志轉化個人的意志，其他發生的一切都是轉化的主題。

觀眾：先前提到火星會「渴望」發展，從專注於個人自身的生存與保護擴大到族群或社會，但妳又說這一切跟個體化有關。

達比：我猜這是因為個體化的最終目的就是要「符合」一個人的生命任務、功能，以及一個人最卓越的一面。我們都是更巨大整體的一部分，族群、社會、國家、世界，而火星跟其他所有的戰士一樣，在能力所及的範圍裡，以獎勵最高的形象、領土、理想、記憶之名，征討最高的獎賞。在我們明白服務的對象為何後，我們才能找到自己。目標明確，我們才能踏上成就自我之途。

觀眾：但某些人離群索居還過得愜意自在，這種人還能視為走在個體化的道路上嗎？

達比：當然。在歷史上，隱士、默觀的修士、離群索居之人跟活躍活出自我的人一樣，替生命增色不少。在彼得・法朗士（Peter France）的《隱士：透視孤獨》（*Hermits: The Insights of Solitude*）一書中，他闡述了隱士對一般人有多重要。我們總會向隱士請益，期待他們提出對社會、生命的獨特見解。不過，咱們可以繼續接著討論火雙魚，因為這兩個主題有所相關。火星落在水象的雙魚座，會有什麼樣的激情呢？

火星在雙魚

觀眾：火雙魚會很難定位他們的熱情，氣泡浮出服務（service），我是說水面（surface），但服務也說得通。

達比：對火雙魚而言，欲望跟滿足是很複雜的議題。當他們得到嚮往之物時，不見得會得到滿足。這種人小時候很容易感受到父親的哀傷與失落，或對父親感到失望。不過，這種情緒不只失望這麼單純，其中還有很多層次，父子之間存在著愛與失落，欲望與欣喜，還有失望，通通參雜在一起。我認識許多火雙魚的人，他們的父親在世界上是呼風喚雨的人物，但星盤上的這顆火星顯示他們對於父親追求成就的表層下，還存在著另一種嚮往。我認識許多火雙魚都特別同情輸家。

我覺得這兩件事是有關連的。這位戰士的父親或祖父也許來自不同的文化，而當事人在征服、保衛、守護其王國時，繼承到的方法不只一種，所以當事人也會替換不同的方法做事。因此，要了解這顆火星並不容易，在這座兵工廠裡有太多先人的影子，所以當他們實際作戰時，效力絕佳，但當他們失去熱情的時候，就會在蘆葦叢生的幽暗池塘裡漫無目的打轉。

我年長的火雙魚朋友會說：「不，我沒有熱情。這些欲望與激情是什麼？我年輕的時候就是這些東西害我惹上麻煩。卓越傑出？沒問題，呃，應該沒問題，但那又怎樣呢？」

我一直想要灌輸他們有關激情與卓越的想法，但他們把這兩點跟熱情當成秘密，對不對？這些東西不能攤在陽光下，不然會乾枯，其色彩就跟水一樣，會出現也會消失。火雙魚似乎是要以自我滿足之外的理由行事，才不會覺得空虛。他們可以在池塘底部繞圈打轉，掀起渾沌，暗自憎恨、自艾自怨。不過，如果他們的行為考量到窮人、無依無靠之人及弱者，他們在追求的過程裡獲得的喜悅則會更多。如果他們有機會實踐夢想，且能服務到他人心裡的欲望，他們最後就能成功。

我因此想到網球好手瑪蒂娜．娜拉提洛娃[33]，她是火雙魚在十二宮對分六宮的金木處女。木海的主題影響她的星盤很深，她的日海合相在七宮的天秤座。她是一股強大的影響力，改善了許多年輕女孩的生活，無論她們是想成為運動員，還是想在各方面有所成就。她支持且鼓勵女孩追求自己的夢想，且提供方法讓她們追夢。她自己贏得多次網球比賽，但她利用獎金跟知名度支持那些願意發展才華的女孩，她提供的是實際及精神上

33 原書註：瑪蒂娜．娜拉提洛娃（MartinaNavratilova），一九五六年十月十八日下午四點四十分出生於捷克布拉格。資料來源：克萊弗。

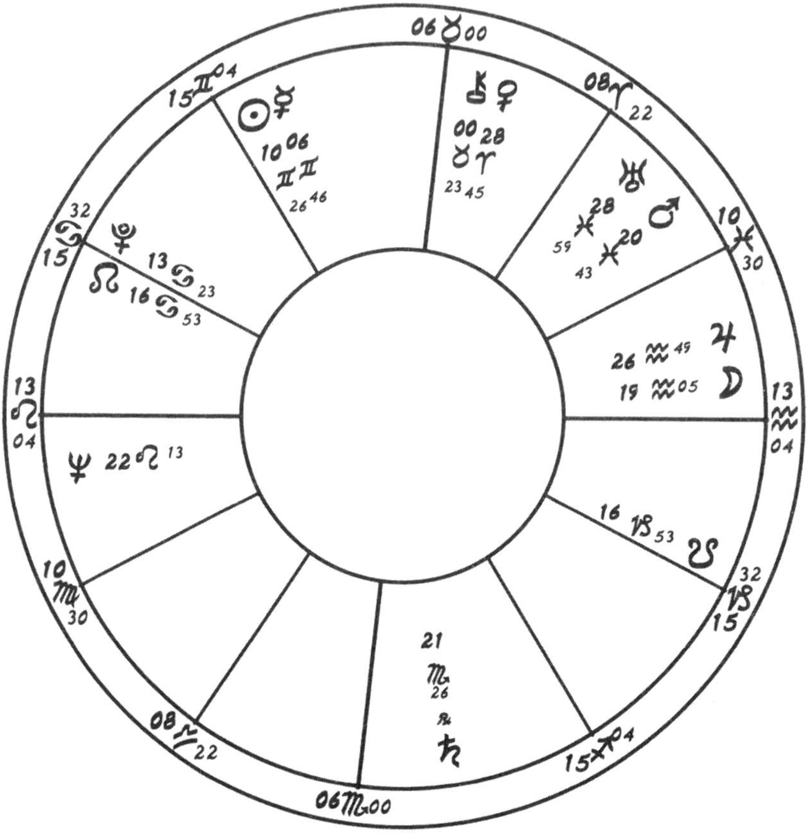

瑪麗蓮·夢露

的支持。這顆火星跟她七宮裡的日海合相無論在愛情或其他方面都會給她帶來麻煩，不然，她也許會是一個很完整的自給自足系統，沒有辦法觸及自身天性裡憐憫的面向。擁有這顆火星的人似乎早在生命的廣度敞開前，就先體驗過失落。我並不是說他們的失落感比別人強，而是他們能夠感受到靈魂深處的失落，因此對世界敞開心胸。他們的激情送他們踏上旅程，承諾的是一件事，但結果又是另一回事。尖銳的失落感打開他們的覺知，感受到周遭的苦難，但她們一開始可能會先迷失在自己破碎的夢及破滅的理想之中。這樣的過程也許持續一分鐘、一小時、一個月或更久，但感覺起來都跟永恆一樣。然後，亮亮的東西出現在水面上，在他們意識到之前，他們又開始行動了。他們一度會體驗到清明的感覺，而他們就能在這一刻開始抉擇。不是每個人都接受抉擇的時刻，有人把握，有人再次任其溜走。為什麼有人會行動，有人不行動，這點永遠是個謎，但這點對所有的火星都適用。

觀眾：那美國女星瑪麗蓮．夢露[34]呢？她的火雙魚在八宮。

達比：沒錯。她的火星跟天王星在八宮的雙魚座有個寬鬆的合相，火星還三分位於四宮天蠍座

34 原書註：瑪麗蓮．夢露（Marilyn Monroe），一九二六年六月一日上午九點三十分出生於加州洛杉磯。資料來源：堤耶加。

的土星。火星的守護星是木水瓶，月木合相在七宮，另一顆守護星海王星則是位於一宮的獅子座。兩顆守護星呈現對立的狀態，且都四分土星。困難相位，辛苦的人生。透過性愛，她去尋找她以為能夠保護她的男人，但她的極端嚇跑了這些人，害她毫無防備。她的火星為什麼不保護她呢？

觀眾：這顆火星似乎也沒有帶領她走向卓越之路。

達比：這個嘛，滿難說的，也許在八宮的領域算卓越吧！這點我們無從得知，我們也永遠不會明白，在另一個人靈魂深處的意圖，也就是靈魂的目標到底是什麼。某些生命深層的謎太巨大了，我們無法理解。也許，她的死的確實踐了她的使命？我不曉得她是否符合個體化的標準。為此，我是有點懷疑的。她實在太符合某種原型的特質，根本沒有空間發展個體。似乎她早期艱苦的童年讓她無法活到老年。也許我們可以這麼說，對其他人而言，她所施下的親密肉慾魔咒是一種誘惑，但對她自己而言，完美結合的婚姻關係才是吸引她的重點。當這種婚姻關係破裂，再次恢復單身時，想想她會感覺多麼失望、多麼寂寞啊。不過，我們看得出來，就算她跟想要的對象上床，她的障礙與失望、寂寞還是息息相關。

觀眾：遇到這種客戶我就沒轍了。我會想盡全力幫她，而她的無可救藥一定會讓我覺得很氣餒無力。

達比：我猜我也會陷入這種陷阱。她的美貌、充滿矛盾的強硬態度以及軟弱的程度會讓近距離靠近她的人一下繳械，一下武裝。她對完美婚姻的渴望及包容力在很多層面上都是很複雜的，這種感覺一定讓人讚嘆也驚嚇。所有擁有火雙魚的人肯定都感受過襲捲而來的感受，就算你們沒有意識到也一樣。瑪麗蓮．夢露則是比較極端的版本。每當你受到誘惑，不論這是否只帶給你片刻的希望，你都會全然敞開，接收所有來自內外的感覺浪潮。這樣的感覺可能是你成就之路上的阻礙，但也可能是指引你方向的水流。這些感覺是外物點燃你熱情的跡象，而你的火星則會朝其前進。一個目標出現，而過往的情緒跟情感會在上頭打轉，產生漩渦。這樣的感受就像觸角，可以協助你觸摸到前往目標的道路。因為我們討論的是雙魚座，這些感覺不見得總是來自你的過往，在你行動時，父親記憶的影子也會投在水上，這些事情是你在有意識之前就感覺或聽到的。火雙魚有種不帶個人色彩的特質。榮耀這些沒有「理性」規則的感受能夠避免你溺水。採取行動會牽扯出記憶之外的記憶，隨著一個人繼續前進，通常會以連當事人都不明白的方式解決問題或消融在其中。

觀眾：有時火雙魚會害怕行動，他們害怕行動會掀起震波。在水裡就能看到水波。

達比：這點也許是真的，人可能會迷失在各種結果反射出來的冥思裡，但火雙魚的人會跟隨他們對於感官、情緒、狂喜的飢渴前進一段時間，沒有注意到自己行為對自身與他人之間的後果。當他們意識到的時候，成就卓越的驅力才會開始，但火雙魚還有另一個特點，解放自己或解放他人的行為最終會替他們帶來能量，讓他們興奮起來。這是因為雙魚座背後的木星使然，某件事物必須能夠承諾帶來自由與解放，不然就不值得為此一搏，贏得勝利。加上另一顆守護星海王星，讓我們都從深陷的有限時間密度中得到自由解放。自由是深層的呼喚。不過，這種呼喚也會有不同的外表與形式，就跟擁有火雙魚的當事人一樣，充滿變化。火雙魚多少也有賭徒性格，這也是因為木星守護的關係嗎？這點跟火射手的敢冒險不同，火雙魚追求的是模糊不清的使命，他們有時為了模糊無法界定的使命賭下一切。無論他們是否達成目標，狀況會一個接著一個出現，使命會一個接著一個出現，然而，很多火雙魚卻說他們只想休息、冥想、逃避這一切。

觀眾：妳讓我想到《X戰警》（*X-Men*）裡的卡力班（Caliban），多接一件任務只是為了要贏得自由，一邊做事一邊繃著臉，但還是會乖乖去做。

巴布．狄倫：作為集體聲音的火星

達比：這樣的形象很符合火雙魚，但我們別忘了另一個變種人，《人魚公主》（*The Little Mermaid*）中的愛莉兒（Ariel），也混合了這種曖昧不明與鬱鬱寡歡。說到曖昧不明與鬱鬱寡歡，我就可以來講一個之前提過的人物。巴布．狄倫[35]是日金合相在六宮，四分三宮的火雙魚。

觀眾：他的土元素比我想像得還多，他最多的是土跟風元素。

達比：也許這是一條線索，這個人顯然不是最雀躍歡喜的人，卻能夠表達出深層的自我，還能帶給我們希望，而不是絕望。火雙魚四分他的日雙子，這是一個困難相位，總會對抗自己，總會訓練自己，而內在的對抗會演變成以某人或某事之名的戰爭。他不只有火雙魚，加上這組四分相，這樣的組合呈現出這個人聽說了別人的故事，就能用他的文字天賦，替可憐蟲及無依無靠之人發聲抵抗，這種感覺，我們無法用言語說清楚，但他早就用歌曲唱出來了。然後，我們會說：「沒錯，就是這種感覺。」他過去跟現在都把弦外之音帶上水流的表層，還有失去愛的悲傷、生命的消逝、以及奇異的小時光，這些小時光會在暴風過後，隨著一連串的意象、貝殼、海草一起沖刷上岸。我相信他一再失望，不僅是個人的狀況讓他失望，他看待這個世界的時候，也充滿失望，當他沒有做出大眾

35　原書註：巴布．狄倫（Bob Dylan），一九四一年五月二十四日晚上九點五分出生於美國明尼蘇達州杜魯斯。資料來源：克萊弗。

期待的音樂時，大眾的失望肯定也讓他煎熬痛苦。在這種失望過後，他會息影好幾年。不過呢，火雙魚的守護星是木星，他的木金牛三分海處女，無論多失望、多哀傷、多不滿，他的土象能量還是滋養著他，所以他能持續從他與生俱來的美德裡，用意象及感覺繼續滋養我們。

他有沒有走上個體化的道路呢？他有沒有朝著最好的自己前進，道德上的他跟創意上的他能否並駕齊驅？我不知道答案是什麼。在某個領域達到成就跟我們今天討論的卓越不太一樣。這點帶我們回到一開始的討論，也就是*arete*是一個人的天性，還是能夠努力學習的東西？就巴布．狄倫的狀況來說，在人與社會表層之下用詩意的本能感受底層的暗流，對他來說是很自然的事情。他用這方面的能力達到卓越對他來說是與生俱來的。不過，他是不是決定要讓自己成為一個有道德的人、卓越有美德的人，這點只有他，或他身邊親近的人曉得了。

要透過火雙魚的力量進入卓越的國度，你必須航行於你對親密感、圓滿、結合的渴望之中。某些人事物會讓你感受到這種渴望，但只有當你承受足夠的失望之後，你才可能踏上帶領你前往自由的道路。無論你的火星夢想什麼樣的目標，必須透過在某些時刻放手、賦予自由，才可能達成。一旦你能讓自己的激情跟隨你與嚮往目標之間的能量波長飄移，你才比較可能吸引這個目標到來。不過，當欲望出現的時候，你也要有願意犧牲

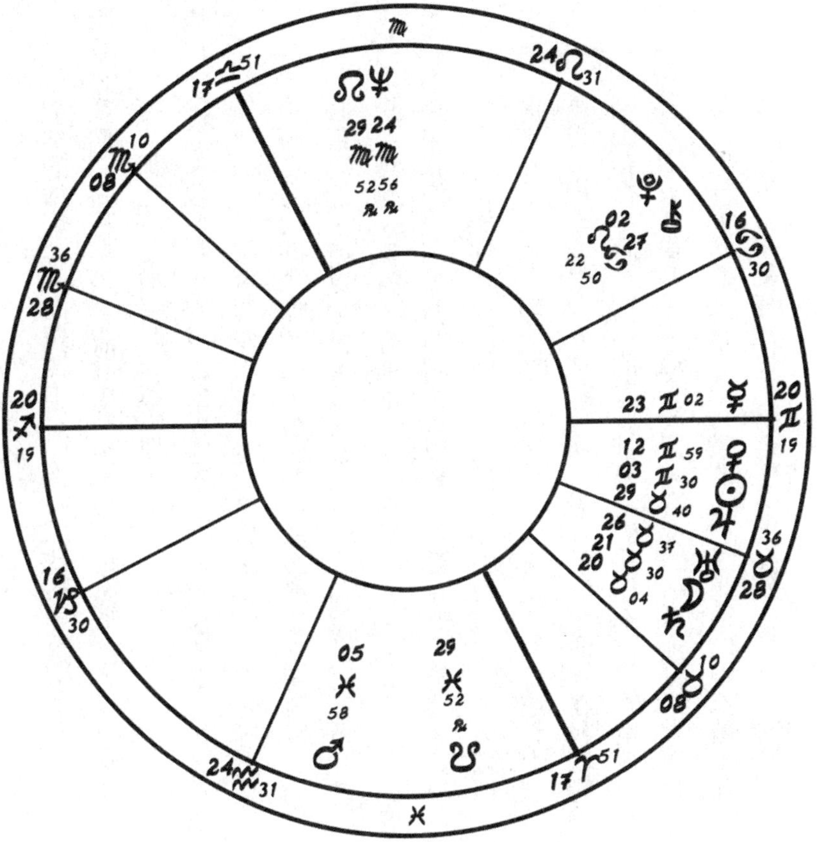

巴布・狄倫

欲望的準備，進而挖掘出自己走向成就與完整的潛力。

觀眾：我們必須替年輕人設計出一種學校，依照他們的火星配置，替他們量身打造出不同的障礙，但也許生命已經在做這件事了。

達比：沒錯。我們今天的講座已經差不多了。我很好奇，在場有多少人已經抵達能夠替欲望導航，而不是被欲望牽著鼻子走的境界？有多少人分得出來哪些欲望讓你採取行動，讓你更符合自己的生命，而又有哪些欲望會帶領你背離真實的自己？這些問題是我們必須捫心自問的，所以，當火星忽然受到某些刺激而啟動的時候，無論這些刺激是征服、輸贏、獲得、保護、守衛都好，我們都能做出選擇，這些選擇會帶領我們及生命前進。無論我們對火星的衝動讚賞與否，重點在於，認清你做抉擇的那一刻，進而意識到你的決定會帶領你往何處前進。抉擇的能力會演變成一種識別，你能辨識出某些選擇會替你開啟通往更康莊的心滿意足之路。當火星的能量遭到引燃時，我們愈練習抉擇的能力，就愈能選擇我們要在何種層次上過我們的生命。在我們能夠依循超越自身個人意志的喜樂衝動行事時，這項能力會帶領我們前往不一樣的境地。看起來很矛盾，但這樣的能力最後卻會替我們帶來遠大於個人喜悅的結果，更讓人滿意。嚮往美德、嚮往發展出自己最好的一面、想要符合最真實的自己、想要成就卓越不凡，我不確定這些衝動是不是每個人與生俱來就有，也不確定是不是人人都有這樣的潛力。我自己的文化及社會背景讓我相信，大家都有潛力。不過，不是每個人都想這樣，有些人只是想要一些東西，而這些欲望的強度遠超過他們想要踏上個體化之路或追尋本質裡卓越不凡的程度。不過，對於那些願意努力的人，了解你的火星，曉得火星能夠表達出來的殘暴與細緻是絕佳的第一步。

差不多了，今天就到這裡了。謝謝各位熱情的參與。

第三部

暴徒與戰士

麗茲·格林

本場講座為心理占星學院春季課程的一部份

講座日期：二〇〇一年三月十八日

地點：倫敦攝政學院

引言

各位早安，如大家所知，舉辦某一特定原型主題研討會的時候，討論的主題通常會以具體方式呈現出來。我們過往幾年在心理占星學院的研討會裡都發生過類似的遭遇。我記得有一次最慘，那時的主題是天王星，而電水壺在會議進行間爆炸了，導致所有的燈管保險絲都燒掉了。今天我們要講的是火星，希望戰爭之神最後不要讓我們鬧上警局或打起架來才好[1]。

本次研討會的主題和當今時事息息相關，讓人非常不舒服。我們生活在這個暴力行為似乎已經無法控制的年代，也許一直如此，但因為我們對西方國家的文明行為抱有高度期待，感覺起來生活變得很危險，特別是住在大都市某些治安較差地區的人，我們不懂，這個世界的生活應該要比一百年前、一千年前更舒適、安逸才對。在人類歷史的初期，想活下來的確需要某種程度的冷酷無情。現在西方世界多數人的生活水平遠超過生存門檻，這裡說的比較類似生理而不是心理層面的生存門檻。我們雖處於成熟的政治法制系統之下，卻面臨相當恐怖的集體暴力。我們沒辦法阻止戰爭發生。我們不曉得該如何停止暴行或家暴事件。街頭還是有人遭到性侵，有人遭到毒打，還是有人遭到謀殺，就連孩童也會殺害同樣年紀的人。當我們注視火星的時候，我們看到的是自己理當非常害怕的原型架構陰暗面。就另一方面來說，少了這層架構，我們又沒有辦法在世界上生存立足，因為這是我們替個人及集體意識建構出更佳實相的方式。火星的議題與每一位占星師密切相關。我們所遇到的每一位客戶都有火星的問題，我們本身也是，因為集體意識裡存在著無解的火星議題，每個人都受到影響。

今天我想以神話和心理學的觀點來探討火星的意義，以及我們如何以星座、宮位、相位來詮釋火星。我們也會提到不同的火星配置，我們不會以系統性的方式一一解釋星盤裡的火星。我想探討某些讓火星特別不高興或沒有辦法正常運作的模式。和上述兩點一樣重要的，還有火星在無意識狀況下的反應。當這個行星的象徵與意識覺知分開時，火星會強制執行，某些明顯的特徵可能會以莫名的暴力行為展現出來，無論是家暴或遭到暴行都可能發生，而且也會引起諸多身心失調的症狀與疾病。憂鬱症的心理症狀通常是因為火星的憤怒在暗處一點一滴流失所致。

1 原書註：在研討會進行期間沒有口角和爭執。不過，一名學員嚴重流鼻血，一直流到研討會結束才成功止血。所以課程一開始的時候沒有提到這個小插曲。

隨著今天的課程進展，某些人可能會覺得我們花了太多時間探討火星惹出來的病兆，不過，我們必須藉此才能了解健全火星的樣貌，以及火星順暢的時候會如何運作，且學會如何與火星建立起良好的關係，又不會對這個世界造成難以控制的影響。某些關於戰神的神話能夠讓我們理解火星的天性。就占星來說，古時候的人把行星象徵的原型模式稱作神。神明生氣的時候，一定要找出原因，而且還要改善人類與神明的關係。不幸的是，我們的教育對理解原型架構沒有什麼幫助，所以我們也沒有辦法以更好且更有創意的方法與其互動。

我也想探討某些火星所引起的社會問題。無論如何，別人是一定會踩到你的痛腳的，因為一個人的聖戰熱情，可能是另一個人的心頭恨。無論火星座落在星盤何處，世俗的議題一定會加溫，觸及每個人內心最脆弱的地方，情緒必須宣洩，我們會變得更激進。接著，我想花點時間討論合盤裡的火星。最後，在今天的講座結束之前，我想分享幾張世俗占星的盤，一窺集體意識的火星爆發，引起我們所知的戰爭。我相信今天一定有很多盤可以討論，因為大家都提供了自己的星盤。

神話故事與火星心理學

我們一開始可以先觀察古時候的戰神，想一想，他們作為火星靈魂的進展告訴了我們什麼。近代集體幻想裡的英雄戰士概念與我們將要探討的神話形象相差甚遠。目前有兩顆外行星落於水瓶座，我們認知裡的英雄應該是靠腦袋不是靠肌肉的，這樣的英雄必須替人性而戰，也許是一位思想家、關懷者，性別不拘。不過遠古戰神的特徵還是保留了下來，不只是運動比賽的冠軍，也存在於當代電影之中，或環繞在神祕的精英作戰部隊裡，如英國的特種空勤團。

誕生的掙扎：巴比倫文化裡的瑪杜克

咱們從瑪杜克（Marduk）開始談起吧，我在其它講座裡談過他，在座有些人也許很熟悉。不過，應該還是有些人不知道他是誰，我簡單帶過他的故事。瑪杜克是巴比倫文化裡的火神，擁有太陽和火星的特質。今天我主要談他火星的面相。瑪杜克和其他的兄弟姊妹都在母親水神蒂雅瑪（Tiamat）的子宮裡。當這些兒神遭到母親的死亡威脅時，只有瑪杜克敢站出來為生存而戰。他和蒂雅瑪展開一場大戰，在母親能夠殺死他前，先毀滅了母親。他從母親的身體創造出天與地，因此，這位熊熊燃燒的戰士之神創造了宇宙。

巴比倫人認為創造的源頭是一場恐怖的戰爭，需要英雄氣概與勇氣。這個創世紀神話的意象描繪出能夠運用在各種場合的心理動力，也就是生命必須透過掙扎與分離才能存活下去。瑪杜克摧毀母親的身體，以母親的身體打造出宇宙，這樣的行為不只象徵著實際的分娩過程，更描繪出個人意識誕生的危急狀況。這樣的生產，是生理的，也是心理的。我們都知道，生產是生死交關的事情。在星盤上，我們會把這樣的過程與牡羊座及一宮，特別是上升點做連結。不過，我們也許不曉得，心理的誕生也需要天人交戰一番。我們希望個人的發展能夠輕鬆、愉快、和諧。不過，要成就一個獨立的個體已經是一場大戰了，無論這樣的行為是否要求一個人必須違逆家族的血脈或對抗集體的意識都一樣。要我們接受自己必須參戰和殺戮的感覺非常困難且痛苦，當然，我們希望這裡提到的作戰與殺戮只是象徵性的說法。唯有勝利才確保我們能夠存活下來。

嬰孩戰士

戰爭是我們從小發展人格的必經過程，這也是為什麼瑪杜克的神話繼續在人間產生共鳴的原因。為求實際的存活，我們必須先出生。接著，我們則要為了心理的自主而戰。在過程裡，我們必須與母親對抗；飢餓時，會發出尖叫聲；當別人違抗我們的意志、將我們強行抱起時，我們會亂踢亂扭。我們不只對抗母親的擁抱，更反抗我們自身肢體的僵硬與不協調。當我們不能用意志控制四肢的時候，我們也會生氣。接著，我們成了所謂的「恐怖的兩歲兒」，無論我們身上帶有多少教條，我們一定會踢開所有的限制與規矩。我們亂發脾氣、捶打地板、放聲尖叫、嘔出馬鈴薯泥、憋氣憋到臉都變藍了。我們從母親身邊分離開來，且要求獨立的意志。如果我們辦不到這點，我們就不是一個完整的個體。

因為娃娃很小，我們會覺得這種行為不成威脅。如果發脾氣的是一個體毛濃密的彪形大漢，我們肯定會往返方向逃之夭夭。你們都曉得第一次火星回歸的「恐怖兩歲兒」，因為火星繞行黃道的行運需要兩年。當火星第一次回到出生位置的時候，我們進入了作戰模式。我們內心氣憤好戰的靈魂甦醒，企圖定義、確立自我。如果是自己的小孩，我們大多會容忍，甚至接受孩子的任性，而當我們在餐廳或超市裡聽到別家的孩童尖叫哭鬧的時候，我們會知道這是個沒有辦法傷害我們的小奶娃罷了。不過，就算是小娃娃的憤怒也是會要人命的。確立分離的過程需要多少憤怒，我們已經想不起來了。當我們長大後，再次感受到這種感覺時，自己的怒火還會嚇到我們。

「不」就是不，你哪裡聽不懂？

麗茲：在場有多少人生氣的時候會嚇到自己？

觀眾：我非常害怕自己的怒氣。我生氣的時候，也會變得非常焦慮，所以我會試著和用理性化解怒火。

麗茲：你是擔心自己會失控、傷害別人嗎？我們對於憤怒的恐懼實在很有意思，我在很多客戶身上都見識過。第一次火星回歸的時候，我們才開始學習控制怒火。不過，長大以後卻不曉得自己有沒有能力克制憤怒。如果我們長大了，卻不知道該如何處理憤怒怎麼辦？我們通常會壓抑火氣。在場有多少人無法說「不」？

觀眾：我說得出口，但不知為何，別人都不聽。他們都以為我說的是「好」，然後開始欺負我。

麗茲：當然了，很多人為了實踐霸凌的藝術，根本不會在乎你拒絕得多誠懇。我們就必須一再重申，也許不能只說一次，也許必須強硬一點，好比說：「不就是不，你哪裡聽不懂？」而在特殊場合裡，「死一邊去，你這豬狗不如的東西！」也滿好用的。幸好，多數人並不會固執事情一定要照他們的意思辦，也不會完全忽略其他人做決定的權利，不幸的是，我們遇到這種人的的時候，通常都是在我們小時候，這種人就是我們的父母。這也就是為什麼，長大成人以後，火星常常會成為大問題的原因之一。碰到高壓強勢的爹神、娘神時，我們還是會變回小孩子，我們很可能會對自己的力量失去信心。而我們的「不！」感覺起來就會像是小綿羊咩咩叫，別人也就不會認真看待了。認真誠懇的拒絕必須有意識地使用火星。當我們個人意志在內心戴上相當猶豫的面具時，其他人不會相信我們，反而還會用他們的火星從我們這裡強取豪奪。如果我們期待其他人尊重我們的自我，我們就必須先全心全意地尊重自己。那麼，「不」就是「不」，就算是溫和、輕鬆的「不」，別人也不會誤會。

如果我們能夠展現出火星崛起的模樣，除了特別遲鈍、特別壞、特別想要攬住權力的人以外，一般人應該都能感覺得到，必要的時候，我們已經準備好要正面對質或拒絕，以保有我們的獨特性，這樣其他人就沒有辦法控制我們。別人欺負我們的力量通常是一個願打、一個願挨的，因為我們希望被愛，卻害怕孤單及分離。我們心底的依賴感害得我們沒有說服力，就連每天都會出現的「不，我今天很累了，不想和你的朋友一起出門吃晚餐」都說不出口。我們甚至會發現，就連面對一名說服你買下某件衣服的專櫃小姐，你都會忘了說：「感謝你的協助，但我不喜歡。我中意藍色那件。」火星的問題變化不多，小事就是剛剛提到的那兩個例子。在小事情上讓步也反映出我們的行為是溫謙恭良且處處容忍的。整體而言，我們能在這種背叛自我的小事情上放水，特別是這些小事出現在需要月亮與金星反應的時候，因此，當大事出現的時候，我們也許還能忠於自我。不過就算是天大的事，某些人還是會背叛自己的心意就是了。

所以，當有一天，這種人終於氣炸了，出門攻擊別人的時候，我們也不該覺得意外。通常的狀況是，他們會出來攻擊他們的孩子或父母，比較極端的例子是他們會朝隨機出現的人行使暴力。我們可以想一想最近很多的「狂躁駕駛」，或持槍跑去學校、商店、辦公室見人就開槍（包括他們自己）的案例。火星要到什麼程度才會幹出這種事情？這種事情就是剛剛坦承自己無法說「不」的人幹出來的，不過規模卻大得多。有人明白為什麼自己會有這種困難嗎？

觀眾：不敢打擾其他人。

觀眾：害怕別人不喜歡我，害怕遭到拒絕。

麗茲：要用創造力與火星共處最困難的一點就是，大家都覺得這些恐懼無可避免。表達火星的能量，就算是以積極、正面、讚揚生命的方式呈現，有時都可能會疏遠其他人。如果我們不同意其他人，想要強調自己的意識，我們就得冒險，別人可能會討厭我們，特別是那些必須掌控周遭世界的人。我們也許會失去他們的「愛」，如果在這裡用「愛」這個字不會太奇怪的話，我們也會體驗遭到拒絕的感覺。他們也許會指控我們成了壞人，而就連我們自己也可能會同意他們的指控。

服務與無私

我們在早年學習了自信和惡行惡狀組成的方程式。這個方程式不只來自我們的父母，從文化宗教的教條裡也層出不窮。就扭曲火星的表達能力來說，基督宗教難辭其咎，雖然教會本身也有相當漫長的暴力火星歷史。我們受到的教育教導我們，身為一個人，我們是不重要的。堅持自我是自私的，是壞事，是不對的。《失樂園》（*Paradise Lost*）作者米爾頓（John Milton）筆下的路西法說：「我不效忠！」因此拒絕效忠（服務）就是和惡魔為伍，我們必須先替其他人的需求服務，等到大家都滿意了，才來談我們自己的需求。當別人展現敵意的時候，我們必須轉過另一邊臉讓他打，而不是站出來捍衛自己、反擊回去。我們相信自己永遠都要原諒他人。在座有多少人能夠真正原諒深深傷害你或家人的人？我只有看到兩位朋友舉手。難道人能夠跳過憎恨和殺人的欲望，直接談原諒嗎？也許，在事過境遷之後，原諒和同情會出現。不過，人類的本能反應是反擊，不只是為了保護自己，也是為了確保我們身為活人的能力。

觀眾：維繫這個社會，替別人服務不是必要的嗎？不是社會形成的首要條件嗎？

麗茲：的確，尊重其他人的權利是社會的條件。不過，在這樣的大框架底下，一個人還是可以說：「我不想讀法律，我要成為一名藝術家。」而不會因此打壞社會的結構。在社會架構下，火星一定會有某種程度的退讓。為了要與其他人和平共處，火星能量一定會遭到規束，且引導至有建設性之處，但每個人還是必須證明個人的意志、目標和欲望才行。蘇維埃政權的共產實驗瓦解，就是因為這種社會必須摧毀各人的意志。英國人不會活在那麼高壓統治的社會裡，不過我們內心也受到某種壓迫。這種壓迫感遠比意識形態、宗教、政治都還要古老、深刻，而且是加諸在我們的無意識層面。這種思想深植在西方文化長達兩千年。如果我們接受「星座年代」的概念，過去兩千年，人類集體意識其實是處在雙魚／海王星價值裡。火星自然是海王星最大的敵人。只要是海王星想要消散融合之處，就是火星遭到去勢之處。如果我們活在以海王星價值作為最高指導原則的世界裡，火星就一定會成為那個「壞蛋」。別無他法，因為火星扮演的就是自我確立及競爭的角色。一個人也許能用各種極具創意的方式整合這兩個原則。不過，就原型上來說，火海兩者是對立的。

堅持自我的天人交戰寫在巴比倫的瑪杜克神話裡，不過，因為集體意識裡的海王特質作祟，我們並不會認同瑪杜克的形象。我們不能生氣，我們不能堅持自私的欲望，我們不能展現出競爭的本能。因為這樣的模式牽制在我們的靈魂深處，所以我們的火星有很多問題，從最簡單無法說「不」開始。因為我們沒有辦法連結火星，我們懼怕自己的怒火。我們不知道界線在哪裡，也不知道自己能夠站在中央，以有建設性的方式流通能量。怒火就像是我們懼怕會破籠而出的怪物一樣，如果牠真的闖了出來，我們相信一切都會遭到破壞，而我們無法使其停止下來。自然而然，這種想法就成了「自我應驗預言」了，而當今西方社會的確上演著憤怒火星爆發的戲碼。

觀眾：所以，妳的意思是我們在這個世界上看到的並不是真的火星，或者說，至少不是正面的火星能量，而是火星壓抑的結果。

麗茲：沒有錯，我的意思差不多就是這樣。大多數我們目睹、閱讀、體驗到的都是病態的火星。這也就形成了火星的「惡性循環」，我們因為相信眼前醜惡的表達方式就是這顆火星的真面目，所以不敢展現出這顆行星的力量。而長達幾世紀無法表達的恐懼卻也無庸置疑地加重了火星在世界上呈現的方式。因此，我們必須仔細檢視暴行的根源和本質，無端的暴行並不是戰神傳承下來的特質。

艾瑞斯：無父之神

咱們來談談希臘戰神艾瑞斯吧。我們第一次是在荷馬史詩《伊里亞德》裡認識他，他就是戰爭的同義詞。在詩文裡，據說他會將勇氣賜與人類，數不盡的英雄豪傑在準備上場打戰時，都會自比艾瑞斯。他和阿波羅同一陣線，且按照太陽神的意思行事也不讓人意外。在這部偉大史詩裡，他和其他神祇不太一樣，他真的像人類戰士一樣跑去戰場對抗希臘人。也就是說，他彰顯的是腳踏實地的肉身層次，其他的神則在凡人看不見的天上影響戰局。這一點與我們在占星上對於火星的認識息息相關，不止提到這顆行星本能和實體的本性外，也告訴我們，火星能量會透過身體的疾病表現出來。

荷馬筆下的艾瑞斯有一個主要的死對頭，也就是雅典娜。雅典娜也是戰爭之神，但這兩位神祇的立場是對立的。男性戰神艾瑞斯是由天后希拉獨自懷孕生產的，沒有仰賴男人的精子；女性戰神雅典娜則是由宙斯獨自生產的，沒有仰賴女人的子宮。艾瑞斯會強暴、使人受孕，在神話裡以諸多情慾冒險著稱。羅馬人稱呼他瑪爾斯（Mars），與字根 mar（玷汙、受損）及 mas（慶祝、慶典）有關，描繪出生殖的動力。而雅典娜則是處女神，以智慧著稱，艾瑞斯偏偏缺少這項優點，就連在烽火連天的戰場上，艾瑞斯都會搞不清楚誰是敵、誰是友。其他諸神相當喜愛雅典娜，卻懼怕，甚至憎恨艾瑞斯。在《伊里亞德》裡，勃然大怒的宙斯在地府對艾瑞斯說：

你最喜歡的莫過於爭執與戰鬥，因此，全奧林帕斯山上我最討厭你。你的母親希拉剛愎固執，脾氣不受管束，言語都難以控制她。

希拉帶領艾瑞斯到這個世界上，作為對宙斯的復仇，因為宙斯侮辱她的女性本能。這點讓我們理解占星學上相當重要的一個面向。

麗茲：雖然在神話裡，火星的形象是一名誇張的男性，但這位沒有父親的神祇其實與宙斯天上的國度沒有血緣關係。這點說明了火星力量與展現的本質，這個本質是什麼呢？

觀眾：重點在於身體。

攻擊本能

麗茲：對，火星屬於本能和身體的國度。什麼靈性原則、智慧、遠見、抱負都與火星無關。火星是讓我們生存下來的紅色鮮血，火星是當我們展開攻擊、捍衛自己的腎上腺素。對這位神祇來說，戰爭是不可避免的，因為要活下來，就一定得戰。大自然不是和諧平靜的。我們都喜歡用浪漫的眼光看綠樹、鮮花、蝴蝶，但仔細觀察，我們就會理解大自然是弱肉強食的社會。戰爭永遠存在，大自然不會妥協，大自然是血腥暴力的。為土地而戰、為勝利而戰、為交配而戰、為生殖而戰、為成為團體的領袖而戰，這些都是火星的功能。冥王星比較像是整體的演化發展及生命的存活有關，不過這裡的生存指的不見得需要戰鬥，演化需要的是適應，或某種物種的滅絕。如果大家想了解冥王星，可以去看英國 BBC 電視台拍攝的「與恐龍共舞」（Walking With Dinosaurs）電視節目。這部紀錄片很棒，帶出了大自然經過亙古的改變，高明地刻劃出細微的生命力，卻也殘酷地表現出不可抗拒的演化過程。火星則有不同的味道。火星是個人行星，象徵著每個人的戰爭架構。許多物種的生命集中在戰爭的架構上。雄性動物的首領必須維持自己主導的地位、必須展現出無比的力量和高超的技巧、必須贏得最好的異性。不然，群體裡的其他動物不會尊敬首領，一定會反過來對付牠、摧毀牠。

這樣的架構也存在於我們身上。這樣的法則深植在本能當中，而不是智慧裡。火星也許會受限、受傷，或在創意上遭到限制，但其本質是不會動搖的，無論是遇到講求平等、社會進步的天王星，還是海王星式的宇宙合一大夢。火星是個人以某一特殊生物種、群體、族群、種族為名而動員的原則架構。

火星經得起血緣義務及激發使命的考驗，在許多神話裡都看得到戰神如此的本質，但我們無法以思想上的原則觸動火星。如果我們以某個族群之名宣戰，這個族群一定和我們有個人的關連，可能是個人投資的情感或本能天性支持此人加入行動。共產黨宣言企圖否定火星的實相。我們無法抹去任何一顆行星的能量，想要消滅火星更是特別爛的餿主意。某些星座和相位能夠讓火星透過大腦來表達，這樣比較像是疏通火星能量、增添思考色彩，而不是打算改變火星的本質。火星落在水瓶座、天秤座，或與天王星產生相位時，它草莽衝動之處將會削弱，強調道德與社會責任，而當事人在追求個人欲望時，不會競爭，反而會以合作的方式進行。不過，火星的原則並沒有改變，還是以「我」、「我的」之名開戰。在神話裡，艾瑞斯是部落的生物。他對駕馭整個宇宙一點興趣也沒有。他作戰，因為作戰對他有好處，因為他喜歡戰爭這件事。他和雅典娜不一樣，他沒有大系統的概念。這也就是為什麼，在《伊里亞德》裡，他常常表現得很愚笨。當事情發生在他的專長領域時，他一點都不笨，不過他見樹不見林，看不到狀況的全貌。

人類是自我中心的部落生物，本命盤裡都有火星。我們也能有所成就，但聰明人就會接受火星人類本能的面向，且以建設性的方式使用這股能量，而不是假裝我們能夠消滅或超越這顆行星。多數戰爭中都看得到人類天性裡的部落元素。我們都希望自己是因為更高的理想參戰。在某些狀況裡，這個條件也許能夠成立。不過，火星自私的動機卻不可能消失。不然人類不可能冒著生命危險參戰。當別人要求我們放下個人欲望，替一個模糊抽象概念而戰時，火星會非常不舒服，我們要麼就拒絕參戰——越戰就碰到這種狀況——要麼就把這個抽象概念當作藉口，在意識形態下展開部落間的仇殺，如同北愛爾蘭及東歐的狀況一樣。我們以傲慢、輕視的目光看待如同非洲內亂的明顯部落戰爭，但我們虛偽的高尚卻對妥善使用火星一點幫助也沒有。

基礎與征服：羅馬的瑪爾斯

戰神也是一位保護者，比較強調此一特質的文明是羅馬帝國。古羅馬非常崇拜、敬愛瑪爾斯。希臘戰神艾瑞斯的特質都進入到了羅馬人的版本裡，不過現今流傳下來的瑪爾斯特質卻都是源自於羅馬。羅馬人以公豬、公羊、公牛獻祭給瑪爾斯，瑪爾斯不只庇佑了羅馬帝國，也祝福農田和空地。奧古斯都打造了復仇者瑪爾斯之廟（Mars Ultor），以紀念暗殺其叔父凱薩的布魯特斯及卡修斯之死。我們也要求火星「抵禦、阻擋、防止」可見或不可見的病痛、匱乏、憂傷、災禍，或惡劣的天候狀況，以上祈願出現在老卡托（Cato）的《論農業》（*De Agricultura*）一書中。

羅馬人相信火星是他們的建設之神。根據神話傳說，瑪爾斯誘惑了一名義大利國王的處女女兒雷亞．西爾維亞（Rhea Silvia），且使其懷孕。雷亞．西爾維亞生下兩名男嬰，卻被迫拋下他們，因為她認為她的父親不會相信她是遭到天神所騙。於是，兩名男嬰和摩西一樣，母親把他們放進籃子裡，隨波逐流。最後是上天派來的一頭母狼找到了他們。母狼哺育他們，兩兄弟活了下來。好心的牧羊人將他們拉拔長大，成為羅穆盧斯（Romulus）和瑞摩斯（Remus）。在奠定羅馬城基礎的時候，兩兄弟展開了激烈的競爭。瑞摩斯想要暗殺羅穆盧斯，羅穆盧斯卻為了自保而殺死了瑞摩斯。這個展現羅馬人世界觀的神話顯示出幾個重要的火星主題：面對巨大危險時存活下來、保持正面的本能、競爭的天性會爆發肢體衝突，以及在實體世界打造出實際且能經得起時間考驗之物。

羅馬軍隊的英勇與無敵，無論在其戰術或象徵上，對火星都有很高的評價。和希臘人相比，古羅馬人更提倡瑪爾斯的榮譽。瑪爾斯的信徒講求榮譽、忠誠和英雄主義。我不會美化刺激羅馬帝國征戰時的暴行與無情，也沒有暗指現在的軍人不講榮譽、忠誠和英雄主義。不過，為了徹底了解火星，我們必須研究我們看待戰爭的方式。在這個啟蒙後的文明二十一世紀裡，我們理想中的戰爭是沒有火星的。

今天我們企圖掀起的是科技戰爭，看不見鮮血，也不會用屍袋運送傷亡將士。現在的士兵在親眼目睹過暴力行為後，可以申請創傷後壓力症候群津貼。就連有需要時，我們還是不恥作戰。或者，我們是為了經濟、政治理由作戰，因此戰場上覆蓋著一層道德正義的色彩。就某種程度而言，我們不想重蹈二十世紀兩次世界大戰的覆轍，也不想走回美軍在越南的愚行路線。不過，這卻不是事情的全貌。風靡羅馬世界的火星原型傳達出來的是人類激進本能的健全寫照，如同諺語所說：把寶寶和洗澡水一起倒掉，意思是指把好的東西和不好的東西一起扔掉，羅馬戰神的好、壞特質，我們都已經一併捨棄了。

麗茲：大家都該去看看電影《神鬼戰士》，在座有多少人看過？請舉手。好，大部分的人都看過。要了解火星，其實看開頭就可以了，後半部可以不用看。無論這股力量是什麼，我們都變得更文明、更講求靈性層面了，因此也就不小心把這股能量逼進了潛意識裡，如此一來，這股能量就與榮譽無關了。為了要啟發且娛樂各位，請來看看羅素・克洛（Russell Crowe）這張不怎麼精準的星盤，他以《神鬼戰士》贏得了奧斯卡金像獎。我不想花太多時間討論這張盤，因為我沒有他的出生時間，也沒有仔細研究過他的生平。不過，有一點很有趣，他的太陽和火星合相在牡羊座。每次只要看到某位演員的本命盤、所扮演的角色以及神話人物原型有所呼應，都會讓人覺得非常有教化意味。

觀眾：我不想看這部電影。

麗茲：為什麼？

觀眾：這部電影打打殺殺的。我不懂有什麼好看的，一定得看嗎？

麗茲：你是說這算不算研討會的回家作業嗎？當然不是，但我覺得重點不在於觀看暴力電影時有沒有得到樂趣。

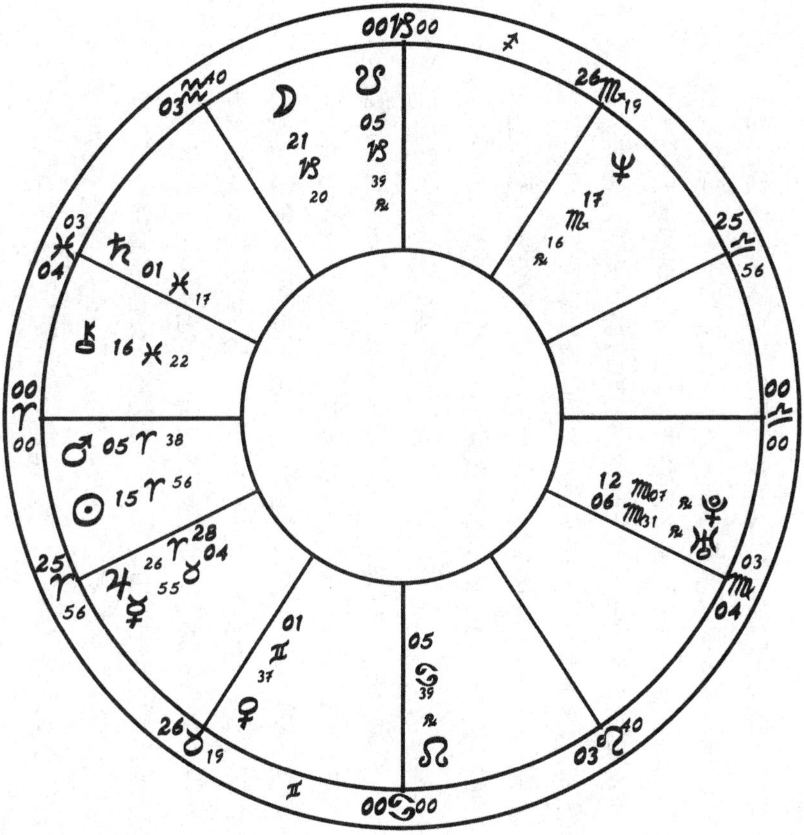

羅素・克洛

一九六四年四月七日出生於紐西蘭威靈頓，時間不明

咱們來聊聊電影裡的暴力行為吧。我一點都不會想看《沉默的羔羊》（*The Silence of the Lambs*）續集《人魔》（*Hannibal*），因為所有的影評都說這部電影呈現出來的無端暴行只是為了要滿足施虐的幻想罷了。《神鬼戰士》的暴力則完全不一樣，沒有消毒過的觀點，也不是故意要施暴。這類電影還有《搶救雷恩大兵》（*Saving Private Ryan*），或經典老片《蓋茨堡戰役》（*Gettysburg*）。鏡頭並不會停留在血腥之處，但流血、暴力、榮譽和榮耀火星的世界元素卻一點都沒少。對於火星的世界視而不見是個錯誤。不久以前，我們才經歷過世界大戰，也許未來還會再次發生。我們必須觀看且理解，而不是把腦袋埋進沙子裡，還哭哭啼啼地說：「我是一個講求靈性的人，我不能想這種事。」

觀眾：問題是，我看完這種電影之後都會做惡夢。

麗茲：有道理。那聽聽英國作曲家霍爾斯特的「行星組曲」（The Planets suite Op. 32）裡的火星篇章吧，或去看電影《火戰車》（*Chariots of Fire*）。不過你的敏感可能有部分是來自自己或家人因為暴力畫面而產生的影響。你命盤裡的火星配置值得研究。對於文明人來說，表達火星永遠都會冒犯到其他人。不過，如果火星沒有冒犯我們，那問題就大了。我們必須能夠接受火星存在於我們生命之中的這個事實，而且要以正經、妥當的態度面對這顆行星，不要哭哭啼啼的。我們身邊充斥著深層不見血的心理暴力。如果我們受不了暴力的概念，特別是必要的暴力行為，我們也就無力對抗看不見或實際的暴行。如果我們無法從內在面對暴力，我們就會變得非常脆弱，可能會因此吸引暴行的發生，或從無意識層面表達暴力。產生問題的火星跟所有的行星一樣，可能是繼承而來的，也許是世代傳承下來的，集體意識也會吸收這樣的能量。如果我們出生時或早年經歷過戰爭，我們對於長大之後集體意識產生的暴力行為反應會特別明顯。如果我們的父母經歷過戰爭或集體暴力的摧殘，如果我們小時候遭受過控制不了自己的父母或鄰居虐待，那顯然在銀幕上看到暴力的行為很可能會引發內心的不安。而每個人的火星力道又因為火星在命盤上的展現而有所不同。有些人的火星就是比較發達，不過我覺得解決的方法並不是避開火星。我們也許必須在心底做些功課，才能正面對抗這些狀況。逃避集體意識表達出來的火星，對於一個人與自己火星之間的關係有害無益。

運動的火星

除了電影跟某些電玩遊戲外，運動是我們鼓勵火星的最後一個面向。也許是因為火星的其他面向都遭到阻擾，在體育活動裡，也會出現很多破壞的行為。在足球賽爆發的歇斯底里行為，以及賽後的拳腳相向，都顯示出遭到壓抑的集體憤怒與挫敗感正透過這窄窄的管道輸送發洩。火星的能量遠超越足球比賽能夠承載。運動員當然必須跟火星合作。

麗茲：在場有職業運動選手嗎？有人是業餘的嗎？只有一位？這點證明了占星社團對火星沒有偏好。你從事什麼運動？你有沒有覺得運動讓你跟火星產生良好的關係？

觀眾：我跑步，這是我的興趣，我很喜歡跑步。沒錯，跑步協助我接納自己內在很多的攻擊性與怒火。

麗茲：你會害怕自己生氣嗎？

觀眾：我這輩子都在跟自己的怒火搏鬥。我小時候經歷過充滿暴力的童年，在我的婚姻跟離婚的過程裡也充滿暴力。

麗茲：而跑步可以幫你處理這個問題？

觀眾：對，先不說可怕的暴力行為，我會把問題的層次提高，現在的我比較能面對人類的暴行。我小時候很被動消極，我在婚姻裡的態度也一樣。我看不到自己積極面對問題。不知怎麼著，鍛鍊我的身體讓我覺得自己成就了某種程度的力量與健美，我因此變得更實際了一點。

麗茲：我們必須面對事實，這些發生在外在的事情呼應了我們的內在，這些狀況是人類存在與本性本質的一部分，因此，跟火星保持正向的關係是很重要的。如果我們不肯認清周遭世界及我們內心世界的真相，我們就沒有辦法跟火星建立出充滿創造力的關係。如果家庭背景中曾發生過暴力事件，當事人要以具有建設性的態度看待火星就難上加難，因為當事人就只知道火星帶來的負面及病態實例。不過，就是因為這樣，這個人才更不能急著逃避，必須學習，當我們必須殺出一條血路時，我們該如何正面使用憤怒與侵略的力量，以及這種力量所帶來支持生命的面向。

觀眾：暴力也能維持生命嗎？

麗茲：沒錯，當火星用在面對生死存亡的危機時，的確有這個功能。暴力行為會戴上各種面具。在我們全面譴責暴行之前，也許我們能夠思考它能帶來何種正面意義。如果沒有服務的目的，那火星就不需要存在了，也不會有人崇拜戰神。我們必須找出火星的優點，不只是為其他人，更是為了我們自己。我接下來要問一個很沉重的問題，這個問題要問的是在場的女性。如果有人在街上攻擊妳，打算性侵妳，妳必須為自己的性命奮戰，這樣的結果，妳可能會傷害或殺死對方，妳會動手嗎？

觀眾：會。

麗茲：哇，回答真明確。有些人會說：「噢，不行，我不會想傷害或殺害另一個人，這樣不對。」但在這樣的狀況裡，做「不對」的事情也許能夠救一條命。當然，我們不會想殺害另一個人，但也許就是別無選擇。你會為了保護自己孩子的安全，就算必須殺死攻擊孩子的人也在所不惜？在某些狀況裡，我們必須自衛，或必須保護我們親愛的人。堅持對錯或善惡可能會走向一條危險的道路。

觀眾：我相信凡事不要太早下結論，因為有時就算逃跑也很好。

麗茲：對，但戰鬥的本能與火星有關。逃跑保護自己也算是戰鬥的一種形式。我們在大自然裡看到的「戰或逃」機制就是一種保全生命的火星本能，這是積極果斷的行為。就實際上來說，逃跑可能很聰明，但在某些狀況裡，把話好好說清楚則更高明。這樣的策略通常與雅典娜有關，而不是艾瑞斯。也許選項不只一個，但有時戰鬥是唯一的選擇。

戰士訓練

如先前所言，西方社會的世界觀深受海王星氣質影響而抹黑火星。我們所承襲到的占星觀點將火、土視為凶星。近年來，因為占星學朝心理發展得很成熟，土星的臭名已經慢慢平反。不過，火星還是太陽系裡的壞蛋，通常都會用過度簡單的方式理解。在西方世界，我們只有在運動場及床上才會欣賞火星的特質。只有在服務鄉里的時候，我們才會欣賞主動與勇氣。我們直到最近才開始欣賞沙場上的英勇，但我們會把強調自我的戰爭英雄視為反社會的人，而破壞戰爭紀念碑及軍人墓園也屢見不鮮。在我們這特殊的族群裡，我的意思是指占星師、心理治療師、哲學系的學生、學習奧祕知識的人、走在靈性道路上的人，我們更是無法接受火星。我們應該要超越自己「低劣的本性」。因為我們通常都會吸引到有類似世界觀的客戶，我們的客戶也會共享這些火星的問題。火星對我們來說還是一顆凶星，在我們努力想成為「好人」、具有社會意識之人的同時，我們也許也喪失了與這顆行星形成正向合作關係的機會。

我們可以透過人與動物的關係學習火星。基督宗教的教導裡說明動物沒有靈魂，我一直覺得這點很有趣也很可怕。訓練狗跟馬這種動物基本上就跟「訓練」火星差不多，我說的是訓練，不是壓抑。如果小狗在不適當的時間吠叫，打牠的頭不成問題。不過，我們更需要尊重、榮耀這些動物，同時還要贏得牠們對我們的尊重。與其扭曲牠們的意志，我們更應該用愛、耐心、重複紀律及堅定的態度面對牠們。不能虐待或羞辱牠們，不然動物再也不會信任人類，也許還會變得冷漠、沮喪、野蠻，想要復仇。面對孩子內心的火星也需要同樣的愛、耐心、重複紀律及堅定的態度，但令人悲傷的是，雖然腦子理解，但很多媽媽根本沒辦法面對孩子的憤怒，因為她們自己在表達憤怒上也搞得精疲力盡。她們不曉得該如何處理尖叫的孩子，要麼就是暴力打小孩，要麼就是用糖果餅乾禮物安撫，不然就是不管他們，讓他們叫個開心。火星的能量需要規範限制，而不是壓抑。

觀眾：我發現當我的孩子在超市或餐廳這種公眾場合鬧脾氣的時候，我會覺得很煩。我會很氣兒子，但我也會覺得很內疚，因為我知道其他人也覺得很討厭。然後，我會因為他們覺得討厭而生氣，然後我又會覺得很害怕，因為如果我展露出我的憤怒，他們也會生氣，然後狀況就會一發不可收拾，場面就會變得一團亂。

麗茲：我相信大多數的母親都心有戚戚焉。我們的教育沒有教導我們該怎麼面對自己的憤怒，而面對孩子的怒火則按下我們無意識裡所有的驚慌開關。安撫並沒有用，雖然安撫是大家最常使用的策略。安撫沒辦法告訴孩童界線在哪裡，也沒辦法讓他們及母親信任自己的憤怒。如果孩子學會用憤怒作為操控的手段，而不是利用憤怒來提升關係的有效方法，那這個孩子內在的火星自信也發展不出來。結果只會成就出膽小鬼或只會威脅別人的惡霸。

先前有些人提到，你們會害怕自己的憤怒，可能是因為你們小時候沒有規範限制憤怒。也許你們的媽媽很怕你們的火氣。我們並沒有發展自己接納憤怒、信任憤怒的能力，這種信任只能從一開始的時候學習。不然，我們之後就得努力學習，通常都要透過治療的關係。害怕自己的憤怒相當於是在說：「我不相信自己，我不知道自己的界線在哪裡。我會忽然爆炸、傷人。」從能夠維持自己界線的父母身上，我們才會學到界線的概念，也不會覺得加諸紀律是羞恥的。沒必要把孩子打得半死，但這幾年來，在處理下一代教養上頭，政治正確成了唯一的王道。我們努力擺脫維多利亞時代不打不成器的概念，現在強調孩子的每個古怪念頭都很珍貴。曾經受害者是孩子，現在父母才是受害者。我們會因冷血說出「今晚不准看電視」而覺得羞恥，還得擔心社福機構會把孩子帶走。寶寶的火星需要向大人的火星看齊。容易遭到孩子霸凌的父母只會養出不尊重他人界線的下一代，但我們也不能只是假裝擁有火星的魄力，因為孩童感受得到我們內在的焦慮。在家庭裡表達憤怒是很重要的，不只是能不能表達的問題，還有這家人是以何種方式表達。好好吵一架能夠改善家裡的氣氛，溝通真正的感受與想法，事後還能騰出道歉的空間，這樣遠好過遮蓋惡毒與不滿。孩子必須見識過以俐落、真誠方式表達的怒火。每個人都大吼大叫、彼此對罵，但沒關係，因為在風暴之下還有愛與尊重。這樣，我們才能學習面對憤怒，而不只是害怕而已。

我們可以吵架，知道自己不會摧毀另一個人。我們曉得重點在哪裡，因為我們不想破壞，只是希望對方能夠明白我們的觀點。火星的問題最後一定都會出現在治療師的沙發上，因為兩歲兒的憤怒必須朝著能夠包容的人發洩出來。火星問題很嚴重的人也許會要一個對象，這個對象讓他們感覺很放心，能夠恨這個人、氣這個人，但這個人不會害怕、不會逃跑，也不會以暴力報復他們。許多孩童在展現出憤怒時，都曾被父母修理過。孩童的憤怒啟動了父母的憤怒，結果就是孩子挨打、飽受虐待，大人還想扭曲他們的意志。不然，大人就會用獎勵的方式安撫他們，這樣的結果傳達出恫嚇就能得到獎賞。兩歲兒也許還蟄伏在成人心裡，還在尋找能夠包容他們憤怒的父母，這些父母能夠教導他們尊重別人的界線與價值，這份尊重是可以內化的。

火星如何遭到去勢

替火星去勢的方法有很多種。我們不能假設永遠都會有位父母說：「如果你對我發火，我就打死你。」閹割的火星也可能是因為父母說：「你自私的行為傷害到我了。如果你生氣，我會很難過，我會生病。你這樣不好。你太冷血了。畢竟，我為你犧牲了這麼多。」以這樣的對話面對另一個人的火星欲望是很沒有建設性的。這樣的武器不只出現在親子關係，也會出現在成人之間的關係裡。儘管公然的對峙感覺很不愉快，但至少是攤在陽光下，大家可以選擇該如何去面對。不過，火星很討厭獨自一個人亂下的結論。當一個人因為生氣而覺得內疚時，特別是當事人有理由發火的時候，這份怒氣會轉向，在心裡累積。然後，有一天，這個人就爆炸了，可能是對其他人或自己爆炸。火星沒辦法好好處理情緒操控的問題。通常水象星座都纖細，沒有那種大咧咧的自我主張，但就算是水象的火星都可能在幼年時期受到這種傷害。也許只會更糟，因為水象的火星會想盡辦法避免衝突，還會因為攻擊的行為覺得內疚，因此加強了扼殺公開展示火星感受的傾向。

觀眾：這點也適用在十二宮的火星嗎？

麗茲：對，我剛剛說的某部分也適用於十二宮的火星。出現在這個宮位，火星就跟身處水下一樣，對火星的天性來說是很陌生的。十二宮是家族無意識的宮位。火星出現在這裡暗示著這個家族的火星之靈（daimon）可能世代遭到壓抑，沒辦法好好表達。火星的本質是需要清明的，火星喜歡事物展示在乾淨的商店櫥窗裡。在十二宮，肉眼看不見的家族靈魂情緒暗流會侵蝕火星想要表達個人意志與欲望的需求。這樣的狀況不只來自家長，更是好幾世代傳承下來的模式，在這種模式下，父母也會覺得自己是受害者。如此的狀況會模糊界線，因為這家人對集體意識的氛圍太過開放敏感。這種家族的靈魂裡通常帶有累積的憤怒，而火星在十二宮的孩子能夠感受到這種氣氛，但沒辦法明確指出來源。感覺起來很可怕，好像會把人吞沒一樣，因為這是先人的憤怒。

觀眾：我有兩個孩子，他們的火星都在十二宮。我不確定這點跟整個家族有什麼關係。

麗茲：妳跟孩子的爹一起住嗎？

觀眾：對，我們結婚十四年了。

麗茲：妳覺得妳跟妳丈夫之間夠真誠嗎？對火星在十二宮的孩子來說，這點很重要。長期的家族歷史也有關係。妳跟丈夫之間可能有些狀況是你們必須解決的，但這樣的狀況也影響了家族早先幾代人的靈魂。如果孩子的火星不在十二宮，是因為你們做了什麼順應家族動力的事情。這樣的配置並不是與生俱來就有害，反而說明了孩子對於某些情感氛圍特別敏感，也對先人的火星議題反映出深刻的連結，這樣的連結通常都很有創意。充滿勇氣、冒險精神與鬥志的特質通常都是家族之靈的一部分。如果這家人連續好幾代都沒辦法好好表達這樣的特質，或是以毀滅的方式表達，家族氛圍裡就會瀰漫著憤怒與挫敗感，孩童就會覺得處理火星能量很危險。氛圍裡沒表達出來火星議題會擾亂他們，所以妳跟丈夫必須彼此坦承，對孩子也一樣。對於憤怒與界線，妳的態度必須非常明確。鼓勵孩子大聲說出他們想要什麼，妳也要直接說出妳想要的東西。妳不能受到誘惑，採取操控的手段，妳的孩子對這種手段的反應很敏銳。

風象的火星：有文化的戰神

麗茲：我們現在來看看在場學員的星盤吧。透過元素與星座了解各種火星配置，看在場朋友的星盤是最好的學習法。我之前說過，我們不會很有系統地全面解釋，但如果你們能夠捕捉到火星透過一個人實際經驗的基本意涵，你們也能自己解讀我們略過的星座及相位。在凱文的星盤裡，他有三宮的水瓶座星群，其中包含了位於水瓶座二十三度的火星。咱們仔細看這顆火星，夾在太陽與土星之間。大家都曉得，現在行運的天王星就在凱文火星的位置上。凱文，你有沒有覺得火星有什麼困難？

凱文：很多很困難的議題出現。妳剛剛所說的一切我都很有感覺。這些水瓶座的行星通通跟上升點的海王四分，我會想進一步了解這個火海四分的狀況。

麗茲：對於憤怒跟明確表達自己，你有障礙嗎？

凱文：我有。

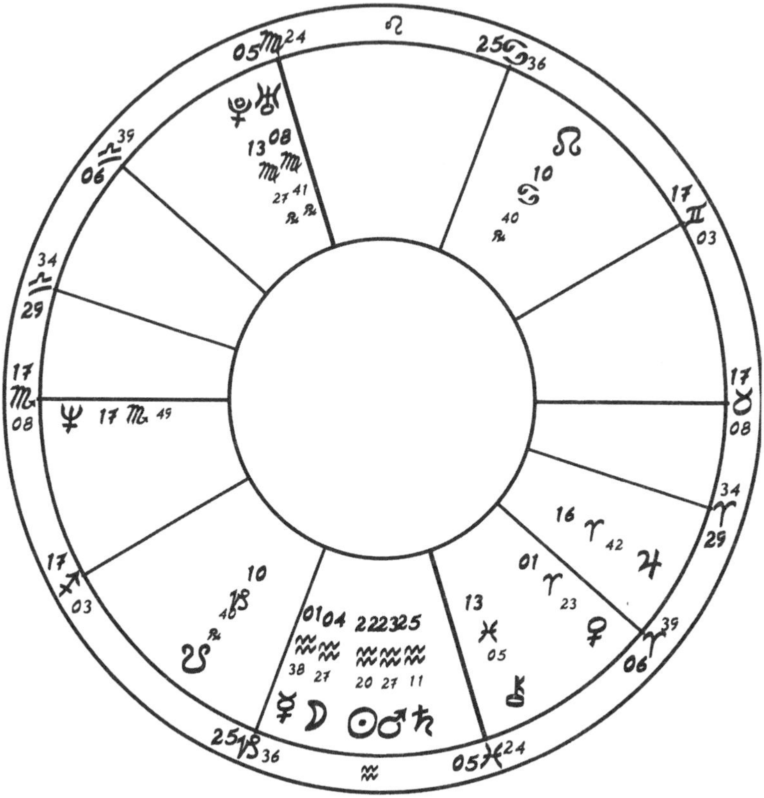

凱文

出生資料保密

麗茲：生氣的時候感覺如何？你感覺得到自己在生氣嗎？

凱文：我感覺得到，但好像還是受阻了。各位知道，搖晃一瓶汽水之後，如果只把瓶蓋打開一點小縫，氣泡會鑽出來，然後消失，但如果你整個好好打開，氣泡反而不會亂噴。

麗茲：很好的意象。因為你沒辦法好好宣洩，所以憤怒消失了，你找不到自己的憤怒。

凱文：對。

火星在水瓶：合乎道德的戰士

麗茲：好，咱們從火水瓶開始。你們會怎麼理解這個火星的星座？描述了什麼？

觀眾：行為發生的場域。

麗茲：宮位才是行動發生的場域。星座並沒有描述外在生命的狀況。火星的星座是一種風格，也就是火星穿的衣服。火星會透過水瓶座的方式表達，水瓶座的方式會是什麼樣呢？

觀眾：靈性的方式。

麗茲：「靈性」是什麼意思？火水瓶肯定會注意社會動態，跟其他星座比起來，更受到社會理想及道德標準的束縛。公平與尊重其他人的權利，這種概念會讓火星原本的自我中心與攻擊性有所保留。風元素在火星的表達上加入了理智，就跟所有風元素的星座特質一樣，火星變得沒那麼武斷，反而更文明了。

觀眾：這顆火星不替自己行動，替組織行動。

麗茲：我不確定這顆火星會替組織行動，我會說這顆火星行動的時候會注意到群體的存在。水瓶座會削弱火星自我滿足的稜角，但火星最終還是要為一個人自我的發展效命，自我的發展就是太陽的象徵。就凱文來說，他的太陽在水瓶座，因此這顆火星也許必須透過一段理想化的過程，替集體的福祉與演化效命。不過，如果這個人是火水瓶、日牡羊呢？太陽在乎的不會是整體的利益。在這種情況下，火星還是會替太陽及太陽的目標效命，但這顆火星會注意到其他人的存在，也會受到社會功能的限制，行為會更加文明。天底下沒有白吃的午餐，為了要交換文明的特質，火星必須付出代價。凱文，因為你察覺到社會規範及理念，你不太可能為了自我滿足而行動，至少你會過意不去。在所有的孩子裡，就屬你，只要有人說你自私，你就會變得很脆弱。火牡羊的孩子大概會說：「那又怎樣，我不在乎！」但對你來說，人家說你自私就是深刻的指控，也就是在說你反社會，你「不好」。這樣的火星配置讓你得到了非常寶貴的東西，但你也會因此失去。你需要多花點工夫，搞清楚群體團體想要的目標，不見得對你來說也總是那麼重要。處於這個星座的火星對於其他人的需求會特別敏感。這樣的火星一直會意識到自己生活在一個體制、一個社群之中。他們沒辦法忘記巨大的群體，總會意識到個人是其中的一份子。這是一顆有道德感的火星，但文明的特質抹去了某些火氣。

凱文：我生氣的時候，總要替自己找藉口。如果我找不到理由，我會覺得發火不太好。

麗茲：必須為確立自我找理由，這是火星在風象星座的特色，這點對當事人而言並不是什麼壞事，端看你是否能夠重視火星內在的原則，然後將其置入概念構想的微調過程當中。火星落在風象星座，火星的衝動必須以智能證實出來，這樣才對、才恰當。只有在你完全站在別人那一邊，完全失去自己生氣的權利時，這顆風象的火星才會出問題。如果火星需要理由或藉口，沒問題，你總會找得到，但你必須願意為了自己而戰，願意被團體屏除在外。火星在所有風象星座的關鍵在於理論的才能。你一定有奮戰的理由，這就會是絕佳有效的推動力。你必須要有「權利」生氣。當你看不清你跟一個完整的個體一樣，有這種權利的時候，這樣的火星才會開始惹麻煩。火水瓶的壓抑通常都跟害怕與社群失聯有關，害怕自己成為「局外人」。

凱文：我知道我不敢表達憤怒，我把憤怒內化了。

麗茲：如果壓抑火星能量，火星可能會造成嚴重的反射效果。風象的火星傾向把憤怒與激動的情緒展現在身體上，因為這個人覺得自己應該怎麼感受及真正的感受間存在著巨大的鴻溝。風象的火星必須對抗群體，這點跟水象火星害怕落單的心情並不一樣。火水瓶不喜歡當圈外人，水瓶座會從群體的贊同裡得到力量，就算這個組織本身很怪或是個邊緣化的組織都沒關係。火水瓶很喜歡用「我們」這個詞，「我們需要什麼、我們該怎麼辦……」這種團體認同打造出一種團結一致的感覺。除非當事人曉得，自己在必要的時候還是可以忍受孤獨，不然火星的原則也許就會全然遭到壓抑。當事人害怕自己與團體斷了聯繫，這點很可能成就了一部分為什麼你不敢好好打開瓶蓋，讓氣泡直接散掉的原因。也許你擔心生氣會讓你跟團體脫節，人家還會覺得你反社會、違反人道主義精神。有部分可以歸咎於水瓶座的另一顆守護星土星。土星跟其座落的星座總是帶有一種法律及必須活在規範裡的感覺。對摩羯座來說，法律規範必須是實際可行的。不過，就水瓶座而言，他們的法律是心智上的，關乎道德、原則及理念。

火土合相：身著緊身衣的戰士

麗茲：凱文的火星不但落在土星守護的星座，還跟太陽合相。這點對火星加上了額外的限制。土星星座所描繪的特質，對我們而言總是極為重要，指出了我們存在的基本法則。這樣的準則提供我們穩定與架構感。對個人而言，雖然太陽跟土星的方式不太一樣，但這兩顆星都很重要，我們會渴望土星星座所表達出來、經歷的安全感及穩定性。我們必須透過這種特質來確切展示我們的感受。

土水瓶非常理想主義，他們對於道德行為及明確社會規範的急迫渴望最終只會因為期望太高，而對家人失望。我們最需要的土星準則並不存在於外在世界裡，最後，我們必須靠自己創造出來。土水瓶會先看自己的父母，說：「我想要的家庭是每個人都公平、公正，大家都平等，而理論與道德比情感及本能需求更為重要。」除非這家人的互動方式有很明確的準則，不然土水瓶的孩子會覺得很不安全。凱文，你有這種高標準的理想，你肯定會看著自己的家人，說：「這些人很不公平，不誠實，我不能信任他們。我覺得不安全。我需要一群能夠讓我覺得安全有保障的人。」你必須記住，無論你出生在哪種家庭，你一定會覺得氣餒，因為你的期待實在太精確了。你希望完美運作的系統出現在世界裡、家庭裡及個人關係裡。這點不只在別人身上加諸了不可能的期待，也強加在你自己的火星上。

凱文：我知道我對自己的行為有很高的標準。

麗茲：對，而你對自己的標準也許對任何人來說，都是很難達成的目標。你期待自己成為完美的人。原始情緒、具有破壞性的感覺、憤怒、攻擊，不只你的父母告訴你這些是「不好的」，你自己也相信這些東西是壞的。你的理想太過崇高，連你都不期待自己能夠成功實踐。這些東西應該要好好接地，而你必須更加明白自己也是有血有肉的人。火星須要理解與尊重，其中包括對火星本身競爭、攻擊天性的尊重。到頭來，桎梏火星能量的人不是你的父母，而是你自己。你的上升天蠍也很有意思，天蠍座由火星守護，卻跟你的本命火星產生衝突。而海王星則是跟你所有的水瓶座行星都不合。為此，大家有什麼解讀？

觀眾：火星不曉得自己要什麼。

凱文：我的火星想要什麼都不要。我花了好幾年的時間才明白這點。

火海四分：詩人戰士

麗茲：咱們看看海天蠍，海王星描述的通常是一整個世代的救贖之夢，且描繪出我們想要離苦得樂的最深層渴望。海王星會這麼說：「如果我能失去自己，成為更大群體的一部分，我就能得到救贖，我就不會再受苦了。我可以跟宇宙在一起，我再也不會寂寞了。」海天蠍描述的是哪一種救贖之夢？

觀眾：融合。

麗茲：海王星在任何星座都想融合。我們可以透過海王星迷失自我，忘卻分離感。海天蠍會透過什麼來忘卻分離感？

觀眾：透過力量。

觀眾：透過緊密的情感。

麗茲：沒錯，天蠍座忘卻分離的方法就與全然投入情感裡有關，感覺愈強烈愈好。海天蠍的救贖之夢就是在激情裡迷失自我，這點包含了具有毀滅力量的情感。天蠍座不會說：「這感覺很不錯，所以我讓自己好好感受，而那個感覺不好，所以我不要去感覺。」天蠍座不怕黑暗，他們接受所有帶來悸動的生命經驗，所有能夠染上熱情鮮血的體驗。這顆海王星可能非常黑暗、模糊，而追求狂喜的道路可能會走入某些詭異的地方。水瓶座的世界肯定不歡迎這個特點。

凱文：透過音樂，我有類似的經驗。

麗茲：你會演奏樂器嗎？

凱文：我以前會彈吉他。

麗茲：你為什麼沒有繼續彈？

凱文：我不知道，也許是因為太恐怖了。

武術

麗茲：你還是會花點時間，讓自己沉浸在音樂裡嗎？對火海有相位的人來說，藝術是一個手段，能夠讓這兩股相互牴觸的能量形成一種關係。藝術的媒介可以允許侵略性及想像力在一個「如果」的世界中結合，在這個世界裡，暴力的情緒能夠在不傷害人的狀況下表達出來，同時轉化藝術家本人以及觀眾、讀者及收聽者。

觀眾：我也是火海在水瓶、天蠍四分，我發現做瑜珈很有幫助。

麗茲：謝謝，你提到很重要的一點。某些運動，好比說特定的瑜珈與武術，就是火星與海王星的結合。有人稱這種運動為靈性鍛鍊，但這些活動通常只是專注在身體的和諧上頭，以及該如何在海王星的另一個國度裡表現出身體層次的火星能量。這些運動也需要土星的規範。這些運動中的世界觀能夠提供我們整合火海兩極的絕佳創意方式。

凱文：我之前會打太極。

麗茲：之前？就跟你之前會彈吉他一樣嗎？

凱文：呃，我還是會練一點太極。

麗茲：這點很重要，天底下有這麼多跟火星合作的方法，你要選擇一個載具能夠榮耀且承裝得下火星的力量，而不是試圖超越。你的態度決定一切。如果你踏上探尋之路是為了超越火星，你會給自己惹來很多心理上的麻煩。你的載具，無論是創作藝術或選擇靈性鍛鍊，都必須承認你的理念，同時允許你好好體驗情緒的強度，有時這些情緒可能會非常暴力，卻不覺得羞恥。

凱文：我一直都很鄙視肢體的暴行。

麗茲：你的父親會暴力相向嗎？

凱文：不會，我有時會想，他完全是暴力的相反。

日火合相：聖戰士

麗茲：代表父親形象的要件在你的星盤裡有兩個暗示。凱龍在四宮的雙魚座，金星也在四宮。這兩顆行星在一起暗示出一位和藹、消極、受過傷的人物，一位因為大環境而哀傷的溫柔受害者。也象徵父親的太陽與海王星四分，呼應了金凱的配置。不過，太陽也跟火土合相，這個人也許有過很強烈的鬥志，但後來消磨殆盡了。

凱文：我媽媽才有鬥志。

麗茲：也許是因為妳媽媽表達鬥志的方式比較自由，但你星盤上是日火合相，不是月火合相。這張星盤裡的父親形象是很複雜的。感覺起來這位父親所具有的火星特質通通遭到壓抑。

凱文：他是日天蠍。

麗茲：那是火星守護的星座，他的火星怎麼了？

凱文：消磨殆盡了。

麗茲：聽起來，你們家族的男性都經歷過了火星消磨殆盡的問題。家族裡沒有正面的模範能夠讓你學習如何內化日火的力量。你的父親可能壓抑了很多沒有出口的怨恨與憤怒。生命以某種方式打壓他，所以他沒辦法提供你健全的火星榜樣，協助你學習該如何信任自己的火星。日火相位不是天生就是負面的，這組相位可以很有動力，帶著英勇的聖戰鬥志，不肯因為環境而卻步。不過，擁有日火相位的孩子需要有好的榜樣，這點必須端看孩子的爹怎麼處理自己的憤怒與攻擊性。在場有多少人日火有相位？我看到滿多人舉手的。大家覺得該如何以有創意的方式表現這股能量？

觀眾：我覺得我表達得太多了，我很喜歡競爭。

麗茲：「太多」是什麼意思？這句話聽起來很像「一條線有多長」這種問題。有人會覺得太多，但其他人也許會欣賞敬佩。日火相位的本質的確具有攻擊性與競爭心，但不見得會公開展現出來，還得參考星座。他們會想要贏，成為第一個，成為最好的，但如果孩提時代的榜樣呈現出來的火星是暴力或消極的（通常都是兩者的結合，因為這兩者總是一同出現），那這個人顯然就很難相信自己的火星。在日火呈現合相、對分相及四分相時，這種狀況特別明顯。這些強硬相位告訴我們，在父親的血脈裡，火星的原則非常強烈，但沒有辦法以具有建設性的方式呈現出來。

家族裡也許有過度壓抑的歷史，或有過出自無能而產生的暴行。暴力與無力是好朋友，總會密不可分地連結在一起。只要感覺到無力，就算沒有意識，也會產生暴力的行為。感覺到無能或陽痿可能會導致自毀，因為暴力的感覺轉向內在，攻擊自己，但同樣的，這股能量也可能導致對他人的暴行。性侵犯通常都帶有一種陽痿的感覺，不然他就不用性侵別人了。對妻兒施暴的人通常都飽受去勢感覺之苦，不然，他們就不用欺凌比自己弱小的人，對其拳腳相向。當火星覺得無能的時候，就會用暴力的行為掙脫出來，要麼就是傷害自己，要麼就是傷害別人。這就是為什麼施暴者通常都是受過虐待的人。承襲到世世代代都壓抑或覺得羞恥的火星可不是什麼舒服的事情。當一張出生盤中出現日火相位時，研究父親如何面對火星是很重要的。這點會影響到當事人如何面對火星能量。凱文，因為你日火合相，我很擔心你從父親那裡學到的消極態度。我說過了，他跟太陽守護星火星之間似乎沒有好好連結，因此，他沒有辦法讓你重視你自己的火星。

觀眾： 妳說凱文父親的形容也能套用在我身上。我也是日火合相。我的爸爸有時也很被動消極。他在我兩歲的時候開始酗酒，然後他對我跟我媽拳腳相向。

麗茲： 挫敗的火星通常會有酗酒的習慣。

觀眾： 我還有月海合相。

麗茲： 這點也許反應出你跟媽媽都把自己當成受害者。凱文，某些領域的藝術及鍛鍊，好比說武術或瑜珈，對你這顆沒有正面榜樣激勵還過度文明的火星是有幫助的。你對火星原則的態度最為重要。對日水瓶而言，信念系統掌控了生命裡的大小事。你需要把戰神容納進你的信念系統裡，不要忽視他。日火合相，火星又是你的命主星，你根本沒有辦法超越這位神。而火星需要能夠讓其奉獻、努力的對象。在凱文的星盤裡，因為水瓶特質很強，所以火星必須要為理念而展開聖戰。這點有遭到強調，因為凱文屬於天冥合相的世代，這個世代的人帶有能夠摧毀、重建世界的遠見，想要改變社會的急迫感催促著這代人行動。你的天冥合相位在十宮，十宮跟你在世界上的角色有關。你的工作是什麼？

凱文：我有一間店，占星也是我的職業。

麗茲：繼續發展你的占星工作，你也許會很有收穫。你所有的水瓶座行星都在三宮，這點暗示了你很愛學習，但也需要傳授想法。你的教育程度如何？

凱文：沒有很高。我想要申請大學課程，但校方說：「等你考試過了再來。」

麗茲：所以你申請了你根本不符合資歷的課程，這是你用來打擊自己的方法。

凱文：如果那是一般常見的課程就算了，但那不是一般的課程。

麗茲：所有的組織結構都必須是約定俗成的，這是土星的生命領域，其中包含了耐久且可以複製、再現的模式。「約定俗成」（convention）這個字來自拉丁文的 convenire，意思是「聚集在一起」。結構是設計出來以一個常見的形式包含：想法、感受、需求、抱負、儀式，而這個結構對每個人來說都適合，能夠提供穩定性。就連占星課程，算是很「不符合常規」（unconventional）的課程，都須要經過考試，交出某種程度的閱讀與寫作功課。測驗或考試是很典型的土星範疇。你的星群在三宮，知識與教育對你來說非常重要。就算你真的很討厭約定俗成的教育體制，你還是必須訓練自己的腦袋，這樣你才能學習到很多你所在乎的知識。對土星在三宮的人來說，訓練頭腦的努力是很重要的。如果你想學占星，就要按照規矩好好學。

你的星盤強調三宮能量，你必須努力發展智識與溝通技巧。想法會激勵你，但你還沒有好好發展你的心智天賦。你的火星需要一場聖戰，就算你只有協助一些人讓他們更了解自己的生命，讓這個世界變得稍微美好一點點，你對自己的觀感也會改善許多。你需要相信一些事物，你會為了這些東西奮戰，好比說散播知識、打開別人的眼界，甚至是改變他們的想法。如果你對這些想要改變世界的聖戰鬥志什麼也不做，你最後對這個世界就會充滿憤恨與刻薄。你必須採取行動，改變這個世界，就算成效不彰也沒關係。不然，火星就會翻騰但一無所成，令尊就是如此。我相信你必須設立明確具體的目標，這樣火星才能以正面的態度服務太陽。也許是因為現在天王星的行運正在你的日火合相上來回順行逆行，所以你才有了種甦醒的感覺。也許你還不曉得自己要什麼，但你知道自己對什麼主題感興趣，也許這樣就足以讓你採取行動。

觀眾：這顆火星所有的情緒似乎都斷線了，我覺得內在旅程不可或缺。

麗茲：我不確定火星的情緒斷線了，因為當情緒出現時，會遭到排斥與處罰。泡沫從來沒有好好從瓶子裡發散掉。

凱文：沒錯，我曉得泡泡還在，我感覺得到，但沒有辦法表達。我感覺得到憤怒、暴力、寂寞、憂鬱、絕望，這些感覺一直都在，沒有消失。

麗茲：我相信內在探索很有幫助，但行動也是必要的。世界的倒影到頭來都沒辦法替日火相位解決問題，這樣的配置必須採取實際的行動，才能找到自己的力量。內在及外在的問題都很重要。不帶外界的目標或客觀挖掘進情緒深處也許還不夠，你必須發現自己比父親還要強，你可以辦到他無法達成的事情。你跟他不一樣，被動、遭到束縛的人是他，不是你。天王星行運接近本命日、火、土，暗示了你與父親在心理上的切割。我相信你對父親有很深刻的認同，你覺得自己像他，要切割、遠離這份認同、跟他不一樣讓你非常痛苦。感覺好像你背叛了他，但切割的過程似乎已經開始了，因為天王星行運跟本命火星產生合相，我相信這股能量在過程裡會需要積極活躍地表達出來。在你的外在生命裡，你必須找到某個能夠讓你興奮、努力前進的目標。只要你活動起來，內在旅程就會加強這個過程。用你這精確、充滿崇高理想的腦子做點實際的事情，有所成就，然後，你就會有紮實的火星基礎，能夠挖掘出其他關於令尊更讓人覺得痛苦的問題。

觀眾：天冥合相在十宮肯定也暗示了凱文的媽媽是很有力量的。

麗茲：對，這是很有力的母親形象，但也許也是一個受困的母親，方式與他的父親不太一樣。位於三宮的月亮落在天王星守護的水瓶座，月水合相。這點暗示了這位母親有很高的智能潛質，但沒有好好發展。天王星在十宮以及月水瓶都強調了母親的獨立性及不落俗套。之前，凱文提過，他的母親比爸爸更有「鬥志」，但冥王星可能反應出母系家族承襲的憂鬱及無法好好發展的天生才華。身為人母也許會讓這位母親覺得不自在，也許還會憂傷、不滿，因為她覺得自己遭到壓抑，沒有辦法實現與生俱來的天賦。天冥對面是四宮的凱龍，暗示著當事人的父母婚姻裡充滿緊張及不和。

這是一個很複雜也很難懂的母親形象，可能出現的心理腳本就有好幾個。凱文，她可能會把你當成救星，讓你救贖她沒有辦法活出來的人生，或者，她會藉由表達對你父親的失望，在無意識的狀況下，讓你與父親的關係無法深刻發展。如果狀況真如後者，那你就沒辦法掙脫出來了。我因此覺得，你更該確立你在世界上的獨立自我。你的家庭背景是個情緒地雷區，你必須建立出自己是獨立個體的感覺，你有自己的潛力，以及擁有火星的權利。

凱文：妳剛剛解釋的時候，我忽然想到我應該去某個地方、做什麼事情，但我沒辦法確定那是什麼。我根本不確定自己想要什麼。

麗茲：如果火星被釘死在地上，當事人肯定不曉得自己要什麼，你可能需要一點時間找到目標。

火星與男子氣概

凱文：也許這個話題很敏感，但對我來說，火星跟男子氣概的問題也很重要。我只要想到傳統的男子氣概形象，就算是正面的，我幾乎同時就會想到在歷史上做壞事的男人。看看這些傢伙把世界搞得一團亂之類的。在我的認知裡，所有的火星典範都是自私、支配一切的。但如果拿掉了傳統的男子氣概形象，我會覺得更難捕捉，因為男人新的政治正確形象已經跟女人沒有兩樣。而如果這個人的父親又是被動消極的，狀況只會更糟。要我說「我要薯條，不要沙拉」很簡單，但要我說「我喜歡當男人」卻沒那麼容易。這樣，我該怎麼覺得自己已經發展到了無論是在社會、文化方面，都獲得接納、進步或啟蒙？

麗茲：先說，「社會接納」跟「啟蒙」這種字眼一點幫助也沒有。我先前提過，基督宗教對於病態的火星需要負很大的責任，還有華特．迪士尼。恐怕我也必須說，政治正確也是。榮格形容男子氣概為，曉得你要什麼，且不擇手段想辦法得到。無論對象是男是女，這點都明確定義出火星的原則，並沒有侷限於哪個性別，但這就是男子氣概。不過，火星的配置會替你加上顏色。你也許需要找個方法剔除你現在的刻板印象——什麼壯漢回歸跟受到啟蒙的新好男人。任何關於社會或性別的刻板印象，無論是從哪裡冒出來的，對於跟火星相處都沒有幫助。看看你自己的星盤，你的火星位於什麼星座、什麼宮位，有哪些相位。想辦法搞清楚這顆火星想要什麼，因為這是專屬於你的男子氣概。你也許必須找方法發展，這些方法或許看起來非常自我中心，或者，你必須將精力投注在替團體或理念服務上頭。無論哪一種，只要你覺得對你的火星有道理就好。

雖然戰神本質上是很英勇的，但火水瓶的英勇並不是在事件現場。電影是用來強調占星象徵的絕佳資源。各位還記得《激流四勇士》（*Deliverance*）這部電影嗎？由畢・雷諾斯（Burt Reynolds）主演。好，火水瓶不是那種火星，他們並不會奮不顧身跳進冒險之中，除非這樣的行為背後有很強大的理念。的確有些火星配置非常著重於實際的男子氣概上。不只電影，我們還有神話故事可以參考，想想哪位神祇跟你的火星星座特質最為符合？當然這點也適用在女性的星盤上。火水瓶帶有普羅米修斯的色彩。普羅米修斯很英勇，但他的英勇是來自他的頭腦，而他基本上是帶來文化的人，他的功能是替人類帶來知識。他以神聖之火這項禮物喚醒人類的意識，然後，他教人類占星、建築與航海。他啟發了人類對於宇宙系統運行的知識。火金牛賦予我們的就是另一種英勇了，比較跟身體有關，驅力來自實際與感官，而不是想法跟理念。集體意識裡陰陽性的刻板印象對我們占星師而言，根本一點用處也沒有。我們只能先了解自己的火星，然後才能理解火星的能量。

火水瓶也不會在乎現今的政治正確傾向，感受無法點燃他們的精力。如果你接受政治正確的準則，你應該比較像是火巨蟹吧，因為要符合集體的期待，但這樣通常行不通。你也不是電影《神鬼戰士》裡的羅素・克洛，他是日火都在牡羊座，所以這樣的角色很適合他來演。你就是最獨特的你，火星在三宮的水瓶座，而你「不該」是其他的樣子。天底下總會有人告訴你，你必須成為其他的樣子，你不能做自己。他們會告訴你，你太大男人、太自私了，或者，他們會說你太消極、太軟弱。面對火星的時候，找到勇氣忽視別人對於男子氣概的「正確」定義是很重要的。

火星與文化上的刻板印象

凱文：我剛剛在想榮格那段話，曉得你要什麼，且不擇手段想辦法得到。對我身為一個男人來說，可行的選項是有限的。

麗茲：「可行」是誰決定的？你「可以」去得到你想要的東西。這個國家的法律也許禁止你以某些手段得到你想要的東西，而你也許也必須妥協或放棄某些欲望。就法律的層面來說，很多行為是禁止的。因此，你去追尋那些會犯法的東西就太不明智了，除非，你選擇成為一位罪犯，如果這是你想要的，那就沒關係，不過犯罪算是很濫用火星的手段。就內心的層次來說，「可行」的選項沒有極限。就算討論到外在的層次，你要的是誰首肯？天主教神父？你媽？你愛人？坐在你旁邊的小姐？如果你想做的事情合法正當，充滿創意，結果有人說你好自私，也許問題出在他們身上。你至少該考慮到這種可能吧。提到哪些行為可以接受，哪些不行的時候，如果我們想跟火星做朋友，我們必須質疑所有的假設。我們假設某件事是自私的，因為媽媽是這麼說的，我們的伴侶是這麼說的，甚至是牧師這麼說，當然我們的政府不會這麼說，因為大家都知道政府公開或私底下的自私指控都跟下次選舉他們能夠獲得的最高潛在票數息息相關。

凱文：妳解釋的時候，我忽然想到某些行為是很陽剛，某些是很陰柔的。好比說，我想成為一位治療師，但治療師不是很符合男子氣概的行為。

麗茲：這是誰說的？在神話裡，負責治療這項藝術的神祇就是阿波羅與他的兒子阿斯克勒庇俄斯（Asclepius），他們都是男性。

凱文：我懂妳的意思，但刻板印象還是存在於文化裡。

麗茲：刻板印象當然存在於文化裡，這是什麼新聞嗎？但刻板印象也沒辦法抵銷一個人必須滿足個人使命的需求。目前，天、海兩顆外行星都在水瓶座，反應出想要成為獨立個體是政治不正確的信念。結果呢？這些行星最終會走到其他星座，然後你就會發現刻板印象存在於你心裡，沒辦法歸咎在「文化」上頭。如果我們沒辦法看到一個人的星盤與靈魂都反應出他們最真實的自我，那我們根本沒有辦法做占星工作。我們必須要有能力分辨文化賦予的壓力以及一個人內心的特質與需求。當然，有時我們會說：「我在這裡必須當心一點，在某種狀況裡，我不能跟拿破崙一樣。我會嚥下這口氣，展現出客套的手段。」不過，我們還是知道自己要什麼，相信什麼，必要時也會採取行動。如果每次有人說「噢，你這個自私的男人」時，你都會崩潰，那又何苦呢？我們探討的並不是政治上的爭論，我們跟每個個體一起成長。如果我們不能榮耀這個人，那我們根本不該投入占星工作。政治爭論對個人占星而言，根本微不足道。

好了，現在誰想來挑起戰爭？

殘暴的本性

我們沒辦法表達火星的時候，我們就會覺得無力。無論我們有無意識到，無力感通常會激發憤怒。我們軟弱的時候，就會生氣。我們受辱的時候，會想要報仇。這並不是病態的狀況。如果我們將天性兇猛激動的動物拴起來，牠肯定會生氣。所有的生物都須要活動的自由，且發展出其喜歡的方式，如果我們將代表火星本質的生物困住，好比說狼好了，狼這種動物跟羅馬的戰神有關。這匹狼肯定會非常生氣。如果這種無力感是一直存在的，如果我們束手無策，或者，我們覺得自己束手無策，就算這種束縛感是來自內在而非外在的因素，憤怒還是會慢慢累積。如果一個人的無意識情結讓他們覺得渺小、無足輕重、無能為力，還有受害者傾向（就算外界沒有力量讓他們成為受害者也一樣），巨大的憤怒都會自然累積。這種憤怒會慢慢發展出以下兩種模式，要麼外爆，要麼內爆。如果外爆，這股怒火會對著引發火氣的對象展開盲目的攻擊。在這種爆發之下，通常都有內在枯朽的無力感。

火星與無力感

如果火星的憤怒向內爆發，這個人就會把怒氣宣洩在自己身上，也許還在無意識的狀況下讓自己產生受害者傾向。換言之，火星似乎會從外界出現，從「外面」攻擊我們。我們所遇到的情緒衝突會反應在我們的身體上，這就是火星本質實際作用在肉體上的狀況。投射出去的火星能量也會傾向以實際的方式顯現出來，也許透過某些火星象徵的人，他們讓我們感受到他們的憤怒，或是透過類似意外與火災等事件。我不是指我們「引發」這些事件。這些事件與我們內在的東西同步，而不是我們創造出來的。而且，也不是所有外界的事件都跟我們個人的心理問題有關。有些狀況是反應了集體意識的流動及爆發，這點我們等等會討論。不過，在某個很容易遇到意外的人跟憤怒但沒有意識到的火星之間，通常的確存在某種神祕的共時性。

火星內爆可能是反應出某些自毀的行為，好比說藥癮或酗酒。不過呢，內爆火星最常見的狀態就屬憂鬱莫屬了。憂鬱症有很多種，有慢性的，有周期性的，有些是因為失去了所愛而引發，有些則有地域性，甚至還有缺乏外界催化劑而出現的憂鬱情形。火星相關的憂鬱根源通常都與無力感、脆弱感脫不了干係。怒氣沒有導向外在世界，反而轉向當事人，這個時候，這個人就會覺得自己不值得活著，他們的存在沒有意義。無意識的憤怒轉向攻擊一個人的心理健康，這是其中一種型態。這種感覺不只出現在本命盤火星有狀況的人身上，大家都有類似的經歷，因為某些行運或推運的角度也會跟火星產生相位。沉重的行星諸如土、天、海、冥、凱龍，時不時就與本命火星產生合相或強硬相位。分手的戀情也會引發類似的經驗。無力感是人類生命中很基本的體驗。我們必須觀察的不是狀況的發生，而是如果狀況一再發生、形成模式的時候。

酗酒呈現出火星外爆與內爆的狀況。酗酒是一個人成為受害者，也會同時摧毀家庭結構的方式。酒癮之中存在著大量的憤怒，這點在酒後施暴裡非常明顯，但也呈現在消極被動的酗酒習慣中，這種人會要求其他人照顧他們的身體、情緒與經濟問題。當火星完全沒有辦法實踐其服務中心太陽的功能時，火星肯定就會變壞。我們都需要覺得自己強壯有力，在生命裡可以有所成就，我們必須知道自己有能力改變狀況。如果我們失去了自己的力量（特別是本命盤強調火星及其星座的狀況下，我們必須仰賴個人的力量才能找到自我認同的時候），我們也許會變得非常暴力激動。想要知道無力的火星會有什麼樣的感覺，你可以在大夏天，開車上堵塞的公路體驗看看。等著已經誤點三小時的列車，又聽到廣播說：「我們很抱歉，列車無法準時抵達，但大雪的狀況……」然後，看著你的火星開始冒泡、沸騰。我們能怪誰？世界上的每一個國家、每一個城市，這種沮喪都時不時會出現。但如果我們內心一直懷著無力感，那外在的刺激就會成為點燃大爆炸的引線了。

火星與憂鬱

如果人活在一個沒辦法表達自己意見的社會，有所成就的機會也遭到嚴重縮限，憤怒就會累積，也許會在集體層面上爆發出來，也許會爆發成全面的暴動或革命。也可能意味著，這些能量會透過某個人爆發出來，這些人的火星通常都帶有自己的問題，而他們會受到影響，扮演起集體暴力行為的角色。不過，集體的憤怒不會一直以向外爆發的形式呈現。一整群人可能會飽受火星相關的憂鬱症之苦，而很多人可能會開始自行用藥。這種狀況在美國很常見，很多人會用百憂解藥物或食物安撫憤怒。

觀眾：我聽說，憂鬱是沒有熱情的憤怒。

麗茲：這個說法很好。憂鬱可以反應無能為力的憤怒，這股憤怒的力量會回到原本的地方，這種人會說：「我沒辦法改變什麼，對於我的狀況，我束手無策。我又何苦呢？」這種憂鬱通常都跟身體免疫系統失調有關，好比說慢性疲勞綜合症或某些特定的癌症，但之間的關連還需進一步研究。在憂鬱的治療上，通常會經歷過一段期間的憤怒。少了這個認識及表達憤怒的過程，憂鬱的狀況也許不會改善。在許多治療裡，憤怒是最基本的療癒階段。我們也許必須回到兩歲的自己，經歷當時的狀況，才能挖掘出自己的力量，且仰賴憤怒的權利成就自身的獨立。

憂鬱的人很難替自己生氣，他們相信自己沒有權利生氣。他們樂意為任何人的暴力與攻擊性道歉，特別能夠將心比心、原諒他人。提到把他們的眼睛打到烏青、還斷了三根肋骨的丈夫，他們會說：「噢，他不是故意的。他的童年過得很慘、他工作壓力大，還要為錢煩惱。」當他們說到虐待他們的父母時，他們會說：「我父親真的很愛我，他自己問題也很多。他小時候也飽受凌虐。」提到闖進他們家持刀搶劫的一群人時，他們會說：「噢，就是一票年輕人。他們可能住在社會住宅，情感跟物質都很匱乏。他們需要改過自新的機會，而不是處罰。」這些說法都說得通，但這些道歉、充滿同情的體諒，並沒有澆熄這個人的怒火，通常也都沒辦法使當事人感受到正常、沸騰的憤怒情緒。

要證明自己的價值，替自己生氣是最原始、有力的方式。生氣通常都是嚴重憂鬱患者開始好轉的第一步，這些人長期容忍他人對他們的心理及生理虐待，或者，也許因為他們沒有辦法對施壓的父母表達憤怒，他們一直沒有撫平童年時期加諸在他們身上的攻擊性跟羞恥感。生氣可以是療癒擁有火星相關問題的孩子的第一步，這些問題包括體現在身體上的狀況，譬如一再發生的頭痛及皮膚癢疹。不過，認出這份憤怒可能會讓人覺得恐怖、危險。因此，這就是為什麼，這樣的探索過程還是在治療的環境下進行比較好。我們不能把兩歲時的憤怒通通倒在朋友身上，顯然這樣我們就沒朋友了，有些人的確在無意識的狀況下會跟朋友訴苦，後來還會好奇為什麼自己這麼寂寞。同理，跟我們的伴侶講這些事情可能也沒有幫助，除非對方是你憤怒的根源，不然我們也不會有親密關係了，當然也是有人在無意識的狀況下對伴侶抱怨，還怪對方都不參與。不過，如果你能跟一個能夠包容你的憤怒，而不是害怕或譴責的人一起努力，也許最後你還是能夠重新掌握這顆失落或受損的火星。

冷血無情是無能憤怒的另一個面向，反應出了遭到去勢的火星。殘暴無情的本質是想透過羞辱他人得到力量。無論是施展在心理或肉體上的冷酷，都會讓人感覺自己很有力量。一個人為什麼會想去羞辱另一個人呢？是不是因為他們一直覺得受辱、無力呢？冷血殘酷的不只人魔漢尼拔跟食人族，也不僅限於在公園長凳上對流浪漢放火的青少年惡霸，或用空氣槍打貓咪的壞蛋。在許多看似正常的家庭裡，殘酷的戲碼都悄悄上演，手法非常幽微。在關鍵時刻，沒有開口說出來的恭維；在某人覺得最脆弱、最需要支持的時候，對方一句「善意」的批評，這種狀況都是刻薄無情的證據。無情存在於我們跟外遇對象開房間後，讓另一半發現飯店的帳單。無情可能存在於母親對正要出門、第一次約會的女兒說：「老天，妳胖了，是不是？」要展現冷酷無情的方法實在太多了，但這種情緒並不是從戰神的本質傳承而來的。火星遭到去勢，而當事人不管有無意識，深信只有透過讓別人感覺不良好，才能減輕自身嚴重的羞恥感，於是就會出現這種冷血殘酷的狀況。

觀眾：Ａ片是不是根據這種心態拍攝的？

麗茲：也許算其中一種元素吧，不過，不是所有的Ａ片都這麼殘暴。某些描述羞辱或受害者的Ａ片，或把人限縮成一塊沒有價值的肉，這種Ａ片的確反應出遭到去勢的火星。很多Ａ片網站都有這種元素。這個世界上充滿覺得無力的人，而這樣的人口持續增加中，因為我們跟上個世紀的人相比，的確更沒有力量。工業發展、科技進步、全球化提供我們許多祝福，但身為一個人的價值與重要性卻也因此下降。

集體無能與個人的力量

因為我們現在會思考心理的層面，我們在個人層面上會用更有效率的方式使用火星。不過，除了拒絕在附近敲竹槓的銀行開戶，或抵制不肯販售有機牛肉的超市之外，我們在外在世界有什麼力量呢？我們的力量主要存在於拒絕，而不是在積極作為改善世界上頭。拒絕的確是表達火星的方式之一，但拒絕還是會讓我們覺得自己是受害者。我們對於政府的作為到底有沒有開口的餘地？雖然某些人投注了大量時間與火星的精力在社會運動上，某些的確成功（因此電影《永不妥協》〔*Erin Brockovich*〕很受歡迎），但要我們多數人在生命裡，付出這種努力，只會讓我們覺得疲憊不堪、壓力很大。因此，引發一種集體憂鬱與漠不關心。

除非一個人想一輩子當聖戰士，不然唯一的解藥當然就是好好發展自己的火星。在個人日常生活裡的困難與際遇上展現火星，更能協助我們面對缺少力量的世界。這個方法也許甚至還能增加我們改變狀況的力量，因為它讓我們相信自己身為一個人的力量。不過，如果我們在個人及集體層面都覺得無力，那問題就嚴重了。西方國家跟極權國家的人民感受到的無力是不一樣的。我們有很多我們視為理所當然的自由，我們體驗到的火星限制是更細微的，也許是在無論我們意願為何的狀況下，打著為我們好的名號，率先替我們完成某些事情。我們只要感覺無力，就會生氣，而我們生氣的時候，也許就會對別人或自己殘酷冷血。無力、憂鬱、冷血是邪惡的三位一體，反應出去勢火星憤怒的面容。

火星與冥王星：個人與集體的生存

觀眾：可以談談火星與冥王星的關連嗎？

麗茲：冥王星跟所有有機體的生死掙扎有關。生物被迫出生，被迫摧毀。冥王星帶有「宿命」的概念，萬物出生，無論是生理或心裡的出生，都會有一定的壽命及有限的存在。外物皆可拋，只有命最重要。這是大自然不帶預設立場卻睿智的力量，根據其演化的需求，產生或抹去某些種族生物。冥王星負責集體的存活。冥王星的生存本能是中立、冷血的，在身為生物的我們遭到威脅時，是能夠立即運作起來的特質。因為這股能量很古老，且「非人」，我們在身上或與外界世界撞擊感受到的時候，總會覺得害怕。冥王星的命令也許與我們個人作為權利與宿命的欲望或展望嚴重衝突，然後，我們就會感受到「外面」有東西拔山倒樹而來，想要摧毀我們，但這「外面」其實就是「裡面」，且反應出支持所有生命的自然法則。

火星也跟生存有關，但火星是為了個體的存在而奮鬥。激發火星生存本能的是個人的經驗。我們為自己而戰，為了靈魂及身體的完整性而戰，還有賦予我們獨特性及存在意義的自我認同而戰。在冥王星的影響下，我們生為人，能夠控制的力量極小，因為冥王星與浩瀚的生命力息息相關，而我們只是可有可無的渺小元件而已。雖然火冥二星都關乎生存，但當我們遇到冥王星時，可能會覺得非常無力。這就是為什麼，火冥產生相位時會讓人坐立難安的原因。個體的自我生存本能會受到集體生存浪潮絕對的挑戰或認同。如果火冥形成三分相或六分相，我們的生存行為跟集體意識的生存作為之間也許是和諧的。我們曉得該如何扭轉龐大的集體循環來支持我們的個人發展，我們也能貢獻個體的能量，主動做出我們在集體意識上所需的改變。不過，若火冥呈現強硬相位，我們也許會覺得自己是在對抗一個龐然巨物，一點勝算也沒有。火冥接觸時，一定會跟隨著強烈的憤怒。我們必須認出這股憤怒，容納這股怒氣，且與之相處共存。如此的過程可以充滿創意，在危險及生死交關時刻激發出無比的勇氣。不過，這點對年輕人來說比較困難，因為他們會感受到席捲的力量，而他們無從控制。

觀眾：冥王星會轉化火星嗎？

麗茲：本命盤的火冥產生相位時，火星也許會沉寂好一陣子。在生命的過程裡，這種狀況反覆出現，我們也許會體驗個人意志與欲望的無力感及徒勞無功。這是煉金術的淨化器，內在的焚化廠，藉此，無比的創造力才能油然而生，好比用火焰鍛造寶劍。接受必然性與必要時反抗之間存在著一處細緻的銜接面，我們會被迫認清這個介面。這個焚化場可以讓人深刻理解，何時須要放手，接受個人意志必須先擱去一旁，以及必要時，我們必須跳出來為了自己的價值而戰。生存本能會因火冥而敏銳，冥王星的確可以轉化火星，且提供我們深刻的洞見，讓我們以本能明白什麼時候就該改變或結束。其中的挑戰在於如何接受這一切自然發生，而不心懷侵蝕、毀滅的怨恨，我們要做的是先榮耀火星。如果我們沒辦法跟火星和平相處，我們就無法容忍他人將我們視為具有侵略性的對象，而冥王星加諸在火星上的被動消極就會變得很有吸引力。我們可以間接體驗暴力的情緒，不用付諸行動，不用承擔後果。如果我們因為擁有個人意志，就覺得自己「自私」，那我們就樂意成為宿命的受害者或棋子了。這種黑暗迂迴的消極態度會產生無比的羞恥感，底下可能暗藏了大量的憤怒與怨忿。火冥相位因此變得冷酷無情。

觀眾： 這種狀態如何顯化在集體層面上？

麗茲： 這個嘛，我們目前正有行運上的火冥合相。看看今天的報紙，現在集體層面的無力感非常明顯。這是全球性的狀況，但會觸及特定的國家與個人。累積起來的是挫敗感與即將爆發的憤怒。口蹄疫還有政府低劣的處理方式都算火冥相位的其中一個面向。

觀眾： 火冥相位上一次產生嚴重影響的時候是一九三〇年代，火天合相在牡羊，四分天巨蟹。我覺得當時的社會氣氛跟麗茲形容的現在很像，無力感，呈現出來的政治與社會傾向橫掃一般民眾，好比說法西斯主義。再過十或十二年，我們又會經歷類似的相位，天王星還是在牡羊，四分位在摩羯座的冥王星。

麗茲： 如果火星觸發了外行星的配置，當事人通常都會有種被龐然大物橫掃過的感覺。第二次世界大戰開打的時候，也就是德國砲擊但澤（Danzig）的時候，火摩羯、天金牛、海處女形成一個大三角。我們晚點會討論這張盤。觸發事件發生的不見得都是強硬相位。火冥合相差不多兩年會出現一次，因為冥王星通常都會在黃道帶上差不多的度數前後徘徊，而火星每兩年會回到原本的位置。兩年前，火冥合相在射手，兩年後，這兩顆星又會在射手重逢。現在的合相很特別，因為火星在射手座最後幾度停滯，而凱龍星也停滯在射手二十九度的位置上，因此，有些狀況會加溫。行經雙子座的木星會對分火、冥、

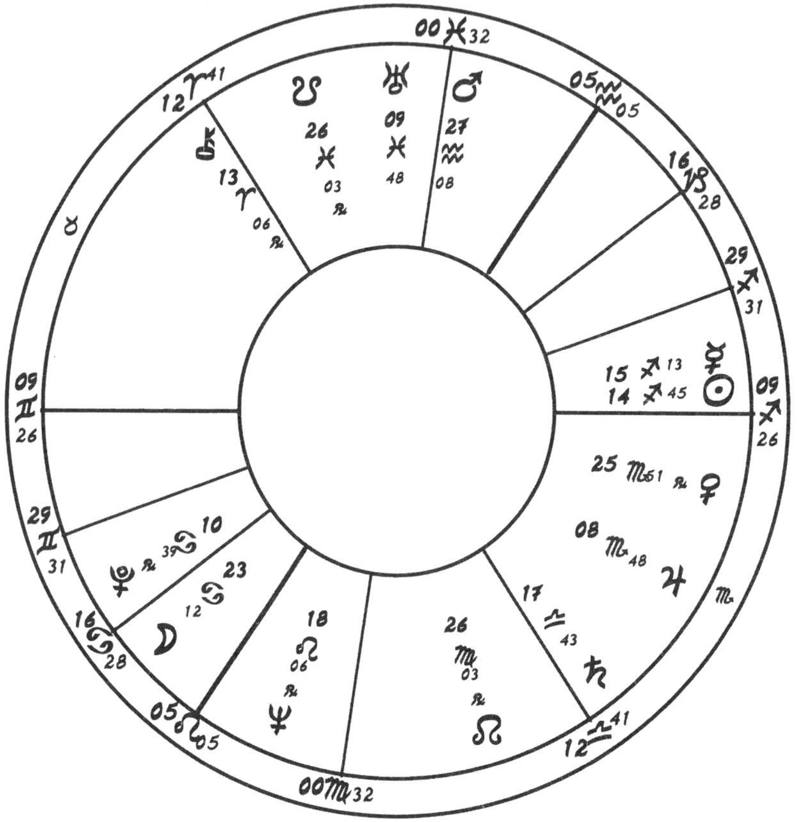

不列顛及北愛爾蘭聯合王國

建立於一九二二年十二月七日下午三點二十八分，倫敦

凱，太陽也會在差不多的時間移動到雙子座。水星逆行、恢復順行也都發生在雙子座。當然，秋天的時候，我們還可以期待土冥對分，這個時候火凱依舊合相。接下來這年可能漫長炙熱。

當火星觸發大型外行星週期的關鍵點時，整個集體意識都會覺得沒有力量，彷彿沒有人控制得了的力量拖著大家前進。如剛剛那位觀眾所說，天牡羊四分冥摩羯，火星也加入戰場，世界上肯定會出現一些引人矚目的事件，但如果我們覺得這些事情只是「外在事件」，我們就錯了。外行星跟內行星一樣，都存在於我們的內在。外行星不只是在「外頭」對人產生影響，它們本身就是我們，它們描繪出當時的集體意識狀態。

在這組火冥合相裡，無力的感覺會特別明顯，也許是因為火星正在逆行。上周的「三分相問題」講座裡，我們討論了英國的國家盤，不是大家都在使用的一八〇一年版本，而是呈現出現在英國政治實體包含北愛爾蘭、蘇格蘭、英格蘭跟威爾斯的盤。這是我們現在生活的政治局勢，不是一八〇一年還包含整個愛爾蘭的版本。在這張星盤裡，太陽位於射手座十四度，大家都看得到現在行運的火冥合相跟國家盤太陽合相，延伸到年底進入二〇〇二年，行運的土雙子、冥射手對分也會影響到國家盤的太陽。現在的集體意識的確呈現出強烈的無力感。我們對自己及彼此說：「我們能怎麼辦？大家能有什麼辦法呢？」2很多事情分崩離析，而身為個人的我們在其中只覺得無能為力。現在的局勢讓我們一窺天生就有火冥相位之人的感受，因為他們常常覺得自己無力可回天。他們必須想辦法與這組相位合作，而不要感覺被憤怒或憂鬱席捲而走。

觀眾：我們也會覺得自己很有破壞力，我們必須跟別人保持距離，才不會引動這種毀滅力量。

麗茲：對，我遇過很多火冥有相位的人，他們都擔心自己具有驚人的破壞力。這股擁有自然力量的觀念是他們繼承而來的，個人的憤怒與攻擊性能夠啟動，或作為更龐大勢力的發洩管道。擁有火冥相位的人深知這股自然的力量就存在於表層之下的深處。他們通常都是在孩童時期經驗過，可能是內在的心理狀況或外在的事件。他們曉得自己只是可有可無的渺小有機體，而外界還有更大的存在，這樣的存在並不在乎個人的期待，甚至是個人的存在。大自然憤怒的時候，擁有火冥相位的人感受得到。他們會害怕他們無法掌控的力量席捲而來。這種狀況的確會發生，而擁有火冥相位的人也的確會變得具有破壞力，對象可能是他們自己或其他人。如果他們覺得敵人是全球性的，那火冥的報復也會是全球規模的，如果他們將傷害體驗成羞恥，那火冥的復仇就會聚焦在羞辱對手上頭。不過，這種狀況只會發生在冥王星徹底吞噬火星的條件下。

火星的憤怒是一個人的憤怒，如果這個人能夠跟太陽的意識緊緊維繫在一起，那火星就會替太陽的價值服務效命，冥王星就不會將之吞噬，不過這種人也許會成為好幾世代憤怒的代言人或媒介。這就是為什麼我們必須帶著意識面對火星的重要原因。如果一個人與火星斷線，而這個人又有本命的火冥相位，我們也許就會在無意識的狀況下認同冥王星所帶來超越個人的力量。然後，我們可能會是恐怖份子、無政府主義者、自殺炸彈客。我們會成為全球性的毀滅力量，而我們就沒有辦法表達憤怒，因為這樣的憤怒可能會抹去我們生命裡最珍視的一切。分辨火星與冥王星的感受對擁有火冥相位的人格外重要。火星的感受可能是你我的感受，但冥王星的感受則是集體靈魂的情緒生命。我們若在大規模的層次下感受冥王星，感覺會非常恐怖，因為每個個體的價值也捲在其中，這是為了生存下去的集體戰鬥。

2 原書註：這股消極感反應在二〇〇一年的超低投票率上。雖然統計上的結果類似一九九七年的結果，英國民眾的冷感卻顯示出暗藏在集體靈魂下的嚴重問題。

水象的火星：精微的水神

火星在雙魚：變形戰士

接著我們要來看在場觀眾的另一張盤。露易絲的火星在雙魚，水象的星座，位於二宮，火星與雙魚座的凱龍星合相，也與日牡羊合相。這三顆行星的合相具有很矛盾的特質。火星與天頂的海天蠍三分，火海互融。

麗茲：火星跟木牡羊互呈三十度，火木也是互融。這樣的火星該怎麼活出來呢？

觀眾：這個人會需要在人世間裡戰鬥，改變社會。

麗茲：火星在雙魚，三分天頂的天王星，再想一下。

觀眾：這顆火星必須要為一個使命奮鬥。

麗茲：所有的火星都要為了使命奮鬥。當火星在雙魚座的時候，火星會以何種方式戰鬥？

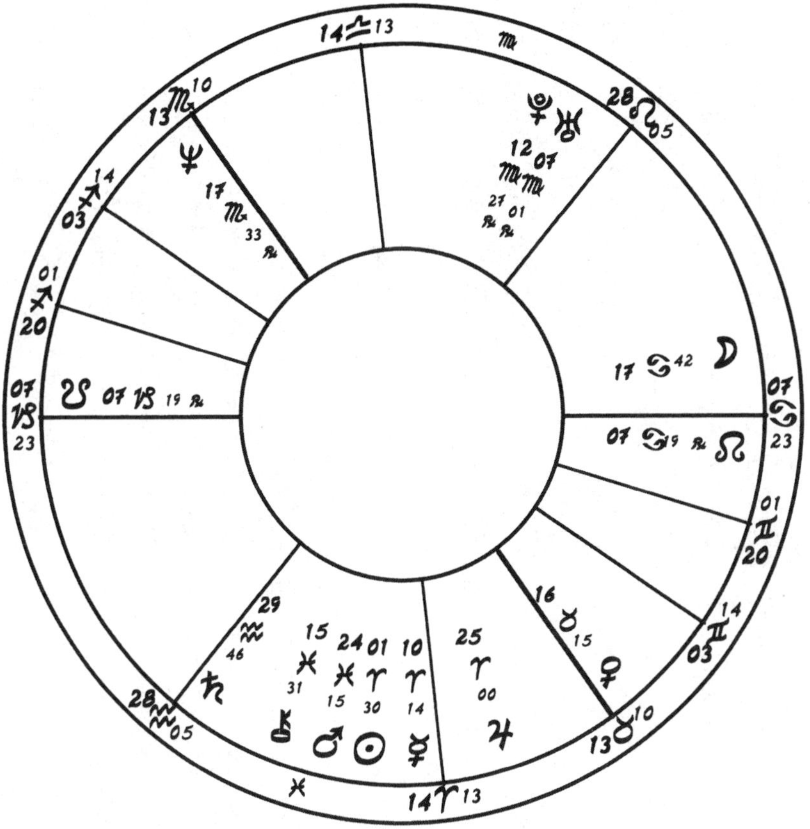

露易絲

出生資料保密

觀眾：這顆火星會為了一群人戰鬥。

麗茲：這是對象，不是方式。無論落在什麼星座，火星都會想替其仰慕的對象效命、奉獻。英雄氣概永遠都跟英勇的理念息息相關。希臘神話裡的每位英雄都有一位代表困難或旅程的神祇，象徵著這位特定英雄的理念。從心理學的角度來說，每個人的火星都需要這樣的一位神祇，火星才能依隨這位神祇的願景前進。這就是太陽的功能。火星的星座就是方式，這位英雄需要用自己的戰鬥本能顯化這樣的願景。考慮一下火星座落的元素，我們先前討論過風元素，火星的激進穿上風元素的外衣，變得文明講理。現在我們來看看火星落在水元素的狀況。

觀眾：犧牲。

麗茲：你還沒有抓到重點。雙魚座是火星披著的外衣。想想，如果火星是個神話人物，他是一位戰神，又高又壯，滿身肌肉，但他穿了海王星的服裝。看起來會是什麼模樣？

觀眾：他會變形。

觀眾：神聖的救世主。

觀眾：他會變裝。

麗茲：沒錯，這顆火星會穿上水底世界的服裝，色彩斑斕、容易改變、液態的。他的輪廓不太清楚。他能夠適應任何狀況，總是敏銳、直覺地移動，對於集體靈魂及想像力的隱形暗流非常敏感。

觀眾：他可能是個維京人，出海的戰士。

麗茲：你會怎麼解釋這個象徵？

觀眾：他會出海遠征，前往遠方的水域。

麗茲：對，這個比喻很好。偌大、無邊無際的想像力會帶著這顆火星前進。這顆火星會隨著流行的浪潮與風向走，就跟航海的戰士一樣。火雙魚不會以直線移動，也不會跟火車一樣有固定的路線，更不會無論晴雨都乖乖埋頭前進，跟個下定決心的人一樣。這顆火星並不會使用簡省時間的人造工具，好比說飛機，因為它根本不急著抵達目的地。這顆火星已經做好減速或接受其他人靈感的準備，隨著這些外界的力量移動。這顆火星的戰鬥力仰賴漂浮在潮水上、了解天候狀況以及星辰的指引上頭。每一分、每一秒發生的內外情緒流動都觸動著這顆火星。這就是為什麼火雙魚似乎不斷改變型態的原因。無論這個人的目標是什麼，以這張星盤來說，目標是二宮的牡羊座太陽以及海王星的守護星，木星在三宮的牡羊座，海王星在天頂的天蠍座，這顆火星並不是很明顯的火星，這顆火星並不會忽然跳出來說：「我要這個！」

觀眾：這顆火星很細膩。

麗茲：沒錯，很細膩。還記得榮格對男子氣概的定義嗎？「曉得你要什麼，且不擇手段想辦法得到。」火雙魚會如何得到？透過利用感覺與想像，透過感受別人的感覺，透過隨著集體的流動移動，透過允許集體的需求來定義什麼時候該前進，什麼時候該放手。這點在藝術專業上可能會引發真正的魔法，因為雙魚座的能力就是接聽集體意識的情感需求與渴望。這不是一顆務實的火星，雖然火星落在土象宮位，這點我們晚點再討論。對這顆火星來說，採取行動的真正場域是在想像之中。這不是一顆俗氣的火星。如此火星的配置在藝術家的星盤上非常寶貴，這顆火星在取得欲望之物的同時，並不會打斷自己與集體意識之間的情緒連結，所以這顆火星並不會公然引起混亂。就跟我們先前討論過的火水瓶類似，這種與集體意識的協調性對火星而言有得也有失。露易絲，對此妳有什麼想法？

露易絲：我覺得都很符合。我的想像給我很多啟發，但我同時也很害怕。

麗　茲：為什麼？

露易絲：因為它會吞沒我，所有的情緒、所有的意象，我會失去實體的邊界。我是一名藝術家，但有時當我太投入在作品裡的時候，我常常會工作過頭，就算累了，還是停不下來。

麗　茲：妳用哪種媒材創作？

露易絲：我喜歡木頭、金屬，能夠視覺呈現，也能有觸覺的材料，但我必須停工半年，因為我把自己操到生病了。

火星在二宮：創造的戰士

麗茲：火星在二宮，我們必須想想這暗示著什麼。我們還沒有好好討論宮位的配置。二宮代表經驗，也是土象宮位，象徵個人資源的提煉與定義，以及打造出一個人價值與才華的獨立永恆基礎。露易絲，看來妳所從事的創意工作很適合妳，因為火星在二宮會想要實體的展現，想要透過製造出實際成果的才華來展現。

觀眾：二宮裡行星很多，難道這不代表露易絲必須把精力專注在賺很多錢上頭嗎？

麗茲：不一定。金錢是價值與外在肯定當事人才華的象徵，不是二宮本質上的意涵，只是副產品。如果這是一張土象特質很重的星盤，賺錢也許更為重要，因為土象星座講究的就是物質的保障。不過，這張星盤的二宮行星都是水象跟火象的，星盤裡的海王星特質又很強，包括火星的星座與相位。我覺得露易絲的火星驅動力並沒有專注在賺錢上頭。這顆火星想要透過實際的形體展現來表達。露易絲，妳上升摩羯，再次強調在外在世界顯化出來的需求，而命主星土星也在二宮。用雙手創造作品，重視想像力，透過特殊的才華賦予實際的形體，似乎都很適合這顆火星。

火凱合相：負傷的戰士

火凱合相是很複雜的相位，也許跟妳不曉得何時該罷手，而最後精疲力竭有關。我覺得我們該花點時間討論這組火凱合相。凱龍的難題在於，我們沒辦法「修補」它。無論傷害來自出生時的意外、基因缺陷、遺傳、社會地位或集體意識爆發出來的戰爭，凱龍的傷代表傷口或缺陷，也許是外在，也許是在內的，都沒有辦法「痊癒」。凱龍象徵生命裡受傷或限制的面向，但這個缺陷或罪過並不是當事人的責任。凱龍在土星與天王星之間移動，作為個人與集體意識之間的橋梁，反應出集體運動對個體的碰撞，造成不可避免的傷害。這樣的傷害呈現出生命本質的的不完美。火凱相位代表一種極限。這種限制與土星所帶來的限制不一樣，土星的限制比較個人，須要積極努力克服。火凱的極限與二宮息息相關，暗示著我們必須學習了解自己的身體及體力的層次。

麗　茲： 因為露易絲的凱龍在二宮，的確暗示了身體或身體意象上的傷害。也許是妳還沒有找到方法接受身體的極限，妳因此憤怒，想要繞過這種限制。

露易絲： 對，我覺得限制很討厭。

麗　茲： 我可不訝異。妳日牡羊，火星符合妳的本質，但火星受到限制妳就會生氣。

露易絲：沒錯，就是這樣。

麗　茲：因為火星主宰著妳，妳也許會有一股內在的信念告訴妳，妳應該永遠都有精力與體力去做妳喜歡的事情。當身體放棄妳的時候，妳會覺得憤慨。妳也許必須學會傾聽身體的聲音。不過，聽起來，妳用火星的方式，妳的藝術工作，很適合火雙魚。

露易絲：占星也是我的工作，但我更喜歡創作。占星並不會跟雕塑一樣讓我疲憊不堪，但同時也沒辦法滿足我。

麗　茲：也許妳兩者都需要，但就算如此，有這組火凱合相，妳的火星是受到傷害的。雖然人可以學習接受這個傷害，用具有創意的方式與之共存，但這個傷害是永久的。這個棘手的限制是火星想要表達時一定會自然出現的，有火凱相位的人展現的方式各有不同，也許是在身體的層次，也許是心理的狀況。

觀　眾：就算是柔和相位也會有這種感覺，我是火凱三分，我也有類似的經驗。

麗　茲：對，但對柔和相位來說，這種人比較願意接受這種限制。擁有合相或其他強硬相位的人來說，這種火凱帶來的限制會營造出一種「尖銳感」，也就是一直憤恨不平，這股憤恨成了成就的燃料，但同時也讓人內心充滿壓力，有時還會有容易爆炸的脾氣。

露易絲：火星的能量能跟凱龍合作，做出什麼建設嗎？

麗　茲：可以，這兩顆行星可以合作。一個方法是替那些傷者或代罪羔羊奮鬥，將火星的聖戰精神用來服務、療癒他人的傷害，因為當事人會同情且認同他人的痛苦。這點也許跟妳占星工作背後的深層動機有關，但如果妳的火凱只有做到這樣，也許妳是在逃避什麼。火星座落的星座需要與人合作，但妳的宮位卻跟他人無關。這顆火星想要以實質的型態展現出創造力跟想像力。

露易絲：對，我知道。我猜我退縮是因為工作的壓力太大了。

麗　茲：不見得一定是跟工作有關，火星必須成為妳生命裡很重要的一部分。這顆火星想要得到它應得的重要性，就算跟任何專業工作都無關也沒關係，因為妳的火星跟天頂還有海王星呈現三分相，我不太確定妳能不能完全忘卻外在世界對妳創意努力的認可與認同。

露易絲：我只要為了參賽而創作，整個過程就會變得很不舒服。

麗　茲：天頂的海王星會讓妳想要分享妳的想像天賦，而不是一個人站在巔峰。跟樂團一起表演，跟舞者一起跳舞，展示妳的作品，都能讓妳覺得自己與更龐大的群體有所連結。火海三分，物質或工作上的野心並沒有想成為團體一份子的渴望來得重要。

露易絲：沒錯，我真正想要的是成為團體的一份子。

麗　茲：火海相位並不喜歡唱獨角戲。他們會嚮往，但他們希望別人跟他們嚮往一樣的東西，能有同樣的情感經驗。這點很適合這組相位，但聽起來，妳最大的問題在於認清妳的身體極限，接受妳的身體的確有極限這個事實。妳的身體似乎在提醒妳這點。對身體好一點也許會有幫助，這樣身體跟靈魂就能妥協，而不是為了超人一等而掙扎痛苦。

曉得該在什麼時候放棄

火凱相位通常會讓人覺得哪裡壞掉了，因此產生過度補償的舉動。擁有火凱相位的人很容易對於加諸在身上的限制感到憤怒，他們必須向世界及自己證明，他們沒有任何限制。他們不想覺得自己帶著缺陷、終究要死，他們要麼就放棄，要麼就把時間花在自艾自怨、覺得自己是受害者上頭，當他們認同凱龍，否認火星的時候，就會有這種反應。或者，如果他們認同火星，否定凱龍，他們就會逼迫再逼迫自己，通常都把自己逼到疲憊不堪的境地。

當然，這種毅力能夠完成很多成就，這是優點。火凱相位可能會沉迷在決心毅力及努力認真上頭，彷彿有人吶喊：「我沒有受傷，別告訴我，我受傷了！我一點問題也沒有！」這種強烈否認身體實際狀況的人通常身體都會出問題。火凱相位的當事人也許成就很高，但他們也得付出很高的代價，可能身體不好、焦慮或壓力過大。這組相位可能會引起煩惱不安，因為當事人不肯尊重身體的極限。凱龍星所帶來的傷害多少會讓人覺得「不公平」，因為這個傷害與當事人的罪過責任無關，卻讓火星覺得無力、憤怒。傷害的根源可能深植於社會、人性，甚至基因模式裡，基本上，生命就是這樣。放棄創意工作不是妳的解方，因為妳會因此成為受害者，凱龍就跳出來了。拒絕認同身體也不是妳的解方，因為妳會因此製造太多壓力，還可能傷害身體。妳必須找到折衷的方法，還需要真心接納現況。

露易絲：我覺得我已經曉得這點了，我只是不喜歡聽這種話。

麗　茲：現場還有其他人有火凱相位嗎？你們怎麼經歷呢？

觀　眾：我肯定有想要證明自己夠好的問題。我的凱龍在五宮，所以凱龍的確是自我認同的一部分。我的凱龍跟位於九宮的火牡羊四分。我當了好幾年的老師，但我一直覺得自己很失敗。我在二十一歲的時候開始對占星產生興趣，但我一直到三年前才開始密集學習。我下課回家後，就再也不想看到學校的東西。我接受自己回家後就必須安安靜靜、好好休息。幾年前，我覺得我的身體應該可以無所不能，我一直如此相信，直到最近我才改觀。我年輕的時候，會到處跑。我會看著其他不跑步的人，想說這些人有多蠢，只要跑起來，去哪裡都變快了！我曉得這是火牡羊的思維。其他人的緩慢會讓我覺得很不解。跑步就是我存在的方式。

麗　茲：所以這些緩慢的人都懂妳慢慢明白的事情。

觀　眾：對，現在我到了凱龍回歸的年紀，我開始珍惜減速的生活。

麗　茲：這是火凱相位的狂熱特質，源自於很基本的覺得自己受傷或有缺陷的心態。火星跟其他「沉重」的行星，好比說火土、火冥、火凱、火海，這些相位所帶來的積極面向在於，至少這些行星可能會磨去火星粗野的稜角。這些行星讓戰神沒辦法全然地表達自我，當然，這種狀況會產生傷害。不過，同時，當事人的意志也會變得比較溫和。這個人會更有能力注意到這個世界還有其他人存在。火凱有相位的人，一旦限制出現了，這個人可能會有很強烈的憐憫心，特別會憐憫自己。不過，在當事人的前半生，這組相位通常展現出的都是某種遲鈍感。也許當事人會有點像二戰時期納粹的二號戰車，需要過度用力，過度補償。凱龍長達五十年的週期顯然會影響火凱的表達，每週期的階段都會呈現出不同的挑戰，與當事人對這組相位帶來禮物及限制的接受程度。

火星在巨蟹：老練的戰士

觀眾：可以談談火巨蟹嗎？

麗茲：巨蟹也是水象星座，所以我們剛剛討論的水雙魚特質也能應用在巨蟹身上。就古典占星的看法，火巨蟹是火星的弱勢星座，就跟他們覺得火摩羯是火星的強勢星座一樣。好，為什麼會這樣？為什麼火星落在月亮守護的星座就會讓人覺得它不夠強？

觀眾：火巨蟹沒辦法公開、直接處理事情，這樣會讓火星變得虛弱或不肯定。

麗茲：我不確定我會用「虛弱」來形容火巨蟹。火星在巨蟹座的時候，火星那種立即行動的特質會受到對感情氛圍敏感的影響與阻礙，而火巨蟹就跟火雙魚一樣，不喜歡最後只剩自己一個人行動。火巨蟹會逃避別人的憤怒，透過戰術及敏感躲過攻擊及公開的衝突。火星在巨蟹的時候的確會失去一點自信，也不會破壞東西，大吼大叫說：「這個我懂，我知道這樣才是對的。」但火巨蟹的情緒敏感度極高，也有能力認清、同理其他人的感覺世界。火巨蟹暗示當事人有諮商及外交的天賦，在團體或分組時，這項能力發揮得特別好。這樣的配置出現在協調者的想像及情感天賦之中。不過，當其他人不高興的時候，火巨蟹會因為害怕衝突，而沒辦法追尋自己想要的目標。

火摩羯，火星的強勢星座，只要他們的目標是可以達成的，火摩羯就不會在乎別人同不同意。摩羯座的自給自足與現實態度讓火星能夠不顧情感的孤立專注追尋。火牡羊也不在乎，聖戰士的願景太強烈，取代了冒犯其他人的擔憂。當然，有人會指控火牡羊跟火摩羯不夠敏感，甚至莽撞，這是他們的「缺點」。相較之下，火巨蟹在需要行動的時候也可以做得很好，但他們的風格卻是細微、八面玲瓏的。火巨蟹如果太在乎其他人對其作為的贊同上，很容易累積挫敗感。因此，他們很容易產生身體上的狀況，如消化不良、皮膚起疹跟頭痛。目標導向的開創特質跟水象的依賴性之間的衝突壓力通常會表現在身體上。當事人也許要堅強一點，能夠撐過偶爾出現的爭執或一段沒有情感支持的時光。

觀眾： 火星在巨蟹會比較猶豫不決嗎？

麗茲： 火星本身絕對不會猶豫不決。無論火星在什麼星座，我都不會用這四個字形容火星。害怕冒犯他人也許會跟做決策的功能起衝突，讓火星躊躇，但這跟一個人不曉得自己要什麼不一樣。猶豫不決是因為跟火星斷線，而不是因為火星在某個特定的星座。就算是在天秤座或巨蟹座，火星永遠都知道自己要什麼。火星座落的星座形容的是火星追求目標的方法，而巨蟹座的手段也許是迂迴細膩的，但不是猶豫不決。不過，當火星沒有意識的時候，慌亂跟猶豫不決就很明顯了。

觀眾： 妳會說火巨蟹想要親密的情感嗎？

麗茲： 火星的宮位及相位能夠描述火星的目標。當火星在巨蟹座這個開創星座時，追求目標的火巨蟹會跟火摩羯一樣，堅持下去，但手段更纖細、更有技巧，過程中冒犯到的人愈少愈好。為了達成這種手段，纖細是必要的，他們必須學會「閱讀」情感的氛圍。也許在保持當下環境的和諧上，迴避或徹底迂迴都是必要的。火巨蟹不軟弱也不會猶豫不決，只要狀況對了，他們能跟火星在其他星座一樣勇敢。不過，他們會想辦法在不引發敵意的狀況下得到自己想要的東西。這點需要一點優雅的舉止，也許必須阻擋或引發更直接的喜怒無常。

土象的火星：善用資源的戰神

這次來聊聊土象的火星吧？這是現場同學的星盤。蘿妮，在妳的星盤裡，有沒有特別想討論的地方？

蘿妮：我擔心冥王星行運接下來要經過射手座，跟我的火星四分，不曉得會有什麼影響。

麗茲：咱們先討論一下火處女大概的可能。這顆火星會穿什麼樣的服裝？別說護士服，之前有人講過了。

火星在處女：工匠戰士

觀眾：工藝家，火神赫菲斯托斯。

麗茲：沒錯，工藝家這個形象很適合。這是一顆精確、仔細、有鑑別能力的火星。赫菲斯托斯肯定是神話主題上相關的一個形象。他能打造出精美、精準的物品。火處女能夠朝科學的方向前進，卻也能以藝術的方向移動。火處女能夠穿上謹慎研究員、實驗室技術人員、外科醫生、犯罪心裡學家或鐘錶匠的服裝。也許，他們是用筆打造美感的藝術家、雕刻家、精湛的音樂家、書法家。火星永遠需要能夠效命的使命或主張。火處女會如何服務？帶著效率、責任感及實用主義，這是一顆實際、講究效率，也世俗的火星。一些占星師因為某些原因，覺得火處女很狹窄衰弱，我不懂他們為什麼會這麼想，因為在我的經驗裡，火星在處女座很自在，處女座提供火星一種屬於水星的敏捷適應性。火處女沒有火象的火星那麼張揚，也不像水象火星那麼執著在情感上，更沒有風象火星那麼天真。火處女樂意嘗試不同的事物，適應周遭的環境，只要他們能夠保持效率，而他們的精力能夠轉變成眼睛看得到的成果就好。

觀眾：他們很會組織規劃。

麗茲：對，火處女表達精力的時候會很有效率、很講節奏感。他們會有一種建立目標的機制讓他們行動，就跟火摩羯一樣。日常生活與工作的需求會催促他們行動。火處女會想要單獨進行任務。基本上，火星在變動星座都會渴望獨立作業。火星無論是在變動星座或是其他配置上，都需要一場聖戰，但變動星座的火星不喜歡跟其他疲憊的聖戰士一起動彈

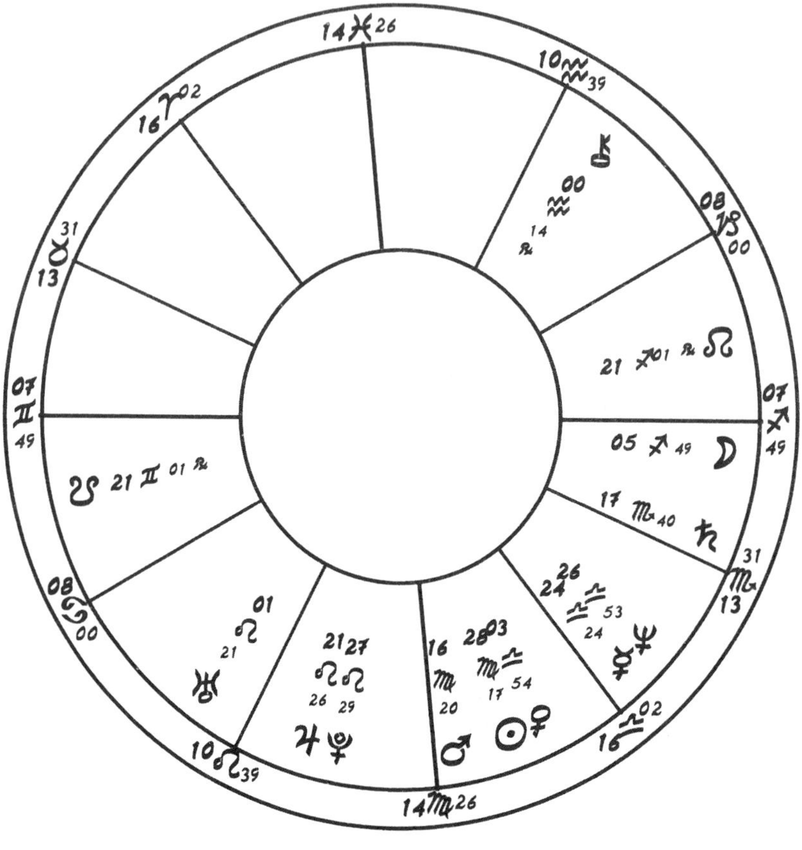

蘿妮

出生資料保密

不得，他們喜歡自由行動，不斷隨著周遭環境變化。這不是一顆我行我素的火星，而是一顆整整齊齊、自給自足的火星。無論火處女穿什麼樣的服裝，打扮成工匠、技術人員、科學家、治療師都好，他們的服裝一定是乾乾淨淨、剪裁合身，沒有多餘裝飾或花樣的。

火星在四宮：跟家緊緊連繫的戰士

麗茲：火星為什麼會在四宮？火星的戰場在哪裡？

觀眾：在家裡。

麗茲：對，無論內外，四宮是根的世界，同時也是家族與根源的宮位，象徵著父親的家族。這顆火星立刻展現出父親形象在蘿妮的生命裡非常重要，火星跟距離有點遠的日金合相都在四宮，這個父親的形象很複雜。蘿妮，可以跟我們聊聊妳的父親嗎？

蘿妮：我很愛他。雖然他已經過世了，但我還是感覺得到他，覺得他就在我身邊。

麗茲：妳覺得妳有活出他對妳的期待嗎？

蘿妮：並沒有，差很多。我是劇場導演，我做的事情跟他一點關係也沒有。我知道自己要什麼，我會說：「好，咱們就這麼幹吧！」我爸爸就是這樣。我對自己有很高的期待，我想把事情做好。有時，這點會是我的問題。我現在不曉得自己該不該繼續做這份工作。有時，我會想要在家工作。

冥王星行運與火星產生相位：重生的戰士

麗茲：聽起來，對於火星的幾個層次妳還是滿意的。妳在工作上很有效率地使用火星，顯然選了一份獨立自主的創意工作。不過，若探究更細微的層次，妳的抱負與理想也許還是跟妳深愛的父親維繫在一起。妳的火星距離天底很近，這是對火星父親形象非常強烈的認同。接下來的冥王星四分也許會啟動這顆火星。火星跟妳父親有關的面向會遭到捲入，目前很難看清是哪個領域，但冥王星行運也許會讓妳注意到。讓妳明白妳的生命受到父親影響這點對妳來說可能很重要，這位父親並沒有要妳去追尋某種職業，而是一位妳愛到覺得不夠愛的父親，而妳到現在還是想要取悅他，想要成為妳認為他想要看到的妳。這顆火星與父親形象緊緊相連，雖然這個形象並不是負面的。你們兩個人很像，而這份連結很深刻，我懷疑妳還是很認同妳身為令尊女兒的身分。我忽然想到幾個童話故事，公主住在遠方的城堡裡，孤立遺世，只有父親陪伴。她並沒有不快樂，但她活在真空的世界裡，沒辦法真正成長。這顆火星沒有明顯的受阻，也沒有不舒服的行星相位，但眼前的狀況跟妳的意志有關，妳想成為什麼樣的人，這是妳的願景，這份願景似乎鎖在妳從父親那裡承襲過來的血脈裡。冥王星行運經過火星後，就會四分同樣在四宮裡的太陽跟金星。沒有活出來的生命等著破繭而出。妳說，妳覺得父親在場陪妳，這點沒有什麼不好，但也許他的存在感太強烈了，占據妳太多時間。

蘿妮：我很想來英國住，我想在倫敦工作，我想認識氣味相投的人。父親過世了，但他還是繼續協助我達成目標，雖然他不希望我離開巴西。但能來到英國，跟能夠協助我在占星路上更進一步的，是我爸留給我的財產。我正在改變，我不想回到我的國家。我在這裡很開心。

麗茲：這點很有趣。如果我的理解沒有錯，妳的父親過世了，他留給妳一筆財產，足夠讓妳在巴西過好日子。結果因為這筆錢，妳才能離開他的祖國。

蘿妮：對。

麗茲：蘿妮，也許妳該檢視一下妳與父親關係之間的本質。太陽在四宮的人很適合換塊大陸住住看，因為這顆太陽的配置需要遠離根源之地。當事人必須創造自己的根源，而不是過著族譜裡另一條分支的生活而已。妳的父親讓這一切變得可能，但同時妳也拒絕了他的世界。這樣會有心理上的影響與後果。妳必須好好想清楚這點對妳有什麼意義，因為妳必須把火星的力量拿回來。他讓妳能夠搬家並不代表妳就必須活出他對妳的期待。在冥王星行運的時候，分離是一定會發生的。也許妳對他有很多憤怒，這些憤怒已經開始冒出頭來。妳離根源愈遠，妳就愈容易感受到憤怒。

蘿妮： 為什麼後來才會感受到？

麗茲： 妳離自己與父親根源的國度愈遠，愈能感受到憤怒，這是因為妳現在跟他之間的距離拉開了，妳也結交了新朋友，在這裡有情感上的支持。如果妳覺得他那最理想的形象開始變得更矛盾、更平凡的時候，或者如果妳開始用不一樣的目光看他，也請妳別訝異、別緊張。火星在四宮的人通常都會經歷與父親的意志戰爭，就算父親並不是一個具有公開侵略性的人也一樣。因為妳的火星沒有強硬相位，日金又在四宮，妳跟父親在一起的經驗裡並不會意識到他的侵略性。日金在四宮點出父女關係裡充滿愛與情感，但火星的位置說了另一個故事。他也許緊緊控制著妳，而妳因為太愛他了，完全沒有想過要抵抗，但這顆火星原本是由妳父親操控的。現在，火星要從高塔裡下來了，可能會帶著一些火氣出現。

觀眾： 土星跟火星呈現六十度的位置，還在火星守護的天蠍座。也許底下有些壓抑的情感。

麗茲： 也許當事人害怕對於她深愛的人產生不好的情緒，同時也有遭到忽略或冷落而出現的憤怒。

蘿妮： 我覺得是這樣沒錯。我很需要他，有時要讓他知道這點，我必須用很激烈的手段告訴他。

麗茲：所以妳只能用火星連結他。

蘿妮：對，有時他跟別的女人在一起的時候我會吃醋。

麗茲：請原諒我的直白，但也許是時候跟他離婚了。我覺得這就是這次冥王星行運要告訴妳的。他是你最深的愛，最大的熱情，妳所有的火星能量通通鎖定在他身上。現在是妳自由的時候。

火象的火星：充滿遠見的戰神

我們花點時間來看張火象的火星星盤吧？火星在火象星座是最舒適的了。問題在於，其他人可不覺得舒服，特別是如果這些外人的火星本身有問題的時候。這張星盤的火星落在自己手護的牡羊座，跟牡羊座的太陽並沒有合相到。木星也在牡羊座，上升獅子。這是一張火象特質很張顯的星盤。火星跟金雙子呈現六十度的位置，跟水金牛呈現三十度的角度，還跟天處女形成一百五十度。這是火星出生時的相位。

麗　茲：羅莎琳，妳在下課時提到，妳覺得妳的火星還不錯，但妳有些問題，妳的問題是什麼？

羅莎琳：我覺得我的火星看起來很強，但其實它沒有看起來那麼有力量。我沒辦法活出自己所有的潛力，感覺我好像不敢用全力一樣。我覺得自己很有力量，但不敢用這股力量。

麗　茲：妳覺得這股力量的本質是什麼？妳為什麼不敢用？

羅莎琳：我喜歡事情都以我的方式進行，我知道我的方法是好方法，但也許太霸道了。我會摧毀周遭的一切，其他人也曉得這點，所以感覺很糟。

麗　茲：讓我替後面聽不清楚妳說什麼的觀眾重新解釋一遍妳剛剛的話。妳想用妳的方式來做事情，因為妳相信那是正確的方法，但妳又擔心如果妳開始對別人頤指氣使，妳就會疏遠他們。我想你多少還是跟某些人疏離了，因為別人也有他們的火星，他們也許會想用不一樣的方法做事情。這是火象火星的兩難。火星在火象星座很舒適，因為目標跟方法之間是一致的，這是一顆直截了當、毫不含糊的火星。他們根本不會擔心別人的感受，也不在乎社會約定俗成的規矩，更不會因世俗的現實而調整自己的目標。原始的火象願景牽著火牡羊前進，他們會說：「世界就該這樣，而我當然是對的。」

羅莎琳：我知道，聽起來很糟糕。

麗　茲：不，聽起來一點也不糟糕，這就是火象火星的本質。火星在其他元素肯定會穿上不怎麼適合火星的服裝，火星本來就是火象的行星，在火象星座最為舒適，而牡羊、獅子、射手這三個星座總是喜歡穿著華麗的服裝。不過，火象星座跟世俗世界之間的碰撞卻是永不停止的原型戲碼。

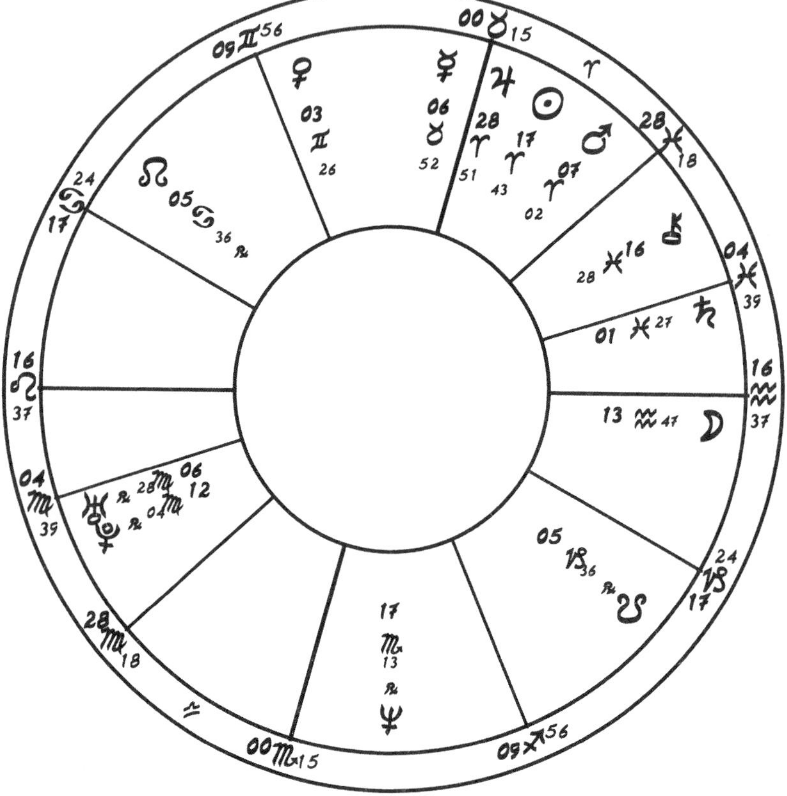

羅莎琳

出生資料保密

火星在牡羊：誠實的戰士

觀　眾：我的火牡羊就像這樣。

麗　茲：在場有誰也是火牡羊？「就像這樣」？很有趣，如果我們把你們這些火牡羊通通關在一個空間裡，猜猜我們事後需要多少綑繃帶？

觀　眾：我的火牡羊在一宮，我是一名律師。我覺得羅莎琳的分享很有趣，因為我也覺得我必須有所保留。當別人想要以他們的方式做事時，我的本能通常會說：「這樣不對。我曉得正確的方法是什麼。」而身為律師，我必須學著說：「好，我了解，這是你的看法，我相信這個方法可行，但話說回來……」然後我才能提出我想說的方法。

麗　茲：這就是所謂的外交手腕，這是火天秤與生俱來的天賦，但這點對火牡羊來說並不容易。不過，羅莎琳，我覺得妳的狀況更複雜一點，我一直注意到妳的土星，落在七宮的雙魚座一度，對分天王星，四分金星。妳害怕疏離他人的恐懼可能跟火星無關，跟金星較有關聯。金土相位帶有一種遭人拒絕的深刻恐懼，以及覺得本質上沒有人愛妳的痛苦。妳把火星當成別人不愛妳的感覺，但也許根本不是火星，也跟妳擁有多少力量無關。

羅莎琳：我明白妳所說的金土相位問題，但我覺得我也沒有好好利用這顆火星。前幾年，沉重的行運行經我的行星，所以我周遭的一切都瓦解了。我現在丟了工作，我似乎失去一切。我發現我很難放手還保持平衡，我再也感覺不到自己活著了。

麗茲：冥王星行運進入射手座後，觸動了妳的金土天組合，還冥冥四分，這樣的能量似乎讓妳經歷了重創。不過，金土四分還是有殘害自我的力量，因為妳有一種根深柢固的觀念，妳只能吃麵包屑，得不到妳真正應得的心之所嚮。妳對妳能夠得到的東西有這種傾向，這是來自長期、慢慢累積的憤恨。金火相位也許會太過配合別人演出，這樣才能得到別人提供的保障。七宮的土星也強調這點，習慣向他人尋求架構與穩定性。結果呢？如果沒有意識到，當事人充滿火象能量、不肯妥協的本質可能會在某個時間點大爆發。我會猜，冥王星在行運的這段時間裡所清掃出去的東西，在妳心底根本沒有深植的一席之地，擺脫了可能比較好。

妳內在似乎有兩個相反的人格，一個充滿火象能量，擁有遠見與抱負，自信滿滿，另一個則是否定自己，害怕沒有人要妳，害怕妳沒有價值。二號人格暗中破壞一號人格、拉開妳與生命嚮往之物的距離可能遠超出妳的理解。妳也許必須花點時間回想妳星盤裡最基本的暗示。太陽跟火星都在九宮，對妳來說最重要的是什麼？妳的英雄事蹟是什麼？這顆火星樂意服務太陽，火星在自己守護的牡羊座，也是太陽的守護星，太陽在牡羊座是太陽強勢的位置。這兩顆行星都在火象宮位，且兩者都跟上升點形成三分相。在妳的生命裡，能夠反應出妳深層價值的是什麼？能反應出妳極需別人支持與保證有人愛你的特質是什麼？很有可能妳生命裡的許多基礎並不是建立在火星與太陽上，而是建立在恐懼與缺乏安全感上頭。如果這樣的根基遭到摧毀，那也沒關係，因為這種基礎一開始就不屬於妳，妳並不想要這種基礎。說起來容易，但實際上要人放開一整段生命的篇章是很痛苦的，就算這段篇章在某種程度上是虛假的也不輕鬆。現在土星行運正要行經妳的本命金星，冥王星拖到亮處的許多情感傷痛此時也許會在意識層面結晶具體化。土星也許會帶妳落腳現實世界，我的意思是，妳自己所感知到的現實世界。這次的土星行運對妳來說很有幫助，因為當土星跟妳的金星合相時，能夠將整個模式帶進妳的意識裡，讓妳變得更自給自足一點。

火星與家庭裡的三角關係

金星在十宮，所以在妳的家庭背景裡有一個模式，也許跟妳與母親的關係有關。海王星在四宮，感覺這個家庭裡有三角關係，妳有一位很理想的父親，但妳無法親近，還有一位一直不想跟妳有瓜葛的母親。這種關係描述出了競爭，也許妳已經輸了。

羅莎琳：妳從哪裡看出這樣的三角關係？

麗　茲：在女性的星盤裡，金星位在十宮通常就暗示了母女之間的競爭，因為媽媽跟女兒都帶有金星的原型[3]。有點像白雪公主，「魔鏡啊魔鏡，天底下最漂亮的人是誰？」通常這種母女關係裡都有很深厚的愛與情感，但強烈的醋意通常也沒有缺席。這點跟母親做了什麼引發金星特質有關。如果媽媽因為母親的身分而壓抑自己的金星特質，這股醋意很可能進入無意識狀態，因此更具破壞性。如果她的金星特質存在於她的意識生命裡，她也許能夠跟女兒分享，而這股醋意因為是公開的，也許造成的傷害就沒那麼大。而且，牡羊座的本質就是競爭，牡羊座一開始展現內在生命傾向的方法就是在雙親裡贏得其中一位。這是牡羊座的模式，並不病態，自然得很。牡羊座很早就開始活動他們競爭的肌肉，所以家族裡的三角關係通常都會是牡羊座發展模式的一部分。海王星的所在位置通常象徵宮位代表的人物及狀況是我們投射出來，對於天堂及救贖的理想形象。當海王星出現在四宮時，大量的理想化色彩可能加諸在對於父親的形象上，但父親看起來像是在迷霧後方一樣模糊不清。因為無法親近父親，所以他是一個失落的幻夢。好，讓我總結一下，金星在十宮，海王星在四宮，我得到的畫面是媽媽跟女兒競爭搶著一個她們都沒辦法成功得到的男人。

羅莎琳：我從來沒有這樣想過。就我而言，我對母親似乎太理想化，還會維護她。

麗　茲：有道理，但想想我剛剛所說的。也許有別的方式來檢視妳所經歷的童年，並不是因為妳形容的母親不是真的，而是因為在更深層的地方還有不一樣的層次。在妳很小的時候，妳就體驗過很強烈的拒絕，所以妳會覺得自己不值得好東西。我懷疑這份遭拒的感覺來自妳父親，妳愛他的程度遠超過妳承認的程度。妳的父母顯然在爭執，而妳必須選邊站。妳顯然跟媽媽同一陣線，但說到底，妳對父親到底有什麼樣的感覺？這股覺得自己不重要的折磨感深植在某種傷害的經驗裡，因為妳有金土四分，妳很難放下這種感覺。妳的火星並沒有妳想像中那麼具有威脅性，但妳卻把孤立感怪罪在火星上，明明妳太有力量這件事跟妳的孤立感是沒有關係的。畢竟，不會有人忽然跳起來，在這裡亂跑亂叫。因為妳開始了這個模式，這個遭到拒絕的模式就會一再啟動重複下去。

羅莎琳：我該怎麼打破這個模式？

麗　茲：首先，妳必須看到這個模式，意識到它的存在。

3　原書註：可見麗茲的《關係與如何在關係裡存活下來》（*Relationships and How to Survive Them*），二〇〇〇年由 CPA 出版，其中的「永恆三角關係」篇章闡述星盤如何呈現家族的三角關係。

羅莎琳：我現在開始看見了。

麗　茲：好，現在妳要等土星行運進來。

羅莎琳：好，我懂了。

麗　茲：也許在妳的童年裡，妳對父母及整個動力關係有某種見解與感覺，也許這樣的感受能夠消除妳許多自我感覺不良好的痛苦。行運的土星也會跟妳本命的土星四分，所以會挑戰妳必須定義自己，自力更生，打起精神來。土星行運要求妳不要再把七宮裡的土星投射出去。

羅莎琳：換句話說，我要替自己負責。

麗　茲：對，類似。火牡羊是顆有自信的火星，但對其他人來說並沒有威脅性。也許有時這顆火星輕率無禮、不夠敏感，但並沒有帶著危險的氛圍。我說過了，問題跟有沒有力量無關。妳害怕太有力量這點其實是另一個問題的偽裝。羅莎琳，謝謝妳讓我們研究你的星盤。

合盤裡的火星

分開與在一起

咱們接著來看合盤裡的火星。當火星跟別人本命盤裡的行星產生相位時，我們這才首次觀察到我們火星的需求。當一個人的火星跟合盤裡另一個人的行星產生對話時，結果可能出人意表。傳統上來說，如果這兩個人的金火有相位，就代表他們是天作之合，而兩人的火土產生相位，也許彼此間的聲譽不好。實際上卻不總是這麼回事，我們必須先從深層的觀點理解火星的互動關係。我說過，要挖掘我們火星的方法之一就是透過跟別人行星的碰撞。如果當事人跟自己的火星之間有問題，其他人的行星就很容易觸發這顆火星，展現出一種模式，因為某些事情就是會想要冒出頭來。我們的生命肯定都會跟啟動這些內在角力的人有關，這點很獨特。透過關係，我們能夠意識到這些內在衝突與需求。火星通常都會加入這種動力關係。因為關係需要妥協與調整，所以一個人的鬥志很容易因為關係而受到刺激。透過關係，我們不斷受到挑戰必須挖掘、尋求我們身為獨立個體想要的東西，同時還得跟我們覺得重要的東西保持連結。最能讓我們了解自己火星的領域就是透過關係合盤的相位。

如果當事人沒有意識到自己的火星或沒辦法順利表達，而其他人的行星又跟火星產生相位，那當事人的火星能量很容易投射出去，可能覺得別人才是他的火星。當事人覺得都是別人在霸凌、控制、逼迫、頤指氣使、限制當事人的意志。就算別人的金星或太陽在當事人的火星上，就算是暗示強烈情感或肉體吸引力的相位，當事人也許還是會覺得自己的自由跟意志受到打壓。這種狀況特別容易發生在當事人不曉得自己擁有火星力量的時候。我們要透過失去火星才曉得自己也有火星，或者，我們可以想像自己失去火星，因為這樣我們就必須為自己的自主權奮戰。對比星盤裡的兩人相位如果牽扯到火星，也許就會掀起有關依賴、自由、競爭及表達憤怒的議題。如果我們跟某人黏得太緊，我們就會太依賴他們，失去自己的自主性，而火星的憤怒就會開始浮上檯面。這不是病態的表現，這是一定會發生的事情。

生命裡的一切都仰賴我們如何面對這股自然的憤怒。如果動力是無意識的，人與人之間就會產生傷害甚至暴力的互動。合盤間與火星的相位對親子關係非常重要，理由相當明顯。如果孩子的火星與父母的土星、冥王星、凱龍星，甚至太陽、月亮產生衝突，父母親很可能不歡迎孩子的火星能量，覺得受到威脅，因而阻攔壓制孩子的火星。也可能是另一種狀況，父母的火星落在孩子的土星或凱龍星上頭，而父母展現火星能量的方式很可能會威脅到孩子，孩子會覺得受到侵害或攻擊，然後試圖用展現過份固執的態度武裝自己，結果指引來更多攻擊。這種家庭動力在跟火星有關的合盤相位裡非常典型。就算不曉得父母的出生時間，還是可以依照他們出生當天的行星星座與角度來看，研究自己與父母之間的星盤火星是很值得的。

激情與自我

能夠觸發火星的關係會讓人意識到這段關係對自我的威脅，會掀起獨立、自我確立以及擁有欲望權利的議題。金星跟火星是戀人，占星師傾向假設這意味著他們是天造之合，他們的確當了一陣子的戀人，但他們沒有結婚。激情如何成就戀情？需要什麼要件？想想你們的親身經歷，如果你沒有熱情如火的戀情，你可以想想電影都怎麼演的。這種吸引力的本質是什麼？為什麼當我們想要把這段戀情轉化成穩定、能夠長久經營的關係時，關係就會破裂？

觀眾：親近生輕蔑。

麗茲：真的是輕蔑嗎？還是只是野火燒盡了？

觀眾：神祕感消失了，幻想破滅了。

麗茲：我會把幻想跟海王星連結，不是火星。火星想要挑戰跟創新，但它喜歡追求到的東西是真實、可以擁有的，當然啦，除非火海在本命盤或兩人的合盤上有強烈的相位關係。

觀眾：重點在於征服的感覺。

麗茲：這點對男人女人都同樣重要，當一個人贏得自己最喜愛的欲望對象時，會覺得最有力量、最有活力。只有在贏得愛人的初期階段，我們會覺得自己最有力量，遠勝過其它階段。追求與征服的經驗提供我們深刻的自我肯定。我們贏得自己欽佩、想要對象的愛，我們也許奪人所愛，也許博得歡心，身為男人或女人，我們證明了自己是有力量的。不過，我們一旦得到目標，如果僅僅只是單純地贏得一個人，這種關係是維持不久的。愛與同感是吸引不了火星的。

觀眾：感覺好像是不屬於你的東西才會吸引你，一旦擁有了，你就不想要了。

麗茲：沒錯，不屬於你的東西才能點燃火星的欲望，一旦得到了，這個欲望就滿足了。其它行星有它們自己的欲望型態。金星、月亮、海王星、冥王星，甚至土星都有欲望，但挑戰會引發火星的欲望，透過凱旋，這樣的欲望才會饜足。重要關係合盤裡的火土或火凱相位常讓占星學子困擾，但最能點亮火星能量的莫過於挑戰了。土星會對火星說：「我不確定我真的想要你。我需要時間，你得等一等。」這種話語會讓火星非常興奮。凱龍則會對火星說：「不，謝了，我受的傷已經夠多了，拜託放過我。」這種言論也會讓火星激動不已。當然，到了最後，這些行星的遲疑與防衛會讓火星氣得跳腳、覺得挫敗，但在關係初期，這種相位能夠產生無比的熱情。問題在於這種熱情跟關係本身沒有關係，而是跟自我確立有關。強迫的追求行為或肉體上的征服模式通常都顯示出火星的匱乏，當事人必須滿足焦慮的感覺。如果火星覺得沒有保障，當事人也許就會一直想要強調自己是有力量的，在這種狀況下，最極端、最具毀滅性的例子就是當事人在肢體或心理上變得殘酷冷血。當事人想要透過羞辱弱者，證明自己的力量。不過，就算火星沒有殘暴的意圖，還是可能會透過不斷的征服來證明自己夠強。可愛卻得不到手的情場玩家通常都有火星與土、凱、海、冥的強硬相位。

合盤裡的火凱相位

觀眾：我剛剛發現我前夫的火星跟我的凱龍合相。妳會怎麼形容這樣的婚姻關係？跟自我確立有關，而不是愛嗎？

麗茲：在關係合盤中的火凱對話裡，凱龍會遍體麟傷。本命盤裡凱龍所在的位置是我們很脆弱的地方，我們會用層層防禦保護這個傷口。火星大咧咧闖進來，說：「啊哈！這個人很迷人！因為我必須打破路障才能得到。真是個好挑戰！」對火星來說，最迷人的莫過於它得不到的對象，但火星沒辦法真正意識到這種無腦的自我確立行為會帶來多少痛苦。

凱龍一直說：「但我已經夠慘了，所以才要築牆啊。拜託你溫柔點。」但火星不會明白，這種事情對戰神來說莫名其妙。這是一個很複雜的合盤組合，但如果其中的火星落在水象星座也許有幫助。

要讓火星在親密關係裡順利運作，最好將至少一個火星的目標轉向到關係以外的場域。火星並不是關係的行星，但只要欲望得不到滿足，追尋的要件持續作用，它在初期就可以啟動這段關係。這並不代表擁有火星的合盤關係就不好。事實上，火星的相位並不是什麼惡兆，但火星不想遷就他人、照料別人的情緒，也不喜歡滋養對方的情感需求。就算是水象的火星也不希望跟人如此連結。在關係裡管理火星仰賴當事人對火星的意識，看看他們是否跟火星處得自在，還是他們必須對自己或他人證明什麼。

許多關係問題看似深植於情感衝突上，但實際上卻是源自於有力／軟弱的問題、權力鬥爭、其中一方或兩人都想掌控的需求上。這點其實是當事人內心的衝突，與對象無關，除非這段關係是作為克服某段經驗的手段。如果在場有人經歷過很辛苦的關係，其中有很多傷害，請你看看自己火星的相位。困難也許不是你原本設想的模樣。受到另一個人的拒絕也許根本不是別人拒絕你，而是這個人在你身上演出了火星的自主議題。火星不會攀親帶故，它只會征服，過程裡覺得很開心，但這是一個得勝的經驗，不是攀親帶故找關係的經驗。無論男女，火星出現時就是睾固酮高漲，然後消退而已。

當火星攪和進關係動力時，自我與被動的掙扎接踵而至。衝突之所以出現，因為我們在關係裡必須可以自在做自己，但關係跟做自己是相互排斥的概念。所以很多關係建立在其中一人或兩人都覺得沒辦法做自己的條件之下。讓這場原型的戰爭在公開場合開打，以誠懇的態度面對須要創意，因此讓關係流動、產生變化。壓抑衝突只會引發大量憤怒，這種感覺來自火星受困、受限或在某種程度上遭到閹割的心情。

合盤裡的月火相位

觀眾：妳有沒有注意到很多伴侶在合盤裡都有月火合相？我覺得這個相位顯示出尷尬的關係。

麗茲：合盤裡的月火合相傾向於激發出兩人間無比的能量，這不是股舒服的能量，但至少在一開始的時候，也許是強烈的肉體吸引力。合盤裡的強硬相位會讓吸引力迅速惡化為公開的戰爭。月亮一開始對火星有強烈反應，因為月亮喜歡別人追逐，感覺有人要你，感覺很興奮，所以月亮會很熱情、很有反應。火星也會因此覺得有力又強壯，但火星不是去愛人的，火星是服務自我的。後來，月亮會開始覺得自己的情感需求沒有滿足，開始抱怨。這點會讓火星覺得很煩，因為這種抱怨會要求火星關心其他人，火星不喜歡這種任務。金星跟月亮都喜歡別人的追求，所以當這種行星跟火星在合盤裡產生強硬相位時，一開始的關係都會非常濃烈，或者，如果關係一直變動，沒有安頓進千篇一律的家庭生活，這段關係也維持得下去。三分相及六分相就沒那麼濃烈，但吸引力還是存在，且沒有衝突。如果關係從激情走向穩定，強硬相位就會開始惹麻煩。神話故事中沒有父親的火星暗示了這顆行星不是靠智力或心靈，而是仰賴本能及身體來行動，火星最佳的展現方式是服務太陽，在世界上顯化太陽的價值。從這角度來看，火星其實是一顆職業行星，而非關係行星，它不會喜歡關係裡需要的一再妥協與調整。如果在關係合盤裡，我們的火星一再遇上不同關係裡的困難相位打壓，形成模式，也許我們就該自問，在關係裡，我們能多做點什麼創造生命的獨立自主。

早期有個說法，女性星盤裡的太陽跟火星描繪的是她想要的男人，這點現在說不通了，至少在二十一世紀的西方世界不行。只有在嚴格指派性別角色的社會結構下，才會反應出這種詮釋「陽性」行星的方法。現在有彈性多了，但我們也沒有想像中那麼自由，無論我們多麼相信這種刻板印象的角色扮演早就過時，我們可以自在做自己，但對女性而言，要徹底展現太陽跟火星卻也不是真的那麼容易。如果一位女性想要好好扮演母親的角色，她該怎麼徹底表達自己的火星？孩子出生那一刻起，她就失去自由。為了孩子，她的意志受到限制，還得做出許多犧牲。火星只能噤聲或妥協，她可能好幾年都沒有喘息的機會。對許多想要生孩子但同時想要不帶殉難憤恨表達強烈本命火星能量的女性而言，她們也許必須先徹底活出火星，發展出自我的力量與效率，然後才成家。如果事前我們已經徹底體驗過，之後要我們妥協或放棄才會比較容易。不然，當事人可能會透過生命裡的男人或其他女性來扮演火星的角色，這種行為遲早會引發加劇的怒火。

至少在多數時候，火星不想受到關係義務的拘束，火星能量必須與最有創意的方式表現。火星不是關係行星，我們卻強行把火星變成關係行星，因為我們害怕以其它方法表達，最後我們就落得在關係戰爭裡堅持自我的下場。我們也許會變得怨恨不平，怪別人削挫我們的希冀、阻攔我們想要果斷行動的自由。我們甚至會因為沒辦法扮演自己的怒火，而引發別人的怒火。讓我們用不同的角度來看合盤裡的火星相位吧。如果某人的行星落在我們的火星上，他們也許是提供了一個機會，讓我們挖掘在關係之外我們還有什麼需要表達的。他們會喚醒我們的火星，讓我們面對事實，我們也有目標與欲望，需要我們獨立實踐。

我們愈憤怒，就愈展示出我們沒有徹底表達出火星能量。關係也許不是展現這些火星議題的好場域。在關係裡，我們需要一處獨立的空間才能徹底表達火星。也許，這就是為什麼神話裡的戰神艾瑞斯不結婚的原因。他有多段戀情，生了很多孩子，但結婚不符合他的天性。因為每張出生盤裡都有火星的存在，所以我們每個人都要在關係之外尋找自己的天命。我們沒有活出這個需求的時候，火星能量就會在關係裡爆發，造成巨大問題，對孩子來說尤為甚是，他們會成為父母怒火下的受害者，遭到關係義務的閹割。父母親失去自主權，受害的可能是下一代。所以在孩子兩歲火星第一次回歸時，孩子自然展現憤怒及自我確立，才會引發父母的怒火與暴力反應，他們是因為沒辦法活出自己的火星能量而發怒。

觀察合盤裡的火星特別有趣。我們可以花一整天討論這個主題，但我們當然沒有足夠的時間還火星一個公道。我們必須記住，火星並不是講愛的行星，無論在最好或最差的狀況裡，火星都是自我中心的。對火星來說，另一個對象只是一個手段，透過另一個人讓當事人感受到自己的力量、自我確立及效率。關係裡的火星觸發點會讓我們覺得自己「最棒」。只要我們曉得這是會發生的事情，覺得自己很棒就是自然也恰當的事情。當某人的土星或凱龍觸發我們的火星，或他們星盤裡的重要行星跟我們的火星產生強硬相位時，另一個也許就會成為喚起我們跟火星連結還不夠深的警鐘。我們會發現自己還沒有辦法自在表達憤怒、主動、想贏的欲望，以及堅持個人自我的需求。吸引我們熱情的標的也可能是一個能夠喚醒我們的載具，我們卻誤以為那是「實際的東西」，標的的確是實際的東西，但不是我們想像出來的那種概念。

開戰時刻：火星的集體意識狂躁

火星會爆發，接管集體層次的意識，在我們今天講座結束前，我們會仔細討論這個主題。當火星走進集體意識的狂躁層次時，它會吞沒個人的自我，解放一個人性格裡沒有意識到的毀滅元素。這種狀況會發生通常都是行運火星與過境的重要外行星聯手，因此反應出集體模式與價值裡深刻且令人不安的轉變與變化。如果集體中的大多數人都與自己的火星斷線，一部份可能必須歸咎於文化或宗教因素，那這種火星在集體意識的爆發就會特別具毀滅性。當集體火星帶來無力感與憤怒，這種情緒也許跟社會、政治、經濟問題有關，在這種情況下，集體的火星能量也可能會爆發。

在群眾爆發的憤怒支持或席捲的狀況下，一個一輩子壓抑攻擊性及主動性的人都很容易爆炸，光是現代，我們就能舉出好幾個例子，足球賽後鬧事的小混混、世界經濟論壇的抗議民眾、美國南部的三K黨。這些想要顛覆社會或政府的傢伙深知該如何謹慎策劃凝聚烏合之眾的力量，點燃更大的火焰，將原本和平的抗議或遊行活動發展為暴力事件。在相對無害的小規模狀況裡，我們還是可以看見同樣的機制出現在巴士旅行團或任何組織團體之中。一個人的時候也許溫良恭儉讓，但當一群人聚在一起的時候，態度就不一樣了，就算是脆弱的老人都能展現出非常暴力且粗魯的行為，肘擊別人、擠出空間，或覺得插隊是稀鬆平常的事情。這種狀況很常發生，層次更加危險，一群沒辦法控制自己火星的人聚在一起、用力量武裝起來。這種人通常會受到軍旅生活的吸引，因為集體意識提供了他們一張能夠爆衝的執照。歷史，包括這十年來的一切，都是這點的絕佳例證，特別非洲及東歐的狀況。

美國內戰的開端

觀察戰時的火星行運總是很有趣，這樣的觀察可以提供我們一些洞見，研究當時爆發在集體意識裡的戰神。為了要更全面地了解，我們同時也須要看看相關的星盤，如果可以，還要加上事件爆發的國家盤。這是美國南北戰爭開戰的星盤，也就是南軍對南卡羅來納州的薩姆特堡開戰的時候。有很多星盤都跟這次炮擊有關，包括美利堅聯邦國（Confederate）建國的星盤，但這張盤卻著實描繪出開戰的狀況，也就是火星最活躍的時刻[4]。

這張盤上有很多迷人之處，特別是水海合相在上升點的雙魚座，但咱們還是把焦點放在火星上頭。火星跟天王星合相在三宮的雙子座，也是六宮土處女跟十二宮凱雙魚的T端點。從流年行運的角度來看，這種火天凱土的組合顯然很有爆炸的可能。有趣的是，火星在風象星座，還在風象宮位，實在很貼切。這是一場意識形態的戰爭，點燃戰火的是兩個相當有力量的概念：憲法賦予美國每一州都能自治管理（南軍的意識形態），以及憲法賦予每位美國人，無論膚色黑白，都能自由存在（北軍的意識形態）。

這種行星組合很常出現在天上，我們不能只根據這點就斷言戰事會發生，就算這組行運重擊國家盤也不行。不過，如果加上其他有力的相位，而火星行運在國家盤上又很強調的時候，也許是個暗示。如果外在環境「對了」，也就是一個國家的集體意識最適合火星爆發，那軟木塞就會從瓶口噴開。戰神的精神必須襲捲、淹沒一大群人的集體自我認同，這是必備條件。不過，一旦一種集體意識往這個方向移動，那其他的集體意識就別無選擇，只能替自己的生存而奮戰。

4 原書註：資料來自《世界占星全書》（*The Book of World Horoscopes*），作者為尼可拉斯・坎平恩（Nicholas Campion），一九九五年由Cinnabar Books出版。

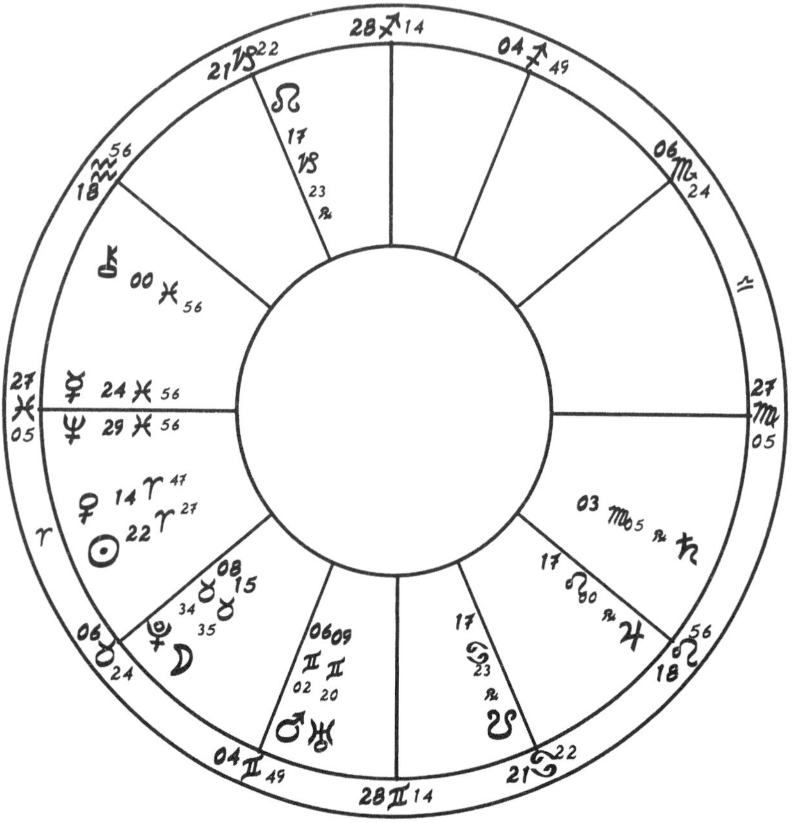

美國南北戰爭

一八六一年四月十二日凌晨四點三十分於南卡羅來納州的薩姆特堡開戰

這是美國國家盤，又稱西比利盤（Sibley chart）[5]。我們可以看到南北戰爭爆發那張盤的火天合相在雙子座，直接坐落在國家盤的下降點，還在國家盤下降點的天王星上頭。在薩姆特堡開火的時刻就是美國經歷天王星回歸的時刻，接著就是火星回歸，因為國家盤的火星也在雙子座。你們也可以看到，內戰當時的上升點水海合相就在國家盤的天底，也就是雙魚座二十五度的位置。海王星在這裡徘徊了好一陣子，貼切形容廢奴主義者跟奴隸擁有者之間長達好幾年持續加劇的衝突，慢慢瓦解這個國家的根源。我不想花太多時間討論這張盤，你們如果有興趣，回家後可以自己研究。不過，這張星盤生動描繪了集體意識在戰爭時期爆發的火星關係。

二次世界大戰開戰

為了強調重點，這裡有另一張「戰爭」盤，也就是二戰開打，德軍砲擊但澤的時候。大家

5 原書註：出處同上，尼可拉斯·坎平恩討論到美國「正確」的國家盤。在本書附錄，我使用的是修正過的西比利盤，上升在射手座十三度。雖然這兩張美國的國家盤都尚有爭議，但我們應該記得，流年行運還是有容許度，事件通常會在行運準確到位之前就開始有些端倪。

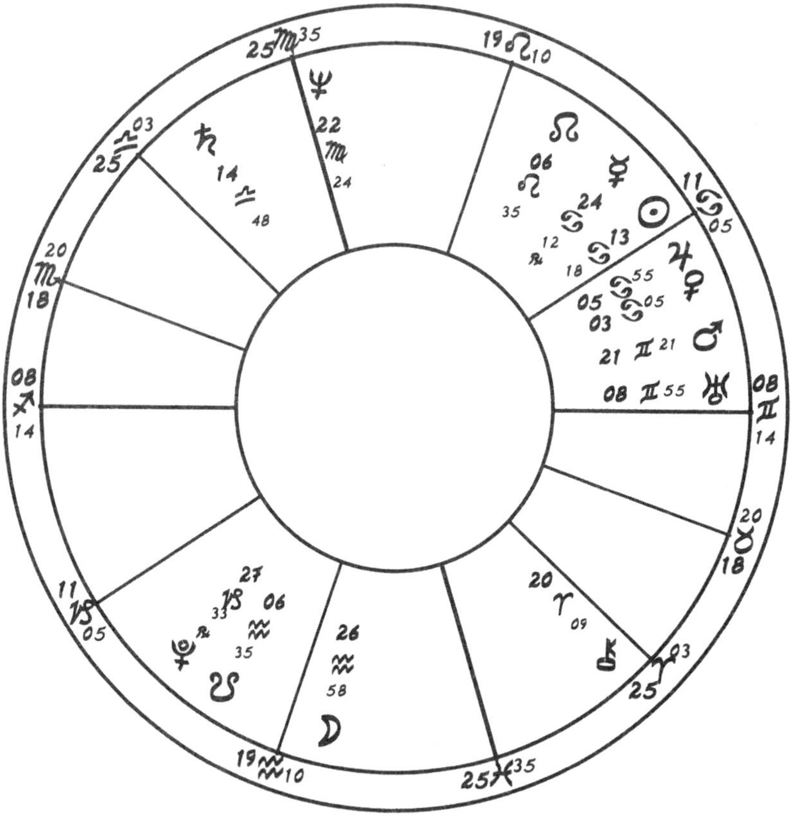

美國國家盤

建立於一七七六年七月四日，下午四點五十分，賓州費城

可以看到戰爭爆發時發揮影響的行星配置：由火摩羯、天金牛、海處女組成的的大三角，火星還在其強勢星座，更與凱、冥對分，基本上是處在凱、冥的中點位置上。也許大三角反應出這股能量爆發得有多輕鬆，而集體意識，或該說集體無意識的自滿成就了這樁戰事6。

土象的火星也很貼切，因為這場戰爭一開始是出於野心，對國家的優越感，以及想要建立新世界帝國的渴望。摩羯座的開創性質暗示了一種暗藏在行為之後、特殊、經過計算的目標，這場戰爭之所以爆發，並不只是因為人民的脾氣失控。在這張星盤裡，火星似乎觸發了外行星的大三角，而這個大三角連結了「美麗新世界」那種救贖渴望的願景。而火、凱、冥的組合又暗示著一股憤怒與憎恨，必須替真正或想像的惡找到代罪羔羊。

第三帝國的星盤天頂是在摩羯座二十四度二十七分，跟德國入侵波蘭的行運火星產生五度合相。感覺起來，火星行運的角度在國家盤上通常都能以某些型態顯化出戰神的樣貌，但通常會比較溫和、正面，而不是這麼具破壞力。第三帝國盤上的木星在五宮，處女座二十二度二十九分，而開戰時的海王星則一秒不差合相這顆木星，這點顯示影響到一整個集體意識的誇大世界救贖願景。最後，第三帝國的凱龍合相上升點，開戰時的行運天王星則剛好行經這裡，

6 原書註：本書附錄會討論九一一事件由水、土、天、海組成的大三角。

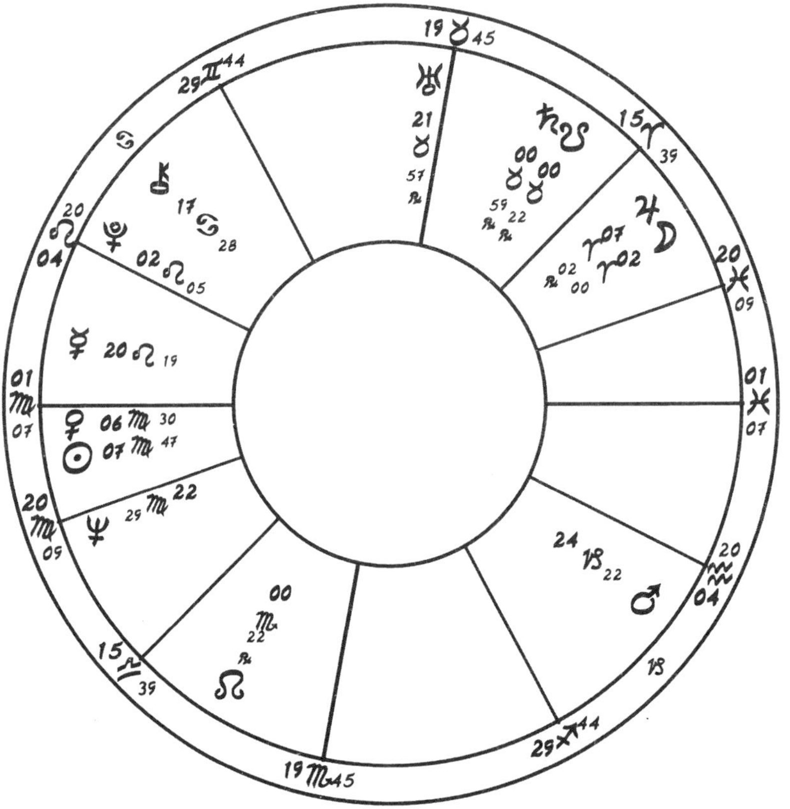

第二次世界大戰

一九三九年早上四點時七分於波蘭但澤開戰

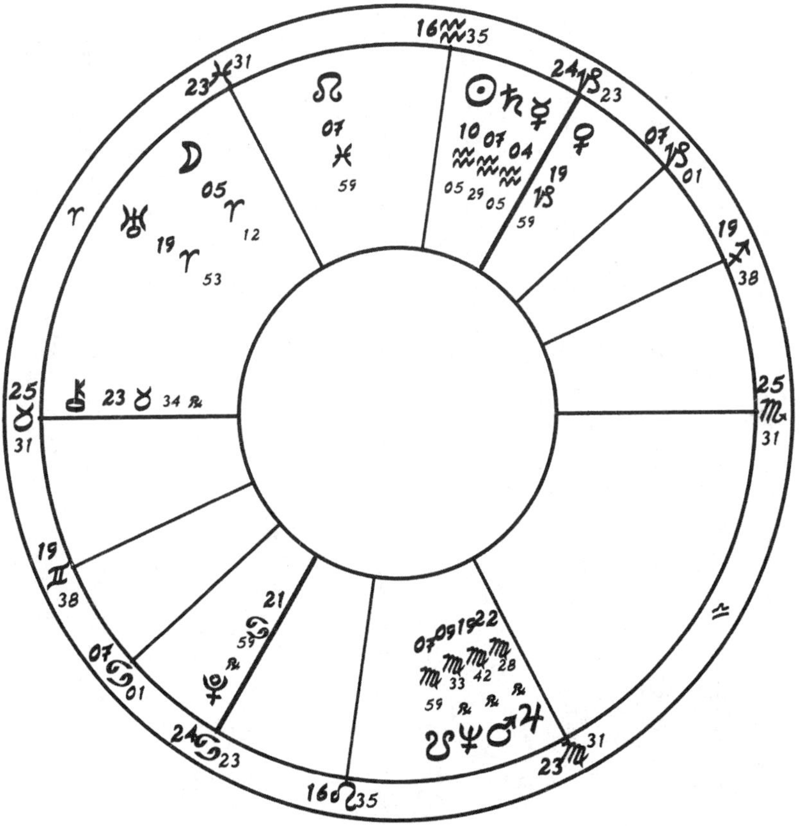

第三帝國

一九三三年一月三十日上午十一點十五分，建立於德國柏林

喚醒的不只金牛座典型的土地及資源欲望，更提點集體大眾對於過往所受的傷害與暴行。

研究這些世俗星盤所描繪的戰爭深層原因與天性必須更深入研究，我今天只是起個頭，希望在座某些朋友能夠繼續探索火星的主題。不過，我要再次重申，如果集體意識要開戰，個人只能拋下自我的火星，加入集體的靈魂之中。就全球的層次來看，我們根本束手無策。我們只能做好內心的功課，發展出自己與火星之間的健全關係。這麼做當然不見得能夠保護我們不受集體意識爆發的傷害，但也許能夠保護我們不要認同這股意識，也許到頭來能夠協助我們型塑出不一樣的結果。榮格相信，集體瘋狂浪潮的唯一解藥是穩固的個人中心結構，這個結構包括了我們跟火星的關係，火星最有創意的面向是服務太陽的目標。如果有足夠的人都忠實自己的內心，所謂的集體浪潮就不可能出現了。我們這輩子看不到這樣的轉變，在可見的未來也無法，但這卻是一個值得努力的願景目標。

觀眾：火星能夠服務集體的太陽原則嗎？

麗茲：可以，我相信可以。集體不只會為了生存而戰，也會為了反應出太陽深刻價值的更高理想而戰。我們也許可以將美國廢除奴隸制度的對抗視為這種服務太陽理想的實例，特別是因為美國國家盤的太陽在七宮的巨蟹座，最佳的狀況就是滋養、保護弱者。不過，永遠不要盲目相信上帝會一直站在某一邊。如林肯總統所言，在每一場戰爭裡，雙方都相信上帝偏好他們的使命。所以肯定有人誤會了，或者，也許兩邊都沒錯，因為衝突就是戰神用來進一步展露太陽宿命的原型方法。無論是智能上、情感上或肢體上的衝突，都是生命裡的原型元件，是我們人類將必要的衝突扭曲為這麼殘暴、不必要的血腥大屠殺，因為我們的火星生病了。

今天的研討會必須告一段落了，看來我們今天沒有引發什麼暴力事件。也許我們散播出更有建設性的火星種子了，我是這麼想的。很謝謝大家出席，也很謝謝大家分享你們的經驗與看法。

第四部

火星的優點與缺點

梅蘭妮．瑞哈特

本場講座為心理占星學院秋季課程的一部份

講座日期：一九九七年十月二十六日

地點：倫敦攝政學院

引言

今天我們要聚焦在火星上，我想在座已經有人注意到，今天早上火星跟金星會在射手座產生緊密的合相。講座開始的時候，這組合相在一宮，但隨著合相度數愈來愈近，金火的度數會在十二宮最緊密，形成可見與隱藏的火星。我會向各位介紹火星明顯的特質，希望也能提到一些隱藏的主題。希望在過程裡，各位記住今天的主題——「優點與缺點」，這張星盤上有些線索，涵括了我們對火星天文學的基本認知及不熟悉的面向，我還會列出占星學上的火星主題，最後會討論火星與其他行星的相位。

我們也會討論各種展現火星能量的神話及原型人物。整個講座我都會強調金火的連結，加上一點土星的色彩，因為今天的土星在牡羊座，是火星守護的星座，而火土呈現三分相。我們今天也會稍微「射手」一點，我們等下會逐一介紹不同星座的火星特質，為了要發揚月處女的精神，我們有一張問卷，是基本的冥想練習，這是要強調金火合相在十二宮。這個活動會分組

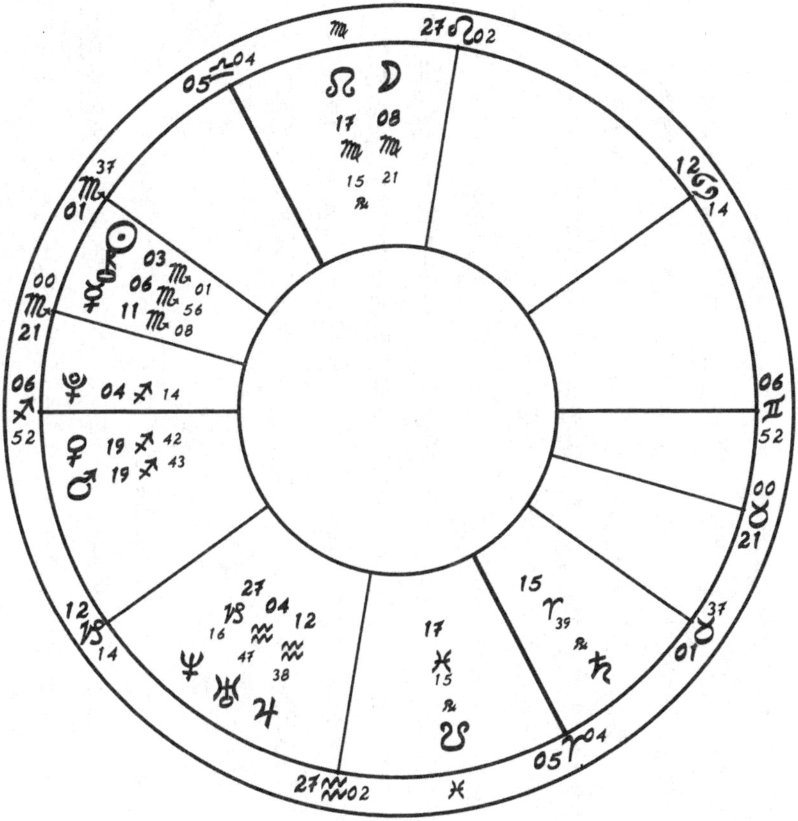

一九九七年十月二十六日早上十點，英國倫敦

進行，或各位私下回去練習（畢竟今天每張不同時間的星盤，十一宮宮頭都是在天蠍座）。然後我們會回來，繼續看教材。

今天的星盤

各位請看，這張圖中，金火合相與位於處女、雙魚十九度兩分的南北交有最緊密的主要相位1，金火四分南北交的同時也開始產生出相位。分別與南北交呈現四分相的這一點就是啟動南北交的觸發點，這個點本身關乎能夠形塑我們生命的人、事、物、理念跟關係。此外，月亮正在接近北交點，四分金火，所以這個模式今天稍晚到明天都會持續啟動。

有一小群人屬於天冥合相在處女座，對分雙魚座的土星與凱龍的時代，這些人出生於一九六〇年代中期，眼前的金火合相四分南北交會啟動他們本命盤上這個的配置。這世代有不少人會以行運冥王星開始啟動這組軸線，所以像這種以快速移動行星組成的組合啟動的能量就會比平常更劇烈。這段期間，也許你們會遇到很重要的「其他人」，好比說遇到你的對手、解決過往關係帶來的痛苦或存在已久的問題，也就是釋放儲存的能量，這是很射手座的風格。我們通常不會覺得金火行運有這麼重要，但它們有時就是這麼重要。如果我們要為這組合相寫一場內心戲，這個故事會訴說陽性與陰性、主動與接收的內在整合。因為金火在射手座，這是組成願景、啟發及目地的重要元件。它不是一個舒適、滑順的火象合相，反而是充滿激情、意義與前瞻性的組合。如果你們需要替論文訂題目，或想要尋找一個新的宗教，這個時候也許是最適合的時機！

金火合相的另一個主要相位是三分土牡羊。金火也與天王星產生緊密的四十五度，而天王星是整張星盤的最終定位星守護三宮，希望今天我們能有一場充滿興味的小組討論（天水瓶守護三宮），充滿各種亮眼的新想法。

觀　眾：什麼是「最終定位星」？

梅蘭妮：聽起來好像是管東管西的大總管吧？「定位星」跟守護星的意思一樣。在這張星盤裡，我們會說木星是金火合相的守護星，木星在水瓶，水瓶的守護星是天王星，而天王星又在水瓶座，所以這條路徑到此結束。在這張星盤裡，無論從哪裡出發，每條路徑都會抵達水瓶座的天王星。在個人星盤裡，作為「最終定位星」的行星具有主導性的地位，也會在當事人的生命裡展現。顯然「最終定位星」就是落在守護星座的行

1　編註：附圖星盤中南北交點的度數應是十九度兩分。

星。我覺得今天的星盤聊得差不多了，我通常不會對當天的星盤著墨太多，但這張盤真的很有趣。在我們繼續之前，有人有什麼想分享的嗎？一九六〇年代出生的朋友有什麼意見嗎？

觀　眾：有。就在這個禮拜，我覺得我放下了一段結束得很痛苦的背叛關係，這段關係是從年初的時候開始的。

梅蘭妮：發生了什麼事才讓你放下？

觀　眾：我不知道。我只覺得自己又充滿熱情，可以放眼未來。

觀　眾：我不是處女、雙魚對分年代出生的，但我的木星在雙子座十八度。我這禮拜覺得很凌亂、猶豫不決。我要進行一個重大決策，所以我快把自己逼瘋了。我看了一下星盤，決定等到周末以後再說。

梅蘭妮：也許等到明天一大早，月亮觸發變動十八度的時候，事情會比較明朗。通常在緊密的行運相位壓力裡，靜待一會兒狀況就會比較清明。

天文常識

先來介紹點天文小常識。火星的軌道週期是六百九十七天，以日心說的角度來看，稍微比兩個地球年還要短一點。火星跟木星之後的行星不同，不會跟太陽形成長達一年的合相或對分相。火星跟太陽之間的周期是很規律的，平均起來是七百八十天，差不多是兩年兩個月，這叫做會合週期（synodic period）。火星跟所有的外行星一樣，與太陽對分時會形成逆行的狀況，但逆行的時間只會占火星週期的百分之九。跟火星及其他行星相比，金星逆行的時間更短[2]。

2 譯註：金星雖是內行星，但十八個月才會逆行一次，相較起火星或一年要逆行三到四次的水星而言，逆行的時間的確最短。

地球之外的鄰居

接下來我們來觀察火星在太陽系裡的位置，這裡有些很有趣的象徵。太陽位於太陽系中心位置，最接近太陽的是水星，接著是金星，也就是我們靠近太陽的鄰居。嚴格來說，金水加太陽是個人內在的行星，這三者是一個人內在認同的三位一體，展現出我們主觀的價值（金星）、感知（水星）及本質的重要性（太陽）。然後是我們的家，地球與月亮的系統。往外走我們第一個遇到的鄰居就是火星，這是不是很棒？我們在地球上，一邊是金星，一邊是火星，就跟那句老話說的一樣：「愛讓世界轉動。」金火的結合著實伴隨著地球，我們就是肉體激情下的產物。實際上，我們就是人類繁衍欲望下的成果。

繼續往外走，會遇到木星與土星，有時我們說這兩顆星是社會行星，讓我們連結社會及其架構、道德、旅行、法律和限制，這種更寬廣的世界。不過，請看看火星，火星好像有點落單了，一顆星卡在中間。當我們想在個人星盤裡賦予火星深度的時候，這樣的特質變得很重要。火星是出了地球軌道之外的第一顆行星，就在地月系統與木星之間，因此平衡了這兩個面向的生命，也就是內在私密、個人的實體世界，以及社會、意識形態這種更寬廣的世界，還有信仰、宗教的道德世界、想要擴張的渴望。

有了火星，我們才得以從我們的基地、家園、安全感、習慣、個人架構出發，與更寬廣的社會世界連結。我們想要留下記號、表達自我、建立連結、相互競爭、面對挑戰、尋求目光與認同、滿足某些想要表達的內在衝動、贏得所愛的芳心。我們必須用火星來展現我們的內在，實踐三顆內行星的功能，這些功能如下：

1. 表達基本的核心生命力與認同（太陽）
2. 溝通我們的態度、信念與交流（水星）
3. 榮耀我們的價值、吸引我們的人與物品，生活裡仰賴這些重要的東西（金星）
4. 成為我們生活的地月系統的生命守護者。

我們晚點會討論火星跟每顆內行星之間的主題。我覺得金星跟火星都和欲望有關，但方式不太一樣，所以我希望我能試著界定出金星與火星不同的激情。火星的符號是從地球拿了一點東西出去，我們是誰的本質，然後把它投射到外面的世界，賦予其意義與方向。這點跟我們晚點會討論的神話人物有關。就在我們討論「出去」的過程時，我們同時也會進入到所有關於地球軌道之內的內行星相關主題與議題。這些主題都能協助或阻礙我們的火星。

火星的符號

我們可以在符號裡看到很多線索。地球的占星符號是中央有一個十字的圓形。火星的符號則是一個圓，邊緣上有一個向外的箭頭。想像一下，我們把地球符號裡的十字拿出來，分成兩條線，然後將一條彎折，成為箭頭。或者，我們將十字拿出來，拉一條線出去，就跟我們用射出去的箭畫出射手座的符號一樣，這個話題實在很符合今天的火射手。火星的箭頭是往上、往外的，遠離中央，背離圓滿的完整，探索進充滿二元性的世界裡。在占星學上，圓圈代表完整，所以相較之下，火星的符號是很不穩定的。圓圈本身是穩定、完美的，沒有開始或結束，可以旋轉或平放，但內在本身永遠都是完滿的。一旦加上箭頭，變成火星的符號後，就有了動作、進步、衝突、不穩定性及必然性。

另一方面，如果我們把火星當成木星內側的鄰居，我們對火星又會產生不一樣的見解。剛剛我們把火星的能量視為向外的能量，遠離核心，因為它是離開地球軌道的第一顆行星。現在我們要把火星當作是木星內側的鄰居，也是地球外側的鄰居，假設火星的箭頭是朝木星的方向射去。我們可以用火星接地，透過行動、展現願景的創意手法、靈感、潛力，還有木星所象徵的哲學。這裡的意圖是為了要接地及顯化，用眼前的方法將價值帶入個人及可以交流的形式。創意、靈感、宗教志向，以及其他跟木星有關的擴張特質。這些特質都會透過意圖與行動，也就是火星，讓其具體化展現。

觀　眾：那土星與目標呢？

梅蘭妮：火星在摩羯座是強勢的星座，意味著火星的功能以土星的方式展現是其最有效率的表現。策略與跟隨前例到顯化的階段是土星的過程，但意圖與意志卻屬於火星。今天，我們也會不斷談到火土之間的關聯。

主題

這個時候，我會開始畫一棵文字樹，這棵樹的詞彙在今天的講座裡無疑會持續增加。這個方法是我從心智圖創始人東尼·博贊（Tony Buzan）的研究裡借出來用的，這是個很好用的方法，可以記錄下你蒐集來的資料。我們已經提到幾個詞彙，現在還可以繼續增加3。

意圖
行動
創意的自我展現
接地
顯化

我們曉得火星是先鋒，也是戰士（warrior）。我念這個詞的時候要很小心，有天晚上，我跟朋友在討論這次講座的內容時，她一直以為我說的是「杞人憂天的人」（worrier），這件事的重要性遠超過我們的想像。看著太空裡火星管理建立起來的一切，它遠離過去，尋找新的地平線、新的挑戰與冒險，為了達成這種任務，火星會處在非常柔軟脆弱、危險不定的位置上，這點受到它原本的基礎——也就是確立自我的風險所影響。這是我們從地球家園觀察火星時會有的感覺。我們就是這樣活出自己的本質、展現自己的本質，面對自己的本質，將其表現到世界上，必要時還要捍衛自己的本質。把火星當成自我與社會的連結，同時也跟我們如何將火星的衝動轉化成符合社會集體的特質有關；當然，依照每個人的狀況，我們也可能發展不出這種特質。火星跟衝突及衝突管理有關，內在與外在，戰鬥的能力，反抗、和解、開戰或停火。火星在太陽系裡的位置訴說我們如何能夠在社會上腳踏實地、得到喜樂，或在社會及群體裡占有一席之地；我們該如何轉向生命裡的熱情，該如何對自己實踐正向的控制、訓練自己，以及我們如何設定目標精準贏得我們的需求及我們喜愛、覺得有價值的事物。

3　原書註：本卷內文的楷體字都是白板上列出的「文字樹」內容。

衝突

我們都曉得火星跟衝突以及掀起衝突有關。火星跟開戰有關，也跟結束紛爭有關。解決衝突的方法跟戰爭的輸贏一樣需要勇氣與意圖。也許這才是火星真正的功能，選擇在個人與意識形態之間（地球與木星）走出一條英雄的道路，這也是一場戰爭。如果我們記住火星在太陽系位置的象徵意涵，這個位置通常能夠展現出暗藏在衝突之下的議題。換句話說，許多衝突可以簡化為意識形態或領土的統治問題，這也是木星跟地球的主題。就算我們分析的是個人的情感問題，有時還是可以看到這兩股力量其一或甚至兩者都出現的作用力。各位可以試試看，地球的位置在各位的太陽對面，這是從日心占星學（Heliocentric Astrology）借來的概念，我們也可以大致分析一下這張星盤的土元素狀況。你們也許會思考一下地球、火星跟木星之間潛在的衝突與不協調，搞清楚你的火星戰場到底在哪裡。這個方法滿實用的，可以讓我們避免跟其他人展開「假想敵對戰」，省下很多投射出去的能量，因為基本上問題是內在的衝突。

火星象徵的後設衝突會在兩股力量間拉扯，一、本能、習慣、慣性的引力，來自已經建設好的一切（地月系統），以及，二、擴張的可能性，或某種量子跳躍讓這個人能夠進入自我發展的志向、意識形態、道德及個人潛能之中（木星）。或者，更簡單一點，火星的原始衝突可以簡化成這樣，在地球與天空之間，就是領土與意識形態的問題。請記住宙斯是最偉大的天空之神，問題在於驅動我們的是什麼，這點就跟金星的微調功能有關，金星象徵了我們的價值，而這個價值非常重要。

梅蘭妮：顯然火星在各種星座理論裡都傾向於跟它最喜歡的衝動密切合作，因此，剩下的衝動就會成為衝突的來源。各位這樣有共鳴嗎？

觀　眾：有。我是木巨蟹六分地金牛，但火星在七宮的水瓶座。我星盤的水象能量很強，雖然我滿情緒化的，但我基本上是個溫和的人。我結婚的時候，我跟丈夫會因為意識形態的問題起爭執，感覺很不像我，我覺得很訝異。他覺得我對自己的情緒存在著特定的意識形態，我只能坦承他所言甚是。

梅蘭妮：這個例子很好。我自己是火金牛、地射手，地球的守護星木星在水瓶座。我常常在這些能量不同的密度與速度中掙扎。風元素跟火元素充滿熱情，卻缺少焦點，火星會因此緊張煩躁，而火金牛的動作又慢得可怕，會惹惱地球跟木星！我們可以拿一位名人的盤來做例子，黛安娜王妃，她是日巨蟹、地摩羯、木水瓶、火處女。雖然她有兩顆很有力量的風象行星，但土元素更強勢，有四顆星，包括金金牛與土摩羯。她的火處女合相冥王星，讓她先天就會想要服務其他人。為了達成這個目標，她善用自己在社會上的地位（土摩羯），以及資源（二宮），讓這一切成真。儘管如此，某些「陰謀論者」相信她是被暗殺的，因為她跟埃及富商之子多迪．法耶茲（Dodi Fayed）公開的戀情讓英國皇室蒙羞。法耶茲的父親多次因為各種理由拒絕英國國籍。王妃可能不智地破壞當時的政治與意識形態體系。在她過世當時，天王星行運跟她的木星合相，緊密到在二十四分之內，連一度都不到。她個人想要活出來的人道主義理想，想要利用她的皇室地位達的目標都事與願違。當然，這只是揣測，但她無論生死[4]，肯定都惹得很多人不開心。

我們在星盤上看到火星的時候，要記得問：「火星服務的對象是誰？」要麼就是地球，要麼就是木星。這種問題是為了探索，這是修辭學上的問題，不需要回答，不用提供生硬的假答案。我想起占星師霍華．薩司波塔斯在《內行星》一書說，火星是「太陽最忠實的追隨者」，意味著火星原始的生命力、能量、意圖都是為了服務一個人太陽的目標而存在。換句話說，火星協助我們每個人神祕的內在光芒與我們配合，這股光芒能夠連結我們生命裡神聖的層面。火星描繪出來的條件或衝突都能視為是「回到正軌」的內心天人交戰。其他的行星能量會「奪走」火星的力量，舉例來說，如果火星跑去服務土星，這顆火星也許就會激勵當事人的欲望，當然也可能會與之對抗。如果火星服務木星，也許這個人的宗教狂熱程度就會提升，同時也造成衝突與爭議性，因為這個人需要搞清楚自己相信什麼，同時還要說服別人自己是對的。用這種方式來思考相位對我們會很有幫助。火星能夠刺激它所接近的能量，有時會壓制對方，但有時其他行星也會搶過火星的風采，而憤怒就從衝突油然而生。

火星與太陽神經叢

在精微體的層面上，火星跟第三輪的太陽神經叢息息相關，這個脈輪跟九到十三歲或青春期的發展有關。光是從名字「太陽」神經叢就看得出來，這個脈輪支持的是我們太陽星座特質的發展與表達，我們原始的能量與生命力。太陽神經叢也跟我們發展出理性明辨的頭腦以及一個人站穩腳根的能力有關。這個脈輪位於身體中央位置，就是我們想要得到平衡的地方，但同時也一定會因為外在狀況而彎折，或展現創意。跟「戰或逃」反應連結的腎上腺也跟火星有關，而腎上腺就在腎臟旁邊，也位於身體的中央地帶。在精微體的分析上，太陽神經叢或火星虛弱的人也許會害怕衝突，容易覺得別人的能量侵犯自己，特別是具有攻擊性的能量，腹部也許會很緊繃，下背部容易痠痛，或容易有腎臟問題。舉例來說，公車司機心情不好，對你講話

4 原書註：黛安娜王妃出生資料：一九六一年七月一日晚上七點日十五分於英國桑林翰。

口氣很差，你因此覺得「受傷」，你這一整天就這麼毀了，因為你覺得自己徹底受到影響，彷彿你的能量堡壘有了缺口一樣。

觀　眾： 這樣我們能怎麼辦？

梅蘭妮： 這是個好問題。如果負面能量不能中和，我們可能就覺得必須把這股能量發洩到別的地方，好比說對小動物出氣。我們最好還是要升級使用火星能量的方式，這樣可以自動加強太陽神經叢能量的模式。這也許意味著療癒過往的經驗，也許我們曾經沒辦法保護自己，別人的攻擊性讓我們受傷，我們沒有用火星能量回擊，反而自我攻擊卻不自知。或者，我們可以從其他角度切入，找方法進化能量體，療癒太陽神經叢。這點後來也能發展出不一樣的洞見，讓我們理解自己是如何使用及誤用這股能量，所有的方法都能加強我們的感受。

輸掉戰爭

火星是用來協助我們興旺且利用我們的活力來成長、參與生命的方式，加入我們的創意，以具有效率的方式面對對手與阻礙、衝突與困難。這是很私密的經驗，我們可以清楚明白火星的確是太陽的僕人，因為我們能夠透過表達，榮耀內在的自我。火星也跟意志有關，就是意圖與能量的實踐與應用。這是一場偉大的戰爭，然而，每顆火星都會輸，因為這是對抗身體的死亡。無論我們輸贏多少，我們最後都會屈服在這必然的結果之下。某些火星會很清楚這點，某些則否認，這些反應決定了一個人信心與自信的品質。在我們談到火星與其他行星的相位時，我們會詳細討論這個主題。火星的狀況也反應出我們是否具備「風度」，我們能否以圓滑的態度面對艱困的問題，且能贏得光榮、輸得優雅，或者，我們能否穿越憎恨、責備自己與他人的心態，最後是當我們遇到失敗與失落時，是否會感受到徹底的挫敗感。冥王星是在一九三〇年代發現的，我們稱其為「高八度的火星」，雖然我覺得「深八度」這種字眼比較適合冥王星。我會這麼理解，一九三〇年代之後，我們與生命裡火星交手的方式已經成為一種轉化的過程，無論是在個人層面或集體層面皆然。

在我們繼續探索當代火星的狀況前，我想讀一小段托勒密對火星的敘述，這是十八世紀翻譯成古英文的文字，出自十九世紀英國牧師布魯爾（E. Cobham Brewer）的《布魯爾成語與寓言詞典》（*Brewer's Dictionary of Phrase & Fable*）。在今天的課程裡，我想提高火星的層次，不要像這段文字敘述得這麼低劣，但這段文字顯然也描繪出火星片面的展現。

> 在這顆行星下，誕生的是盜賊、妓女、惹事生非者、嘲弄別人之人、藐視他人之人，這些

火星之人造成戰爭、謀殺與戰鬥。他們會是工匠、製作金屬里爾琴的工人、厲害的裁縫。他們會漲紅了臉，勃然大怒……很會走路，製作刀劍的人，帶有一抹鮮血……很適合理髮、放血、看管動物。

火星探測計畫

幾個月前，在美國國慶日這天，一艘太空船抵達火星，這是當時的星盤。我不曉得該設定什麼地點，我們也沒有火星的經緯度宮位表，所以我設定在美國加州的帕薩迪納（pasadena），因為這是第一次宣布這個消息的地方。我後來才曉得，美國的拓荒者號小組更早之前已經登陸火星了，但不曉得因為什麼原因，沒有放出消息，因此惹出陰謀論，請注意這張星盤的冥王星在三宮接近四宮根源的地方！而且因為登陸的時間是在七月四日，這時的月亮跟美國國家盤上的太陽呈現合相5。

火天秤是火星弱勢的位置6，火星四分位於巨蟹座的日、月，而且這個時候是「暗月」的階段，就是新月之前的一段時間，這個時候是看不到月亮的。這個月相望向未來的曙光。請注意金火這時產生六分相，緊密到只有兩分之差，夾在中間的是上升點，所以金火跟下降點形成上帝手指（Yod），使得上升點和天頂的中點與金星和火星的中點產生四十五度的關係。下降點的

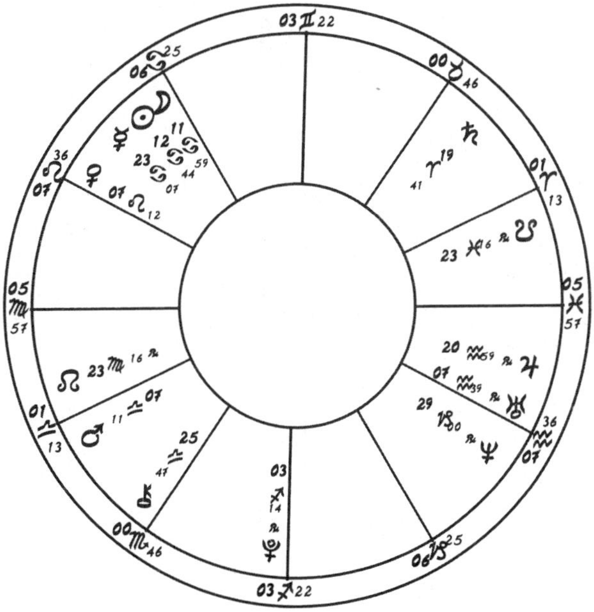

登陸火星

一九九七年七月四日上午十點零七分，地點美國加州的帕薩迪納，資料來源：太空總署。

5 原書註：恐怖攻擊九一一事件這天的行運木星在巨蟹座的十一度三十五分合相這個點，請留意這個度數後幾周的發展，因為幾周後木星開始停滯、逆行。

6 原書註：九一一事件的火星位置在莎比恩符號（The Sabian Symbol）系統裡的意涵是「頹傾之家裡的燃燒壁爐」，丹恩・魯伊爾（Dane Rudhyar）對這個象徵的解讀相當強烈：「在棄置的美夢裡，某些難以界定的溫暖『存在』並沒有消失，也就是重新再生的希望。」出自丹恩・魯伊爾《占星曼陀羅》（*An Astrological Mandala*），第一百七十七頁，紐約藍燈書屋出版。

守護星海王星落在摩羯座，也合相美國國家盤的冥王星。而且日月合相也與土星形成寬鬆的四分相。看看這組T型端點，凱天秤對分土牡羊，同時四分水巨蟹，水星跟南北交同樣度數，因此，水星、北交點又與木水瓶產生另一組上帝手指。這張盤跟我們現在的星盤一樣，天王星都在水瓶座，守護木星，是冥王星的最終守護，除此之外，這張星盤其他行星的最終守護星都是月巨蟹。就算技術上來說，月天並沒有相位，但這個事件強調了月亮與天王星之間的關聯。在美國國家盤裡，月亮的位置是在水瓶座二十六度五十八分，南交點也在水瓶座；火星登陸盤的天王星跟美國國家盤的月亮合相在三宮**7**。登陸火星的探測車小名叫做瑜珈（Yogi），不曉得想出這個名字的人是對卡通人物瑜珈熊情有獨鍾，還是他們對占星有所涉略。

梅蘭妮：如果我們研究這次火星登陸的隱喻，各位想想，這種事件對我們地球人來說代表什麼？你們在電視上看到的時候有什麼感想？

觀　眾：我們彷彿探進宇宙更深遠處，進入社會與超個人的國度，因為火星是出了地球軌道的第一顆行星。

梅蘭妮：很棒！火星讓我們遠離自己的家。探月的時候，有些人解讀為那是我們修訂、重新擁抱、重新思考陰性原則的時刻**8**。也許我們能夠延伸這種類比模式，想像這次登陸火星也許象徵了我們對於陽性原則的運作必須更有意識。

如果各位沒注意到，相較平常，我今天引發許多讚嘆訝異的反應。這點反應出金火合相在射手的特質，有一股強大的力量，想要探尋意義，對於臆測與哲思充滿熱愛，對於學習感到激動，對於浩瀚、廣大、費解、興奮事物充滿熱情。太空旅行符合上述所有標準，過去幾年也在集體想像力中點燃不少火花。射手座是變動的火元素，本身就暗示了集體的想像力。不過，我常想，我們的老祖先最早可能不需要機械太空船，而是用意識進行星際旅行。好，我覺得差不多該回到地球來了，我們要來討論跟火星有關的各種表達與攻擊性。

咱們回到托勒密的「嘲弄別人之人、藐視他人之人」。嘲弄、藐視是大量輕視別人，讓他們覺得自己不夠好，削弱他們的力量。這種行為可以進行得非常細緻，好比說在客廳喜劇裡，所謂的「幽默」通常是嘲弄某些人，這些對象不外乎是沒有教養、知識程度不高或相較之下無知的人，因此，嘲弄者會覺得這些人不夠好。嘲弄、藐視會引

7 原書註：這裡指的是平均交點（mean Node），本次講座使用的都是平均交點。

8 原書註：一九六九年七月二十日，晚上十點五十六分，美國華盛頓，這是人類第一次登陸月球。這張星盤與登陸火星的盤有許多驚人類似之處。

起敵意，這點我覺得是火星很有趣的一個面向，人家以微妙的方式羞辱某人，而受害者會有憤怒的反應，結果加害者只會揚揚眉毛，彷彿在說：「看吧，這傢伙就是個任性的野蠻人啊！」嘲弄別人之人、藐視他人之人，無論他們的手法多細緻，都是衝突之神艾瑞斯的崇拜者。當「幽默」充滿貶損、報復、競爭性的時候，就會產生惡意。笑聲可以啟開或關閉人心，這是我用來評斷一件事好笑與否的標準。回到托勒密描述的火星，也許某個層次的火星是遭到輕視、壓抑及嘲弄的。也許我們試圖微調這種能量，沾染上金星的色彩，因此迫使這股能量必須爆發出來，可能的後座力就是其最糟糕的形式，也就是野蠻、粗俗、侵略他人、迫害他人、專橫刻薄。在英文裡，我們會稱某種人紳士（gentleman，前面的gentle指的是溫和有禮的）。如果我們應該成為一個「溫和有禮」的紳士，那男男女女靈魂裡「狂野無禮」的那部分該怎麼辦呢？這個嘛，我們開始崇拜這樣的精神，我們可以在媒體上看到這種誇張的行徑。

崇拜火星

媒體跟真實世界裡充滿暴力，我們可以將這點視為集體意識對於火星原則的崇拜。如果火星是位戰士，這位戰士會需要為了崇高的理念奮鬥。這點跟木星有關。另一條路則是為了生存、領土、統治與個人喜樂而奮鬥，也就是地月能量以最負面的方式展現。然而，意識形態與宗教信仰雖然歸類在木星的管轄下，但這些領域在地球的歷史上還是引發過難以想像的殘暴與殺戮行為。難怪火星能夠引起這麼多擔憂與焦慮，地球與木星之間存在著一種「做也不是、不做也不是」的狀況，而這兩者任一的價值都可能遭到扭曲，引發恐怖的後果。火星只要沒有正面積極與地球連結，某種程度來說，火星的能量就會「變壞」。「變壞」的現象很可能是因為受過傷或其他原因，離群索居，具有危險性，會攻擊其他生物。根據同樣的象徵，如果遭到世俗問題扼殺的進取心與創意變得太濃烈，火星很可能會變得固執、不開心，因此憤怒、心緒不佳。我覺得火星真正的戰場第一個是內在的衝突，面對這點能夠協助當事人在意識形態與實際疆域之間展開一場向外探尋的旅程。

火星這顆行星非常壯麗。它表面上有一座山，叫做奧林帕斯山（Olympus Mons）[9]，也就是希臘眾神天上的家。我想，奧運的原型意涵可能就是我們這些地球人以一種啟發、正當的理由來崇拜火星吧，將無謂的部族與國家問題先放一邊，展現出我們堅忍的力量、生命力、卓越性、超凡的本事以及有如手足般合作的健康競爭關係，這就是人類展現出自己最好一面的時

9 原書註：可參考網路照片http://www.nineplanets.org/mars.html

刻。今天，奧運的榮耀遭到那些透過禁藥提升表現的運動員踐踏。「火星的狀態」在今天讓人覺得玩味，要參加奧運非得是「超人」不可，要跟大塊頭的人及各種男神女神較勁。「英雄崇拜」在古希臘時代非常盛行，在這些表現不凡的英雄墳前會進行盛大的獻祭。時至今日，全球娛樂圈與運動界還是有這種「超級巨星」現象，但我們崇拜的特質似乎沒有那麼崇高了。

火星在當代有個象徵，在場有多少人曉得「火星人臉」？從金火合相在射手的觀點來看，這件事滿有趣的。一九七六年的時候，美國太空總署的工作人員在看一組由海盜一號探測船拍攝回來的照片，他們發現一些奇怪的畫面，並標記為「頭部」，但沒有發表這些照片。後來，兩位電腦技術人員發現了這張「頭部」的照片，他們利用科技加強畫面，結果「臉」就出現了，這張臉有二點五公里高，兩公里寬，高度四百公尺。過去一百年來，我們不斷討論這張臉及火星表面上的其他特徵，為外星人文明等想像加油添醋。很有意思吧？自從外星人的概念出現在西方科技社會的集體靈魂之中後，「火星人」就成了第一批「外星人」的候選人。為什麼不是木星人、土星人或金星人呢？不曉得你們怎麼看火星上頭有張「臉」仰望著地球這件事？是不是很妙？彷彿地球跟火星遙遙相望。

觀　眾：也許透過觀看彼此，這兩顆行星就不只是象徵，而是一種現實，就好像拉回投射的力量，整合這股力量的過程？

梅蘭妮：我喜歡這個說法。你前往的目標會迎向你。而你前進的時候，能量是會回來的。從火星的符號裡，我們就看得到這點，火星符號很像一個發射器，或是一根射出去的箭。往上的勢必會下來，出去的勢必會回來。我最近發現，占星這件事情的架構是很火星的。西方世界大多使用「回歸黃道」（The Tropical zodiac），這個系統的計算方式是當太陽跨越天體赤道時，從牡羊座零度開始計算整個黃道。回歸黃道的整個概念是建立在火星的衝動上，後以某種韻律發展為十二個部分。有時，某些人會認為十二是太陽的數字，太陽從牡羊座零度開始，牡羊座是太陽強勢的位置，也是火星守護的星座。整個星盤彷彿是以行動來顯化（火星）我們內在核心（太陽）的太陽衝動。核心的太陽是存在於我們的太陽星座搭配上火星的能量，這樣才好表達出來。榮格也許會用「個體化」這種字眼來描述這個過程，重點不只是成為這個人，而是在生命裡展現出這個樣子。我想占星也描述了我們將以何種方式，從我們選擇與行動（火星）的因果關係裡學到什麼樣的課題，如果我們延伸這個概念，就能展現出我們的業力或因果關係的故事線，時移日往，我們會知道這個概念並不僅限於我們的生命範疇裡。

火星及四個開創點

如果我們繪製一張「出生盤」，上升起始在牡羊座零度，而整個黃道星座以逆時針方向排序，我們會看到一些有趣的現象。四個開創星座分別為牡羊、巨蟹、天秤、摩羯，這四個星座同時也標記出春分、夏至、秋分與冬至，就是一年之中能量變化的轉捩點。首先，火星守護牡羊，衝動就開始了。牡羊對面的天秤是火星弱勢的位置，巨蟹是火星失勢的位置，摩羯則是火星強勢的位置。也就是說，四個東南西北的羅盤方位跟分點都跟火星能量息息相關。下面有個表格，列出其他行星的強勢、失勢、守護、弱勢狀況。

星座	守護	弱勢	強勢	失勢
牡羊座	火星	金星	太陽	土星
巨蟹座	月亮	土星	木星	火星
天秤座	金星	火星	土星	太陽
摩羯座	土星	月亮	火星	木星

梅蘭妮：你們會發現土星出現得滿頻繁的，月亮、金星跟太陽也有出現，但水星在哪裡？各位

有什麼看法？

觀　眾：思考與溝通不存在。

觀　眾：火星與語言無關。

梅蘭妮：火星就是行動的準則，包括佛陀所言之「行無行行」，還是會受到選擇的刺激。水星象徵了我們反省、產生想法或計畫行動的能量，但火星的本質就是行動。從這個標準來看，水星就是火星的相反，也許也是「失落的環節」，因為原始的衝動需要思想來安撫。

觀　眾：春分秋分也是成對的，牡羊座跟天秤座的行星組合是火金日土，巨蟹座跟摩羯座的夏至冬至的行星組合則是火月木土。

梅蘭妮：這四個星座守護著東南西北，以及「出生盤」上的方位，火星跟土星都出現了。主題再次出現，關於這點我們可以有很多討論，但這個我就留給你們有空的時間自己思考了。

神話

羅馬戰神瑪爾斯

火星的名字來自這位羅馬神祇。希臘的版本是艾瑞斯，而希羅兩個版本的神差異很大。我會建議各位把這點放進我們的太陽系模型裡，因為這樣思考很有趣。顯然在早期的巴比倫神話裡，等同於瑪爾斯的神主要跟生長、植物、肥沃有關。我們發現羅馬的瑪爾斯也跟富足及農業有關，這是他主要掌管的領域，他的次要身分才是戰神。某些作家認為瑪爾斯的地位是高過朱比德。而在羅馬神話裡，瑪爾斯身邊還會有兩個隨從，名叫榮耀與美德。

回到我們的「文字樹」，我們把戰士放在這裡，也許我們也可以寫上榮耀與美德。這兩者伴隨著瑪爾斯。「美德」（virtue）這個字包括了拉丁文裡的vir，這個字頭就是「男人」的意思，男子氣概（virility）、男性的（virile）、美德通通是跟男人有關的字眼。有趣的是，在拉丁文裡，mar是鋤頭的意思，的確跟農業種植有關。這裡出現兩個形象，一個是持劍的瑪爾斯，一個是使用犁刃的瑪爾斯，後者會在大地耕作，使土地肥沃，具有生產力，養活部族，他是戰士也是守護者。一個人只會用火星能量保護他覺得重要的東西，這時暗指的就是金星。如果一個東西沒有價值，我們也不會保護了。保護不只是汽車防盜系統、保險或國家軍隊。保護在於你如何用自己的力量把某個東西留住，留在你自己能夠守護的範圍之中，加以關愛照料。這並不保證你不會失去這個東西，但如果真的失去，絕對不是因為你輕忽了。而且，virtus（力量）這個字也展現出一個東西的本質，也許是一頭獅子吼叫的力量，或太陽照耀的力量，也就是基本特質的展現。火星的能量必須榮耀我們深層的美德，也就是我們內在的天性需要表達出來。火星也要你堅守立場，發展你的卓越成就。操作農具的瑪爾斯不會一下就收成，農作需要時間，需要配合季節，也就是地月過程。能夠正面配合地月能量的火星才是有建設性的農作火星，也才能夠保護、守衛，最後才能因為信念而啟發，不是被信念牽著鼻子走，一路飛到木星的國度去。

希臘戰神艾瑞斯

希臘的艾瑞斯則是完全不一樣的角色，我想讀兩段話給各位聽，讓你們有些概念。大家榮耀羅馬的戰神瑪爾斯，認為羅馬是他建立的。反之，艾瑞斯雖然是主神之一，卻沒有任何城市是以他之名命名，就我所知，艾瑞斯在希臘只有一間神廟，在雅典衛城（Acropolis in Athens）

的阿勒約帕哥（Areopagitica），這裡就是古時候進行殺人犯審判時，大家會找位置坐、看熱鬧的地方。崇拜他的人主要都是亞馬遜人。匈牙利古典哲學學者卡羅・卡列尼（Károly Kerényi）曾說他：「從各種方面來看，這個角色都欠缺尊嚴。當魯莽的艾瑞斯受傷時，他的尖叫聲有如九千或一萬人的慘叫。[10]」《伊里亞德》中宙斯對艾瑞斯說：「你最喜歡的莫過於爭執與戰鬥，因此，全奧林帕斯山上我最討厭你。你的母親希拉剛愎固執，脾氣不受管束，言語都難以控制她。」

我們很容易認同羅馬的瑪爾斯支持我們生命正面意圖的力量、生命力、意志與認真，能夠表達我們的個體性、福祉，同時還能保護、榮耀部族。我們很容易認同跟木星有關的面向，且能清楚看到這種能量過剩變成濫用的狀況。當我們思考艾瑞斯的時候，狀況就更複雜了。史詩裡描繪的艾瑞斯相當嗜血，他對殺戮有難以控制的衝動，他是戰爭及衝突之神，他也容易魯莽闖進狀況裡，失控。他甚至也不是高效率的戰士，常常打敗仗，可以說是一個很可悲的角色，最糟糕的是，他輸不起，會發脾氣、會崩潰，輸了會鬧脾氣。他輸得很不光榮，甚至也沒有那種「勝有時，敗有時」的抽離或體認。艾瑞斯的體型非常壯碩，好勝心很強，如果他受傷了，他會搞得大家雞犬不寧。艾瑞斯也非常脆弱，因為他很激進，喜歡吵架、戰鬥，所以他肯定也是讓大家非常頭痛的人物。艾瑞斯不善社交，且跟羅馬的戰神瑪爾斯根本天差地遠。

我們可以思考這樣的角色在我們的集體意識裡對男人該是什麼模樣、不該是什麼模樣會有什麼影響？以及女性會如何看待男性的角色？這點的確值得我們思考。他的形象雖然是一位男性戰士，但刻薄苛求，感覺起來更像個惡棍。這點也許反應了古希臘文化強調理論（水星）的發展，不得不用理論來對抗火星的原則。研究星盤裡的火星時，我們會發現不同年紀與性別的人會有光譜般不一樣的火星特質，但這些特質也會因為年歲漸長而有所改變。研究自己的火星時，我們也可以捫心自問，我們能夠輸得優雅，還是跟艾瑞斯一樣輸不起？

艾瑞斯的誕生

關於艾瑞斯的出生，我們會參考兩個版本的神話故事。一個版本是希拉透過單性生殖產下他，天后為了報復丈夫在沒有交合的狀況下自行生產雅典娜，所以搞出這種「一報還一報」跟「你看著好了」的戲碼，在這個版本裡是沒有宙斯的。在這種血緣關係裡，艾瑞斯的誕生是因為他父母之間的衝突、敵對與心理不平衡。他一生下來就沒有父親，因此，他的蠻幹、好戰及軟弱的狀況能夠類比為沒有父親的男孩，覺得害怕、覺得面對生活，自己的先天條件不夠好。

10 原書註：出自卡羅・卡列尼《希臘眾神》，一九七六年由Thames and Hudson出版，一百五十頁。

這點在我們這個年代實在很有趣，我們可以想想天底下有多少單親媽媽獨立養育他們的兒子或女兒，而這些孩子都跟父親鮮少連絡。可能造成的結果是這些「男性權威」會投射進集體層面，類似「天父」這種意識形態，或成為某種抽象的東西，有如知識系統或科技本身。在這個版本的神話裡，據說希拉摸到了某一種花，所以她才懷孕，雖然我不曉得到底是哪種花，但你們聞這些玫瑰的時候自己小心點！

艾瑞斯受到亞馬遜人崇拜，亞馬遜人跟女獵人阿特米斯（Artemis）有關，但艾瑞斯的熱情卻屬於阿芙蘿黛蒂，據說，只有她能夠安撫他想殺戮的欲望。就心理意涵來說，我們火星的困難也許也需要金星領域的互補與交流。換句話說，火星原始、激進、不可或缺的能量必須跟金星達到平衡，透過的方式就是連結一個人的價值、原則，以及當事人在其他人、理想的國度、美學及人與人之間看重的特質。說到這個，我想到關於性別也有一點很有意思，我們在探討火星能量的時候，不免俗地一定會強調金星原則的重要。只要一位男性沒有跟內在天性裡的金星連結，他就會去外面找女性來扮演這個角色，結果就是他會因為自己太依賴她們而憤怒。這點也適用在女性身上，她們跟火星能量之間的關係，也許允許男人來扮演這個角色。無論男性女性，當他們讓對象扮演起角色，或讓對象成為他們內在的「另一半」時，尖銳的衝突就是不可避免的結果。

艾瑞斯的兄弟——赫菲斯托斯

另一個版本的神話說艾瑞斯是宙斯與希拉的後代，從這條血脈出發，他就跟瘸腳的鐵匠赫菲斯托斯成了兄弟。托勒密告訴我們，火星守護的人適合當鐵匠，操作熔化的金屬。火星守護的金屬就是鐵，與其相關的還有溫度、火及尖銳工具。赫菲斯托斯身為艾瑞斯的兄弟，呈現出火星能量另一個重要的面向。艾瑞斯跟阿芙蘿黛蒂的關係讓他跟手足赫菲斯托斯成了競爭者，赫菲斯托斯在令阿芙蘿黛蒂無法拒絕的一次協議中，成為愛慕她的丈夫，但她很不滿意就是了。

赫菲斯托斯特質很樸實，每天在熔鐵爐前工作、熔化金屬，也就是土元素的特質。艾瑞斯是名戰士。沒有人仔細討論赫菲斯托斯跟艾瑞斯之間的競爭故事，就讓我來說說吧。這個故事對土象的火星以及火土產生相位的狀況特別有意義，就跟我們今天的盤一樣。我們在四個開創星座及占星的四個方位上也看到他們之間的血脈連結。赫菲斯托斯是早產兒，顯然是在希拉與宙斯秘密交往時生的孩子。他出生時畸形，雙腳扭曲，向後方彎。希拉嚇壞了，就把他扔進海裡，想要擺脫這個孩子。海洋女神忒提斯及她的姊妹解救了他，將他扶養長大。在赫菲斯托斯的個性裡，我們看到不斷的報復與憎恨。火星的這一面放不下任何侮辱、受傷與衝突，永遠要當講出最後一句話的人，還會想辦法策劃陰謀復仇。

觀　眾：聽起來很像火天蠍。

梅蘭妮：對，沒錯，但火星在別的星座也會這樣。這部分在我等等給你們的問卷裡會提到，敬請期待。赫菲斯托斯替眾神打造了他們的象徵物，用具、徽章、標示之類的，大家看到這些象徵物，一眼就會認出這是哪位神祇。舉例來說，他替赫米斯打製造頭盔跟涼鞋，還替雅典娜打造盾牌。占星學上的火星，就是透過赫菲斯托斯的這一面，讓我們能夠打造出我們的個人性，且透過表達我們的天賦，形塑我們的特色。這是我們太陽的特質，而跟所有發光體一樣，這也會伴隨黑暗的一面。赫菲斯托斯替他的母親希拉打造了華麗的黃金寶座，默默送給了她。不過，當她一坐上寶座後，就發現有看不見的鎖鍊束縛住她，無法脫身。當然啦，奧林帕斯山眾神之王的妻子肯定受不了這種侮辱與束縛，為了守住顏面，她與赫菲斯托斯開始討價還價，結果就是他要求跟阿芙蘿黛蒂成親。在那種狀況下，希拉沒辦法拒絕，所以阿芙蘿黛蒂心不甘、情不願成了跛腳鐵匠的妻子。

權力控制

我們在這裡看到火星的各種面貌，對別人施壓的能力、協助他人的能力，無論當事人是否願意。舉例來說，你可以介入他人的自尊、無辜、想要受人喜歡的欲望，或其他跟自我有關的特質，這些特質能夠透過奉承，協助你得到想要的東西。束縛某個人象徵了勒索或操縱，同時也吸收了別人的能量，用來壯大自己。透過心理層面的身分認同就能辦到這點，可能是透過使用別人的物質資源，就算這些資源可以自由取用，就算其中藏有無意識的討價還價，我們都能束縛別人或遭到束縛。這是從虛弱、匱乏、不足的層面開始運作的火星。火星也跟我們為了要感受到力量，需要做什麼、需要成為什麼模樣有關。雖然我現在跳得有點快，但我等下就會提到火星能夠顯示出我們必須以何種方式、在何種背景下，學習了解這個層面，而不用放棄顯化的力量與意志，也不用退讓自己的立場，就能得到我們想要的東西。我們在學習過程裡可能感到挫敗，因為我們動用了不對的力量，或是因為我們要學的只是重新打起精神、再試一次罷了。

火星也跟我們如何回應傷痛有關。在這裡，我們可以看到赫菲斯托斯與拒絕他的母親。這個故事跟凱龍的故事異曲同工，凱龍也是因為肢體異常，遭到母親遺棄。凱龍並沒有走上永恆的復仇之路，反而成了一位薩滿和治療師。在古北歐文化裡，鐵匠通常都是薩滿，無論是鐵匠或薩滿，這種職業都跟以不同方式運用元素有關。海克力士意外傷及凱龍，這位公認的火星人物最著名的考驗都是在替他不小心犯下的謀殺贖罪。在傳統占星裡，火星守護外科醫生，但外科醫生這個字其實是來自凱龍（Chiron），cheir是手的意思，在法文裡chirurgien就是外科醫生。「負傷之人」是很凱龍也很火星的人物。

回到赫菲斯托斯的故事。榮光裡散發著壯麗與美貌的女神阿芙蘿黛蒂發現自己必須跟這位雙腳畸形、脾氣乖戾的金屬工匠結婚，不消說，她當然在外面亂搞。而赫菲斯托斯肯定必須常常面對這個事實，他的對手很多，其中包括他的手足艾瑞斯，艾瑞斯跟阿芙蘿黛蒂之間的關係充滿激情。能夠看到一切的太陽神赫利奧斯（Helios）監視這對男女，然後告訴赫菲斯托斯，這位工匠就開始準備他的復仇計畫。他打造了一張非常精細的網子，當艾瑞斯跟阿芙蘿黛蒂一起在床上的時候，他就一把逮住他們，讓他們無法逃脫。然後，他讓全奧林帕斯山的神都看看這對戀人狼狽的模樣。他羞辱了他們，或說他想要這麼做。我不確定阿芙蘿黛蒂會不會覺得丟臉，但我想艾瑞斯大概很不爽。

還有另一則關於赫菲斯托斯的軼事，描述他是怎麼滿懷怨恨與不滿、氣呼呼地回到奧林帕斯山。結果在一次父母爭執的場合裡，他選錯邊，選到希拉那一邊，激怒了他的父親。這傢伙真可憐。第一次，他母親因為他不夠完美，所以引起母親的怒火。第二次則是因為他跟媽媽同一陣線，想必是他因為一開始的不被接納而努力想要跟媽媽連結，結果這次老爸就向他發火，又把他逐出家門。他被趕出奧林帕斯山不只一次，而是兩次。他重重跌到利姆諾斯島（Lemnos），島民細心照顧他。這就很像火星不會放棄什麼愚蠢的戰爭一樣，彷彿他是在說：「母親覺得我很醜，不肯認我，但我一定會讓她接受我。」因為在關係的範疇裡，火星跟金星都很重要，這是赫菲斯托斯很有趣的一面，各位可以看到。至此主題都是戰爭這個主題的變化，而我們這裡說的就是最初的接納戰爭。

阿芙蘿黛蒂「掌管」艾瑞斯跟赫菲斯托斯，就跟金星「守護」火金牛跟火天秤一樣。赫菲斯托斯就是那種永不放棄的火星，不接受「不」這個答案，也不曉得該怎麼放手。不過，這種個性可能會有正面的展現，好比說堅定的忠誠、奉獻及努力，也就是遇到困難時，必須堅持下去的毅力，想辦法直到結束。赫菲斯托斯密謀復仇，某種程度也算扯平了。不過，他得到阿芙蘿黛蒂作為他的妻子，他就得常常面對她的不忠，狀況實在沒那麼輕鬆。我們從他的角度看火星，不難看出他的故事就是一個愚蠢的復仇寓言。如果我們仔細看神話故事，就會發現赫菲斯托斯象徵著，當別人不肯按照我們的意思行事，我們無法控制他們時，我們會感受到的那種怒火。

在其中一個版本的神話故事裡，赫菲斯托斯的腿一直很弱。他打造出兩條機械義肢，一隻是金子做的，一隻是銀子做的，協助他行動，因為他的身軀巨大又強壯。金與銀，象徵了父親與母親、太陽與月亮。毅力、勇氣、決心這些火星的特質實在很感人，能夠在遭遇困難時讓我們繼續前進、展現出我們的本質。雖然我們一開始也許沒有立足點，但我們還是會打造出自己的雙腿。從心理層面上來說，也許這意味著一開始並沒有來自父母的支持，但我們還是能夠用自己的力量踏出第一步，展開獨立的旅程。無論我們的原生父母多好或多壞，我們一定要挖掘出內心深處的原型父母來支持我們，也就是說，我們必須放下對父母的憤怒，畢竟他們也只是凡人而已。只要有機會，火星就會協助我們用各種方法尋找立足點與立場，就算我們一開始沒有這項天賦也沒關係。火星會告訴我們該如何找到自己的立場、堅守這個立場，反之，我們就會覺得「自己站不住腳」。

觀　眾：利姆諾斯島上都是檸檬樹。檸檬酸會加速骨骼鈣質的生成。也許他療養了他的雙腿。

梅蘭妮：謝謝你分享這點。腿是連結我們跟土地的部位。我們又可以想到火星跟土星之間的強烈連結象徵，因為土星也掌管了鈣質跟骨頭。

火星的發展階段

看看火星的生理階段，這股能量讓我們能在生理及社會生活裡繁榮發展。火星的週期約莫在兩年半左右，而就我們與這股能量的關係而言，這段過程對我們來說非常關鍵。如果我們在兩歲半之前能夠得到所需，這股能量就會從內在形成一層深刻、強健的基礎，讓我們覺得探索外在世界、擴張到社會接觸的木星國度是安全的，我們才好學習以及擴張與表現自己。第一次的火星回歸宣告了「恐怖的兩歲兒」即將出現，伴隨著日益頻繁的肢體活動與靈活心思，我們會開始連結事物、拆解東西、遠離母親，覺得自己愈來愈不需要她。我們也確立自我，測試界限。在生命的早期，我們的需求非常原始，想要感覺安全，有人包容、滋養、接納、肯定且欣賞我們。我們想要成為宇宙的中心。我們的火星展示出我們想要成為宇宙中心的方法，以及當我們發現我們並不是宇宙中心時會有什麼反應。從占星的角度來說，太陽才是要實踐這個角色的行星，而火星能夠協助或阻礙太陽走進中心位置。

深嵌在我們火星之中的是我們對原始需求的掙扎殘影，我們怎麼成功的、失敗的時候又會有什麼反應。有些寶寶從出生第一天就索求無度。如果餓了，他們會叫，如果想要什麼，他們會哭。他們會用聲音及動作讓母親知道他們一點也不好。當然，天底下也有些被動的寶寶沒有這些反應，他們需要母親不同的同理與察覺。在這個關鍵時期裡，當我們想要成為自己小小宇宙的中心時，我們與母親之間發生的一切都會存留在我們的火星裡。母子關係就是地月系統的範疇。如果我們從來沒有覺得自己是個「贏家」，我們很可能會不斷嘗試，想要成為宇宙的中心。我們會被這個念頭牽著鼻子走。我們也許會太過追求成就，無法放鬆，對競爭太過敏感，容易輸不起。我們也許會把世界當成每個人都必須為了所需而奮鬥的地方，這樣我們一定會失敗。必然的失敗，以及我們對於失敗的反應，同樣也是火星的領域。澳洲的占星師布萊恩・克拉克（Brian Clark）讓我發現，如果兄弟姊妹在我們第一次火星回歸前出生，手足間的競爭意識就會非常明顯，就跟艾瑞斯及赫菲斯托斯一樣[11]。

我們的火星承載了我們在幼年時期達成需求的「成功」程度印記。在這顆行星上，依賴與獨立的議題清清楚楚，就跟巨蟹座是火星失勢的位置一樣，聽起來很像赫菲斯托斯失足滾下奧林帕斯山。如果幼年時期的關係讓我們覺得好像跟打戰一樣，我們也許就會帶著這種心態長大，總是覺得匱乏、空虛，必須作戰。我們要麼就是為了爭取需要而戰，不然就得受人擺布。總之，開誠佈公是不安全的，因為這招沒用，也許是因為受過責罰，也許擁有需求是不安全的，因為我們從來就不覺得這些需求能夠得到滿足。這種早期暴露在生理、肢體存活階段的議題會存在於我們的火星裡，因此影響我們有多擅長或能否確立自我的程度。火星描繪出這些幼年時期的肢體發展、我們的需求展現方式，以及當我們遇到挫折時，會有什麼樣的反應。看看火星與其他行星之間的相位，無論是出相位或入相位都要參考。如果你參考太陽弧正向推運及二次推運，你會明顯看出其他行星對本命火星的發展與影響。

防禦與攻擊

長大之後，我們也許會開始良好的社交生活，學習如何控制住火星原始的一面。然後，也許我們就只會在生存遭到威脅的時候與這種原始能量重逢，這種情況例如暴露在危急的狀態裡。這麼說好了，你也許遇上或目睹了一場車禍災難，有人受傷，血流滿地。對很多人來說，正面的火星能量會出現，你當下就知道該怎麼辦。我在非洲灌木林裡待過好長一段時間，一名很不錯的國家公園管理員向我們介紹地域性的時候說：「如果你遭到某種動物的威脅，你的生

11 請見《手足占星》（*The Sibling Constellation*），布萊恩．克拉克，一九九二年由倫敦Penguin Arkana出版。

存本能會出現，你會曉得該怎麼辦，無論是要跑、要爬樹還是要裝死，無論狀況如何，你都曉得該怎麼應對。」

我記得他提到每種動物都有自己的「臨界距離」，如果你發現自己踩進動物的臨界距離裡，牠可能會因為你在這個範圍裡而攻擊你，因為你進入了牠的領域。這也是火星的反應，也許可以這麼說，「臨界距離」是我們防禦機制的一部分。如果我們高度期待自己會遭到攻擊、嘲笑、奚落、輕視或傷害，如果這種狀況於我們的童年一再出現，無論是生理或心理的展現，我們的臨界距離範圍都會非常遠大，只要進入這個範圍的人都會遭殃，因為我們會從防禦轉變為攻擊。這是很自然的，如果我們能夠學習讓自己的身體適應其他人的存在，我們就不至於不慎違反別人的臨界距離，或讓別人侵犯你的距離。

梅蘭妮：我想要歡迎大家開始思考一個問題：「不同星座的火星會有什麼樣的防禦與攻擊模式？不同星座的臨界距離是否也有所不同？」

觀　眾：我火巨蟹，我覺得我只相信那些無論是在肢體上或情感上願意接近我的人。

觀　眾：我的火星在雙子座，我在心智上需要很大的空間。在那些講話很激動、銳利的人身旁，我會覺得緊張。這點在我們家是很「正常」的，我們家人總會為了政治或其他話題爭論不休，對我來說，提出充滿各種激進言論的意見不該在公共場所表達。

梅蘭妮：這種言論會侵犯你的臨界距離。

觀　眾：我的火星在水瓶，我在團體裡的時候，很容易覺得壅塞。我會想跟每個人保持距離。

梅蘭妮：當你的「臨界距離」遭到侵犯的時候，你就會開始害怕或覺得受到威脅，會生氣或想展開攻擊。你是那種對於危險很敏感的人嗎？早在危險發生時就察覺到跡象，然後努力阻止危險狀況發生？還是你發現自己是忽然處在衝突狀況裡，而你完全不曉得事情會演變成這種局面？當然，這兩種情形我們都遇過。不同的人對於這種狀況會有不同的雷達。某些人總會想像災難與衝突，在心底不斷思考該如何阻止。這點會讓我們的火星站在控制的位置。火星所帶出來的另一個問題是：「我們受到多少控制，以及為了感受到安全，我們能用什麼樣的方式控制他人到什麼樣的程度？」從生理層面來看，火星跟領土、安全、防禦，以及為了活下去的一切有關。當我們把火星的另一個面向，木星那一面加進來的時候，我們帶入了理想。我們前面說過了，原始的火星衝突可能與本能、理想及這兩者能否同步、以何種方式同步有關。我們所受到教育與信念的教導也會影響我們與火星的關係，「小女孩應該乖乖的，不要鬧脾氣」這種信念可以影響深遠。或者，我們在環境裡看到負面的例子，也許是父母發脾氣、破壞家具，而我們的火星也許就會深信：「我永遠都不要跟他們一樣。」帶著這種信念，也許我們就會摒棄火星比較健康的功能。我們也許會發現自己對於潛藏在遠處類似人與人之間衝突的狀況非常敏感，然後會想盡辦法阻止衝突發生。這就好像我們成了心靈上的救火隊，這樣很累。

競爭與對手可以是你追求自我卓越的創意努力。不過，如果這股驅動力因為小時候地月層面沒有滿足的需求而受到太多限制與壓抑，當事人最原始的憤怒能量就會伴隨出現。因此，有個對象讓你欣賞、競爭，或挑戰你精進自己的才智、鍛鍊你的卓越就已經不夠了。請注意這些字眼，鍛鍊、精進、更上一層樓，這些字眼都會讓我們想到赫菲斯托斯。不過，當幼稚的火星驅動我們的時候，這些都不夠，無論代價為何，我們都要贏。重新擁抱、療癒這股衝動極為重要。也許這就是艾瑞斯與阿芙蘿黛蒂的連結出現的時刻，因為我們必須要能愛這個鬧脾氣、憤怒、無助的嬰孩，才能釋放出我們的意志、我們火星裡木星或理想性的那一面。如果我們一開始就跟赫菲斯托斯一樣，沒有立足點與支持，我們就會跟千萬人一樣，這原初的痛楚殘影就會存在於我們的火星裡。而在我們的生命裡，也許就會常常覺得確立自我是危險的，因為憤怒跟脆弱會威脅著從這個地方冒出來。不過，如果我們稍微意識到這是怎麼回事，加上足夠的善意與堅持，要慢慢消散這股能量也不是不可能的。所有的競爭行為都會顯示出這股儲存於生命早期的能量，且提供足夠的認同，競爭行為可以是自我探索的寶貴道路。在某種程度上，師徒制肯定包含了這種淨化的特質。在任何學徒制度裡，我們都會抵達這個階段，想要安全地與老師較量，我們在這個階段的處理方式會影響到我們之後嘴裡的餘味，無論是苦還是甜，或是健康的苦甜參半。

內在戰爭

火星戰爭的主題也與內在戰爭有關，內心的天人交戰，一個人心裡的「善」與「惡」，而我們會依照自己的信仰與衝動做出抉擇。這同時也是本能對抗意識形態的戰場，地球與木星的連結。我相信這個任務仰賴我們嘴裡火星的餘味來學習中立的立場，揭開序幕的是意識之劍。這點並不意味著外在衝突不好、不會發生或該避免，但這點告訴我們，我們應該以不同的態度面對外在的事件。隨著我們發展個人化的自己，我們就跟太陽一樣，會投射出陰影，而火星的歷程會逼我們注意到這點。也許跟太陽或金星意識有關，如果我們對自己沒有足夠的關愛或自我價值，我們就沒辦法注意且接納自己較為低劣的特質。

許多人與人之間的衝突核心就是這個過程，我們會在對方身上看到我們恐懼、害怕的自己，我們會傾向想要攻擊、摒棄這樣的特質，或與其斬斷聯繫。另一方面，在嚴苛的自我質問、一絲不苟的誠實與自我責備之間只有一線之隔。我們對自己的自我價值感愈高，我們就愈能準備好以寬容的目光看待自己的不足、自欺欺人及敵意，因此，我們才得以讓能量流動，且得以釋放對自己與他人的負面看法。同理，少一點自責，我們就不用證明、報復或譴責什麼，我們就不會過度挑剔自我。

現在我們要講恐懼與勇氣。火星有兩個衛星，一個叫得摩斯（Deimos），一個叫福波斯（Phobos），他們跟哈莫妮亞（Harmonia）都是艾瑞斯與阿芙蘿黛蒂的孩子。得摩斯跟福波斯可以分別翻譯為害怕與畏懼。福波斯就是懼怕（phobia）這個字的字根，也就是我們看到自己的火星投射在「外面」的產物，我們會害怕，這種投射將我們不自在的攻擊性與競爭心具體呈現出來。也許我們怕的是自己的敵意與攻擊性，並不是「外面」的東西。我總會把恐懼與土星連結在一起，但似乎火星跟土星之間的關聯一直出現，而這個恐懼的主題也許是這兩顆星最主要重疊的部分。火星潛在的正面能量遭到恐懼包圍，我們必須面對這些恐懼。也許火星的主要任務就是面對恐懼。有人說愛的相反就是恐懼。恐懼與勇氣也是息息相關的，如果有人不懂恐懼，那他也肯定沒有勇氣。這種人也許魯莽，能夠成功，達成各種目標，但他們不見得有勇氣。勇氣包含了恐懼。法文裡的心（coeur）這個字跟英文的勇氣（courage）長得很像，勇氣需要有心，而這顆心則包括了不同及敵對的事物。火星的勇氣是能夠確立、往前走、努力榮耀自我的能力，同時也包括了留在恐懼之圈裡的事物。這也許就是我提到的原始背景，也許也是我們對於受傷、受辱、失敗、死亡的幻想。

北歐神話裡的火星：齊格菲

北歐神話裡有一個人物叫做齊格菲（Siegfried），我想談談他的故事，我用的是華格納知名的《尼貝龍根指環》（*Der Ring des Nibelungen*）連篇樂句裡的描述。齊格菲是個生下來就天不怕、地不怕的英雄。就跟其他許多英雄一樣，他的任務是要去洞穴裡屠一頭沉睡的龍。負面的地月能量就像這條龍，惰性、慣性、未解決的恐懼把我們綁在過去，也許早已消逝，但我們認為這些東西還很可靠。巨龍就盤踞在我們磨穿的軌跡與我們打造的建設之中。齊格菲有一把從父親齊格蒙所繼承來的寶劍，但這把劍殘破不堪。這裡有個意象，來自父系血脈的殘破傳承。齊格菲有個跟班，是個名叫米梅的矮人，他是一位鐵匠。事實上，我們在這裡已經可以看到艾瑞斯跟赫菲斯托斯的組合，我現在才發現這點。米梅跟魔術師一樣會易容，齊格菲的生父也會。雖然米梅將齊格菲養育成人，但他畢竟不是齊格菲的父親。這兩個角色之間有種緊繃、不適的關係。米梅一再重新打造那把劍，好讓齊格菲可以屠龍，但齊格菲一直打斷那把劍，因為米梅沒辦法把劍打得更堅固一點。最後，一則神諭告訴米梅，天底下只有不懂恐懼的人才能打好這把劍。這個不懂害怕的人當然就是齊格菲。只不過齊格菲不是鐵匠，所以他必須從頭開始學打劍。他因此成了米梅這個恐懼化身的繼任者。在歌劇裡，米梅常常演成一個可悲但誇張古怪的角色，畏畏縮縮、怕東怕西、鬼鬼祟祟，緊張又愛操控。齊格菲接管了熔鐵爐，也吸納進米梅的一些特質，且加以轉化。他吸收赫菲斯托斯原型裡表達得比較高尚的那一面。他並沒有修補那把劍，反而把劍熔了，重新鑄造，泡進冷水中，然後得意地握住這把閃亮、嶄新的寶劍。他持劍前往巨龍的巢穴，正式殺死巨龍。

不過，齊格菲還是沒有完成成為英雄的使命，因為他還是沒有恐懼。米梅多次嘗試要嚇他，卻都沒有成功。神諭警告米梅，「沒有恐懼的人」最後會讓他腦袋與身體分家。寶劍打好之後，米梅打算嚇倒齊格菲的舉動就愈來愈急迫了，因為他自己的生命維繫在齊格菲能否受驚上頭。想想火星與得摩斯、福波斯的關係，我們必須穿越恐懼才能抵達火星能量的核心，但我們也許會卡在火星能量的負面扭曲版本上，好比說魯莽、嗜血、激進、地域性、暴力等等。不過呢，在屠龍的過程裡，齊格菲不小心用沾了龍血的手沾到自己嘴巴，他忽然就能聽懂鳥囀了。他找到一種神奇的薩滿能量來連結地月能量。在屠龍的過程裡，他穿透了地月的負面能量，將其轉化，釋放出毒素、疑慮及危險。之後他就受到這份禮物的祝福。

恰當的時機讓他找到了布琳希德（Brünnhilde），一位女武神，她躺在一塊石頭下沉睡。她因為不聽話，父親佛旦向她施咒，讓她睡在火圈之中，只有最純潔的英雄能夠穿越。齊格菲進來了，因為他還是個不懂恐懼的英雄，剛剛才殺死了巨龍。他走進火圈，看見躺在石頭上睡著的布琳希德。他一看到這位熟睡的脆弱、美麗女子，心裡忽然第一次充滿恐懼。在我看的某一個版本裡，布琳希德穿了一副厚重的鐵盔甲。齊格菲雖然害怕，卻還是用他的神奇寶劍輕輕將盔甲撬起來。布琳希德慢慢醒過來，暴君父親的咒語破解了。布琳希德跟齊格菲欣喜結合了，他們找到彼此的靈魂伴侶。請注意這裡出現的火星意象，鐵、盔甲、火、征服、恐懼、熱情、成功。齊格菲穿越了火圈，就跟得摩斯、福波斯在火星外頭環行打轉一樣，他以成熟的態度擁抱自己先前粗魯與純真的男子氣概。我覺得這裡很有趣，因為金星的連結又冒出來了。就跟阿芙蘿黛蒂「掌管」艾瑞斯跟赫菲斯托斯一樣，布琳希德「掌管」了齊格菲。她喚起他的回應，因此讓他踏上接下來發展成真正英雄的道路旅程。

而且，這個故事也跟恐懼與勇氣息息相關。巨龍與其他具體的危險都沒有讓齊格菲感到恐懼，但沉睡女子的美麗與脆弱卻可以讓他覺得害怕，這也是金星的領域。他走進恐懼，釋放了自己與她。我覺這點與火星有深層的連結。火星害怕臣服在柔軟、美好、愛情與樂趣之下，也就是阿芙蘿黛蒂的國度，他擔心自己迷失在這些東西裡。然而，就是透過這種臣服，我們才能轉化、得到力量。當我們能夠擁抱自己與他人的美與脆弱，與他們「墜入愛河」的時候，我們才能碰觸到內心崇高的英雄，也就是我們正面的火星能量與火星的生命力。相反地，如果我們以敵意與否認面對自己軟弱，我們就永遠不會覺得自己值得。

觀　眾：所以火星的兩顆衛星象徵了讓我們不敢前進的恐懼？

梅蘭妮：對，我會這樣解讀，就跟米梅代表猶豫、搪塞，我們為了「屠龍」就必須擺脫他。劍的火星意象就是戰爭、不合、衝突之劍。恐懼並不是我們自己感受到的，而是投射進入某個場域，我們要麼就是會想盡辦法進入戰場，要麼就是避之唯恐不及。不過，寶劍也象徵了思想與意圖上的辨別力。這裡的戰爭是觀點的戰爭，能夠釋放我們的能量，努力走出平靜的道路，而不會持續讓我們捲進戰爭裡。農具成了戰場上的寶劍，這把劍最後也成為更高層次、能夠明辯意圖的劍。這是火星的另一個層次，關於意圖的力量以及意志的正確使用。

觀　眾：在莎士比亞的《理查三世》（*Richard III*）裡，理查在平靜的時候找不到事做。

梅蘭妮：噢，對。火星也會讓我們問這個問題，這個人的作戰風格為何？而停火時期，他們都在忙什麼？

觀　眾：如果我們勇於面對，恐懼可以改變我們的生命。

梅蘭妮：沒錯。我又想到了摩羯座是火星強勢的位置，火星跟土星之間的連結實在很有趣。土星的恐懼有時是比較集體的，現況或社會的聲音，以及這股聲音能夠加諸在我們身上的限制。也許火星的恐懼是在告訴我們：「別走那條路」或「這段友誼對你有害」或是「這不是我該住的地方」。也許也跟我們面對挑戰時，必須克服的猶豫與焦慮有關。

觀　眾：衝突與恐懼也可以加強我們對生命的熱忱，特別是如果我們受到失落的威脅時。我們會說，把每一天當最後一天來活。

梅蘭妮：這時我們就進入深層的意志層面討論了。我們並不是說火星就要成長為金星的模樣，而是以最成熟的方式展現火星的原則。人類的集體意識都在挖掘這到底是什麼意思，但這點肯定跟意志的正確使用有關。也許這個誤解已經閹割了世世代代的男人。然而，在你還沒面對自己的暴力、操控、敵意、靈魂上的創傷、負面的競爭、想要成為宇宙裡的唯一這些情緒之前，你是沒辦法踏進門檻之中的。

我們必須擁抱這些負面的潛能，承擔這一切，之後才有變革的可能。這就跟「屠龍」一樣，只要內在任務沒有結束，永遠都會有某個對象在「外面」投射成巨龍。「意願」成了一個問題，展示出我們有多麼想要契合、配合宇宙的能量，而發生的一切都是為了成就更偉大的美善，但這一切不見得都這麼明顯。我們並不是宇宙的建築師，無論有沒有占星學，我們都沒辦法徹底了解我們眼前的景象。對於「發生的事情」我們會有自己的看法，但我們並不是真正明白、知道。不過呢，我們就跟齊格菲一樣，如果我們願意傾聽，我們也能聽懂且跟隨鳥囀前進。

行動與不作為

如果火星只能受到本能、競爭性、控制與掌控的驅動，那這顆火星就是一顆幼稚的火星，無意識地跟地月能量綁在一起。如果火星能夠吸收足夠的地月功能，如同齊格菲舔到龍血一樣，另一種可能性就油然而生——也就是適當的不作為。不作為並不是坐在那裡生悶氣，或拒絕前進。反而是有種能力，能夠解除對自己、狀況或他人的操控，讓事情依照其意志自行發展。你可以替植物澆水、拔除雜草，但這顆植物必須想要成長才會成長，我們必須尊重自己、其他人、其他狀況的有機發展，意味著我們必須學習退後一步。我們必須克制自己不介入、不急迫地讓事情按照我們的意思發展，也不要強求。不作為是臣服於更深層的過程之中，而不是站在社會或理性合宜的那一邊。可以說是主動的被動，或被動的主動。彷彿是火星穩穩地連結在地月原則跟木星之間，其中有信念，同時在真正受到召喚的時候，有能力行動，而不只是為了消除自身的焦慮而行動。

觀　眾： 我想到這句話，「你的旨意能夠完成」（Thy Will be done）。

梅蘭妮： 這句話很弔詭。這種過程只能由個人完成，這是一個內在的過程，而我們必須要能夠願意承擔後果。畢竟，如果兩個不一樣的人都宣稱自己行使的是上帝的旨意，他們應該會彼此反對吧？當然啦，我們曉得，上帝也許「願意」看到他們不合，但我這裡的意思是想要成為「正道」的愚行，且因此強迫事情該如何發展。我覺得這句話是在要求我們進行深度的自我反省，檢視我們到底內心的標準為何。我不知道在哪裡聽過某句類似的話，「我願意促成你的旨意」（I will to will Thy Will）。雖然這句話聽起來比較主動一點，但我覺得提出的問題是一樣的，都要我們辨識洞察。

我因此想到日本的武士（samurai），我這邊提的是第三手的翻譯跟詮釋，但根據我的理解，在武士的傳統裡，如果到了纏鬥或受傷的境界，那這名戰士就已經輸了。箇中的藝術就是保持能量的平衡，了解宇宙間的能量是透過男性與女性的陰陽原則呈現出的必然性來達到平衡，且明白事事都會變化。「易變之書」——《易經》這本由來已久的神諭就是根據這個知識。各位看看，「願意」在英文裡的講法是being willing，我們不會說doing willing。心理綜合學的創始人羅柏特．阿沙鳩里（Roberto Assagioli）寫了一本書叫《意志的行為》（*The Act of Will*），運用意志的過程可以分割成不同的行為與品質，舉例來說，好的意志、強烈的意志、純熟的意志。而他所謂的「維多利亞式意志」則是一股尖銳的能量，粗暴輾過我們的脆弱與軟弱。我們可能會因為責任而這麼做，或誤以為這樣就可以讓我們得到我們以為自己想要的東西。「零缺點」（impeccability）則是這種狀況的相反，因為沒有缺點就不會逼迫、拉扯，不會依附結果，也不僅僅受到未滿足需求的驅動。這是一種能力，能夠樂意且有意識參與行動，就跟風吹動樹葉一樣。風是看不見的力量，沒有辦法預測，也是大自然整體生態系統裡的一部分。

我喜歡零缺點這個字，如果你們熟悉美國作家卡羅斯・卡斯塔尼達（Carlos Castaneda）的作品，就會曉得這是成為一名「靈性戰士」的關鍵特質，這位戰士的努力是各方面的，但要征服的永遠都是自己。就日常生活來說，我會覺得零缺點是指不管在什麼層面上都能展現出恰恰好的秘訣，好比說，不用任何策略就在最恰當的時間，出現在最合適的地方，因為每個人的內心都能配合宇宙的力量。你們懂這種經驗，當看似不可能的狀況出現在日常生活裡，你想起某人，對方就剛好打電話給你，提供你需要的資訊，讓你不再自艾自怨，或引導你去讀一本你知道你該讀的書。你去書店，找到這本書就在櫃台等你，因為有人原本訂了，但後來取消了，而這是店裡最後一本。

觀　眾：零缺點這個字的字源是指「沒有罪過」。

梅蘭妮：在拉丁文裡，peccare這個動詞的意義是犯錯、出錯、做錯事。「罪」的概念後來因為宗教教條的罪過、責備、審判才跟這個字連結起來，原本這個只是一個標準，後來卻成了你有沒有遵循教條的狀態。相較之下，零缺點的概念比較偏向中性，因為沒有外面的權威或教條告訴你該如何行事。

火星與投射

美國靈性作家肯恩・威爾柏有一本《真我計畫》（*The Atman Project*），這本書讀起來滿吃力的，而且內容有點過時，但還是值得我們去讀一讀，因為這畢竟是當代靈性哲學的經典之作。這書寫完之後，威爾柏的思想又更成熟了，儘管如此這本書在那個年代仍是一本重要的開山之作。他在書裡提到，我們是如何把欲望從中心投射出去，就占星的概念來說，就是把火星能量投射出去，就跟火星的符號一樣，一個有方向性的箭頭。我們把希望的實踐、快樂、和平及其他的欲望通通投射在別人、場域、概念、制度之上，也就是所有外在環境裡的一切，我們甚至把神明與靈性信念也投射出去。我們會持續投射，然後因為一個又一個失望而蹣跚失足，直到我們明白這個方法行不通為止。我們追逐欲望，直到我們開始理解，在最深刻的層面上，這種投射是在尋找我們與深層自我的連結，我們卻背叛了這種連結，反而去追尋最後只是鏡花水月的外物。到頭來，我們會明白，在我們與火星能量的分離與個人化過程的掙扎裡，我們最終也會想辦法克服分離，重新回到神聖之中。原本向外探的能量，現在回到了內在。也許這就是為什麼摩羯座是火星強勢的位置，因為土星約束的能量能夠淨化火星。

火星也可以視為我們如何誤置、投射進外在世界的方法，以及投射在哪裡，這點的本質跟我們的靈性方向有關，然後我們就會想要「擁有」、「掌控」。貪婪與物質主義也是根據這個基礎出發，以及男性與女性對於性的利用與剝削。出發點不只是由本能主宰的需求，而是靈性指引本質上的誤置，更多的衣服、更多的派對、更多的性關係，但「更多」不見得能夠滿足一個人靈魂的需求。我們每個人心裡都有無法填滿的空虛，無論是外在世界或集體的宗教層面都會有。某些需求需要我們投入更多靈知（gnosis）。肯恩・威爾柏則跟隨這股投射的能量，這股火星的能量，進入到不一樣的階段，且指出這股能量最終會朝著使所有生命合一的和諧、真誠意識前進。

火星、金星與欲望

咱們現在討論到欲望，把金星加進來吧。如果我們把金星看成一股磁力，而火星是鐵，這種金屬是可以磁化的，鐵跟磁鐵就很不一樣了。鐵只是普通的金屬，但可以磁化，然後就能界定南極與北極，還可以吸引其他的鐵製物品，其能量的流動還會產生一種方向性。科學家告訴我們，地核是由一種熔化的物質組成，這個物質裡大多是鐵，就在固態的地核內核外面。

我們所知的堅固土地其實漂浮在「液態火星」之海上，也就是液態的鐵，這就是為什麼地殼會變化，火山會爆發的原因。讓地球行動的就是火星！回到欲望跟金星的主題，這是一股渴望、幻想、肉體感官以及想要實踐欲望的吸引力，但光靠金星本身不見得能夠採取行動。「得到」跟行動是火星的範疇。好，如果火星沒有受到某種欲望與價值的吸引，它很可能就會成為任何人與事的奴隸或傀儡，成為惡棍、傭兵或投機主義者。我們又回到火星服侍誰這個問題上。如果火星是名戰士，他的君王是誰？如果火星是位軍人，軍團的統帥是誰？如果火星是名游擊隊隊員，他所根據某個政治理念而跟隨的幕後將軍會是誰？或者，如果火星是在紀律良好的軍隊之中？誰才是真正的領袖，這位領袖是可見還是不可見的？金星領域的問題讓我們重視，這是根據我們內在覺得自己有多少價值而定。這裡自我實踐的欲望有很多層次。透過欲望吸引來的東西，有多少能夠進入我們的生命裡？能夠讓我滿意的東西有哪些？如果你想吸引進生命裡的東西是語言的詩意與抒情，為了實踐這點，你也許會考慮去唸個英文系或創意寫作的課程。有了金星，你知道你熱愛文學，而火星則是讓你報名課程，認真學習，做點成果出來的地方。欲望存在於金星之中，而行動起來、將其付諸行動的方法則是火星。請記住，鐵是火的金屬，但金星的吸引力能把鐵轉變成磁鐵。

觀　眾：還可以讓磁鐵排排站。

梅蘭妮：南極對北極，沒錯，這是方向性的意象，找到我們的道路，就跟指南針一樣。金火層面的平衡議題能夠協助我們找到生命的方向。艾瑞斯與阿芙蘿黛蒂其中一個孩子是哈莫妮亞，也就是和諧的意思，生命的和諧必須講求我們內在金星與火星的平衡。這也是個觀察星盤上衝突的好方法。

我忍不住要提我在非洲的時候，看過一群尚迦納部落（Shangaan）的戰士跳舞。那完全是火星的展現。在推崇戰士的部落裡，戰士會娶到最棒的老婆、得到眾人的尊敬，但在和平的時候，大家會期待他們能夠扮演保護者的角色。戰士會持長矛，做好作戰的準備，且會開始強而有力的舞蹈，一路跳到夜晚降臨。高潮之處在於某些戰士將跳舞的區域移到距離鐵軌旁邊差不多兩公尺的地方。辛巴威那邊需要厚實軌道的礦車，鋪這種沉重鐵道的時候，鐵軌鋪在地上時，會發出撼動大地的重擊聲。然後，其中一位舞者，這個時候應該已經呈現恍惚入迷的狀態，他會在嘴裡含著一塊椰子纖維，然後咬著鐵軌軌道比較細窄的部分，然後慢慢起身，一邊舞動退後，一邊用牙齒叼起這厚實的軌道。最後，他會彎下腰來，放下鐵軌，是慢慢放下去，而不是直接吐掉。之後，他們會邀請觀眾出來，抬抬看這條鐵軌，那次光是把鐵軌拉離地面兩公分就需要四名結實壯漢。我從來沒有見過如此純粹展現火星的方式。這裡出現了火、鑄造鐵矛、戰士、跳舞、動作、生命力、戰爭、力量、競爭、續航力，甚至還有鐵、牙齒跟咬。咬跟牙齒也是火星的範疇，所以你是怎麼品嘗生活的呢？無論是自不量力咬下太大一口，還是邊睡覺邊磨牙，還是啃自己指甲呢？

我們可以假設，為了要完成這了不起的事蹟，身、心、靈及情緒的能量必須是連結起來的，就跟鐵軌一樣。面對及解決衝突會帶出原始、真正的火星能量。然後才有可能實踐作為或不作為，端看何者較為適當。這樣的定位能讓能量灌輸我們。如果我們一直繞過我們內心及與他人的衝突，我們只會日益削弱自己的力量，因為出現在外面的對象會以敵人的方式呈現，而我們會一直與自己的影子戰鬥。

星盤案例

我想讓大家看幾張星盤，有些是名人，有些人不是很有名。這三張星盤主人的身分可能會讓人訝異，所以我一開始先不告訴各位他們是誰，但我可以透露，他們都是男性。

好人與壞人

在第一張星盤裡，位於獅子座的太陽跟火星度數一樣，還有包括了月、金、冥的星群。在第二章盤裡，火星跟冥王星有一個寬鬆的合相，超過十度了。第三張星盤的火冥距離九度，位於十宮。在這張星盤裡，火星跟土星位於星盤裡最高的位置，也就是天頂上，而頭兩張盤的天頂則是由金星守護。

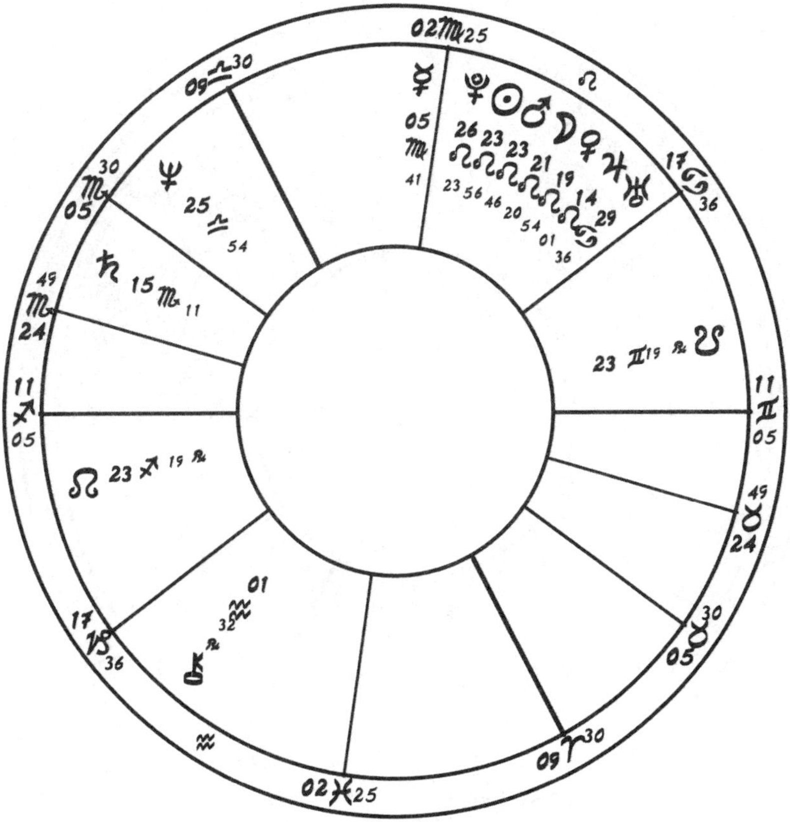

第一張星盤

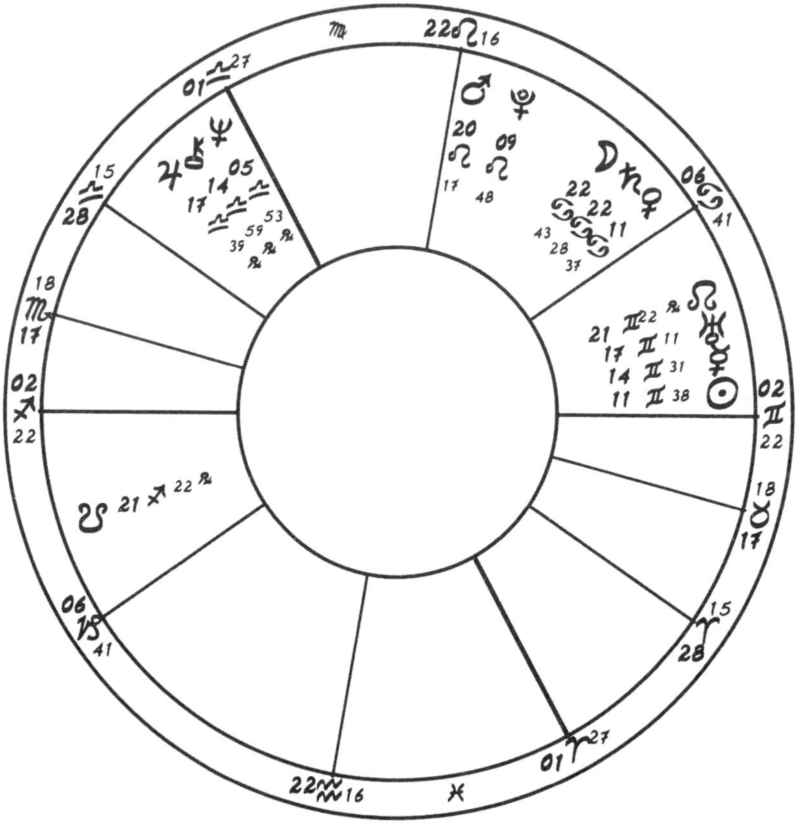

第二張星盤

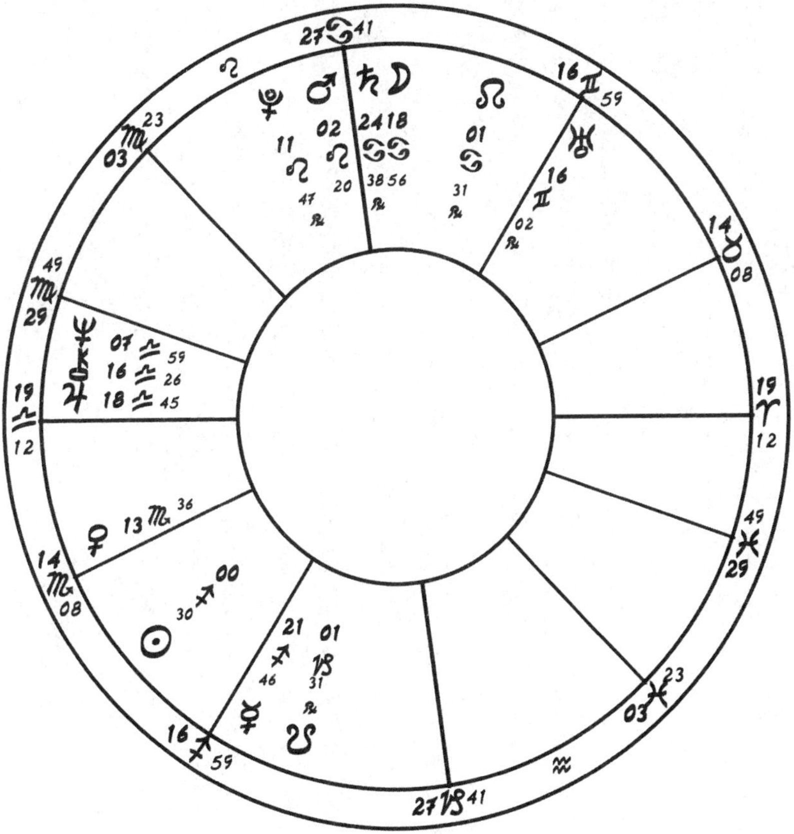

第三張星盤

觀　眾：在這三張星盤裡，月亮的重要性都不容小覷。在其中兩張星盤，月土合相，第一張盤的月亮則是跟土星四分。

梅蘭妮：沒錯，而且各位可以從外行星看出，這些人不見得是同年代出生的，卻都是火獅子。雖然每張星盤都有極大的差異，但還是有些共通的有趣主題。第二、三張星盤的主人年紀差不多，他們都有木海凱三顆星的合相，一個在十二宮，另一個在十宮。如果我們要討論這兩個人如何使用火星，你們會怎麼說？

觀　眾：他們都受到孩童時代無意識的需求所驅動，這是月土的連結。

梅蘭妮：從火星的觀點來說，這樣會產生什麼後果？

觀　眾：我看到很多憤怒，也許也有暴力。他們的火星都在獅子，他們都想要贏，而且火星還跟冥王星合相。

梅蘭妮：這個嘛，在前兩張盤裡的確有些暴力，但第三張沒有。

觀　眾：這三張盤的火星都很有力量，但只有第一張盤的火星跟太陽合相，也許這個人比較能夠有意識能夠投入精力？

觀　眾：性的投射？

觀　眾：這裡有殺人兇手嗎？

梅蘭妮：哪一張？

觀　眾：第三張。

梅蘭妮：對，其實裡面有兩個人是兇手。我現在就告訴你們這些人是誰。第一張盤是舉世聞名的療癒師馬修・曼寧[12]，第二張是連環殺手彼得・薩特克利夫[13]，第三張星盤的主人也是殺人魔，他是丹尼斯・尼爾森[14]。我發現這三張盤很有趣，因為頭兩張，曼寧跟薩特克利夫的星盤有很多類似的地方。舉例來說，雖然他們差了九歲，這是半個南北交週期，所以他們交點的度數是差不多的，只是行星相反。他們上升星座相同，月亮跟土星都呈現強硬相位。他們的金星跟火星都在八宮，火冥都合相，且海王星都在十宮靠近天頂之處。太神奇了，這兩張盤會告訴我們，從星盤是沒辦法把人歸類於「好人」或「壞人」的。當事人會不會真的這麼做，能量會如何呈現，他們會採取什麼樣的行動，他們會因為機緣而做出哪些選擇，上述這幾點就算在看得出模式的狀況下，

12　原書註：馬修・曼寧（Matthew Manning），一九五五年八月十七日下午四點十五分出生於英國雷德魯斯。資料來源：克萊弗。

13　原書註：彼得・薩特克利夫（Peter Sutcliffe），一九四六年六月二日晚上八點三十分出生於英國彬格萊。資料來源：克萊弗。

14　原書註：丹尼斯・尼爾森（Dennis Nilsen），一九四五年十一月二十三日凌晨四點整出生於蘇格蘭弗雷澤堡。資料來源：克萊弗。

我們還是無從得知實際的狀況。這點因此強調了火星的重要。有人提到性的投射，這點很有趣，因為薩特克利夫專挑妓女下手。無論他投注多少時間與精力在這些女性身上，有多憎恨或害怕到必須殺死她們，背後的原因可能都跟他的性能力及他對自己欲望的恐懼有關，他把這個面向的自己投射在女性身上。今年三月的時候，薩特克利夫遭到獄友攻擊，戳瞎了他的雙眼。事發當時，火星正在處女座逆行，四分他本命雙子座的行星與南北交。

觀　眾：之前其他囚犯想勒死他，但沒有成功，對不對？

梅蘭妮：沒錯，那時差不多是他凱龍回歸的時候。這兩個事件發生的時間，他的凱龍跟火星都分別與行運北交合相。而曼寧這個人是一個飽受爭議的治療師，他在全世界都很有名。顯然在他小時候一直到青少年早期，他的生命裡都有很多調皮搗蛋的鬼魂，之後，他聯繫上對的人，開始這方面的訓練。世界上只有少數幾名治療師的工作經過嚴密的科學檢驗，他就是其中一人，從他的星盤，我們可以看到流經這個人的爆炸能量。火星服務轉化之王冥王星，某種程度來說，如果命中註定療癒不會發生，那當事人就不會走上真正的療癒之路。火星的能量可以是療癒的能量，因為火星是一股宇宙成長、生命、再生的力量，就算是朝著死亡前進也一樣。

觀　眾：那凱龍呢？

梅蘭妮： 凱龍就很有意思了，在這三張星盤裡，曼寧的凱龍相位最少。除了天凱對分這個從一九五一年到一九八九年出生的人都有的世代相位之外，凱龍就沒有其他相位了。也許這點反應出他的療癒力量能夠流暢無阻。

洛基

這裡有張類似的盤，席維斯．史特龍（Sylvester Stallone）比薩特克利夫晚一個月出生，洛基電影的一到五集都是他演的。他母親是一名占星師，各位可以從他的十宮看出一點端倪。他的火星在處女座，火星在這裡常常會伴隨當事人健身，強調「健美的肉體」，就像赫菲斯托斯的熔鐵爐變成將身體打造成完美器具的地方一樣。我在許多火處女的星盤裡看過同樣的暗示，但他們不見得會做得這麼徹底。不是每個人都要把自己練得跟「宇宙先生」一樣壯，也不見得想要變成那樣，但通常火處女的人都很有健康意識，講究外表，也會留意自己的身體。這種人的確可能變成要求完美的暴君。

觀　眾： 他逼他身邊的女性都要整型。

梅蘭妮： 這我倒是不知道。我猜他天頂附近位於天秤座的月木海凱可以解讀為「美麗之外別無

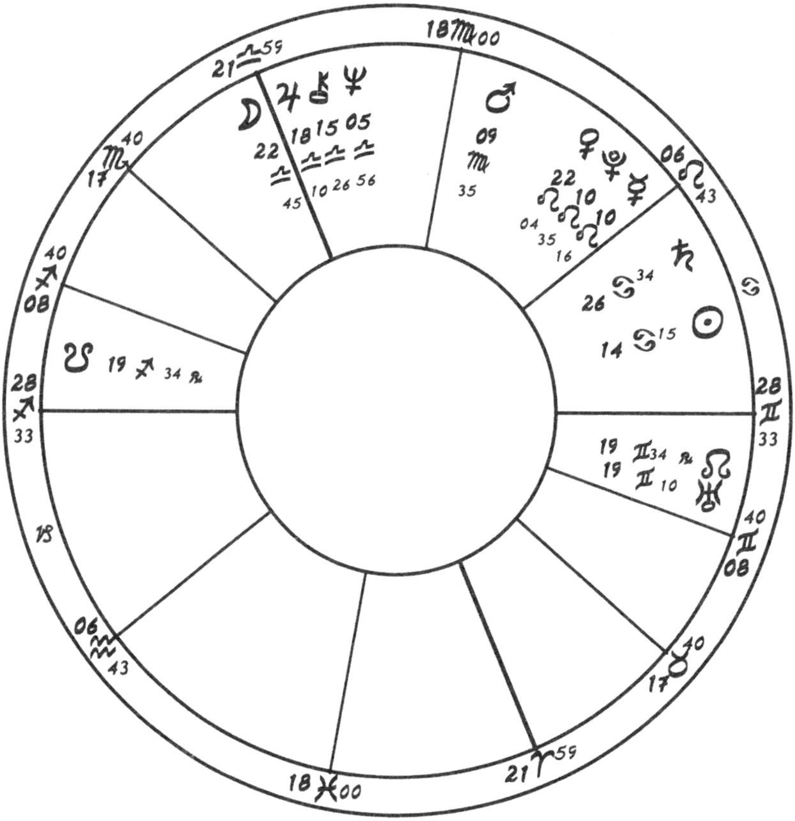

席維斯・史特龍

一九四六年七月六日晚上七點二十分出生於美國紐約。
資料來源：克萊弗。

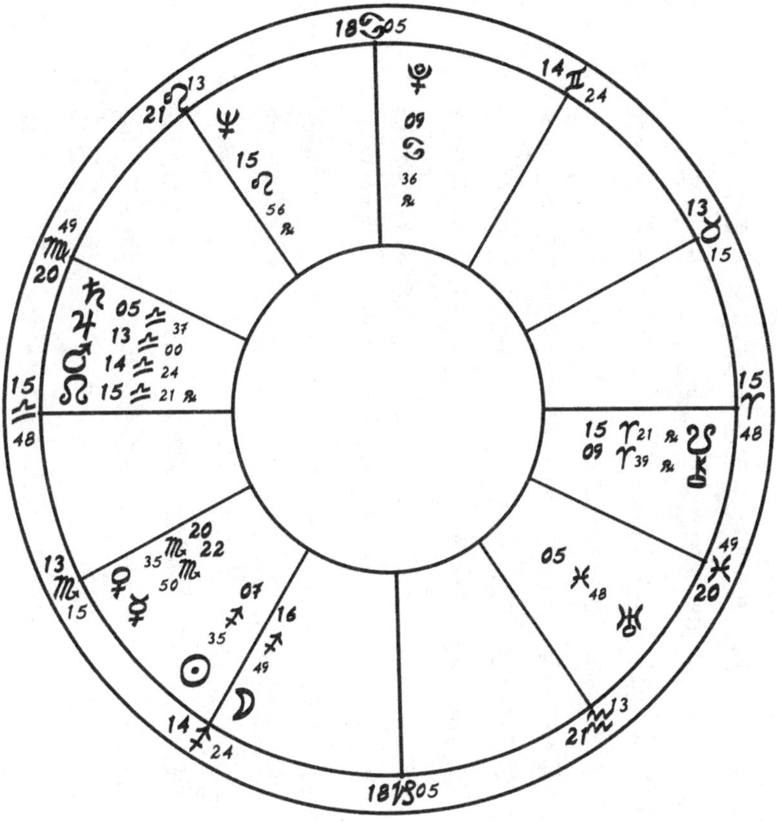

賈桂琳·史特龍

一九二一年十一月三十日凌晨兩點五十二分出生於美國華盛頓特區。
資料來源：克萊弗。

選擇」，加上火處女，也許可以解讀為「成就完美，不然去整型吧」！

看看其中的連結。他的星群在天秤座，金星的領域，在他媽媽的星盤裡也看得到呼應，兩人對比合盤時，媽媽十二宮裡的火、木、北交都合相他天秤座的凱龍。母親無意識的卓越顯眼是否讓他覺得受傷？而這點是否跟集體意識裡對於扭曲的男性英勇形象有關？這點帶有一些十二宮的色彩。他的海天秤合相母親的土星，也助長了集體意識夢想裡的這種形象。十二宮是我們藏放最深層渴望、希冀、夢想、原型及集體意識的地方，不是個人的，但這些東西還是能在靈魂裡非常活躍。請注意，賈桂琳（Jacqueline Stallone）星盤裡沒有其他土元素，兒子除了火處女以外也一樣，難怪他能拍五集洛基電影！不過，在兩人的組合中點盤裡，卻有五顆星落入土象星座，包括位於摩羯座的凱龍，在這個位置的凱龍分別又跟他們兩人星盤裡的其他行星產生幾個重要相位，特別是他們共有的天秤座星群。組合中點盤強調了火星的主題，因為火星跟太陽合相在十宮的處女座，而十宮裡還有海王星。同時天頂在處女座，土星還在九宮接近天頂的位置，可以說是講求完美的暴君。當火星從沒有意識到自身弱點的角度出發時，當事人可能會藐視脆弱，或完全不考慮這點，這時就可能會帶出火星最可怕的一面，就跟大英雄齊格菲最後終於感到害怕，居然是他看到布琳希德熟睡的時候。

脆弱、熟睡的女子就是我們的感受力、我們絕佳的敏感度，我們必須也考慮到這個層面的自己。如果我們總是想要擺脫這樣的自己，我們就會對自己與別人殘暴專橫。

重新鑄劍

我發現還有兩個人的星盤也很有趣，美國歌手蒂娜・透娜[15]跟網球好手瑪蒂娜・娜拉提洛娃。他們兩位都是看起來散發著強烈意志與決心生命力的女性。她們的火星都在雙魚座，娜拉提洛娃的火星還在十二宮。透娜除了她狂野且充滿動感的舞台表現及成就外，她逃離前夫伊克的婚姻暴力也是眾所皆知的事情。她嘗試透過自殺離開他，然後從零開始，從真正的火雙魚崩壞開始，重拾自信、生活與演藝生涯。她的火雙魚在七宮，她必須跟齊格菲一樣，在肢體與情感受到關係凌虐的嚴峻考驗下，重新鑄造破裂的寶劍。火星告訴我們必須進入的戰場在哪裡，我們在何處繼承到這把破碎的寶劍，或失去這把劍，但我們必須學習如何從零開始打造這把劍。大家都稱蒂娜・透娜為「迷幻藥女王」（Acid Queen），這個稱號滿適合火雙魚的。她非

15 原書註：蒂娜・透娜（Tina Turner），一九三九年十一月二十六日晚上十點十分出生於美國田納西州納特布希。資料來源：洛頓。

常個人也私密的靈性支持她驚人的影響力與復原力，我知道這點包括她相信自己是埃及女王轉世。娜拉提洛娃脫離俄國，逃去西方，儘管她在俄國已經非常有知名度。火星在十二宮，為了她自己的技術與精湛的表現，她逃去西方國家，她必須要跟集體意識、歷史、文化及共產主義及資本主義的框架對抗。

不作為的抗爭

現在我們要來看兩位以不同方式運用火星的人，馬丁．路德．金恩跟莫罕達斯．甘地。甘地的星盤裡金火合相在天蠍，對分金牛座的木星與冥王星，象徵了抵抗的力量。同時，日天秤對分位於牡羊座的海王與凱龍，非暴力是出自他的靈性信仰。馬丁．路德．金恩火星在雙子，大家都記得他的語言很有力量。這兩個人都使用了不作為的力量，對抗暴力、面對不公不義的狀況，舉例來說，他們會靜坐抗議、和平遊行。為了聚焦使命之上，他們不會製造太多強烈的反應，這點的基礎是深刻的不作為靈性原則。他們面對敵人的方式是不會藉由戰爭賦予對方任何力量。他們拒絕、不肯配合，照他們的意思行事。這兩個人都很清楚這點，使用的方法並不是伴隨著復仇欲望的無力感。過程裡並不是完全沒有暴力，肯定會有，但這兩個人的內心都有很深刻的靈性觀點，也就是木星的連結。從這裡出發，他們以根據正義及人道之名的基礎，激發出不作為的力量。

觀　眾：他們兩人都遭到槍殺，某種程度上他們是否都沒有真正擁有自己的火星？所以才會吸引火星從外面進來？

梅蘭妮：這要看你所謂的「擁有自己的火星」指的是什麼。了解自己的特質並不是抵禦外在世界的保險政策，而且並不是所有事件的結果都是未解的心理問題。我們可以將這兩個人視為他們活出了自己的天命，而要完成這麼大的任務不可能少了火星這顆要角，也就是說，不是每個人都會喜歡他們。

觀　眾：甘地會打老婆，金恩在家裡也不是什麼聖人。他們向外在世界宣揚的理念，自己並沒有實踐。他們兩人都有月火四分，我覺得我們不該把他們想得太美好。

梅蘭妮：嗯，很有趣，這兩張盤居然能夠引發現場這麼多憤怒。擁有理想不對嗎？還是你們不贊同非暴力抗爭的理念？

觀　眾：是他們的行為充滿矛盾。

梅蘭妮：啊，所以「英雄」人物不能矛盾，不然就會讓人生氣。我懂這種感覺，但因為這是根據我們自己的期待所致，老實說除了引發更多的失望與厭惡之外，實在沒有什麼其他用處，結果也許會讓我們更堅持自己「信仰」上的立場。舉例來說，「擁有沒辦法實

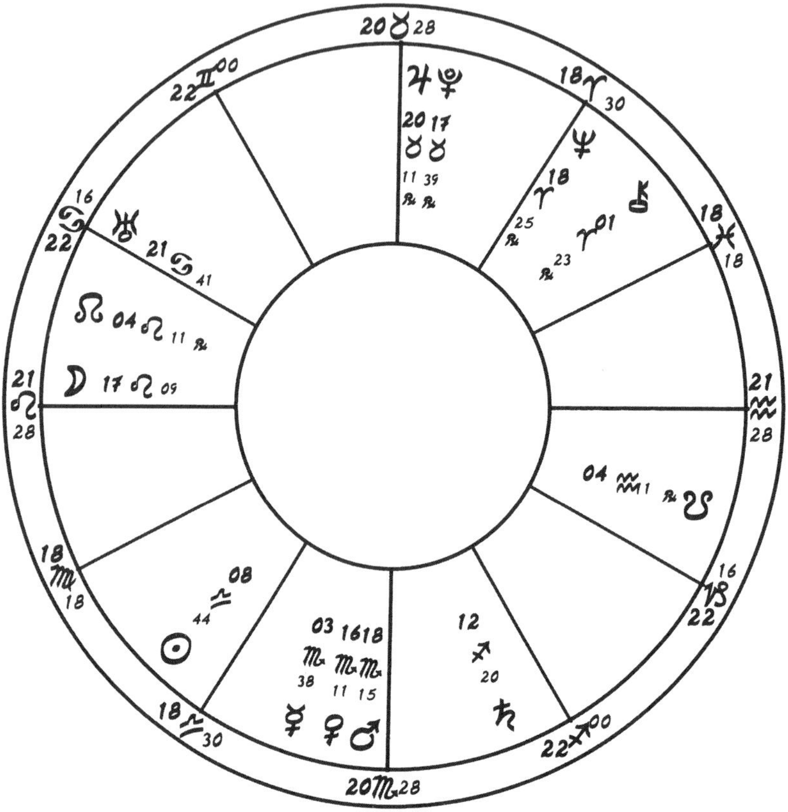

莫罕達斯・甘地

一八六九年十月二日凌晨兩點二十九分出生於印度博爾本德爾。
資料來源：克萊弗。

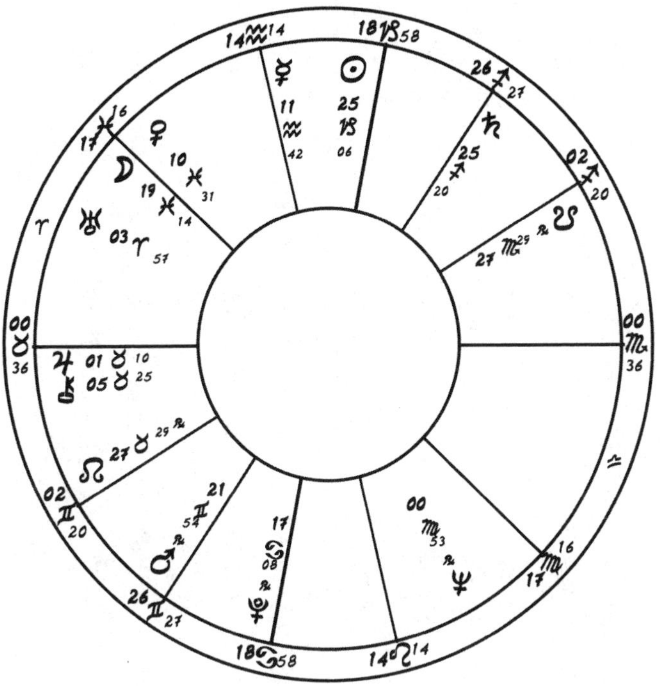

馬丁·路德·金恩

一九二九年一月十五日早上十一點二十一分出生於美國喬治亞州亞特蘭大。[16]

16 原書註：金恩的出生時間眾說紛紜，梅蘭妮使用的是吉姆·路易斯（Jim Lewis）以ACG（Astro*Catro*Graphy）校正過的時間。

踐的理想實在很糟糕，就連聖雄甘地都無法實踐自己的理念」。

高貴的野蠻人

這裡有另外一組星盤，很不一樣的星盤。第一張是約翰尼・維斯穆勒（Johnny Weissmuller），他是奧運游泳冠軍。他唯一的水象行星是海巨蟹，的確是很原始的大海！他也是第一個扮演泰山的人。阿諾・史瓦辛格（Arnold Schwartzenegger）則是冠軍健身運動員，他是宇宙先生（火天合相）、世界先生，也是奧林匹亞先生（火木一百五十度）。後來他參與電影的演出，最知名的應該是《王者之劍》（*Conan the Barbarian*）跟《魔鬼終結者》（*The Terminator*），英雄跟破壞者都讓他演完了。反觀維斯穆勒，擁有雙子星群，也包辦了上山下海的角色。他過世的時候，火冥行運合相在天蠍座頭幾度，而天射手對分他本命的日火合相。

這兩個人的火星都在雙子，我覺得很有趣，因為這個位置的火星跟泰山或終結者並沒有直接的關係。不過，在這兩張星盤裡，火星都跟外行星有相位。維斯穆勒的火星跟冥王星合相，史瓦辛格的火星則是跟天王星合相。而且，請留意史瓦辛格的月摩羯是他土象星座的唯一行星，還在六宮，這點呼應之前討論的地月連結及火星之間的關係。我在想這裡是不是有元素上的補償心態，壯大的二頭肌其實是為了掩飾寂寞脆弱土象單一行星的脆弱，因為摩羯座是月亮

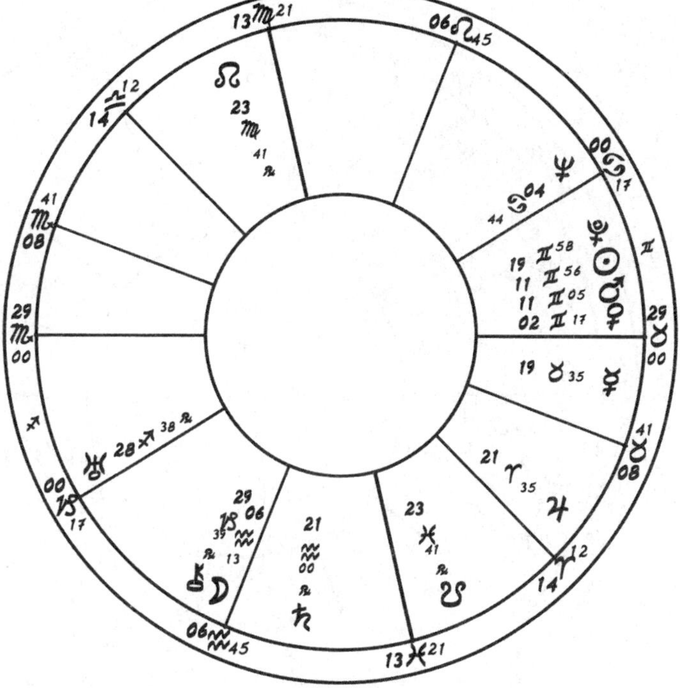

約翰尼・維斯穆勒

一九〇四年六月二日下午六點半出生於美國賓州溫博 。[17]
資料來源：洛頓。

17 譯註：維斯穆勒的母親一開始提供的出生資料為下午六點半於美國賓州溫博。在本次講座後，二〇〇七年十月，占星師賽・史格菲爾德（Sy scholfield）根據祖譜及其他資料來源查到維斯穆勒正確的出生地及時間應為一九〇四年六月二日下午六點於羅馬尼亞蒂米什瓦拉出生。

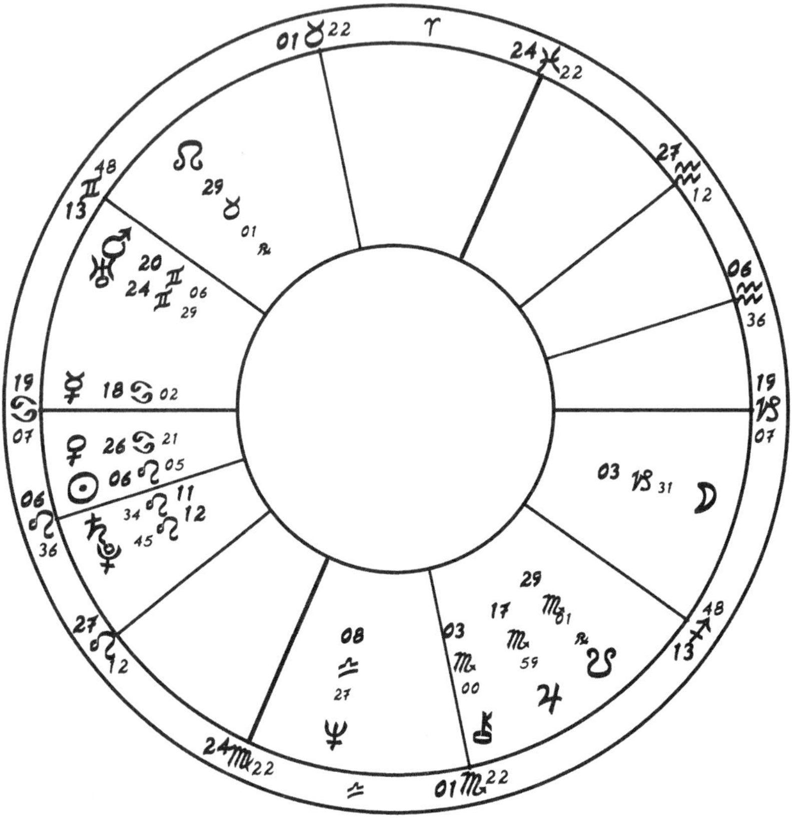

阿諾．史瓦辛格

一九七四年七月三十日上午四點十分出生於奧地利格拉茲。
資料來源：洛頓。

弱勢的位置。泰山的形象演出了十五、十六世紀，歐洲社會所謂「高貴的野蠻人」。這個概念展示出當時的人透過投射的面紗，覺得原始又浪漫的意象。看到一個友善的猿人，扮演起泰山的角色，似乎撫平了每個人對活在心智暗角自身獸性、野蠻潛質的原始恐懼。泰山似乎把這份恐懼描繪成安全且可愛的東西，洗去這些獸性，這種「火星崇拜」的形式也很有趣。

火星逆行

討論火星逆行的時候，我們也要觀察火星跟太陽是否已經對分。只要查閱星曆表，找出日火最近一次的對分，而這次的對分在我們要討論的星盤而言是已經過去還是即將發生。在火星逆行的日子裡，火星只會橫跨黃道小小一段，差不多只有十五到十八度的範圍而已，包括了對分太陽的位置。在這段時間裡，火星在天上看起來會很美，就跟太陽一樣，但是對分意謂著在地球「底下」。相反地，日火合相的時候，火星永遠都是順行、不可見的，因為它跟太陽太近了。

如果有人是在太陽朝著逆行的火星合相的時候，或說太陽即將跟火星產生入相位時出生，人生的主要重點在於完成某件事，也許是內在「任務」或掙扎，所以這個人的能量裡，常常會有孤立內向的特質。有時這種能量也會爆發成暴力行為。火星的生命力可能會牽扯進家族裡的衝突，或者必須在肢體或心靈的艱苦下作戰。當事人可能會捲入別人的戰爭，或覺得環境的衝突強加在他們身上。而外人可能無從得知，因為火星逆行的人通常都會緊守自己的情緒。與其外爆，他們容易內爆，與其表達，他們容易壓抑。正面的表現是當事人可以大量支持、鼓勵其他人成為最好的自己，讓他們保護、追隨、貢獻、服務、對某人忠心，或成為保鑣之類的角色。如果星盤裡的火星逆行發生在火星還沒有跟太陽對分的時候，意味著當事人是在逆行週期的早期出生，這些人也許這輩子也會帶有這種能量的色彩。

火星逆行長達六十到八十天，在這段逆行的時間裡，火星的週期似乎會以平均的方式產生盈虧。學習力量的使用及誤用會是火星逆行的主題，一開始的感受可能會是無力的，所以意志與進取心的特性可能需要建構在時間、經驗及反省之上。不是很好取得，但假以時日，可以經過微調、紀律變得更有力量。另一方面，如果是在日火對分之後才出生，這個人可能會比較有力量，因為當事人比較不會受內化的影響而動彈不得。當事人可能會感受到正面的約束，而不是負面的挫敗感，且樂意替他人服務，而不是覺得自己受到壓迫。

同時也要檢查二次推運裡的火星是否恢復順行。有些人一輩子的火星都是逆行的，但有些人的火星會恢復順行。恢復順行的時間點通常都是當事人生命的巨大轉捩點，他們可能會放下他們替別人作戰或自己無望戰爭的武器，或者脫離長年壓抑他們意志的集體或先人的議題。這個時候，當事人也許會忽然間明白該如何不要被別人的能量牽著鼻子走，或學會拒絕，且明白在衝突爆發時，該如何運用創意來解決。對某些人來說，這點非常困難，但也可能振奮人心、賦予力量，因為當事人的生命終於可以往前走了。二次推運火星由逆行轉向順行的前一、兩年可能會特別辛苦，因為受困的能量終於要前進了，而衝突也就此產生。

這就好像憤怒的感覺激怒了火星，卻不曉得敵人是誰或戰場在哪裡一樣。沒有意識到這點，我們可能會墮落到戰鬥，卻沒有能夠容納這股能量的使命或目標。從我看過的例子裡，經過一段時間的挑戰與動盪之後，這種能量通常都能安頓下來，形成再生的過程，且與火星能量產生新的連結，舊的事情讓它過去，充滿信心著手新的計畫、應徵新的工作、開始新的關係。通常這就是推運火星恢復順行後，回到本命盤火星的度數與分數時，會發生的狀況。這時可以啟動火星的力量，也是一個好機會，能夠重拾我們覺得自己拋下、沒做完的事情。

觀　眾：如果火星本來是順行的，在二次推運時逆行又會怎麼發展？

梅蘭妮：我觀察到的是，當事人的生命裡有時會有一連串的事件，他們沒辦法處理，導致能量淤積，通常都是因為憤怒或痛苦無法宣洩。火星逆行之後，也許會點出一段內爆的時期，之後，這個人會學習用新的方式處理這股能量。這個時候當事人會覺得很憂鬱，因為能量轉內，也許需要時間重新找到向外的方法。憂鬱的主題可能跟火星有關。如果我們不同層面的自然驅力遭到困阻，自然驅力指的是地月層面的議題，生氣的感覺會積壓起來，如果壓抑太過就會造成憂鬱。如果一個人對於安全感、容身或沒有辦法自在行動、表達自己的需求遭到壓抑，這個人也會憂鬱。小時候的需求只能仰賴其他人來完成，當這些遭到剝奪的模式浮上檯面的時候，當事人可能會傾向責怪他人。彷彿是火星符號的箭頭往圈圈內部射，而找不到出口出去。這肯定是某人的錯，通常都是因為媽媽的緣故。看似遭到壓抑的火星可能反應出當事人有憂鬱的可能，但憂鬱不只跟壓抑的怒火有關。憂鬱的經驗跟解決方式有許多面向，我們不能一言以蔽之。

我們來重新想想火星位在地球跟木星之間，我想起心理綜合學說的「潛抑崇高」（Repression of the Sublime）。在這個過程裡，我們會輕視、壓抑自己，以與理念、崇高的道德、超個人衝動產生連結。我們會否定自身靈性生命的重要性、否定我們對於意義的需求，以及否定自己希望能夠擴張意識，達到某個更自由、更廣闊的高度，這種否定的力量會反彈回我們身上。之前托勒密對於火星的敘述——「嘲弄別人之人、藐視他人之人」似乎可以歸納在這個族群裡。面對那些象徵集體意識裡物質主義及憤世嫉俗的惡龍，也許就是擁抱內在崇高旅程的一部分，因此也成為這種憂鬱問題的解方。我們解讀或感覺為「憤怒」的情緒也許只是我們核心生命力被迫表達的產物，當自我拒絕擁抱這股力量，將其視為惡意的能量，這緊抓不放與僵化固執就使它站在敵人的位置，儘管真正的敵人不是火星。

內行星與火星的相位

火星與任何內行星的相位都會賦予該行星生命力與能量，有時也會帶出火星本身野蠻、好勝、易怒的元素，而這樣的面向有時可能會侵害內行星的能量，這點端看相位的本質。

太陽與火星的相位

日火相位會感覺需要較量。這個組合需要挑戰，需要感受環境的拉扯，喜歡贏。如果這層能量不通暢，我們也許就會看到一顆激進的火星，吃了秤砣鐵了心要掌大權。正面的發展是這顆火星會專注於表達卓越這件事情上頭。如果我們把太陽當成父親，這組合相也許能夠反應出與父親之間的衝突，想要從暴力父親所造成的傷痛中走出來，前往父子關愛關係裡正面的競爭及夥伴關係。無論父親是否還在，當事人都該考慮一下父親象徵的力量。如果日火合相的人因為任何原因失去父親或父親不在身邊，要這股能量以有建設性的方式發揮就有困難，也許會讓當事人延長「叛逆青少年」階段，結果就是埋藏了更多憤怒與哀傷。

火星跟任何內行星接觸都可能帶有自私的特質。火星會增加表達、征服、與某物搏鬥的意志。火星也跟「戰或逃」反應有關，而「作戰」的反應通常在火星與個人行星產生相位時會比較明顯。如同提到火星時一定會提的問題，只是問題不是「你在對抗什麼」而是「你為何而戰」。把火星想成執行者，自我的代理人，自我則是太陽。我本來要說「自我意志的執行人」，但我又想了一下：「等等，這個意象不太對。」因為意志跟遺囑是同一個字（will），遺囑的執行人指的是在你死後替你完成心願的人，火星會比較希望在活著的時後完成意志！擁有日火相位的人也許會發現火星想要成為宇宙的中心，但火星必須學習那是太陽的位置。

月亮與火星的相位

月火相位意味著情緒反應很重要。如果朝這個方向發展，當事人可能會因為自己的情緒與激進的主觀性而專橫霸道。月亮跟連結的議題、滋養、安全感有關。如果我們這些未滿足的需求加上火星的助燃，很可能會錯置情緒的力量，想要透過恫嚇，讓其他人明白真的跟「對的」狀況是什麼。我聽過一位治療師形容某種狀況為「情緒基本教義派」，這不是指基本教義分子很情緒化，而是這種人會以很直接的方式面對情緒，他們會說：「我的感覺是真的，所以我是對的，我必須說服你，我的情緒實相就是真實，完全的真實，絕無半句虛假。如果你不同意，我會反抗到你同意為止。」這是月火相位的其中一種表現方式。另一個版本是用正面的方式，以自己的感覺天性與基本需求之名，表達與主張自己的欲望與能力。我們在這裡並不期待輕蔑或依照激進的態度來行事，而是我們認同地月層次存在的重要性。事關有機生命的節奏，而正面的月火連結則會尋求榮耀且保護這個層面。擁有月火相位的人通常都有很強烈的人父、人母本能，且很會扮演滋養及保護的角色。

觀　眾：就算是有壓力的相位也一樣？

梅蘭妮：告訴星盤上象徵某些能量的人該怎麼做是行不通的，我們一定要考慮到當事人整體的狀況。不過，月火之間有壓力相位，要使用這股能量可能會比較困難。也許當事人會覺得焦慮，因為他把火星投射出去，因此覺得無力、脆弱。這樣的模式可能是因為未滿足需求所帶來的憤怒、害怕充滿敵意的母親或將外在環境視為威脅等經驗導致。這種童年時代與母親之間的殘影可能會影響當事人，長大之後，持續為了撫平母親的憤怒而努力想要「做對的事情」。或者，這也許是一個人自己憤怒的投射狀況。

觀　眾：如果投射出去的是月亮呢？會發生這種情形嗎？

梅蘭妮：會，那我們就會想要努力（火星）成為母親，保護其他人，而這些人帶著我們脆弱與安全感需求（月亮）的投射。如果女性擁有這組相位，她可能完全無視自己的孩子，因為這位母親忙著處理自己內在的靈魂世界（月亮），這個部分投射出去了，而她又沒辦法仔細看到外在的全貌。月火相位也像是你想要從子宮裡掙扎出來。如果月亮投射出去，那整個世界就會跟封閉的子宮一樣，不讓你出去，或者，某個扮演母親角色的人會重重限制住你。在月火發展到比較成熟的狀況時，這組相位可以充滿動能，為了弱小採取行動、保護對方。處理公眾事務，特別是福利、人權、在公開場合奮鬥的人，星盤裡都很容易有這組相位。

水星與火星的相位

水火的接觸可能會引發許多內心掙扎。這些人可能不斷在心裡與自己理論，有時想法會不斷「跳針」，一直在想同一件事情，可以說是到了飽受折磨的境界。他們忘不了別人說的話。他們會因為別人說的某句話而私底下密謀報復，或者一直思考他們當下沒說出口，卻無法忘懷的尖銳回應。他們在心裡會一直想這些事情。雖然沒有什麼內容，卻會以很不舒服的方式加速神經系統的運轉。這個相位也強調溝通。水火有相位的人可能會以理論、據理力爭這種高度緊張的溝通方式爭執，他們是總說「好，但是……」的人。水火有相位的人喜歡尋找理論之中的缺陷，常常尋找機會跟人吵架。他們常常說自己只是喜歡「討論」，但跟他們交手不是什麼舒服的事情，因為他們不喜歡輸的感覺。

水火相位的另一種發展方式是，這些人可能將富於創造的心智活動用言語表達出來，進而作為一種逃避機制。還記得「戰或逃」嗎？在此上演的是語言的戰爭，或心理戰。水火相位可能發展出對於資訊的渴求，或者沒辦法不說話，也許還是資訊的消費者。消費主義跟木星的連結顯然就是過度膨脹的感覺，但我這裡想到的是獵取的本能，這種本能我會覺得跟火星有關。水火相位的當事人可能腦筋動得很快，幽默感古怪又深入，對人與事又觀察透徹且銳利。要他們學習「放空腦袋」或休息可不容易，因為他們喜歡挑戰自己的心智。對他們來說，放鬆的方式可能是跟填字遊戲搏鬥或學習新的電腦技能，而不是在壁爐旁邊打瞌睡。

金星與火星的相位

我在看今天的星盤時就短暫提過這個組合。金火合相會依照宮位與星座強調星盤的重點領域。當事人在這個領域會有絕佳的表達力與執行力，因為他們的自我價值與個人價值觀很容易能夠轉化成行動，除非他們遇到阻礙，例如跟土星這種行星產生強硬相位，然後，我們就會看到缺乏自信的過度補償，也許當事人會瘋狂地行動或想要有所成就，他們也許必須一一解決困難，這是土星的範疇。這組合相的確會有強迫的性格，可能會在克服困難的掙扎過程中顯現。這組相位正面的發展是提供能量、意志與一致的焦點，協助當事人走在正軌上。如果我們借用煉金術的詞彙來形容金火合相，就是合體（coniunctio）——結合兩個端點。這點很有意思，因為象徵極具創造力的金火並不是父母雙方的能量。星盤裡所有男性或女性角色的象徵都可能受到我們與父母之間經驗的影響，最明顯的就是日月這組能量。

不過，金火跟一個人的性慾有直接的關連，也跟青春期、「離家」、長成具有創造力及生殖力的自己有關。這樣想，這組合相象徵的是靈魂創造力量顛峰的時期。性慾跟愛慾流動，因此結合。同時也意味著戲劇性、混亂及激烈事件的莽撞行為。阿芙蘿黛蒂的其中一個名號是潘德摩斯（Pandemos），這個字跟大混亂（pandemonium）有關。在金星與火星的行運裡，這組合相象徵著走進關係、新開始、以愛與創造之名所冒險的時間點。金星與火星之間的相位週期，從合相、四分、對分、回到合相這樣的循環可以視為求偶之舞，讓我們曉得，這兩股能量的接觸能夠如此和諧，且知道是誰在領舞。一個人出生時，能不能在夜空裡看到金星與火星，這點也能強調金火之間的和諧與關係。

火星與社會行星

我們可以這樣想，在我們要與廣闊的外在社會及其結構連結時，木星與土星這兩顆行星的原則就變得格外重要，還有支持這個社會的道德、信念及倫理。占星學的通則是，行星軌道愈大或在黃道繞行的速度愈慢，其過程就會愈深層、愈需要時間。集體與超個人的主題與個人的故事交織在一起，結果就是畫在更大張的畫布上。我有時會用電壓的伏特數來思考行星，雖然有時走得快的行星才是觸發過程的媒介，但整體事件的意義與衝擊通常都是以一起出現、行動速度較慢的行星為主。

火星與木星的相位

當火星與木星產生相位，有時很難分辨誰是老大，因為它們都會想著做主。火木相位可能意味著宏觀的願景、行動的承諾以及願意為了自己的原則、更崇高的理念或志向面對戰鬥。不過，當木星的擴張受到火星的刺激時，可能也會帶來對於權力、奢華、主張及知識的貪婪。然後，問題就出現了：「木星到底包含了哪些讓火星能夠效命的理想與原則？」因為少了核心太陽的影響，或沒有金星價值的適度聚焦，這樣的組合可能會拖著當事人到處跑。有時，當事人會覺得很難駕馭這股力量，因為我們會太講究「我是對的」這件事，且不會多想，一頭熱就栽進行動裡。所以我們有時會活在衝動的懊悔之中，因為自己的急率而自食惡果。這個組合有時也會有傲慢的狀況產生。這兩顆行星的對話可能是火星很狂熱，為了「信念」之名成了聖戰士，火星想要贏的熱情與信仰連結，木星想要擴張的能力則成了最適合的教條與不變的信念。產生的結果是一種實質上限制了意識擴張的「正直性」，排外而非廣納百川。另一方面，有時木星的願景與信念會澆熄行動力（火星），舉例來說，若木星在摩羯座，火星在牡羊座的時候，火星天生的衝動、直率、迅速會被木摩羯修練長期目標策略的野心與欲望壓下來。如果這個目標太遙遠，火牡羊就會覺得沒了士氣，結果就是積壓的憤怒，甚至產生憂鬱的狀況。

火星與土星的相位

今天的火星跟土星形成三分相。土星守護的摩羯座是火星強勢的位置，我們之前討論過了，火土之間有赫菲斯托斯的特質，意味有能力忠誠、堅忍、發展技能，也能夠駕馭困難的狀況。負面的發展是固執、怨恨、想要復仇的欲望，以及不接受「不」這個答案。火星和土星之間的困難相位有時會發展出特定的暴力行為，因為壓抑或積悶了很多能量。如同赫菲斯托斯的形象，他有一個帶火的熔爐，可以熔化金屬，這是轉化的載具，如同煉金術裡所說的一樣，這裡的做工需要時間、高壓與高溫。火土相位經常意味當事人生命裡有些領域會像這種熔爐。還記得齊格菲的故事吧？他們從父親那裡繼承到一把破裂的劍，要把劍鑄回去可沒那麼簡單，引用莎士比亞的話就是「命運無情的折磨」。

面對客戶諮商的時候，這個形象倒是挺好用的，因為火土相位的當事人對於別人的批評通常都會很敏感，不然就是對自己要求很高。火土連結，特別是困難相位，通常都有一種無力的感覺。這種無力感累積出許多挫敗與沮喪，有時憤怒可能會忽然以暴怒或暴力的形式出現。就算怒氣不爆發，感覺壓力底下還是有些許動作，且總會遇到巨大的困難。在火土的熔爐裡需要時間，還要投注血汗甚至淚水。選擇（火星）慢慢來，且小心仔細（土星）有時也有幫助。如果一張星盤裡充滿很多速度快的能量，好比說風象特質強或天王星戲分很重，那心智意圖的參與就更加重要。經常聽到大家稱土星為「時間老人」（Father Time），如果火星跟土星產生困難相位，這種速度的概念就很容易協助當事人學習如何妥善運用這兩股能量。

火星與外行星的相位

當火星與外行星，也就是天王星、海王星、冥王星產生相位的時候，火星會受到逼迫，或甚至遭到超個人或集體意識的衝動壓制。這樣的狀況有時會讓火星的個人層面感到無助，或者我們就可以看到火星出現危險的強迫或過度彰顯的情形。我們的意志要麼就是遭到壓迫，要麼就是屈服在我們集體宿命需求及超個人經驗之下，因此會憤怒，還會替某些大過自己的事物服務。某些類型的火星會甘願於此。行運上火星與三王星的相位也非常有趣，因為這種時期會要求我們的火星在運作能量上產生轉變。因此會啟動我們地月系統的所有殘影，這我之前提過了。我們也許將面對自己童年時期的模式，會回歸火星功能較為原始的一面。憤怒的兩歲兒或叛逆的青少年可能會再現，因為這些選項乍看之下及深層本質裡都是讓我們的生命變得較為正面的方法。這些可能是不穩定且挑戰的能量，無論是在行運或是本命盤裡都有這種傾向。

跟外行星產生對話的火星必須接受自己成為僕人或副手的命運。如果你還是忙著想要成為宇宙的中心，當外行星行運踩進你的火星電壓之中時，你就會變成「超級巨嬰」。當行運的能量流進我們的系統裡時，這主能量會重新啟動阻塞的發展階段。如果你的火星在你兩歲時是消失的，而你從未停止憎恨進入你生命裡的手足，那麼，當你的火星跟外行星產生相位的時候，所有手足間的競爭意識、叛逆及憎恨會通通冒出來。這段時間也是讓我們透過放手、繼續前進而成熟、成長的機會。我記得看過一張星盤，案主經歷過一場恐怖的車禍，兩人因此喪命。雖然車禍責任不在這位女性身上，但她害怕到不只不敢再開車（火星），同時也發展出跟火星有關的各種不同的恐懼症與徵狀。她有時會忽然回想起車禍的場景及回憶、身上起疹、冒汗、顫抖。有一次，她甚至真的在眼前看到紅色閃過去。她有時會因此怕到不敢動。火星跟行動、生命力有關。曉得她的身體還在想辦法排除車禍經驗所帶來的驚嚇，因此讓她沒辦法停止對自己的批判，後來她使用顱骶骨治療法（cranial osteopathy）展開了自我療癒之路。

火星與天王星的相位

跟天王星產生相位的火星可能會覺得「有必要」成為集體改變的媒介。集體理念及信念相當重要，可能還帶有強烈的政治概念。這顆火星可能具有革命精神，需要能量的出口。靈活性可能會成為這組相位的問題，許多改變的願景垮台是因為這組相位的衝動行為、莽撞行動及此刻必須行動所致，他們比較不會按捺、計畫。如果天底下有什麼規矩，那火天能量就是要來打破規矩的。這點可以擴大到社會改革這種大範圍的高尚理想，但表現方式也可能是一個人本質上就無法守時、守約，或乖乖跟著規矩前進。就算只是跟這種人交談都可能讓我們覺得緊張，因為他們的思緒會跳來跳去，還很愛打斷別人！限制必須強加，而他們看起來就像是永遠的不速之客，但他們並沒有惡意的企圖。他們並不會說：「晚餐時，我要遲到半小時，故意氣死那個誰。」他們只會自顧自地發展，且希望其他人配合。

同樣的意涵，加上一點成熟的淬煉，天王星的洞見與啟發便會出現，而火星就會變得非常有力量，能夠發展出透徹的見解、意圖及心智的力量。天王星最終會要求火星提升運作的層次，且專注於意圖及意願，而非聚焦在反應上頭。因此，火天相位會變得跟魔術師一樣，也就是擁有絕佳想法，也有足夠的焦點能夠看透一切，讓事情產生運作。火天本來就有讓事情運作的能力，但可能是在無意識或強迫的狀態下，在這種人身邊，東西彷彿都會壞掉，電燈保險絲燒掉或電氣用品故障之類的。我相信大家都遇過這種狀況。我用的錄音機通常都很可靠，但我回想起來，無論是行運、跟我諮商對象的本命盤或我自己的星盤裡出現火天組合，我的錄音機就會莫名故障。

如果你們看到客戶正值火星行運，他們可能會經歷類似「電線短路」的狀況，可能會失眠、肌肉痙攣或抖動。他們似乎會覺得有太多能量流經身體，就跟不是設計來承受過高電壓的電線一樣。這股能量可能很難引導至建設性的發展，而這些人可能會變得愛吵架、煩躁或出小意外。如果當事人累積了許多憤怒，這組行運會協助宣洩。這組相位正面的發展是協助當事人成就平常不可能達到的目標。事情變化快速、發展迅速，雖然事後可能需要回過頭來整理細節，但感覺還是很振奮人心的。某些微調能量的活動可能有幫助，譬如說瑜珈或冥想，這些活動能夠以漸進的方式宣洩能量，還能提升洞見。

火星與海王星的相位

火海相位是需要有東西崇拜或崇高使命的熱心之士。如果這股力量誤植，可能會變成高度成癮，顯示出一個人帶有成為其他人或某種使命的烈士。要妥善發揮火海功能必須將能量投注於某件事情上頭，但鑑別力卻是這種人的挑戰；因為火海相位象徵了也許我們的意圖會騙過我們，且相信自己的優點，及他人的缺點。當然，狀況可能相反過來，這種人可能會有致命的自我詆毀特質。具有火海相位的人可能沒辦法直截了當行事、堅守立場、確立自我。他們可能是經典的「牆頭草」或「受氣包」，因而累積許多怒氣，結果卻還是無法直接表達。

對這些人來說，在沒有受到操控的狀況下，得到自己想要的東西，常常會是他們的挑戰，因為這顆火星通常不會覺得充滿自信及勇氣。在占星學裡最好的火海特質是那些負責減緩痛苦的人，也許他們跟靈性原則有關，或投身在某種使命志業之中。他們也許會服務弱勢族群，在醫院、監獄、臨終關懷的機構服務，以海王領域的受苦大眾之名，採取行動（火星）。這組相位的力量在占星上也可能跟動態參與劇場、藝術……任何跟水象能量、海王能量相關的難以言喻及神祕性息息相關。某些擁有火海相位的人非常有個人特質，打扮也相當有型，能夠利用（火星）當今的潮流與風尚（海王星）。

火星與冥王星的相位

這裡的火星必須要能跪在冥王星面前，成為轉化的媒介，無論火星是否願意，無論轉化的過程是正面或負面的。回想一下我今天跟各位介紹的頭三張星盤，我們看到了馬修．曼寧這位很有力量的治療師，他是強力轉化的渠道，協助其他人恢復，且教導大家如何接近自己的療癒能力。然後我們又從兩位連環殺人魔彼得．薩特克利夫及丹尼斯．尼爾森身上看到火冥相位的另一種展現方式。我們可以推測，他們是將自身陽痿的痛苦以傷害其他人的方式展現出來，如果各位去讀他們的傳記，這點是會得到呼應的。當然這不是他們犯罪的藉口，而是火冥力量極端的展現，且能因此明白這股力量負面的凝結模式。我們沒辦法完全解釋同一組相位在兩個人星盤上的不同表現，因為占星是生活的藝術，不是老生常談的公式。

我會把懲罰與判斷這兩個主題歸納在火冥相位裡。在卡巴拉（Kabbalah）裡，火星跟Gevurah這個質點有關，帶有「判斷」的意思。我可以從這個角度理解，這個力量能夠協助我們站穩陣腳，對那些有違我們「判斷能力」的選項說不。這股能量朝負面發展就會成為譴責，或詆毀某人，因為在我們的認知裡，我們必須成為「正確」的一方。Gevurah 跟判斷、辨識有關，可以說是更細微的火星能量，如同我們今天已經探討過好幾次的寶劍意象。雖然我們可能會約束自己較為激進的狀態，但這股能量還是可以轉化成信仰及態度，以類似判斷的形式呈現，或者暗藏著，以無聲的方式溝通。還記得火星是「嘲弄別人之人、藐視他人之人」嗎？我們在這裡看到另一種譴責，批判某人「不夠好」。這種狀況可能非常幽微，因為火星是我們必須實踐分別與差異之處。不過，負面的火星會自然將這點視為作戰的使命，或者要麼就是輕視他人，或覺得別人輕視他。

火星的戰爭也跟經歷到不同及分別，以及跨越這種鴻溝時的狀態有關。因此，金星就很重要了，在這種原則下，必須欣賞且讚頌差異，而不是受到威脅。火冥相位會有遭到殲滅的恐懼，而為了補償這種恐懼，他們也許會成為威脅。事情並不只是「不是敵人就是朋友」這麼簡單，問題更加深層，而是一種「非我族類」都會對抗我的心態。因此會發展出長期備戰的狀態。火冥相位通常都有很好的生存本能，常常是第一個嗅出問題正在醞釀的人。他們也要學習放手，不要「想辦法解決」問題，且接受困難就是會發生，而循環的創造與終結都是以同樣的毀滅及瓦解形式呈現。面對戰爭無法得勝，這種狀況常常發生在火冥相位當事人小時候，他們的反應各有不同，從暴怒到明智接受都有可能。擁有火冥相位的人可能有耽溺的特質，容易吸引到「困難」的狀態、擁有秘密的人、有力的關係或大筆財富。他們常在困難裡展現出無比的力量，也許需要學習的是實際狀況並沒有要他們逞英雄。他們習慣將生命視為巨大的衝突，會浪費精力想要處理無法解決的問題。

我個人相信冥王星及其過程象徵了前往靈性生命的道路。我們超越了原則、想法、一廂情願及夢想，抵達更深層的境界。從這個角度出發，火冥相關的障礙可以視為當我們的靈性開始發展時，一路上可能會遇到的挫敗及卡住的癥結。能量會在此變得冷酷麻木，因個人意志的使用，而變得具有毀滅性，或者，會深陷於徹底黑暗、毫無希望的世界觀之中。火冥相位會要求我們淨化自己的意志、方向，且會帶來提供相關練習機會的生命經驗。火冥會揭示他者看不見的考驗與試煉，需要當事人投注大量時間與精力，因為這是他們靈魂的要求。在希臘神話裡，黑帝斯（Hades）就是普路托，他只要出現在地面上，就會戴上一枚隱身頭盔。同理，擁有火冥相位的人都可能經歷環境裡那種不可言說的侵犯，而「隱形的戰爭」永遠都在這些人心底上演。

這組相位的確會以各種方式挑戰我們成為戰士，而這種「看不見」的層次則會喚起我們內心的呼應。找到自己潛在毀滅力量的「隱形叢林」，且不要卡在覺得自己必須負責、一切都是自己的錯、必須「修補」好眼前的狀況等這類心態，這對於很多擁有這組相位的人來說都是件挑戰。火冥相位在「柔和」及「強硬」相位的差異非常明顯。柔和相位會有能力流動成為行動，因為阻力較少，累積成憤怒及挫敗的張力較為舒緩。強硬相位通常會讓當事人覺得無力，他們為了走進外在世界，必須克服內心的黑暗、無能及徒勞無功。如此一來，壓力會讓人喘不過氣來，如同害怕這些狀態所帶來的補償心態一樣。

火星習題

這裡有份問卷，就叫做「火星習題」，習題這個詞也有運動的意思，我不會要求大家在接下來的時間一起做有氧啦。我忽然想到一個有趣的問題，那就是「何種運動適合哪種火星？」舉例來說，火雙魚會喜歡游泳還是會怕水？各位可以思考一下，也許你們也會想到其他問題。為了要符合今天的金火在十二宮的合相，我想大家一開始先各自以內在冥想的方式完成這份問卷。上頭有很多問題，有些比較尷尬，但都是設計用來刺激讓各位探索內在用的。這不是考試，因此沒有正確答案，我會建議各位先簡單思考一下自己的火星。請留意你們自己的內在判斷。如果有幫助，才回到問卷的問題上。不然就依照我們之前討論過的內容思考，一邊想一邊寫，注意你在過程裡有些什麼念頭與感覺。最後才拿出星盤，看看之間的連結是什麼。不要反過來，先看你的星盤，然後說：「我的火星在哪裡哪裡，這意味著什麼？」先問問你自己，你對自己火星功能的理解有多深，然後再才去核對星盤，最後，我會請各位以火星的星座分成小組。如果你想自己繼續探索也沒關係，不曉得今天會不會十二個星座都湊齊了？如果有少，我們就讓大家集思廣益。各位有三十分鐘可以作答，然後我們再回來。

問題

1. 你對這些火星的主題有什麼感覺？（例如：覺得興奮、不舒服、生氣？）
2. 你與自己火星的關係如何？

你通常把火星視為敵人還是朋友？其他人對此有什麼看法？其他人的看法跟你對自己火星的感覺一致嗎？當你看到自己星盤裡的火星時，第一個念頭是什麼？

3. 你用何種方式前進、確立、堅守立場、主導場面、掌控大局？

你會進行上述這些舉動嗎？如果會，請問你是透過直接的選擇、強制還是在環境的推波助瀾下進行呢？

4. 如果你不從事上述行為，被阻塞的憤怒感覺如何？

你會生悶氣嗎？鬧脾氣？還是操控其他人？

5. 你如何掩飾這種情緒？

你會大吃、大喝、一睡不醒，或其他成癮行為嗎？你會常哭嗎？或者誤植能量到其他情緒之中？

6. 當你覺得承受不了的時候，你會如何宣洩？

透過運動、跑步這種身體活動？還是用任務與抱負把自己逼到極限？

7. 你是怎麼生氣的呢？

怒氣是直接、一下就過去，還是慢慢累積最後爆發？

8. 這種狀況大概是幾歲發生的？

例如：悶悶不樂的青少年、鬧脾氣的兩歲兒，還是看什麼都不順眼的固執老人家？

9. 你覺得自己的火星受到什麼樣的阻礙與困難？

10. 想想你的火星最糟糕、最無情的一面。

最具毀滅性的一面會如何展現？最反社會的表現？你會怎麼報復別人？

11. 你的火星最棒、最高貴的特質是什麼？

你的火星有哪些特質？你會如何榮耀你的火星？

12. 你是哪一種戰士？

形象有自動出現嗎？是神話人物、英雄還是何種角色呢？

13. 你的武器有哪些？

藉口、霸凌、挑撥離間、自以為是？正面的特質，如勇氣、原則、毅力、生命力、決心呢？

14. 你替誰效命？

15. 你有願意從事什麼活動的經驗嗎？

你記得自己在生命裡樂意做什麼事情嗎？感覺如何？

16. 你願意讓火星發展出最好的一面嗎？（請謹慎回答這個問題）

十二星座的火星展現

大家討論得好認真，不少能量激起，我實在不想打斷各位進行下個階段，但時間不等人，我們必須開始下一階段的討論了。一九九七年四、五月的《大占星師》（*The Mountain Astrologer*）雜誌刊登了一篇由丹尼爾．賈馬利歐（Daniel Giamario）所寫的文章，他列出了十二星座的火星，及各種火星的原型，聚焦在正面的陽性形象上。為了紀錄各位的貢獻，我把一些文字寫在白板上。在填寫問卷的時候，希望各位對自己的火星都有更立體的了解，且曉得這顆火星較為尊貴及卑劣的展現方式。我們今天應該會聽到火星各種不同的調性與特質。有沒有哪個星座沒有人？我猜我們進行下去就會知道了。

火星在牡羊

我們最好從牡羊座開始，如果不讓他們先講，我可能會惹麻煩。各位火牡羊有什麼想分享的嗎？

觀　眾：我們的共識是「我們現在就要」。

梅蘭妮：要什麼？

觀　眾：什麼都要，但必須是現在，無論要的到底是什麼。我們也提到火牡羊在英國生活很辛苦，因為其他人在你身邊會覺得害怕、焦慮。

梅蘭妮：這裡有些文化議題，對不對？這對火牡羊來說滿常見的，畢竟火牡羊的能量不是很會社交。牡羊座是很原始的能量，純粹的衝動，排行第一的星座，春分點。丹尼爾・賈馬利歐是這樣說的：「粗壯的個人主義者、愛打架、隨性、倔強、拿著玩具的自我中心男孩、喜歡競爭的戰士」，各位還有什麼要補充的？

觀　眾：我需要一個可以吵架的對象，一個競爭者，一個對手。當對手遜色的時候，感覺很無力。

梅蘭妮：你需要有人可以站在你面前，當你要吵架、起衝突的時候，這個人不能兩腳一軟？

觀　眾：對！我需要一點規律的磨擦，但我對真正的重大衝突沒有興趣。大衝突太花精神了。看到別人惹上麻煩，我就想要保護他們，我很容易捲進替別人出頭的爭執之中。我知道我不是每次都能幫得上忙，但我還是會介入。

火星在金牛

梅蘭妮：那火金牛呢？

觀　眾：可以再給我們半個小時嗎？我們有四個人，我們才聊到我們必須花點時間才能進入狀況。我們進行到一半之後，感覺才比較流暢，然後就不能自拔了！

梅蘭妮：對火金牛而言，要他們的火星活躍動起來，的確存在某種程度的惰性或阻力需要克服。他們可能自動自發，但也可能變成一種強迫的行為。我們想想大公牛，健壯、高大。牛休息的時候，代表的是穩定的本質、和平，以及制止的力量。當牛生氣、掌控一切的時候，卻變得很可怕，充滿毀滅的力量。火牡羊很容易生氣，卻也很容易消氣，除非星盤裡有其他展現會削弱這股能量，不然他們很快就會忘記，他們也不太會記仇。覺得煩躁跟生氣都是生命的一部分。火金牛卻不太一樣，他們需要一點時間才會感受到憤怒。他們可能覺得平靜、沉著，不以為意。如果憤怒持續累積，通常需要漫長時間，而怒火可能會以憎恨與怨懟的方式出現。這點很符合赫菲斯托斯的形象，火星落在金星守護的金牛座、天秤座，都會樂意替別人行使火星的力量，讓他們的努力得到賞識。火金牛必須要有自己的意志，且出於意識做出選擇，這點是滿重要的。不然他們就會一直替別人賣命，搞不清楚自己為何憤恨。表層平靜的假象肯定背叛了底層強烈的情緒。

觀　眾： 這點我感觸很深，我的火金牛在一宮。有時，行動的是一宮的火星，有時行動的卻是金牛的特質。有時我很衝動，就跟火星在一宮的表現一樣，但有時我會很冷靜，然後幾個禮拜後，我不斷在腦袋裡回想那件事，我會問自己：「為什麼我有機會的時候，我沒有跟對方吼回去？」

梅蘭妮： 所以火金牛是有時差的？怒氣來得比較慢，但一旦上火，就會爆發。

觀　眾： 鬥牛士要在牛面前甩紅布好一陣子，牛才會有動作。

梅蘭妮： 火星在金星守護的星座，這樣會有什麼發展？

觀　眾： 不喜歡別人打擾，懶惰。

梅蘭妮： 火金牛有時的確滿懶的，「只要安穩過日子」就好。他們會深陷於想要尋求和諧或穩定、和平的泥沼之中，但火星落在金星守護的星座裡還有其他面向。

觀　眾： 感官享受。

梅蘭妮：沒錯，很堅持要得到樂趣、安逸、和諧與美，某種程度這是一種溫和的影響。文章裡說火金牛是「情人、親密關係的專家、尋找樂趣的人、舞者、藝術家、模特兒、音樂家」。各位可以看到，這些都是跟金星有關的活動。

火星在雙子

梅蘭妮：那火雙子呢？

觀　眾：我們並不會舌燦蓮花，我們的土星也都在雙子座。我們提到彼此的恐懼是別人不明白我們的意思，覺得我們很笨、很呆，失去講話的能力，沒辦法表達出自己的主張。所以我們都不太想開口。

梅蘭妮：我忘了問之前兩組學員他們討論出害怕什麼。火牡羊最大的恐懼是什麼？

觀　眾：沒辦法確立自我。

梅蘭妮：那火金牛呢？害怕失控嗎？

觀　眾：類似，同時也怕人家覺得我們帶有攻擊性。

梅蘭妮：你們希望別人覺得你們是很平靜的人？

觀　眾：對。我們不想跟火牡羊一樣魯莽、粗野。我們也怕社會阻撓我們，我們想要很講求肢體、很直接、很隨性，當環境裡有人不准我們如此的時候，感覺就很可怕。

梅蘭妮：我們回到火雙子這組，抱歉分心了。

觀　眾：這個嘛，我們刺激出更多對話。

梅蘭妮：當然啦，你們火雙子就是喜歡刺激辯論與對話。

觀　眾：我們覺得語言非常好用，但我們沒有列表什麼的。我們的武器不是拳頭，而是語言。我一拿到講義以後，就開始質疑、分析上頭的文字。

觀　眾：所以火星雙子是透過分析的力量確立，用充滿創意及挑戰的方式使用腦袋。

觀　眾：如果有人對我發怒，我不會立刻用語言嗆回去。我會想：「好，對方這句話是什麼意思？」我沒辦法立刻回到怒氣之中。我水火四分，有時我會覺得能量卡住了。

梅蘭妮：這點很重要，黃道上四個起始宮位（角宮），沒有任何宮位的宮頭守護星路徑跟水星有關。對火星來說，水星是「他者」，水火之間的確存在本質上的對比。

觀　眾：我認識一位男性，他是火雙子，他能夠從任何衝突與爭執中全身而退，他為此覺得驕傲。只要場面開始出現煙硝味，他就有辦法抽身消失，這是很水星的作風。

梅蘭妮：丹尼的文章是這樣寫的：「變把戲的魔術師、吟遊詩人、宮廷小丑、蛇頭、狡猾、小偷、變形者、資訊網路。」這裡也提到了希臘神話的赫米斯跟羅馬神話裡墨丘利（Mercury）的概念。

觀　眾：我會加上藝人跟善變的人。

梅蘭妮：這就是雙子座守護星水星的變形者、變把戲特質。

火星在巨蟹

梅蘭妮：那火星在巨蟹呢？

觀　眾：我們速度也很慢，而且我們通常需要一點鼓勵才會現身。我們沒辦法立刻或直接表達自己。一開始，我們會先後退，或先避開問題，內化一下。之後才會展現出激烈的行為。內在過程很重要，而且我們會感受到內在所有的情緒。

梅蘭妮：你在講話的時候，你的手也不斷比出類似螃蟹的手勢，展現出這顆火星的確不會直截了當，反而會旁敲側擊。可以說說你們認為火巨蟹會有哪些美德嗎？

觀　眾：我們沒有非常直接、活躍的個人意志，但我們可以替其他人堅持。

梅蘭妮：所以自我確立不會發生在外界的世界裡，反而會保護那些與你們有緊密情緒連結的人，或為他們堅持。

觀　眾：我們也很希望別人喜歡我們、照顧我們的情感需求。我們報復的時候會充滿惡意且拐彎抹角，因為我們知道自己正在對抗的對象是誰。

梅蘭妮：那是因為你們有月亮的直覺，明白別人的感受。你們可能因為拐彎抹角而成為最致命的敵人。火巨蟹也很講究感覺，具有保護及父母般的特質。從負面的角度而言，你們很難確立自我，因為你們讓感覺與安全感的需求掌控一切。

火星在獅子

梅蘭妮：那火獅子呢？

觀　眾：我們覺得很困難，我們每個人的火星都跟土星有接觸。

梅蘭妮：太有趣了。現場還有其他火土的相位，似乎成了今天的主題，呼應了今天天象的火土相位。

觀　眾：我們很難找出結論，但我們的確分享了幾點，好競爭、衝動、幼稚、隨性、像英雄一樣。當我們提到這些特質如何從幼稚的展現轉化成更成熟的方式時，我們歸納出我們必須先累積小小的成就，培養出實際的自我欣賞，同時對自己的自我中心也要誠實以待，正面欣賞自我的需求。

梅蘭妮：文章裡把火獅子形容成「王者的原型、天生的領導者，主導一切的人。宙斯與阿波羅。」如果火星跟土星有連結，當事人可能會缺乏閃耀的許可，沒辦法成為國王與皇后，因此發展出特別敏感的一面，可能會覺得遭到貶低或輕視。記得火星「嘲弄別人之人、藐視他人之人」這一面吧？火獅子對批評非常敏感，加上土星的能量，當事人的自我會更加脆弱。還記得大英雄齊格菲嗎？他一開始是個沒有恐懼的英雄，這就好像兩歲的火星，幼稚的火星，正值青春期的火星。一旦英雄曉得自己有所懼怕了，他就開始從短暫的光芒四射變得成熟，朝尊貴與本質前進。

觀　眾：這裡說的是變老嗎？

梅蘭妮：比較像是認出恐懼，成熟地跨越過去，而不是沒有意識到或否認。齊格菲一開始的時候是很平面的，就跟迪士尼故事裡的英雄一樣，好像是從紙板裡剪下來的，一旦他了解了恐懼為何物後，他的角色才豐厚了起來，成為真正的英雄。

觀　眾：我覺得我小時候比較容易確立自我，但我總覺得憤怒、緊張。我長大後，覺得這點變得比較全面。

梅蘭妮：火獅子的恐懼是什麼？神話裡火圈的考驗嗎？

觀　眾：害怕別人不認同我。

觀　眾：缺乏為自己值得的事物奮鬥的意志，因為你覺得自己不配。就好像公獅子，但母獅子很辛苦。

梅蘭妮：問題在於一個人覺得自己值不值得，以及這個人能夠展現出多少力量。火獅子能夠非常忠誠，也能激發別人的創造力。

火星在處女

觀　眾：有件事我覺得特別好笑，因為我挑出了講義上打錯的部分，還更正過來。

梅蘭妮：而且非常謹慎地告訴我。所以火處女會是優秀的編輯。

觀　眾：留意細節。我也開了窗戶，我覺得室內很悶，這樣不健康。我私底下告訴妳哪裡打錯，因為火處女對於缺陷也很敏感，而告訴妳這件事的動機，並不是要讓妳覺得遭到批評，而是要協助妳把講義改好。

梅蘭妮：謝謝妳的謹慎。替大家服務開窗戶，且協助我把講義改好，這是很周全的舉動。這就是火處女，帶著想要服務、對別人來說有用的欲望與能力，這是很基本、很實際，甚至是以很低調含蓄的能量來處理這些很細節的事情。

觀　眾：我們兩個人都是學校老師，我們覺得一個人如果要把事情做好，就必須有條有理，結構分明。我會說，火處女最大的恐懼就是結構不明確，這樣就會開始混亂。

梅蘭妮：所以你們害怕沒有秩序。這顆火星必須透過資源的創意管理及時間、金錢、能量的結構，才能穩住陣腳，所以事情才能順利進行。你們才會覺得有力量？

觀　眾：對，其中可能也跟溝通有關。我們都是老師，我們必須跟其他人以有結構的分析方式來溝通。

梅蘭妮：你們會希望自己的溝通模式是很有結構的？

觀　眾：對，我生氣時候是因為外在世界不如我願，都是些很蠢的小事情，好比說我會卡住不能動。我想出門，拿了信，想起我的鑰匙，然後我的包包背帶纏在一起。這時我就會很氣餒，我會相信「事情」不該是這樣，然後，我就會停下來，告訴自己：「等等，事情本來就該是這樣，因為我沒有把東西整整齊齊收好。」

梅蘭妮：你們在什麼時候會覺得自己是個贏家？

觀　眾：把一份工作做到圓滿，一切準備就緒，進行得跟魔法一樣順利。要達成這種境界只能靠努力！

梅蘭妮：丹尼爾的文章說：「獻身給神聖工作的神職人員」，這是處女座的本質，就跟魔術師一樣，展現出水星的連結，明白物質生活的秩序，因此反應出神聖的一面，他還提到「女神的僕人」。他也提到赫菲斯托斯，他說：「獻身於工藝」。火象的火星都有這股努力獻身的特質，但處女座與工藝、技能、天職有關。

火星在天秤

觀　眾：猶豫不決。他們寧可保持和諧，也不想進入衝突。他們通常會被貼上「人太好」的標籤。他們很多話都不說，因此身體會受到影響。被逼急的時候就恰恰相反，他們會變得太直接、挑釁。

梅蘭妮：我注意到你有發言人的特質，你很有說服力，講話也很清楚，你還用「他們」來說「你們」的事情。你很抽離、不沾。你會怎麼形容你們火星的英雄任務？

觀　眾：想成為仲裁者、調停者，想出公平的方案。我們輪流發言，占的時間都差不多，最後選出讓誰替整個小組發言。

梅蘭妮：天秤座也是個外交官。傳統上來說，天秤座是火星弱勢的星座。所有的權衡、衡量、深思熟慮的特質都太強烈了，因為天秤是風象星座。有時太過細心會讓火星變得沒有力量。

觀　眾：替正義而戰。

梅蘭妮：文章裡寫的是：「丈夫、夥伴、和事佬、外交官」。我們可以再加上「調停者」。

觀　眾：以及帶來和平的人。

火星在天蠍

梅蘭妮：接下來是火天蠍，文章上寫道：「巫師、魔術師、角神（生育之神）、牧神潘恩、森林的代表綠人（the Green Man）、諸如黑帝斯及普路托這種地下之神」。各位還有想到什麼可以補充的嗎？

觀　眾：勇敢的。

梅蘭妮：這點滿有趣的。任何跟冥王星扯上關係的行星都會曉得失去是生命的一部分，而我們也不是講求自我的火星想要成為的宇宙主宰。火天蠍的系統存在著脆弱，這點可能是一體兩面的，脆弱可能會磨練一個人或讓其因恐懼而精疲力竭，不然就是會讓人變勇敢。火天蠍的勇氣不是莽撞，而是明白事理的勇氣，好比說警察曉得自己巡邏時可能會遇到危險，但他們還是勇往直前。各位記得一九八〇年左右的電視劇《山街藍調》（*Hill Street Blues*）嗎？每天晚上，員警聽從命令出門前，上頭都會補上一句「咱們先發制人，免得遭到襲擊！」這就有點火天蠍的味道。

觀　眾：我們有強烈的生存本能。我們要麼就充滿活力，要麼就要死不活的。勇氣很重要，因為恐懼也有力量。

梅蘭妮：謝謝你，這樣講很美。

觀　眾：我們也可以變得很恐怖。我是說我自己啦，當我處在威脅狀態下的時候，在證明別人是無辜的之前，我會假設別人都有罪。我有時不是很能信賴自己或別人的動機。

梅蘭妮：我還注意到火天蠍的另一點，他們會以自己能夠讓其他人產生情緒反應的程度來衡量自己的力量，也就是他們影響別人情緒狀態的程度。

觀　眾：我們的確認為自己有時會操弄，但不是有意識的。

梅蘭妮：火星在每個水象的星座都有能力操弄，因為水象星座需要迂迴、不直接。好處是這些人在自我確立的過程裡需要更纖細敏感。還記得日本武士吧？如果各位去看人家打太極拳，太極是一種很精細、充滿美感的能量交換，存在於動態的武術之中，蘊含對於流經身體、連結天地的陰陽能量更深刻的認知。將其轉化為心理學的說法，意味著，你不會藉由公開對抗敵人，助長敵人的力量，你反而走後門，或靜觀其變，「感覺」適當時機的到來。

觀　眾：在這裡我會加上「魔術師」跟「療癒者」。

梅蘭妮：火天蠍的能量的確可以透過沉澱的過程達到療癒的效果，這是地下世界的連結。火星守護牡羊跟天蠍，若以傳統的字眼來說，火星在這兩個位置是「尊貴」的。如果火星是動機、衝動、動態生命力的展現，你們認為火天蠍跟火牡羊有什麼不同？

觀　眾：我們會比較低調，比較內斂，比較無意識一點。

梅蘭妮： 火牡羊更強調表達，以及宣洩衝動。牡羊是火象星座，所以跟速度、反應、快速有關。問題在於他們可能太過衝動、莽撞，容易陷入敵對的位置。天蠍座是固定星座，所以能量上帶有保留、控制的特質，能夠顯化在穿透、效率上，且擅長危機管理。

觀　眾： 牡羊座可能是森林大火，天蠍座則是蒸氣機。

火星在射手

梅蘭妮： 那火射手呢？沒有人？太神奇了，今天金火合相在射手座呢！我們找到隱藏的火星了。射手座是變動的火元素，所以我們可以用集體的想像力來填補空白，反正現場沒有火射手能夠發言。

觀　眾： 他們都出國旅遊了。

觀　眾： 聖戰士，為了信念奮鬥，傳福音的人，或者是狂熱分子。

觀　眾： 探險家或冒險家。

梅蘭妮： 沒錯，我想到朝聖者，以及荒野小路。同時也是意識的探索者。

觀　眾： 床伴一個又一個，性事冒險家，大情聖或吹笛人。

梅蘭妮： 也許這些描述比較符合今天金火的合相。丹尼爾說的是「英雄之旅」，火射手的確需要一趟旅程、一個願景、一種比自己還巨大的使命，讓他們能夠奮鬥。不然，他們就會膨脹，變得貪婪，愈多愈好，消費主義。他還提到「哲學家、先鋒」。我想補充，火射手對知識充滿熱情，特別是能夠擴充我們視野與生命的宗教及哲學層面有關的知識。當然他們對教育也很有熱忱。

火星在摩羯

梅蘭妮： 火摩羯有兩位，誰要發言？

觀　眾： 你講。

觀　眾： 不，你講吧。

觀　眾： 我們傾向把權力交給別人，除非我們非常肯定。火摩羯顯然不喜歡當第一個。我們都認為火摩羯需要以具有結構的方式工作，腳踏實地。我們兩人都到很晚才找到火星的力量。

梅蘭妮： 有趣。土星的連結又再度出現，土星就是講求時間。在你們還沒與火星連上線時，有什麼感覺？

觀　眾： 我們有類似的感覺，好像有人入侵的我們的領土。

梅蘭妮：所以對兩位來說，領土很重要？我覺得領土對所有的土象火星都很重要，但面向不太一樣。對火處女來說，他們的領土是工藝、技藝、精湛，以及一個人能夠服務的領域。對火金牛來說，可能是金錢、美學、五感及舒適。你們會如何描述領土對火摩羯來說是什麼呢？

觀　眾：對我來說可能是原則、價值系統，以及我公寓的實際範圍。我的火星跟所有的個人行星都有相位，跟外行星沒有，所以我的火星是很個人的。

觀　眾：我想到的是「城堡」的概念。我們都發現自己生氣的時候會變得冰冷、疏離。我也很保護自己的成就。在關係裡，過去只要衝突爆發，我就會快刀斬亂麻。現在，必要的時候，我比較會面對衝突了，但我還在學習的路上。

觀　眾：我們都覺得一個人承擔起自己的責任是很重要的，當我們覺得某人不負責時，我們就會批判。

梅蘭妮：這顆火星是透過負擔起適當的責任來得到力量。另一個火星的問題是：「你們會如何取得力量？」霍華．薩司波塔斯說過：「如果你想激發出火星的能量，看看星盤裡的火星，然後找點能夠表達這顆火星能量的事情來做。」如果火星在天秤，就找點跟美學、頭腦有關的事情。如果火星在雙魚，偶爾去海邊走走吧。理想的狀態是這種活力能夠釋放能量。我們可以做出選擇，稍微努力一下。火摩羯在負起適當的責任時會覺得最有力量。同理，如果責任不適合或太過沉重，他們也會因此削弱力量與信心。

觀　眾：那麼我們的恐懼就是害怕沒有結構，沒辦法配合。

梅蘭妮：那目標與抱負呢？也很重要嗎？

觀　眾：對，我們可以處理，我們是「執行者」。

梅蘭妮：其中一個危害是無法放手。火摩羯常會為了體驗金星面向的生活（樂趣、美學享受），覺得難以放鬆或放棄掙扎，沒辦法放下對任務投注的努力。咱們看看丹尼爾怎麼說吧，「老人家、首相、法律制定者、物質提供者、實際的商人，或遭到流放的代罪羔羊。」最後一個很有趣。你們還能想到什麼其他的東西？

觀　眾：我們可以從一開始就非常努力，緩慢前進。

梅蘭妮：需要時間這點非常土星。這大概也是為什麼火摩羯很有效率，他們對時間很有概念。

火星在水瓶

梅蘭妮：現場火水瓶的人數非常多，他們是一大群人，有人要分享嗎？

觀　眾：我喜歡一個人，但我也喜歡一群人一起分享各種看法。

梅蘭妮：所以你們並不是「沉默的大多數」！你的意思是說，某種程度上，你跟你的族群、你的團體達到共識，對你來說是重要的。那你的聖戰是什麼？

觀　眾：捍衛成就獨特的權利。

梅蘭妮：好好笑，你們這組能夠如此自然說出這種話來。你們還自行分為兩組，只有你們這樣。

觀　眾：對，我覺得自己很前衛，很愛爭論。不過，我比較在行的是替別人出頭。相較之下，我對爭取人權這件事的熱情比追求自己好處還慷慨激昂。

梅蘭妮：火星在固定星座都很忠心。我注意到一點，火水瓶的人對朋友通常都很熱情。各位同意嗎？你們會以朋友之名確立火星的力量。文章裡提到：「宇宙願景、充滿理想的科學家、宇宙的自由靈魂、前衛的革命、尋求揚升的冥想」。

觀　眾：我不覺得我的火水瓶是這樣發展的。

梅蘭妮：水瓶座是最後一個風象星座，理想主義是非常明顯的。同時，回到地面上來會讓水瓶座非常無力。天底下速度最快的就是火水瓶，彷彿他們要透過超自然的觀點、更遼闊的視野才能獲得力量。他們會著眼於好遠之後的地方。他們並不是先知，先知比較像是射手座。火水瓶可以看到明確的東西，因為水瓶座很像是站在高崗上。

觀　眾：那是對於烏托邦的渴望。

梅蘭妮：那是對於這個星座最適合的政治與社會學版本，但如果我們專注於個人經驗上，火水瓶會讓你們看見自己身上的潛力，你們自己的可能、一段關係的可能，以及另一個人可能的發展。然後，你們會努力多少想要實踐出這樣的可能性。當然，實際層面的緩慢與厚重永遠無法配合心靈層面的潛力，因此會給你們帶來挫敗與自我批判。想想普羅米修斯與水瓶座的關聯。普羅米修斯是人類的偶像，結果因為他偷走了奧林帕斯山上的宙斯聖火，宙斯懲罰他，把他綁在石頭上，每天都有大鳥會來啄食他的肝臟，而肝臟每天都會長回來。想到我們身上有什麼東西被「吃掉」，畫面感覺滿可怕的。當火水瓶自我攻擊的時候，就會像普羅米修斯的肝臟被啄出來一樣。什麼都不對，我感覺不對，整個世界都不對勁，這是很絕望的感覺。

觀　眾：普羅米修斯最後怎麼了？

梅蘭妮：有趣的是凱龍救了他，凱龍跟他交換，替他承受痛苦。因為凱龍必須死才能終結他身上的痛楚，而普羅米修斯雖然自由了，但他必須戴著一枚戒指，提醒他遭到囚禁的這段歲月。火水瓶這個風象星座的優點是，他們能夠透過想法得到力量，有時必須藉由團體參與。一旦得到了宏觀的視野，能量又可以流動了。我忽然想起幾個火水瓶的客戶，他們經歷了幾個很巨大的行運相位。我覺得很難過的是他們覺得自己很沒有力量，卻不懂為什麼。占星的整體觀點會賦予他們力量，因為星盤能夠展現出對於事物認知的架構。對火水瓶來說，努力找到一個合適的觀念系統能夠接近訴說他們的經驗就是他們其中之一的挑戰。你們有最可怕的恐懼嗎？火圈的考驗？

觀　眾： 失去自由，沒辦法把話講清楚。

觀　眾： 沒辦法活出理想。事情搞得一團亂，看不到全貌。

梅蘭妮： 當水瓶座的明亮願景關閉時，他們可能會變得黑暗。努力回到願景之中非常重要。

火星在雙魚

梅蘭妮： 最後一個也很重要的火星在雙魚。我相信現場有兩條朝著不同方向游走的魚？

觀　眾： 呃，我們都從負面特質下手。火雙魚很會操弄。感覺很沒力、歇斯底里、挫敗。

觀　眾： 這顆火星可以消溶別人，卻也是溶化的，很難捕捉到方向在哪裡。火雙魚很會操縱別人，透過受害者的力量，徵召別人的火星來替你行動。

梅蘭妮： 我已經開始為你們感到難過了。

觀　眾： 但火雙魚也喜歡替人服務，替理念服務或臣服。我們都會打太極拳。

梅蘭妮： 在太極裡，他們會說陰跟陽。在「道」的符號裡，黑的那一半裡有一個小白點，而白的那一半也有一個小黑點。這個符號象徵了過程永遠在改變，宇宙在陰與陽這兩股力量的交錯中展開。陰與陽都有力量，但陽是比較直截了當、向外的能量，陰則是接收、退縮、臣服或放手的能量。火雙魚需要明白陰的位置，不然他們就會覺得無力、一直憤怒。如果他們沒有辨識出陰的能量，這股力量就會變成操控及受害者的意識。各位都曉得「菩薩」（Bodhisattva）嗎？在佛教的傳統裡，菩薩就是一個已經達到足夠啟蒙的存在，選擇以不同的面貌再次轉世。菩薩到了這麼尊貴的位置，選擇轉世是為了協助還在受苦的眾生，協助所有的存在得到光明。火雙魚就是服務之路，就是深層的神祕幻象、超驗的合一狂喜，同時也是酒神戴歐尼修斯（Dionysus），這位神跟狂喜、混亂息息相關。火星要成熟必須透過以下兩個條件，一是認出自己的恐懼，二是臣服於更大的根源之下。這是跨越很重要的門檻，位於某些星座的火星會比較容易通過這兩個過程。火雙魚可以透過感受內在靈性呼喚的刺激，或與深層的自我連結達成。蒂娜．透娜跟瑪蒂娜．娜拉提洛娃都是火雙魚，大概都在不可能的局面裡面對過絕望無助，但她們都能將其轉化為感受力，支持且加強他們的創意及對世界的貢獻。

觀　眾：我想到瑪蒂娜．娜拉提洛娃在球場上的模樣，沒有思考球會從哪邊打來，或她該把球打去哪裡。在那一刻，人必須把自己交付給更大的存在才行。

梅蘭妮：在所有的火星位置裡，就屬火雙魚最能臣服在更巨大的波流之中，也就是說，只要放棄就贏了。想想這點跟土象的火星正好相反，土象星座要贏就必須一直嘗試。火雙魚，內在的臣服過程就會協助你贏。

好了，今天差不多了，我想以我最喜歡的火星形象作為今天的總結，這是我在附近的禮品店找到的。畫面上是一位很帥氣的武士跪在佛陀的雕像前面。佛陀落淚，流下來的淚珠卻是紅寶石，而低著頭的武士用手接住了紅寶石。在印度的傳統占星裡，我們稱為水星的行星，他們稱為「菩提」（Buddhi），也就是「覺」或「悟」的意思，也許這個畫面裡的形象可以視為火星遇上了水星的原則，這是我們今天稍早討論的內容裡所欠缺的。各位可以看得到戰士的寶劍上有土星的象徵，以及通往佛陀的階梯，武士靠在這裡，展現出摩羯座的象徵。地球就是我們必須面對二元性的場域，我們無法假裝其不存在，不然你就會讓自己的火星失去力量。不過呢，二元性與衝突似乎可以為靈性的戰士提供立足點，在這裡，一開始的戰場在每個人心裡，而對目標產生憐憫，然後才提供了前往正確方向的道路與動機。紅寶石是跟火星及牡羊座有關的貴重寶石，因為它是紅色的。有人說紅寶石是因戰爭受傷而流的血。

觀　眾：戰士是跪在憐憫的威力之下。

梅蘭妮：謝謝你的補充，也謝謝今天各位的發言。我希望你們今天都跟我一樣愉快充實。

附錄一

美國恐怖攻擊

麗茲・格林

本文最初是在二〇〇一年九月十五日刊登於「占星服務」網站（Astrodienst），網址為http://www.astro.com/。九一一事件之後，全球局勢持續變動，某些敘述已經「過時」。在出版作品中不斷更新內容的時效性是不太可能的。儘管如此，本文在首次刊登後，已經增補額外資料。

以占星方法所呈現出來的事件，總能帶領我們挖掘層層深刻意義，透析出超越表象的複雜局勢。二〇〇一年九月十一日發生在美國的恐怖攻擊事件也不例外。再多的星象象徵解讀都無法撫平多數人內心的憤慨，也沒有辦法影響不參考占星見解的政府做決定。儘管如此，占星見解偶爾能夠協助個人找出更平衡的觀點。正值當下的土星、冥王星對分，我們更極需平衡的觀點來看待如此哀痛的經驗。

九一一事件星盤

就跟許多開戰時刻的星盤一樣，世貿大樓恐怖攻擊事件的星盤也包含了迷惑人心的「好」相位——大三角。水星在天秤座，完全在上升點的度數上，水星跟位於九宮雙子座的土星形成緊密的三分相，同時也三分四宮水瓶座的海王星、五宮水瓶的天王星。我並沒有要討論卜卦占星（horary）或預測這張星盤暗示了什麼，其他專精這方面的占星師已經在其他地方進行過類似的討論，我想要探究的是集體意識靈魂在攻擊事件當時的深層狀態。如同第二次世界大戰，開戰時也形成大三角，這組大三角表達出我們也許不想面對的事實，亦即：我們的靈魂在這種事件發生的時候，很容易是漂浮在自滿及沒有意識的狀態之中。

大三角在個人星盤上反應出內在天賦予習性，但同時也暗示了這個人對於世界有種一切安好的天真假設。逼迫我們留意、努力控制衝突及發展天賦的是強硬相位。這張星盤同時有大三角及T形相位。如果這種相位組合出現在個人星盤上，此人會很有個人魅力，因為大三角會率先掌控，當事人會透過危機體驗到強硬相位的力量，逼得當事人面對寧可逃避的痛苦現實。這是一組風象大三角，描繪出從這年九月九日起，我們西方世界自我滿足理想主義的危險。在人類世界占有主導位置的政治正確，以及相信自己能夠解決世界上的所有問題，也許這種心態將會嘎然而止。

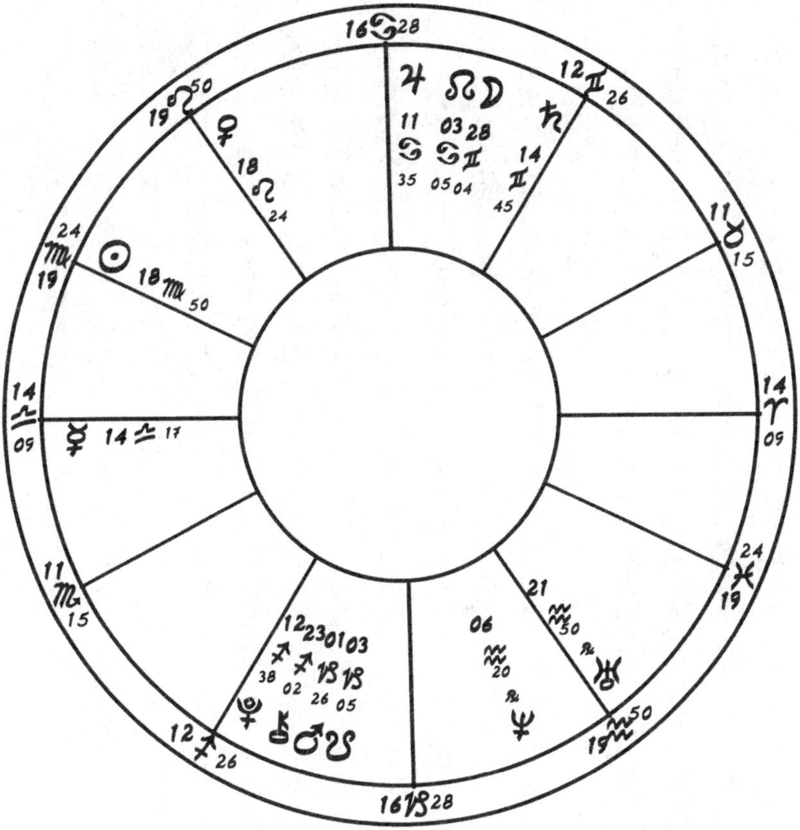

世貿大樓第一座塔倒塌

二〇〇一年九月十一日上午八點四十五分，地點：紐約市

這張星盤裡的其他相位都具有攻擊性，還帶著潛在的毀滅性。若有這種相位的人能夠加以意識且努力，也能創造出極為正面的結果。就當時的社會氣氛來看，的確可能爆發。冥王星跟凱龍星之間的強硬合相會在二〇〇〇年到二〇〇一年上半投出許多不確定性，雖然這組合相現在的容許度已經超出範圍，但這張星盤上的太陽還是緊密四分冥王與凱龍的中點。土雙子對分冥射手，「被告」非常明顯（但也許沒有看起來這麼明顯），土凱對分，位於雙子座尾巴的月亮對分凱射手及火摩羯（火凱還在合相的容許度裡），全部都發生在三宮及九宮的軸線裡，描繪出這個事件源自於意識形態的衝突，全世界每個國家原本埋藏的狂熱與狹隘的背景鼓聲，都在冥王星進入射手座後開始加強。月火對分也與月交點產生相位，宗教上的盲目情緒（月亮在九宮）撞擊上自以為是的激進務實思維（火星在三宮），某種程度展現出一種明顯的「命定」或無法避免的事件，牽扯進很多人（南北交）。太陽在處女座，是雙子座及射手座行星的T端點，這個位置同時也是土凱及冥凱的中點，這些對分相的張力會聚焦在十二宮，這個宮位在傳統上象徵的是「秘密敵人」。

從占星的觀點來說，十二宮跟先祖的「鬼魂」有關，也就是可以追溯到好幾世代以前的集體無意識模式。這些具有爆炸性的強硬相位組合描繪出即將出現的憤怒、激進、狹隘、代罪羔羊及狂熱，這些面向的根源種子早在許久以前就已種下。為了瞭解這些讓種子茁壯的土壤，回頭探索上一次土冥合相（在天秤座，一九八二到八三年）、土凱合相（在雙魚座，一九六五年到六一年）是必要的，土凱對分的時間很長，至今仍持續作用，一開始發生於一九八五年年底，土射手對分凱雙子，過程中斷斷續續維持對分，如此經過了半圈黃道。當然，同樣重要的是阿富汗及中東、中亞的政治局勢星盤，這種與歷史、政治有關的分析不可能在一篇短短的文章中全面道盡1。

我相信某個時間點的星盤，或行運在國家盤上的展現，是沒有辦法精確預言出在哪個時候將會發生什麼事情。有時行運在國家盤上的作用力是非常隱晦的，還要加上對於該國家政治局勢的認知，好比說一九八九年，行運的冥王星正巧與蘇聯國家盤的太陽合相，但現在的配置並沒有這麼明確。很多人以後見之明宣稱九一一事件的盤搭配上美國的國家盤很好解讀這件慘劇，後面有相關的討論。這種說法相當輕率，就跟所有世界末日的預言一樣，這些預言從世界存在後就沒有少過。我們必須以更具有建設性且誠懇的態度坦承我們的無知，我們也需要觀察各種不同的層面與觀點，才能找到理由接受已經發生的災難，且帶領未來走向建設而不是毀滅的局面。如果我們相信自由意志的任何可能性，及我們有能力突破困難，產生具有創意的結果，我們就該接受這個事實，美國的恐怖攻擊事件絕對不是「命定」的。

1 原書註：進一步的研究，例如阿富汗最近的軍團發展，可以參考尼可拉斯·坎平恩的《世界占星全書》。

以後見之明指出這件事其實可以避免也是沒有意義的。華而不實的見解滿天飛，自以為是的集體責備到處都是，甚至還有自我責備。這些完全沒有幫助。我們必須思考這些事件的深層意涵，然後期待自己能將巨大的邪惡轉化為改善的機會。當然，美國的確有心理上的「陰影」，此時很多人都痛苦指出這點。世界上的其他國家也有他們自己的陰影。在不遠的未來，美國政府及人民也許能夠探索這道陰影的本質，但無論多少自我探索都沒辦法保護一個人或集體意識不受到突如其來的事件攻擊。有人假設恐怖攻擊行為是國家缺陷之下的必然「結果」，這種人其實早就將邏輯、公平、正義交給了那些拋棄邏輯、公平、正義的人，也許可以說是將最後一點的人類感覺，也許連理智都交出去了。無論是在一個人的本命盤、國家盤或是事件盤，講究崇高人類理想的風象大三角與T端點的代罪羔羊特性（冥凱）、激進（月火）、強迫的狂熱（土冥）、強烈的不滿（土凱）及因為無力憤怒而產生的暴力行為（火凱）之間的對比都相當強烈。大三角通常會掩飾許多罪行。從心理學的角度來說，我們傾向躲進大三角裡，而不去面對自己四分相或對分相的傷痛。也許可以這麼說，不止美國，全球的集體意識在九月十一日這天早上，都處於一種一廂情願的否認現實心態之中。

美國國家盤——西比利盤

事件盤捕捉到了攻擊那一刻的集體靈魂狀態，但作為一張行運盤，這張星盤也讓我們一窺當時影響美國的能量[2]。這些行運令人不安，但我們必須記得最重要的一點，土冥對分的作用力長達兩年，並不止是針對九月十一日這天。這組對分準準卡在美國國家盤的上升、下降軸線上，冥王星合相射手座上升點，土星則在雙子座下降點。與「他者」的衝突（七宮）與內在轉化是同步發生的，而冥王星的轉化過程通常一開始都會很不舒服，甚至具有毀滅性，雖然就長遠來看，這種過程可能充滿創意。

美國的射手座上升點對於外在世界總有這些迷人及不這麼迷人的特質——無所畏懼的探險家精神、對於未來無窮的熱情與信念、根深柢固的宗教定見、過量的物資與情緒、道德優越的假設、拒絕接受失敗的勇氣、不能遏制的樂觀。這些特質無論討喜與否，都反應出最好與最壞的天真爛漫，也就是對於人類的能力抱持純真的態度，同時以寬容又自以為是的目光看待更廣

2　原書註：這張星盤一開始是由占星師艾比奈澤．西比利（Ebenezer Sibly）於一七八七年提出。目前有兩個版本，其一時間設定為下午四點五十分，另一張則是下午五點十分。我在這篇文章裡使用的是後者。資料來源：《世界占星全書》。

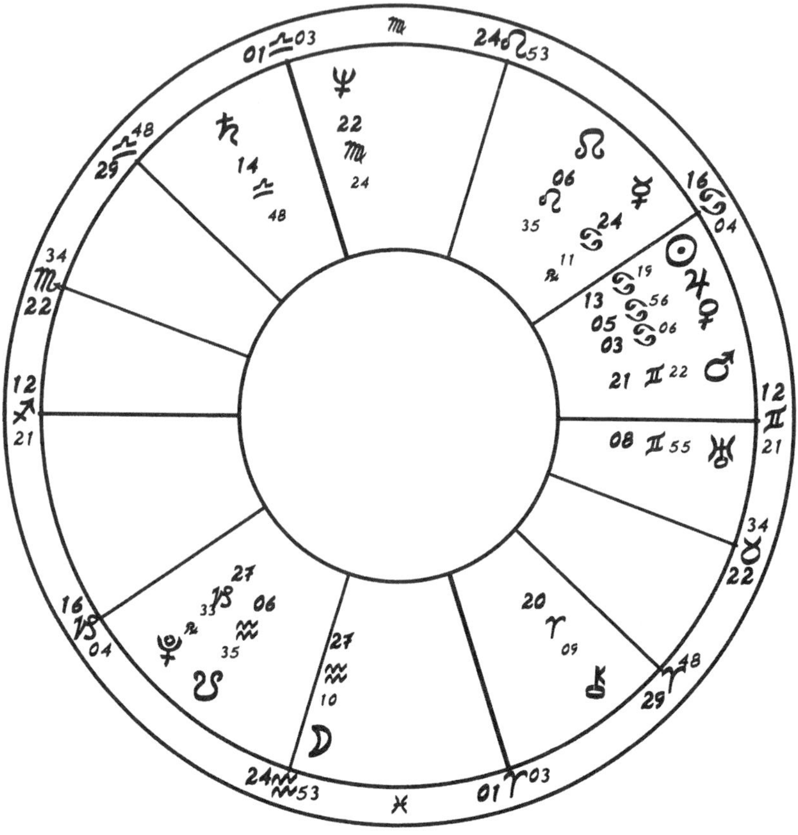

美國國家盤

建立於一七七六年七月四日，下午五點十分，賓州費城

大的哲學及靈性問題，想要相信每個人最好的一面，且深信所有的事情，就算是壞事，都能提供成長的機會。冥王星行運經過射手座上升點彷彿終結了童年，奪走天真，且挑戰轉化孩童般的射手座崇高目標，成為名符其實的智慧及更實際可行的人類願景。

冥王星可以帶我們走一遭地獄，過程可能牽扯到失去、羞恥、憂鬱，還會碰撞我們無法控制的宿命及力量。冥王星行運會讓我們謙卑，通常伴隨著無力及巨大的焦慮感。九月十一日的恐怖攻擊是冥王星轉化的重要觸發點，同時有很多能夠反應出深刻過程的議題持續作用，這個觸發點只能代表其中一個過程。

我們要記得行運是有容許度的，冥王星第一次接觸到美國國家盤的上升點是在柯林頓總統與摩妮卡．陸文斯基醜聞爆發的時刻[3]。雖然這件事對很多人來說也許愚蠢、膚淺或幼稚，卻也引發更深層的道德及公眾責任議題。眼前的危機層次完全不同。幾千位無辜民眾喪命，除非採取行動，不然也許會產生更多悲劇。不過，現在要求每一位美國人探討的底層道德問題受到射手座的刺激，更加強界定對於全然對錯、真實與假象、善與惡的質疑探索。而且冥王星行經

3 原書註：有趣的是，下午四點五十分的西比利盤上升點是在射手座八度十四分。柯林頓總統遭到彈劾的時候，冥王星恰好在這個位置。

射手座的行運反應出我們所歷經的過程，每一個國家，每一個人，現在都糾結著同樣的道德問題。偽善跟政治正確一樣，可能都已經不再是人類的選項了。

土星行運行經七宮宮頭，這個宮位就是「他者」、「公開的敵人」，想要找到確切的被告是很自然的，且會覺得那些沉浸在自己意識形態及狹隘觀點裡的人讓我們痛苦不已（土雙子）。在個人星盤裡，這種行運的典型反應須要考慮到心理的投射，亦即：我們感知到的「他者」，在某種程度上而言，也是我們暗藏的面向。不過，談到七宮，投射不是唯一的過程。內在與外在相互反照，而兩者都是同一個靈魂的連續體。當重要行運經過下降點的時候，「他者」是真實存在的。恐怖分子網絡的確在全球活躍，專注於顛覆西方體系，他們的確會殺人，也樂意繼續殺人。二十五年前，英國也經歷過恐怖攻擊，愛爾蘭共和軍在英國各地殘殺無辜民眾。世界上所有的國家都曾遭受恐怖組織的攻擊。不過，敵對的「他者」可能是成為「兇手」的催化劑，我們必須認清這個存在已久的兩極化局面，也加以妥善整合。九一一事件是吹響土星進入美國國家盤七宮的第一聲號角。就是這樣的集體意識對於其他國家的思維改變，才能從現今的災難創造出實質的意義及具有創意性的潛在成果。

看到星盤上的對分相，我們不能跳入二元對立的框架之中。「我們對抗他們」的二元對立是遇到對分相時最本能的反應。記得盡量保持客觀性，保守一點，直到意識能夠包含且指揮衝動，如此一來，我們才能採取必要的行動，而不至於放縱以暴民的方式砸破商店櫥窗，且接納所有擠在同一把小傘下，無論種族、國籍、宗教信仰的每一個個體。在美國及歐洲對生活周遭無辜穆斯林家庭施暴的人，根本與那些把美國人說成「大魔鬼」的人無異。土冥、土凱、凱冥的組合特別容易引起這種族群憎恨與代罪羔羊，而就這件事而言，代罪羔羊是美國本身，因應之道是美國不該以成為代罪羔羊的反應行事。憤怒與想要復仇的反應是正常且必要的哀悼過程，我們不該引以為恥。關鍵的問題在於我們是否要採取行動，以及方式為何。

行運的水星及上升剛好與美國國家盤的土星於天秤座十四度合相。這顆火星位在十宮，反應出美國在世界上的形象，也就是「道德仲裁者」、「文明社會的捍衛者」、「保衛和平的人」，也是「高道德標準」的堡壘、「全球警察」。這是一個帶有矛盾特質的形象，就跟土星一樣，土星有時非常強壯，有時卻是個沉重的獨裁者，自以為是。行運盤裡的水土三分也許能夠對美國國家盤帶來積極的嶄新方式，使用十宮裡位於天秤座強勢的土星，也許可以轉變成具有憐憫心的仲裁者及睿智的領袖。水星會在十月二日開始於天秤座二十九度停滯、逆行，十月二十三日在天秤座十四度恢復順行，跟九月十一日是同樣度數，也跟美國國家盤的土星再次合相。這意味著九月十一日這天開始的循環完整了，不過我不會大膽猜測這個完整循環的性質為何。也許能夠將兇手繩之以法；也許是另一場危機，主題與九一一事件相呼應；或者，這個循環反應出堅定透徹的道德、正治、律法結構，因此展開更深思熟慮、謹慎小心的行動。

九月十一日這天的行運海王星跟國家盤位於二宮的南交點合相。立即開始的長期經濟災難顯然跟這組相位有關，但更重要的則是暗中侵蝕人心的安全與保障假設。國家盤裡的月交點，南交點在二宮，北交點在八宮，探討的是資源，以及資源使用與共享的方式。逆行傾向於國家政經的孤立主義及保護主義，順行則代表了生命要求的任務，可能會共同集資，了解與其他國家在物質、科技、心理上相互合作的必要性。海王星行運通常都伴隨著需要接納的失去，當這顆行星活躍的時候，睿智的做法是放手、改變態度，而不是盲目掙扎已經悄悄溜走的安全保障。

資源可能是有形或無形的，而美國立刻組織起全球的反恐行動則是正面回應了海王星的行運，這樣的行運要求美國降低專注在摧毀世貿中心的實質損失，聚焦在如果我們要與其他國家和平共處，我們有多麼需要彼此這件事上頭。原本認為不重要而排擠、排斥的國家，現在都成了盟友，原本看似盟友的國家，也許需要進一步審視他們國內暗藏的毀滅行動。月亮交點跟關係息息相關，而美國國家盤上的南北交暗示了不怎麼輕鬆的局面。南交點在二宮，美國傾向於強調實際的物質層面，而不肯探究反應在八宮裡的深層人性動機。其中也有「我的就是我的」這種心態，不願意認清某些資源屬於每一個人，沒有辦法成為一個國家的財產。火星在七宮，要達到與其他國家互相依賴的精神的確不簡單。二次世界大戰時，行運冥王星正巧經過美國八宮獅子座的北交點，因此帶領美國進入戰爭，雖然損失慘重，卻也協助建立出這個至少有時可以說是各個國家互相依賴的新世界，這點值得關注。海王星行運會與各種層面的巨大哀傷與失落同時發生，也許最終會產出合一且互相共生的精神也說不定。

美國的月亮二次推運盤

月亮二次推運盤可以展現出當時深刻的意義，而不是描述衝擊一個人或國家的外在經驗。這張星盤呈現出一個驚人的相位，亦即二推太陽合相國家盤的月亮，到二〇〇二年春天會緊密合相。因為這組合相發生在國家盤的三宮，暗示著國家（太陽）與人民（月亮）之間更緊密的關係及更坦承的對話，同時也開始了新的循環，增進美國也是全球整體一份子的意識（水瓶座）。這是一個具有絕佳創意的相位。這種相位剛開始的時候，都會產生痛苦的外在事件，彷彿這是清除陳舊之物的必要過程，好像經過火的歷練，才能釋放出新生的潛力。

美國二次推運盤的相位跟行運上那種充滿壓力的組合很不一樣，提供了眼前事件所帶來的希望，因為這張盤暗示了清晰、意識及整體的成長空間，能夠展開某種新生。雖然在不遠的未來還是會有考驗，但這個二推的日月合相就未來發展來說是很有潛力的。二次推運盤可以獨立來看，觀察其角度及宮頭。相較直接將二次推運盤跟國家盤一起看，單獨看二次推運盤能夠看出更多端倪。二次推運盤跟行運盤之間也相當敏感，特別是在相位角度上。二次推運盤的上升點在水瓶座二十一度，遭到攻擊時行運天王星剛好合相這個位置。這裡非常明顯，一個意料之外的經驗，從「他者」那裡崛起，喚醒獅子座火象的精神，讓整個國家活躍起來。這樣的行運比較像是描繪出外在世界的狀況，而不是像行運土冥橫跨國家盤上升下降軸線時，整個國家都

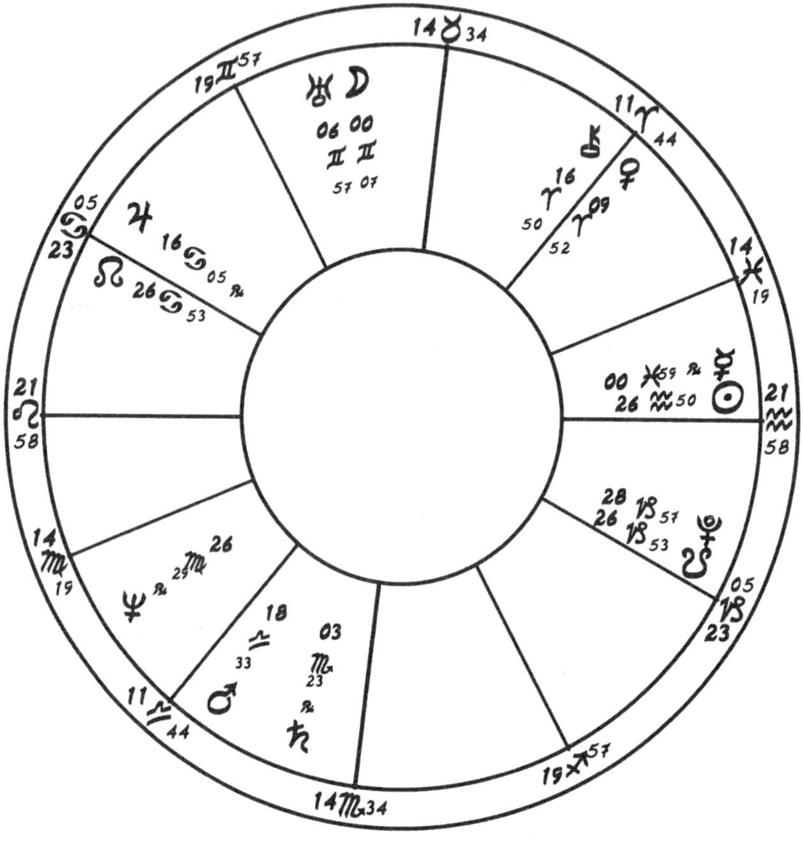

美國二次推運盤

時間設定二〇〇一年九月十一日

揮之不去的撕裂感、威脅感與重擔。

很快行運天王星就會抵達水瓶座二十七度，加入二推七宮太陽及國家盤三宮月亮的行列。國家盤中的月水瓶（不僅守護了日巨蟹，實際上，也是整張盤的最終定位星），有與生俱來的天王星能量，而國家盤的天王星又在下降點上。這樣的行運是喚醒創意的信號，涉入的不止是大眾的態度（月亮），同時也跟美國與外在世界的關係有關（二推太陽在七宮）。這些相位的關鍵在於人民如何回應。每個人都有自己的選擇，要麼就是二元對立，進行增加憎恨與保護主義的活動，沉醉在病態分析美國所有存在或想像出來的缺陷與錯誤，要麼也能保持客觀的態度，保持中立，支持所有站在生命這一邊的人，無論種族、國籍、宗教，鼓勵大家都努力遏制存在於每個人心底的毀滅元素。

行運火星即將對分美國國家盤的太陽，四分國家盤的土星。在接下來幾個禮拜，社會上對於進行恐怖攻擊的人會有某種程度的敵意，希望能用實際的方法約束住這股敵意，而不是任其放縱。行運火星也描述了整個國家的憤怒與不滿。十二月底的時候，凱龍星會結束在射手座漫長的居遊，進入摩羯座，屆時將會對分國家盤七宮裡的巨蟹座行星。這個行運會從二〇〇二年延續到二〇〇三年，這不是暴力的行運，而是哀傷、哀悼、探索靈魂與潛在療癒力量的旅程，描繪出謙卑的脆弱，及坦承認清這個國家的問題、傷痛與缺陷。這種探索靈魂的過程必須在對的時機自然發生，沒辦法在想要立刻找出兇手、責備他們的國家時產生，因為在經歷這種巨大災害時，我們很容易感受到集體的羞恥感與無力感。隨著行運冥王星合相國家盤上升點，也暗示著重新審視內在態度的機會，可以趁機努力且了解內在的脆弱與缺點。

美國的火星

國家盤裡的七宮雙子座火星跟所有的占星配置一樣，都有正反兩面。這顆火星出現在個人星盤裡，透過溝通技巧、想法及概念的力量領導他人會讓當事人覺得最有力量。同樣的道理也能應用在一個國家上，而且擁有這顆火星的個人跟國家也許會覺得很難察覺自己具有侵略性的特質（特別容易出現在智識的狹隘與想要扭轉別人的是非對錯觀念上頭），且會習慣將火星特質投射出去，無意識引發口角，認為都是對方的錯。以上兩種特質都出現在美國的歷史上。恐怖攻擊的時候，美國的火星受到兩個重要行運的觸發，一是天王星，十月三十一日將會在水瓶座二十度五十五分停滯，將與國家盤火星形成三分相；另一個是凱龍星，經過八月二十六日在射手座二十二度五十一分的停滯後，會以緩慢的速度恢復順行，因此與美國盤的火星產生容許度約莫一度半的對分相。再加上二推上升點在獅子座二十一度，也與國家盤的火星產生六分相。這三個相位的影響時間都大於一天，暗示了九一一事件是一個持續的過程，需要持續面對傷痛，持續轉化美國的火星需求與能力。

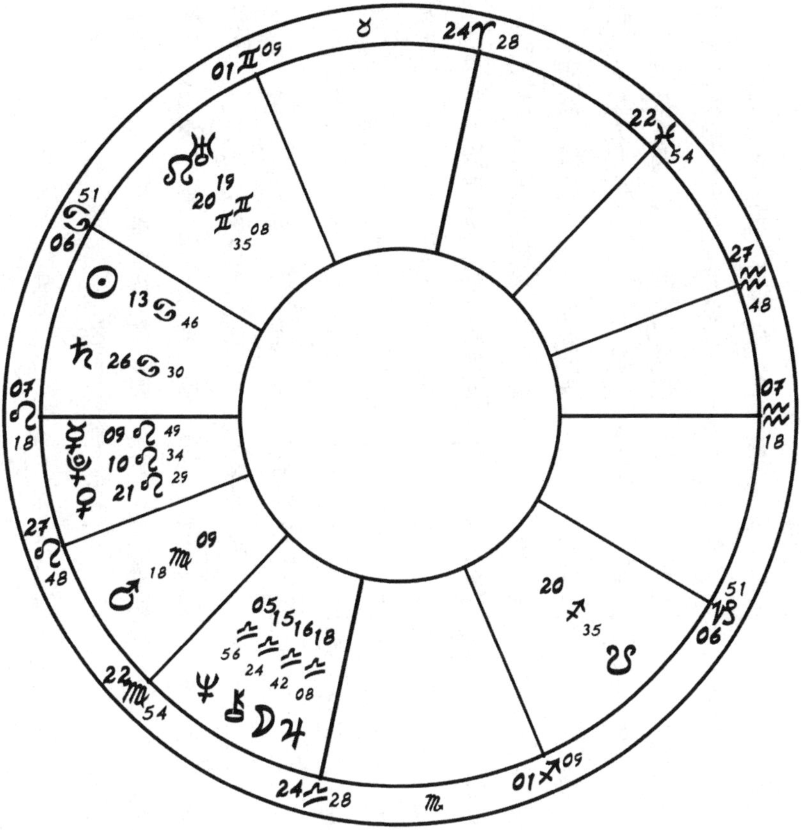

喬治・W・布希

一九四六年七月六日上午七點二十七分出生於美國康乃迪克州紐哈芬市

國家盤的火星跟月亮、土星形成風象大三角，這些行星的組合反應出生命力、思想活躍、好奇心、抱負、堅持、自給自足等正面特質。月火土的配置也非常獨立。國家盤裡的月亮象徵「人民」，因此美國人民在國家的集體意識裡承襲到一種自然的自給自足及自我激勵態度，這種態度用來形容「自由企業制度」再適合不過。因為這樣的配置描述的是本能的輕鬆，人民都覺得自我激勵的權利是理所當然的。觀察一下大三角處在三、七、十宮，領導力及在世界上的成功，特別是在資訊科技上，這樣是很簡單的解讀。不過，如同之前提過，大三角很容易假設一切都很美好。如同九一一事件星盤裡的風象大三角，美國國家盤裡的風象大三角也暗示了無意識的自滿，且常常沒注意到火星的內在及外在世界都在忙些什麼。行運跟二推的相位也許能夠提供一個讓火星更有意識、更能替自己負責的機會。

身為民選總統，以堅定與理智面對眼前危機的責任自然落在布希總統肩上。他的星盤與美國國家盤有驚人的連結，分開獨立討論也很有趣，因為行運在一張盤的作用，通常也會影響到另一張盤。舉例來說，行運海王星合相美國盤位於二宮的南交點，同時也合相布希的下降點，行運木星九月底會合相他位於十二宮的太陽，也會合相美國在七宮的太陽。海王星的行運也許反應出布希遇上了一個難以捕捉、具有威脅性的海王星「他者」4，但同時挑戰他的獅子座上升，挑戰他成就尊貴及領導人的特質，而這點與獅子座的自我吹捧無關。土冥對分啟動了他十一宮裡的天王星，提醒他巨大外在世界社群的重要，行運天王星在水瓶座二十一度，合相二次推運的下降點，對分布希在獅子座二十一度的金星。這個天王星行運對金星的驚嚇與痛苦都非常明顯。行運木星透過做為集體意識的發言人（他的十二宮）及擴展國家夥伴關係（美國的七宮）預言了布希與美國的未來。

布希的火處女是他土元素的單一行星。無論是象限、元素、性質的單一行星都非常重要，但通常當事人不見得會徹底意識到。他的火星跟星盤裡其他的配置都沒有深刻的連結。火星六分太陽，火水形成三十度，但沒有什麼主要的相位。許多人指控他為「戰爭販子」，但在本命盤裡看不出來。感覺比較像是在九一一事件前，他沒有辦法徹底碰觸到自己的火星，就跟他十二宮的水象太陽一樣，只能當更有力量聲音的傳聲筒。現在行星觸發了他的日火六分，行運土星跟太陽合相，六分火星（一直延續到二〇〇二年春天），行運土星四分火星（同樣也會持續到二〇〇二年春天），也許能夠透過追求目標的成功與失敗協助他發展與日火有關的領導能

4 原書註：目前在占星社團裡有兩張推測出來的賓拉登星盤。因為沙烏地阿拉伯那邊並沒有西方將出生資料存檔的習慣，這兩張星盤其實沒有什麼根據。第一張星盤設定為一九五七年三月十日於沙烏地阿拉伯的吉達出生，這個資料來自國際刑警組織。某些占星網站將他的出生時間設定為中午十二點二十八分，但沒有查到來源。許多占星師喜歡這張盤，因為這張盤的太陽在雙魚座，給布希一個人來扮演雙魚座的「他者」。另一張盤則是一九五七年七月三十日早上六點零五分於吉達出生，這是在某個網站上看到的，這張盤有些很戲劇性的相位，很適合某個已經達到神話般惡魔或英雄境界的人（獅子座的太陽、天王星合相上升點，火星、冥王星也在獅子座），但可信度更低。

力（本命火星守護天頂）。

在布希總統的二次推運盤裡，北交點跟天頂緊密合相，而二〇〇二年春天，行運土冥第三度對分時，就會發生在這個度數的軸線上。這是布希在世界上建立威信的機會，讓世界曉得他是一位堅定且文明的世界領袖，能夠滿足北交點，開闢屬於他自己的道路，而不是跌回父親留給他的老路子，繼承他成長過程裡所學習到的價值及信仰系統。無論大家的政治觀如何，這個人現在就是掌權，必須面對眼前的危機。在這個時間點誹謗他一點幫助也沒有，他也還沒有機會能夠展示他是否有能力、或會以何種方式完成目標。把行運的天王星放進布希的本命盤，會跟他的風象行星產生三分相，到了下個月，行運天王星也會啟動他在天秤座的星群，他（或他的合作對象）也許會給那些覺得他無力處理危機問題的人一個驚喜。在某些狀況下，他算是「不適合」的總統，但也許在當前的局勢裡，他可以扭轉成為「最適合」的總統。

我在這篇文章裡沒有討論到許多相位，我只有聚焦在重要相位及其心理意涵上，再次重申，我相信九一一事件是沒有辦法預言的。而且，我相信就算事先斷言恐怖攻擊會發生，我們也沒有辦法徹底預防。如同每個人在生命裡會遇到的悲慘經驗一樣，這次可怕的事件只是內在深刻過程的外層表象而已，到頭來會重新形塑美國的自我形象以及與其他國家之間的關係。這的確是冥王星式的生存危機，如同發生在個人身上一樣，如果能夠放下舊的態度與觀點，以理解包容極端主義及二元對立，這就是一個能夠讓我們成長茁壯的機會。這點端看每個人的選

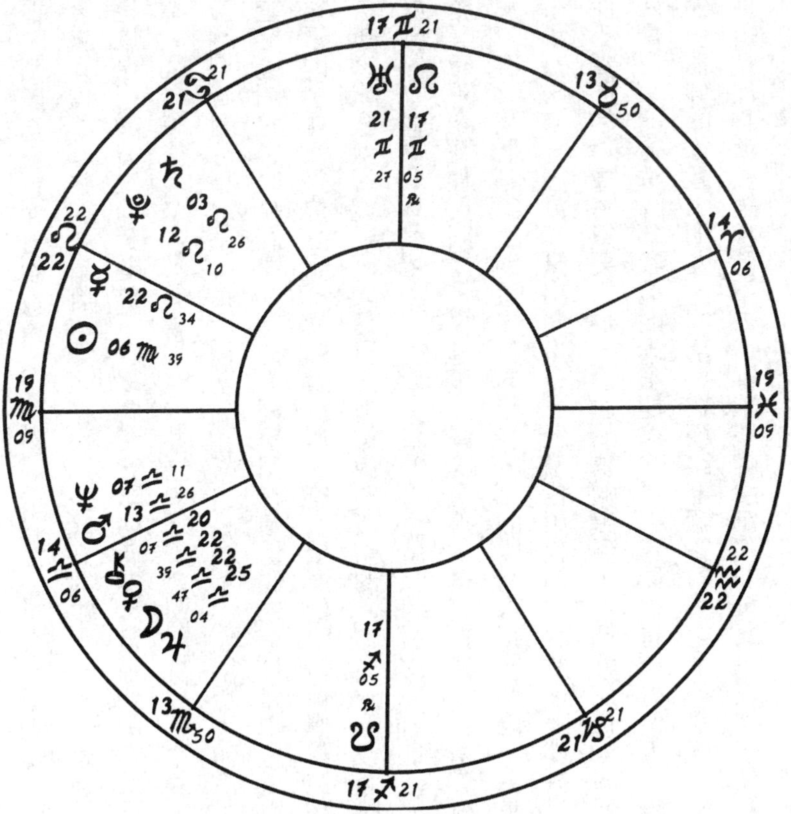

喬治・W・布希二次推運盤

時間設定為二〇〇年九月十一日，格林威治標準時間十二點四十五分

擇，到處指責實在沒有意義：「這都是左派／右派／共產主義／資本主義／無政府／穆斯林／猶太人／基督徒／政府政策／移民／外星人的錯。」希望恐怖份子能夠受到制裁，但每個人也以自己的方式面對危機，改變集體意識的態度。這場悲劇在美國所激發出來的憐憫、互相支持、及一體性都讓人動容，也再再展現出冥王星的轉化已經開始透露出深層的意義。

土冥對分是很辛苦也很痛苦的相位，每個人都感受得到，有人是透過內在生命，有人透過健康問題、財務問題，其他人則是困在塵世間的事物之中。這組對分相留下了彼此衝突的原型原則，理性對抗混亂，文明對抗無政府，根深柢固的結構對抗必然需要的改變，理性控制對抗無意識靈魂的能量，人類意志對抗我們所謂的「宿命」。沒有哪個是「對的」，哪個「比較好」。我們需要智慧與忍耐，才不會陷入二元對立的泥沼之中，結果可能是宏大的洞見，對於社會具有更多彈性與同情，更真實，減少偽善，提高對自己坦承的程度，以及靈魂上真正的成熟與包容。我們必須通過這痛苦的起步，才能成為真正的個體。占星學提供給我們的禮物並不是「預言未來」，或「揪出壞蛋」，更不是用我們的觀察嚇阻那些我們基於情感或意識形態理由而不贊同的對象。只要憎恨、冷血、狹隘出現，它們就是巨大的邪惡。土冥就是用煙把這些東西燻出來的方法，讓我們的肉眼能夠看見。它們存在於每個人、每個國家之中。也許你我的家人、信仰的宗教、朋友、同事、在網路上認識的人之中，都有輕微的狂熱分子或恐怖分子。曉得這點沒有辦法讓我們不去進行某些維護正義的行為，或不去譴責那些做壞事的人。不過，也許覺知能夠讓我們不要一頭栽進同樣的狂熱與盲目，踏上進行九一一這種悲劇事件之人的後塵。

麗茲・格林

二〇〇一年九月十五日於蘇黎世

附錄二

紐約的生活

達比・卡斯提拉

二〇〇〇年九月的時候，麥可・盧頓（Michael Lutin）是一年一度英國占星協會研討會（Astrological Association Conference）的客座講者。在研討會上，他邀請我下次去美國的時候，去紐約的占星研究協會（NCGR）演講。二〇〇一年春天時，我曉得我十月會去新英格蘭探望家人，看樹葉轉紅。我寫電子郵件給麥可，確定演講日期是二〇〇一年十月八日星期一。幾個月後，他問我主題要講什麼，當時我正開始編輯本書講座的文字內容，我說那我就來說說「火星及追求卓越的欲望」好了。幾個月過去，到了七月中的時候，火星的文字內容已經吸乾了我的精力。將原本的演講內容重新整理為文字，重新思考所有的想法是很有趣的過程。我看到我原本研究的內容裡有句話是這樣的：「思考一下火星跟冥王星之間的連結，以及在冥王星出現時，火星會如何啟動」。我之前就想過這個問題，但沒有繼續深究，將之發展成實際的內容，而在編輯火星研討會文字時，答案也沒有自動出現，這個問題彷彿有自己的生命一樣，編輯過程在當年九月一日結束了。

等到我九月底前往美國的時候，全世界都籠罩在九一一事件的恐怖悲劇氛圍之下。出發前幾天，我把秋天的講座內容交給心理占星中心（CPA），主題在講太陽、月亮跟上升，但因為九一一事件，我縮短了原訂的講程，用最後九十分鐘的時間討論土冥對分。我說這股能量會一直活躍到二〇〇五年五月底，不容小覷，身為占星師，我們需要保持謹慎的態度，自己多留意，也要告訴我們的客戶。我們現在都曉得這組對分相後來引發了什麼狀況，我請參加演討會的觀眾留意他們生命裡的變化，觀察在他們與其他人的互動裡，這股能量是如何出現的，且當能量出現時，儘量保持覺知。如此一來，我們就能參與這股集體能量，而不是成為集體事件之下的受害者。

我們看了土冥對分在不同軸線上的展現。大家分享他們對於土冥對分在不同宮位的作用力。有位土冥對分在五、十一軸線的女士分享了一個很有趣的例子。她寫電郵給人在美國的兒子，說了一些後見之明的話，可能有點太冷靜、太多分析了。兒子非常生氣。我坦承我自己對於要去美國這件事也有點擔心。這組對分相在我的四、十軸線，我要去看我的家人，然後去紐約講火星。我們談到土星雙子需要小心選擇溝通的字眼，在我們沒有多想或沒有注意的時候，對於別人被我們引發的情緒，我們要敏感一點。我們聊到每個人會因為他人的語言而引起什麼意識形態上的反應，根據土冥軸線的宮位，困在土星或冥王星的一端，以及我們該如何保持能量流動，才能讓對話產生更多更有創意的可能性。

我一度覺得自己去不了美國，因為某些航班取消了，但一路上都很順暢。飛機只有半滿，雖然機場安檢很仔細，但平日就會往返的旅客因為入境的人變少了，速度反而比較快。我在新英格蘭的時候，不斷跟我那充滿巨蟹特質的家人聊天。雖然我們緬懷起過往，也八掛了一下，但話題不免俗地還是回到了核心問題：接下來呢？局勢會有什麼發展？我們能聊的都聊了，然後還是講個沒完。我們家四代人一直待在一起，聊了又聊、聊了又聊，不然就是看電視新聞，看電視上的訪問，然後臆測、想像，交換意見與看法，就跟全世界的其他人一樣。從歐洲來到美國，我原本擔心土冥對分會霸占我們的討論，我們會陷入二元對立，憤怒不已，但這組對分發生在變動星座，我們願意傾聽彼此說話的意願戰勝了一切，而每一次的討論都非常有趣。

十月五日，我去紐約，住在一個好朋友家。我每天晚上都夢到我要在紐約演講的內容。在一個剛受到驚嚇與攻擊的城市裡，我講火星是能講些什麼？這裡的情緒還很強烈。大家不斷討論，想要搞清楚原因，想要思考出最好的解決方法，大家都不斷分析，每個人都跟分裂了一樣，感覺太強烈了，而思緒不肯停下來，內心深處都曉得一切都會不一樣了，但改變的方法是什麼呢？在地鐵上，我們聽到大家聊起這件事，陌生人加入，而討論的內容總是非常有趣。這點很妙，總會有人比你知道多一點，一個新鮮的事實，一個新的轉折，這些不一樣的內容又加在談話裡，而討論得沒完沒了。

昨天下午，我去麥可家。我在讀原本的火星講座筆記時，我想起關於火星、冥王星的句子，而這句話似乎慢慢發展成一個主題。講座開始前一個小時，麥可替我到處打電話打聽到了兩個重要人士的生日，一是紐約市長魯迪·朱利安尼（Rudy Giuliani），另一位是是威廉·費漢（William Feehan），他是第一位死於救難行動的消防隊員。我趁學員入席時，把這兩張星盤畫在白板上。我告訴他們，我們有一本關於火星的書即將出版，以及我所負責的內容，還有我想分享在我們火星的源頭戰神艾瑞斯神話裡關於美德、美善及卓越的概念。不過，我們還是就著這樣的背景，談到在紐約發生的事情，因為我們眼前就有一件冥王星事件。冥王星就在這些人眼前爆發開來。

影響遍布全世界，只有幾個地方不曉得這件事，但此時在此地，紐約市民連呼吸裡都有九一一事件的塵埃。我們都很好奇土冥對分會如何展現。我們都曉得土冥會在二〇〇一年八月進入容許度裡，二〇〇一年年底到二〇〇二年早春左右會離開容許度，基本上的效力會一直影響到二〇〇二年五月。身為占星師的我們一部分的工作就是要帶領我們自己及其他人撐過時間的巨流，我們也開始面對這組對分的能量了。我們在自己及客戶、朋友、戀人、孩子、伴侶的星盤上看到這組相位，當這組相位跟個人行星產生相位時，我們會想辦法解釋，而我們看著世界發生的大事，想要看看我們能否在面對彼此的時候，透過這組相位挖掘出意識形態或概念上的蛛絲馬跡。

我告訴他們，我們這些九月十一日不在曼哈頓下城的人，都在世界各地盯著電視機看這個城市實際演出土雙子對分冥射手的展現。冥王星的風颳進了這個城市，而所有的人也還在這陣風裡打轉。每個人還是擁有私人的生活，同時也是集體意識裡的一分子。不過，因為冥王星的啟動，每個人的火星也動了起來。因為戰士能量、活躍的生命力、每個人自我裡的保護者或守衛者都醒了過來，火星曉得現在是該動起來的時刻。如果讓火星自生自滅，它可能會覺得所有出現的東西都很可怕，或憤怒以對。或者，火星會迷失在巨大的外在事件裡，對於如此龐大、黑暗的障礙，無法做出任何具有建設性的應對。所以我們必須專注內在的力量，意識到這股力量如何運作，我們才能找到危機時刻的出路。最原始的火星會依據條件反射及一路上遇到的人事物來作用，最成熟的火星會朝卓越、美德、恰當來採取行動。當火星以最成熟的方式行動時，它會恰如其分的面對手邊的危險。而面對危險的時候，這顆火星也會以最適量、最剛好的力量應對。於是意料外的新生就會從戰鬥中產出。冥王星爆發時總會伴隨毀滅，我們都受到威脅，我們都必須隨著威脅起舞，但巨大事件對每個人的影響程度不一，我們值得以成熟的方式展現火星，也許就能夠達到最好的效果。當集體的威脅出現時，每個人的火星就會自動啟動（當部落遭到威脅時，每個人都會成為不同的戰士），我們可以藉由這個時間點，將意識帶入我們的火星能量之中。我們每個人，特別是住在紐約的人，都必須意識到自己的戰士力量，自己的生存驅力，以及追求美德、恰當行為、卓越的能力，這樣我們才能在這狂亂、痛苦的時刻繼續前進。

我們提到火星透過火風土水四元素在十二星座的展現。我們提到火象的火星必須處理想像中的恐懼及焦慮，以及會透過引發他人的恐懼及憎恨，作為不成熟的表達方式。只要一點點暗示，火象的火星就會瘋狂疲於奔命，對於專注的人影投下迅速、力道過強的反應。我們談到勇氣是一種想像裡的火，需要管照，才能給其他人帶來激勵與勇氣。火象的火星必須克服從每一個潛在新威脅所帶出來的黑影。我們提到土象的火星必須注意生命及周遭他者的哪些需求必須照料且維持秩序及儀式。我們談到每天對於樂趣、個人生態、社會責任的關注能夠讓他們不至於陷入恐懼及絕望之中。我們談到風象的火星要在威脅下崛起，以創意及文字作為武器，不成熟的展現可能是對那些抱持相反看法的人猛烈攻擊，抨擊別人在有成效的討論及理智分析裡所需要的自信。風象的火星最成熟的表現是精心、專注磨練語言與思想。最後，我們提到水象的火星，這些火星在能夠接觸外界讓當事人或他人使用前，一定會感受到恐懼與失落。對當事人來說，勇氣意味著面對自己遭到侵犯、謀殺、滅絕的個人情緒。這次冥王星的事件，這種覺得受到地底世界不明之冤攻擊事件的心情，都會觸發一個人過往的傷痛記憶，我們必須意識到這些傷痛，才能釋放火星與生俱來的美德。

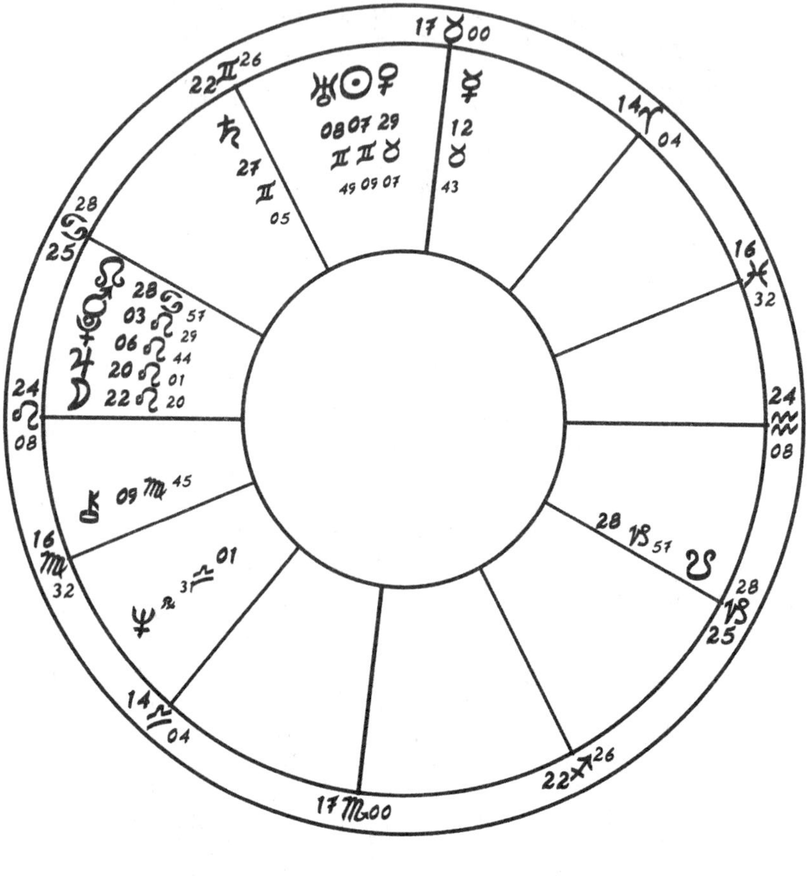

魯迪・朱利安尼

最後，我們看了兩張星盤。第一張是魯迪·朱利安尼，紐約市市長，他出生於一九四四年五月二十八日，出生時間不確定，但我得到了兩個時間，一個是早上十一點半，一個是早上十一點五十五分，這兩張盤的上升都在獅子座（我們用的是十一點半的盤）。在紐約遭到攻擊之前，他是一個飽受爭議的人，大家對他又愛又恨，他一輩子充滿醜聞。不過，九一一事件後，他展現出紐約市民最需要的正直及解決問題的能力。他成為自己家鄉城市的英雄。他立刻行動，充滿無比的威信、優雅、智慧及憐憫。他展現出來的速度及組織能力、領導風範都是紐約人在經歷如此災難下所需的特質。他的火星、冥王星合相在獅子座，六分雙子座的太陽跟天王星，雖然我們曉得他並不是展現火獅子特質最好的典範，但當危機在他的家園中心爆發時，他還是能夠秉著這些正向的特質站出來。因為冥王星與火星的度數非常緊密，也許就是要等到冥王星撞進他生命裡，他的火星才能徹底活出光芒來。

威廉·費漢於一九二九年九月二十九日上午六點三十分，出生於紐約市皇后區。他是死在救援行動裡的第一位消防人員。我們看了他的星盤，我們覺得這個人肯定這輩子都奉獻給服務。一宮裡的火天秤合相水星，六分月亮，四分天頂的冥王星，三分九宮裡的木星，六分三宮裡的土星。這是很有力量的火星，守護星金星在十一宮的處女座，與海王星合相。當天的學員告訴我，他是一個很好、人見人愛的人，在各種方面都可以說是正直的一個人。他似乎有些小缺點，但不是罪大惡極。他的兒子也是一位消防隊員，後來有個朋友告訴我，他讀到費漢的父親也是消防隊員，退休後反而憂鬱絕望。費漢在退休後又找了另一個消防隊員的工作，第二次退休卻是因為殉職。對他來說，這樣可以說是死得其所。我們認為，他看起來像是天生就會做出正確決定的人，他會選擇正直的道路，因為他在很年輕的時候就做出了選擇。

有些人就是這樣，他們在生命的過程裡一次又一次地選擇了卓越。當他們面臨巨大危險時，他們會做出最自然的選擇，也就是嫻熟地保護、捍衛。天底下有人從來沒有選擇過這條道路，也有人選擇過幾次，但覺得收穫不好，所以又屈服於自己不成熟的衝動之下。當然也有人會在成熟與不成熟的兩端搖擺。這永遠都是火星的故事。

我實在沒有太多時間能夠分享我在紐約的經歷。我希望我沒有引錯別人說的話，但我也沒辦法一一確認我的記憶或資訊是否正確，所以這篇文章也許沒有我想像中那麼精確。講座過後，我又跟在場的人聊了一下，很多人跟我分享了事件發生過後頭幾天的故事。我離開紐約的時候，這些人的經驗讓我非常感動，他們也許驚嚇、也許迷惘，但他們還是不斷質疑且慢慢接受發生在自己家園的遭遇。

達比・卡斯提拉

二〇〇一年十月九日於紐約

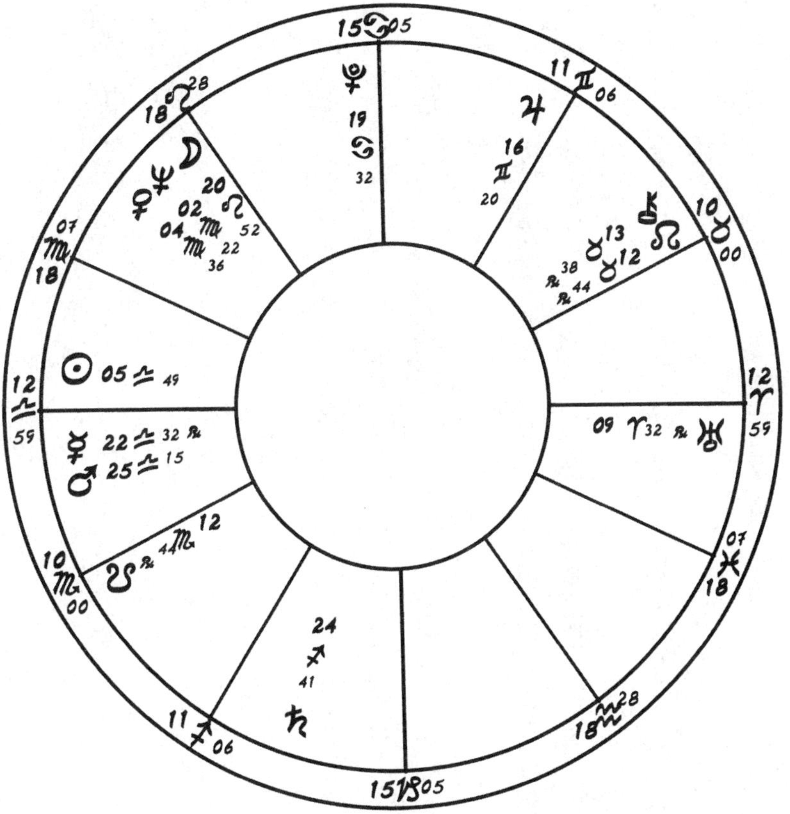

威廉・費漢

附錄三

延伸閱讀

- 《海王星：生命是一場追尋救贖的旅程》（2015），麗茲・格林（Liz Greene），心靈工坊。
- 《家族占星》（2013），琳恩・貝兒（Lynn Bell），心靈工坊。
- 《凱龍星：靈魂的創傷與療癒》（2011），梅蘭妮・瑞哈特（Melanie Reinhart），心靈工坊。
- 《土星：從新觀點看老惡魔》（2011），麗茲・格林（Liz Greene），心靈工坊。
- 《占星、心理學與四元素：占星諮商的能量途徑》（2008），史蒂芬・阿若優（Stephen Arroyo），心靈工坊。
- 《占星・業力與轉化：從星盤看你今生的成長功課》（2007），史蒂芬・阿若優（Stephen Arroyo），心靈工坊。
- 《生命之樹卡巴拉：西方神祕學的魔法根本》（2017），約翰・麥克・格里爾（John Michael

Greer），橡實文化。
- 《十二宮位：生命格局的十二個舞台》（2017），韓良露，南瓜國際有限公司。
- 《上昇星座：生命地圖的起點》（2016），韓良露，南瓜國際有限公司。
- 《占星全書〔暢銷增訂版〕》（2016），魯道夫，春光。
- 《希臘羅馬神話：永恆的諸神、英雄、愛情與冒險故事(精裝珍藏版)》（2015），伊迪絲·漢彌敦（Edith Hamilton），漫遊者文化。
- 《阿若優的星盤詮釋指南》（2014），史蒂芬·阿若優（Stephen Arroyo），木馬文化。
- 《變異三王星：天王星、海王星、冥王星的行運、苦痛、與轉機》（2013），霍華·薩司波塔斯（Howard Sasportas），春光。
- 《占星相位研究》（2010），蘇·湯普金（Sue Tompkins），積木。
- 《當代占星研究》（2009），蘇·湯普金（Sue Tompkins），積木。

心靈工坊 PsyGarden

Holistic 120

火星四重奏：面對慾望與衝突的試煉

The Mars Quartet: Four Seminars on the Astrology of the Red Planet

作者——琳恩．貝兒（Lynn Bell）、達比．卡斯提拉（Darby Costello）、
麗茲．格林（Liz Greene）、梅蘭妮．瑞哈特（Melanie Reinhart）
譯者——楊沐希　審閱者——愛卡（Icka）

出版者—心靈工坊文化事業股份有限公司
發行人—王浩威　總編輯—徐嘉俊
執行編輯—林妘嘉　校對—林俞君、楊培希
封面設計—鄭宇斌　內頁設計與編排—李宜芝
通訊地址—10684台北市大安區信義路四段53巷8號2樓
郵政劃撥—19546215　戶名—心靈工坊文化事業股份有限公司
電話—02）2702-9186　傳真—02）2702-9286
Email—service@psygarden.com.tw　網址—www.psygarden.com.tw

製版．印刷—中茂分色製版印刷事業股份有限公司
總經銷—大和書報圖書股份有限公司
電話—02）8990-2588　傳真—02）2290-1658
通訊地址—248新北市新莊區五工五路二號
初版一刷—2017年12月　初版三刷—2023年6月
ISBN—978-986-357-110-0　定價—720元

The Mars Quartet: Four Seminars on the Astrology of the Red Planet

國家圖書館出版品預行編目資料

火星四重奏 / 麗茲.格林(Liz Greene)等著 ; 楊沐希譯. -- 初版. -- 臺北市 : 心靈工坊文化, 2017.12
面；　公分. -- (Holistic ; 120)

譯自 : The Mars quartet : four seminars on the astrology of the red planet

ISBN　978-986-357-110-0　(平裝)

1.占星術

292.22　　106021157

心靈工坊 PsyGarden 書香家族 讀友卡

感謝您購買心靈工坊的叢書，爲了加強對您的服務，請您詳塡本卡，
直接投入郵筒（免貼郵票）或傳眞，我們會珍視您的意見，
並提供您最新的活動訊息，共同以書會友，追求身心靈的創意與成長。

書系編號－HO120　書名－火星四重奏：面對慾望與衝突的試煉

姓名　是否已加入書香家族？□是 □現在加入

電話（公司）　（住家）　手機

E-mail　生日　年　月　日

地址 □□□

服務機構／就讀學校　職稱

您的性別—□1.女 □2.男 □3.其他

婚姻狀況—□1.未婚 □2.已婚 □3.離婚 □4.不婚 □5.同志 □6.喪偶 □7.分居

請問您如何得知這本書？

□1.書店 □2.報章雜誌 □3.廣播電視 □4.親友推介 □5.心靈工坊書訊
□6.廣告DM □7.心靈工坊網站 □8.其他網路媒體 □9.其他

您購買本書的方式？

□1.書店 □2.劃撥郵購 □3.團體訂購 □4.網路訂購 □5.其他

您對本書的意見？

封面設計	□ 1.須再改進	□ 2.尚可	□ 3.滿意	□ 4.非常滿意
版面編排	□ 1.須再改進	□ 2.尚可	□ 3.滿意	□ 4.非常滿意
內容	□ 1.須再改進	□ 2.尚可	□ 3.滿意	□ 4.非常滿意
文筆／翻譯	□ 1.須再改進	□ 2.尚可	□ 3.滿意	□ 4.非常滿意
價格	□ 1.須再改進	□ 2.尚可	□ 3.滿意	□ 4.非常滿意

您對我們有何建議？

□ 本人＿＿＿＿＿＿（請簽名）同意提供真實姓名/E-mail/地址/電話/年齡/等資料，以作為心靈工坊聯絡/寄貨/加入會員/行銷/會員折扣/等用途，詳細內容請參閱：http://shop.psygarden.com.tw/member_register.asp。